ŒUVRES COMPLÈTES
DE
LAMARTINE

PUBLIÉES ET INÉDITES

LES CONFIDENCES

GRAZIELLA

NOUVELLES CONFIDENCES

TOME VINGT-NEUVIÈME

PARIS
CHEZ L'AUTEUR, RUE DE LA VILLE-L'ÉVÊQUE, 43.

M DCCC LXIII

ŒUVRES COMPLÈTES

DE

LAMARTINE

TOME VINGT-NEUVIÈME.

LES
CONFIDENCES

A

M. PROSPER GUICHARD

DE BIEN-ASSIS

(SERVANT DE PRÉFACE)

---

16 octobre 1845.

. . . .
. . . .
. . . . Arrivons au sujet de ta lettre. Tu me demandes : Quelle est donc la nature de ces *Confidences* dont un journal immensément répandu en France et en Europe annonce la publication dans ses feuilles? Tu t'étonnes avec raison de voir les pages domestiques de ma vie obscure livrées ainsi par moi, de mon vivant, aux regards indifférents de quelques milliers de lecteurs de feuilletons...

« Cette publicité, dis-tu, déflore les choses du cœur, et les feuilletons sont la monnaie de billon des livres. Pourquoi fais-tu cette faute? ajoutes-tu avec cette franchise un peu rude qui est le stoïcisme de la véritable amitié. Est-ce pour te nourrir de tes propres sentiments? Ils seront moins à toi quand ils seront à tout le monde. Est-ce pour de la gloire? Il n'y en a pas dans le berceau; il n'y en a que sur le tombeau d'un très-petit nombre d'hommes. La célébrité n'est que la gloire du jour; elle n'a pas de lendemain. Est-ce pour de l'argent? Mais c'est le payer trop cher! Explique-moi tout cela, ou arrête-toi, s'il en est temps, car je n'y comprends rien. »

Hélas! mon ami, je vais m'expliquer : mais je commence par convenir avec humilité que tu as raison sur tous les points. Seulement, quand tu auras entendu d'une oreille un peu partiale mon explication, peut-être conviendras-tu tristement à ton tour que je n'ai pas eu tort. Voici le fait tout nu; c'est une confidence aussi, et ce n'est peut-être pas la moins indiscrète.

Tu te souviens du temps de notre jeunesse, de ces jours d'automne que j'allais passer avec toi dans le solitaire château de ta mère, en Dauphiné, sur cette colline de *Bien-Assis*, à peine renflée sur la plaine de Crémieux, comme une vague décroissante qui apporte un navire à la plage. Je vois encore d'ici la terrasse couverte de ses arcades de vigne, la source dans le jardin sous deux saules pleureurs que ta mère venait de planter, et dont, sans doute, quelque rejeton s'effeuille maintenant sur sa tombe; les grands bois derrière où retentissait, le matin, la voix de tes chiens; le salon orné du portrait de ton père en uniforme d'officier général, avec un cordon rouge de l'ancien régime; la tourelle, enfin, toute pleine de livres, dont ta mère tenait la clef, et qui ne s'ouvrait qu'en sa présence, de peur que nos mains ne prissent la *ciguë* pour le *persil* parmi cette végétation touffue et trompeuse de la pensée humaine, où la panacée croît si près du poison.

Tu te souviens aussi de tes voyages de vacances à Milly, où tu as connu ma mère, qui t'aimait presque comme un fils! Sa gracieuse figure, ses yeux imbibés de la tendresse de son âme, le timbre ému et émouvant de sa voix, son sourire de paix où se répandait toujours une bonté, où jamais la plus légère raillerie ne contractait les lèvres, sont-ils restés dans ta mémoire?

« Quel rapport y a-t-il, me diras-tu, entre tout cela, le château de Bien-Assis, la maisonnette de Milly, ma mère et la tienne, et la publication de ces pages de ta jeunesse? »

Tu vas voir!

Ma mère avait l'habitude, prise de bonne heure, dans l'éducation un peu romaine qu'elle avait reçue à Saint-Cloud, de mettre un intervalle de recueillement entre le jour et le sommeil, comme les sages cherchent à en mettre un entre la vie et la mort. Quand tout le monde était couché dans sa maison, que ses enfants dormaient dans leurs petits lits autour du sien, qu'on n'entendait plus que le souffle régulier de leurs respirations dans la chambre, le bruit du vent contre les volets, les aboiements du chien dans la cour, elle ouvrait doucement la porte d'un cabinet rempli de livres d'éducation, de dévotion, d'histoire; elle s'asseyait devant un petit bureau de bois de rose incrusté d'ivoire et de nacre, dont les compartiments dessinaient des bouquets de fleurs d'oranger; elle tirait d'un tiroir de petits cahiers reliés en carton gris comme des livres de compte. Elle écrivait sur ces feuilles, pendant une ou deux heures, sans relever la tête et sans que la plume se suspendît une seule fois sur le papier pour attendre la chute du mot à sa place. C'était l'histoire domestique de la journée, les annales de l'heure, le souvenir fugitif des choses et des impressions, saisi au vol et arrêté dans sa course, avant que la nuit l'eût fait envoler : les dates heureuses ou tristes, les événements intérieurs, les épanchements d'inquiétude et de mélancolie, les élans de reconnaissance et de joie, les prières toutes chaudes jaillies du cœur à Dieu, toutes les notes sensibles d'une nature qui vit, qui aime, qui jouit, qui souffre, qui bénit, qui invoque, qui adore, une âme écrite enfin !...

Ces notes jetées ainsi à la fin des jours sur le papier comme des gouttes de son existence, ont fini par s'accumuler et par former, à sa mort, un précieux trésor de souvenirs pour ses enfants. Il y en a vingt-deux volumes. Je les ai toujours sous la main, et quand je veux retrouver, revoir, entendre l'âme de ma mère, j'ouvre un de ces volumes, et elle m'apparaît.

Or, tu sais combien les habitudes sont héréditaires. Hélas ! pourquoi les vertus ne le sont-elles pas aussi ?... Cette habitude de ma mère fut de bonne heure la mienne. Quand je sortis du collége, elle me montra ces pages et elle me dit :

« Fais comme moi : donne un miroir à la vie. Donne une heure à l'enregistrement de tes impressions, à l'examen silencieux de ta conscience. Il est bon de penser, le jour, avant de faire tel ou tel acte : « J'aurai « à en rougir ce soir devant moi-même en l'écrivant. » Il est doux aussi de fixer les joies qui nous échappent ou les larmes qui tombent de nos yeux, pour les retrouver, quelques années après, sur ces pages, et pour se dire : « Voilà donc de quoi j'ai été heureux ! Voilà donc de

« quoi j'ai pleuré! » Cela apprend l'instabilité des sentiments et des choses; cela fait apprécier les jouissances et les peines, non pas à leur prix du moment, qui nous trompe, mais au prix seul de l'éternité, qui seule ne nous trompe pas! »

J'écoutai ces paroles et j'obéis. Seulement je n'obéis pas à la lettre. Je n'écrivis pas tous les jours, comme ma mère, le jour écoulé. L'emportement de la vie, la fougue des passions, l'entraînement des lieux, des personnes, des pensées, des choses, le dégoût d'une conscience souvent troublée, que je n'aurais contemplée qu'avec humiliation et avec douleur, m'empêchèrent de tenir ce registre de mes pas dans la vie avec la pieuse régularité de cette sainte femme. Mais de temps en temps, aux heures de calme où l'âme s'assoit, aux époques de solitude où le cœur rappelle à soi les tendresses et les images, aux temps morts de l'existence où l'on ne revit que du passé, j'écrivis (sans soin et sans songer si jamais un autre œil que le mien lirait ces pages), j'écrivis, dis-je, non toutes, mais les principales émotions de ma vie intérieure. Je remuai du bout de ma plume la cendre froide ou chaude de mon passé. Je soufflai sur ces charbons éteints de mon cœur pour en ranimer quelques jours de plus la lueur et la chaleur dans mon sein! Je fis cela à sept ou huit reprises de ma vie, sous la forme de notes, dont l'une n'a de liaison avec l'autre que l'identité de l'âme qui les a dictées.

Suis-moi encore un moment et pardonne à la longueur de ma lettre.

Il y a cinq ou six ans, j'étais allé, pendant un été, me réfugier, pour travailler en paix à l'*Histoire de la Révolution française*, dans la petite île d'*Ischia*, au milieu du golfe de Gaëte, séparé du continent par cette belle mer sans laquelle aucun site n'est complet pour moi ; l'infini visible qui fait sentir aux yeux les bords du temps et entrevoir l'existence sans bords. Ischia, comme tu le verras en lisant ces pages, m'a toujours été cher à un autre titre. C'est la scène de deux des plus tendres réminiscences de ma vie : l'une suave et juvénile comme l'enfance ; l'autre grave, forte et durable comme l'âge d'homme. On aime les lieux où l'on a aimé. Ils semblent nous conserver notre cœur d'autrefois et nous le rendre intact pour aimer encore.

Un jour donc de l'été de 1843, j'étais seul, étendu à l'ombre d'un citronnier, sur la terrasse de la maisonnette de pêcheur que j'occupais, à regarder la mer, à écouter ses lames qui apportent et remportent les coquillages bruissants de ses grèves, et à respirer la brise que le contre-coup de chaque flot faisait jaillir dans l'air, comme l'éventail humide qu'agitent les pauvres nègres sur le front de leurs maîtres dans nos tropiques. J'avais fini de dépouiller, la veille, les mémoires, les manuscrits et les documents que j'avais apportés pour l'*Histoire des Gironains*. Les matériaux me manquaient.

J'avais rouvert ceux qui ne nous manquent jamais, nos souvenirs. J'écrivais sur mon genou l'histoire de *Graziella*, ce triste et charmant pressentiment d'amour que j'avais rencontré autrefois dans ce même golfe, et je l'écrivais en face de l'île de *Procida*, en vue de la ruine de la petite maison dans les vignes et du jardin sur la côte, que son ombre semblait me montrer encore du doigt. Je voyais sur la mer s'approcher une barque à pleine voile, dans des flots d'écume, sous un soleil ardent. Un jeune homme et une jeune femme cherchaient à abriter leurs fronts sous l'ombre du mât.

La porte de la terrasse s'ouvrit. Un petit garçon d'Ischia, servant de guide aux nouveaux débarqués dans l'île, entra et m'annonça inopinément un étranger.

Je vis s'approcher un jeune homme de haute et souple stature, d'une démarche lente et mesurée comme celle de quelqu'un qui porte une pensée et qui craint de la répandre; d'un visage mâle et doux, encadré d'une barbe noire; d'un profil qui se découpait sur le ciel bleu en deux pures lignes grecques, comme ces physionomies des jeunes disciples de Platon qu'on retrouve dans le sable du Pirée, sur des médailles ou sur des pierres taillées d'un blanc bistre. Je reconnus la démarche, le profil et la voix timbrée d'Eugène Pelletan, un des amis de mon second âge. Tu connais ce nom comme celui d'un des écrivains qui ont le plus de lueur matinale de notre gloire future sur leurs premières pages, pressentiments vivants des idées qui vont éclore, précurseurs du siècle où nous ne serons présents que par nos vœux. J'aime Pelletan de cet attrait qu'on a pour l'avenir. Je le reçois comme une bonne nouvelle et comme un ami. Il est de ces hommes qui n'importunent jamais, mais qui vous aident à penser comme à sentir.

Il avait laissé sa jeune et gracieuse femme dans une maison de la plage. Après avoir causé un moment de la France et de cette île, où il avait appris, par hasard, à Naples, que j'étais retiré, il vit des pages sur mes genoux, un crayon à demi usé entre mes doigts. Il me demanda ce que je faisais. « Voulez-vous l'entendre, lui dis-je, pendant que votre jeune femme dort pour se reposer de la traversée, et que vous vous reposerez vous-même contre ce tronc d'oranger? Je vais vous lire. » Et je lui lus, pendant que le soleil baissait derrière l'*Epomeo*, haute montagne de l'île, quelques-unes des pages de l'histoire de *Graziella*. Le lieu, l'heure, l'ombre, le ciel, la mer, le parfum des arbres, se répandirent sur les pages sans couleur et sans parfum, et lui firent l'illusion de l'inattendu et du lointain. Il en parut ému. Nous fermâmes le livre. Nous descendîmes à la plage; nous visitâmes l'île dans la soirée, avec sa femme; je lui donnai l'hospitalité d'une nuit, et il repartit.

Je restai jusqu'aux premières tempêtes d'automne à Ischia, et je repartis moi-même pour Saint-Point.

Des affaires pressantes m'y rappelaient : *Res angusta domi*, comme dit Horace; triste mot que les modernes ont traduit par *gêne domestique, embarras de fortune, difficulté de vivre* selon son état. — Comment les connais-tu? me dis-tu sans doute. Ne pouvais-tu pas t'en affranchir en servant honorablement ton pays, qui ne t'a jamais fermé la carrière de ses négociations largement rétribuées? — C'est vrai, mais j'ai préféré, depuis 1830, servir à mes dépens dans l'armée de Dieu, soldat sans solde des idées qui n'ont pas de budget sur la terre. Quoi qu'il en soit, on me demandait inopinément le remboursement d'une somme considérable que j'avais empruntée pour racheter de ma famille la terre et la maison de ma mère, ce Milly que tu connaissais tant et où nous avons tant rêvé et tant erré ensemble quand tu avais seize ans et moi quinze. A la mort de ma mère, ce bien de cœur plus que de terre allait se vendre pour être partagé en cinq parts dont je n'avais pas une. Il allait passer à des inconnus. Mes sœurs et mes beaux-frères, aussi affligés que moi, m'offraient généreusement tous les moyens de sauver le dépôt commun de leurs souvenirs. J'étais plus riche alors; je fis un effort surnaturel; j'achetai Milly. J'espérais y finir mes jours. Le poids de cette terre dont je payai jusqu'au dernier cep avec de l'argent d'emprunt, m'écrasa longtemps. J'acceptai joyeusement ce poids pour ne pas vendre un sentiment avec un sillon. Je ne m'en repentis jamais ; je ne m'en repens pas encore. Mais enfin l'heure arrivait où il fallait ou succomber ou vendre. Je retardais en vain. Si le temps a des ailes, les intérêts d'un capital ont la rapidité et le poids du wagon.

J'étais navré.... Je me retournais dans mon angoisse. Je prenais mon parti ; puis je revenais sur ma résolution prise. Je regardais de loin avec désespoir ce petit clocher gris sur le penchant de la colline, le toit de la maison, la tête des tilleuls que tu connais et qu'on voit de la route, par-dessus les tuiles du village. Je me disais : « Je ne pourrai plus passer sur cette route ; je ne pourrai plus regarder de ce côté. Ce clocher, cette colline, ce toit, ces murs, me reprocheront toute ma vie de les avoir livrés pour quelques sacs d'écus ! Et ces bons habitants ! et ces braves et pauvres vignerons, qui sont mes frères de lait et avec lesquels j'ai passé mon enfance, mangeant le même pain à la même table ! que diront-ils ? que deviendront-ils quand on va leur apprendre que j'ai vendu leurs prés, leurs vignes, leur toit, leurs vaches et leurs chèvres, et qu'un nouveau possesseur, qui ne les connaît pas, qui ne les aime pas, va bouleverser demain peut-être toute leur destinée, enracinée comme la mienne dans ce sol ingrat mais natal ? »

Cependant l'heure pressait. Je fis venir un de ces hommes estimés dans le pays, qui achètent les propriétés en bloc pour les revendre en détail, un de ces monnayeurs intelligents de la terre, et je lui dis : « Vendez-moi de Milly ce qu'il faut pour faire cent mille francs, » ou plutôt, comme dit au juif le marchand de Venise, dans Shakspeare : « Vendez-moi un morceau de ma chair ! »

Cet homme, que tu connais, car il est de ton pays,

M. M***, était sensible. Je vis des larmes dans ses yeux. Il aurait donné son bénéfice pour me sauver cette peine; mais il n'y avait plus à délibérer. Nous allâmes ensemble sur les lieux, sous un prétexte vague, pour examiner quelle partie du domaine pouvait le plus convenablement s'en détacher et se diviser en lots accessibles aux acquéreurs du voisinage. Mais c'est là que l'embarras devint plus insoluble et l'angoisse plus déchirante entre nous. « Monsieur, me disait-il en étendant le bras et en coupant l'air du geste comme un arpenteur coupe le terrain, voilà un lot qui se vendrait facilement ensemble, et qui n'ébrécherait pas trop ce qui vous restera. — Oui, répondais-je, mais c'est la vigne qu'a plantée mon père l'année de ma naissance, et qu'il nous a toujours recommandé de conserver comme la meilleure pièce du domaine arrosé de sa sueur, en mémoire de lui. — Eh bien, reprenait l'appréciateur, en voilà un autre qui tenterait bien les acheteurs de petite fortune, parce qu'il est propre au bétail. — Oui, répliquais-je, mais cela ne se peut pas; c'est la rivière, le pré et le verger où notre mère nous faisait jouer et baigner dans notre enfance, et où elle a élevé avec tant de soin ces pommiers, ces abricotiers et ces cerisiers pour nous. Cherchons ailleurs. — Ce coteau derrière la maison? — Mais c'est celui qui bornait le jardin et qui faisait face à la fenêtre du salon de famille! Qui pourrait maintenant le regarder sans larmes dans les yeux? — Ce groupe de maisons détachées avec ces vignes en pente qui descendent dans la vallée? — Oh! c'est la maison du père nourricier de mes sœurs et de la vieille femme qui m'a élevé moi-même avec tant d'amour. Autant vaudrait leur acheter deux places au cimetière, car le chagrin de se voir chassés de leur toit et de leurs vignes ne tarderait pas à les y conduire. — Eh bien, la maison principale avec les bâtiments, les jardins et l'espace autour de l'enclos? — Mais j'y veux mourir dans le lit de mon père. C'est impossible; ce serait le suicide de tous les sentiments de la famille.—Qu'avez-vous à dire contre ce fond de vallon qu'on n'aperçoit pas de vos fenêtres?— Rien, si ce n'est qu'il contient l'ancien cimetière où furent ensevelis sous mes yeux, pendant mon enfance, mon petit frère et une sœur que j'ai tant pleurés. Allons ailleurs!... »

Nous marchâmes en vain, nous ne trouvâmes rien qui pût se détacher sans emporter en même temps un lambeau de mon âme. Je rentrai tristement le soir à la maison. Je ne dormis pas.

Le lendemain matin le facteur rural me remit un paquet de lettres. Il y en avait une de Paris. L'adresse était écrite d'une de ces écritures nettes, cursives, brèves, qui annoncent la promptitude, la précision et la fermeté de résolution de l'esprit dans la volubilité de la main. Je l'ouvris. Elle était de M. de G*** : « M. Pelletan, me disait-il, m'a parlé avec intérêt de quelques pages de souvenirs d'enfance dont il a entendu la lecture à *Ischia*. Voulez-vous les envoyer à la *Presse*? Elle vous enverra en échange la somme que vous demanderez. » Je répondis, sans hésiter, par un remercîment et par un refus : « Le prix offert par le journal, disais-je à M. de G***, est bien au-dessus de quelques pages sans valeur ; mais je ne pourrais me décider à publier des reliques poudreuses de ma mémoire sans intérêt pour tout autre regard que le mien. »

La lettre partit. Le notaire vint, six jours après, pour rédiger le projet de vente de Milly. L'homme d'affaires en avait dépecé enfin une première parcelle de cinquante mille francs prête à trouver un acheteur. L'acte était sur la table. D'un mot j'allais aliéner pour jamais cette part de mes yeux. La main me tremblait, mon regard se troublait, le cœur me manqua.

A ce moment on ouvrit ma porte. C'était le facteur. Il jeta sur la table une lettre de Paris. M. de G*** insistait avec une obligeance qui avait l'accent et le sentiment de l'amitié. Il me donnait trois ans pour m'accoutumer à cette idée. Le lointain enleva les angles de toutes les difficultés. Il affaiblit tout en voilant tout. Je ne me dissimulai rien des amertumes qui découleraient pour moi de l'engagement que j'allais prendre. Je pesai d'un côté la tristesse de voir des yeux indifférents parcourir les fibres palpitantes de mon cœur à nu sous des regards sans indulgence ; de l'autre, le déchirement de ce cœur dont l'acte allait détacher un morceau de ma propre main. Il fallait faire un sacrifice d'amour-propre ou un sacrifice de sentiment. Je mis la main sur mes yeux, je fis le choix avec mon cœur. Le projet de vente tomba déchiré de mes mains et je répondis à M. de G*** : « J'accepte. » Milly fut sauvé et je fus lié. Pense à *Bien-Assis* et condamne-moi, si tu l'oses. A ma place, aurais-tu fait autrement?

Rassure-toi cependant. En livrant ces simples pages, je n'ai livré que moi. Il n'y a là ni un nom, ni une mémoire qui puisse souffrir une peine ou une ombre de mon indiscrétion. J'ai peu rencontré de méchants sur ma route, j'ai vécu dans une atmosphère de bonté, de génie, de générosité, d'amour et de vertu, je ne me souviens que des bons. J'oublie sans effort les autres. Mon âme est comme ces cribles où les laveurs d'or du Mexique recueillent les paillettes du pur métal dans les torrents des Cordillères. Le sable en retombe, l'or y reste. A quoi bon charger sa mémoire de ce qui ne sert pas à nourrir, à charmer ou à consoler le cœur?...

Maintenant, quand le chagrin de cette publicité à subir pèse trop douloureusement sur ma pensée ; quand je me représente la pitié des uns, le sourire des autres, tout en feuilletant ces pages qui devaient rester dans l'ombre, comme des larcins faits à la pudeur de la vie ou à l'intimité du foyer de famille, je fais seller mon cheval ; je monte à petits pas le sentier rocailleux de Milly ; je regarde à droite et à gauche, dans les prés et dans les vignes, les paysans qui me saluent de loin d'un hochement de tête affectueux, d'un geste ami et d'un sourire de vieille connaissance ; je vais m'asseoir, au soleil d'automne, dans le coin le plus reculé du jardin, d'où l'on voit le mieux le toit paternel, les vignes, le verger ; je contemple d'un œil humide cette petite maison carrée dont un immense lierre planté par ma mère arrondit et verdit les angles, comme des arcs-boutants naturels sortis de la terre pour empêcher nos vieux murs de s'écrouler avant moi ; j'écoute le bruit de la pioche des vignerons qui remuent la glèbe sur la colline que je leur ai conservée ; je vois s'élever de leurs toits de lave la fumée du sarment que les femmes allument à leurs vieux foyers et qui les rappelle des champs ; je regarde l'ombre des tilleuls que le soir grandit s'allonger lentement jusqu'à moi, comme des fantômes qui viennent me lécher les pieds pour me bénir... Je me dis : « Le monde me blâme, mes amis ne me comprennent pas, c'est juste ! Je n'ai pas le droit de me plaindre.... Mais ce jardin, cette maison vide, ces vignes, ces arbres, ces vieillards, ces femmes, ces enfants me remercient d'un peu de honte supportée pour les conserver intacts ou heureux autour de moi jusqu'au lendemain de mon dernier soir ! Eh bien, acceptons pour eux cette peine. Je la raconterai une fois à mon père, à ma mère, à l'ombre de mes sœurs, quand je les retrouverai dans la maison du père de famille éternel; et ils ne m'accuseront pas, eux! ils me plaindront et ils me béniront peut-être pour ce que j'ai fait!... »

Fais donc comme eux, toi, mon vieil ami! Sois indulgent! Et, si tu ne peux m'approuver, excuse-moi du moins, en pensant aux murs et aux arbres où tu vieillis dans l'atmosphère de tes premières années et tout enveloppé de la mémoire de tes pères!...

Saint-Point, 25 décembre 1847.

LES CONFIDENCES

LIVRE PREMIER

I

A M. ***

Vous voulez connaître la première moitié de ma vie! car vous m'aimez; mais vous ne m'aimez que dans le présent et dans l'avenir; mon passé vous échappe; c'est une part de moi qui vous est ravie, il faut vous la restituer. Et moi aussi il me sera quelquefois doux, souvent pénible, de remonter pour vous et avec vous jusqu'à ces sources vives et voilées de mon existence, de mes sentiments, de mes pensées. Quand le fleuve est troublé et ne roule plus que des ondes tumultueuses et déjà amères, entre des sables arides, avant de les perdre dans l'océan commun, qui n'aimerait à remonter flot à flot et vallée par vallée les longues sinuosités de son cours, pour admirer de l'œil et puiser dans le creux de sa main ses premières ondes sortant du rocher, cachées sous les feuilles, fraîches comme la neige d'où elles pleuvent, bleues et profondes comme le ciel de la montagne qui s'y réfléchit? Ah! ce que vous me demandez de faire sera un délicieux rafraîchissement pour mon âme, en même temps qu'une curiosité tendre et satisfaite pour vous. Je touche à ce point indécis de la vie humaine où, arrivé au milieu des années que Dieu mesure ordinairement aux hommes les plus favorisés, on est un moment comme suspendu entre les deux parts de son existence, ne sachant pas bien si l'on monte encore ou si l'on commence déjà à descendre. C'est l'heure de s'arrêter un moment, si l'on prend encore quelque intérêt à soi-même, ou, si un autre en prend encore à vous, de jeter quelques regards en arrière et de ressaisir, à travers les ombres qui commencent déjà à s'étendre et à vous les disputer, les sites, les heures, les personnes, les douces mémoires que le soir efface et qu'on voudrait faire revivre à jamais dans le cœur d'un autre, comme elles vivent à jamais dans votre propre cœur. Mais, au moment de commencer pour vous à déplier ces plis si intimes et si soigneusement fermés de mes souvenirs, je sens des flots de tendresse, de mélancolie et de douleur monter tout brûlants du fond de ma poitrine et me fermer presque la voix avec tous les sanglots de ma vie passée; ils étaient comme endormis, mais ils n'étaient pas morts; peut-être ai-je tort de les remuer, peut-être ne pourrai-je pas continuer. Le silence est le linceul du passé; il est quelquefois impie, souvent dangereux de le soulever. Mais, lors même qu'on le soulève pieusement et avec amour, le premier moment est cruel. Avez-vous passé quelquefois par une de ces plus terribles épreuves de la vie? J'y ai passé deux fois, moi, et je n'y pense jamais sans un frisson.

La mort vous a enlevé par une surprise, et en votre absence, un des êtres dans lequel vous viviez le plus vous-même, une mère, un enfant, une femme adorée. Rappelé par la fatale nouvelle, vous arrivez avant que la terre ait reçu le dépôt sacré de ce corps à jamais endormi. Vous franchissez le seuil, vous montez l'escalier, vous entrez dans la chambre, on vous laisse seul avec Dieu et la mort. Vous tombez à genoux auprès du lit, vous restez des heures entières les bras étendus, le visage collé contre les rideaux de la couche funèbre. Vous vous relevez enfin, vous faites çà et là quelques pas dans la chambre. Vous vous approchez, vous vous éloignez tour à tour de ce lit où un drap blanc, affaissé sur un corps immobile, dessine les formes de l'être que vous ne reverrez plus jamais. Un doute horrible vous saisit : je puis soulever le linceul, je puis voir encore une fois le visage adoré. Faut-il le revoir tel que la mort l'a fait? Faut-il baiser ce front à travers la toile et ne revoir jamais ce visage disparu que dans sa mémoire et avec la couleur, le regard et la physionomie que la vie lui donnait? Lequel vaut mieux pour la consolation de celui qui survit, pour le culte de celui qui est mort? Problème douloureux! Je conçois trop qu'on se le pose et qu'on le résolve différemment. Quant à moi, je me le suis posé, mais l'instinct a toujours prévalu sur le raisonnement. J'ai voulu revoir, j'ai revu! Et la tendre piété du souvenir que je voulais imprimer en moi n'en a point été altérée : la mémoire du visage animé et vivant, se confondant dans ma pensée avec la mémoire du visage immobile et comme sculpté en marbre par la mort, a laissé pour mon âme, sur ces visages pétrifiés dans ma tendresse, quelque chose de palpitant comme la vie et d'immuable comme l'immortalité.

J'éprouve quelque chose de ce sentiment d'hésitation en rouvrant pour vous ce livre scellé de ma mémoire. Sous ce voile de l'oubli il y a une morte : c'est ma jeunesse ! Que d'images délicieuses, mais aussi que de regrets saignants se ranimeront avec elle ! N'importe ; vous le voulez, je vous obéis. Dans quelle main plus douce et plus pieuse pourrais-je remettre, pour les conserver quelques jours, les cendres encore tièdes de ce qui fut mon cœur ?

II

Mon Dieu ! j'ai souvent regretté d'être né ! j'ai quelquefois désiré de reculer jusqu'au néant, au lieu d'avancer, à travers tant de mensonges, tant de souffrances et tant de pertes successives, vers cette perte de nous-mêmes que nous appelons la mort ! Cependant, même dans ces moments où le désespoir l'emporte sur la raison, et où l'on oublie que la vie est un travail imposé pour nous achever nous-mêmes, je me suis toujours dit : Il y a quelque chose que je regretterais de n'avoir pas goûté, c'est le lait d'une mère, c'est l'affection d'un père, c'est cette parenté des âmes et des cœurs avec des frères ; ce sont les tendresses, les joies et même les tristesses de la famille ? La famille est évidemment un second nous-mêmes, plus grand que nous-mêmes, existant avant nous et nous survivant avec ce qu'il y a de meilleur de nous ; c'est l'image de la sainte et amoureuse unité des êtres révélée par le petit groupe d'êtres qui tiennent les uns aux autres et rendue visible par le sentiment! J'ai souvent compris qu'on voulût étendre la famille; mais la détruire!... c'est un blasphème contre la nature et une impiété contre le cœur humain! Où s'en iraient toutes ces affections qui sont nées là et qui ont leur nid sous le toit paternel? La vie n'aurait point de source, elle ne saurait ni d'où elle vient ni où elle va. Toutes ces tendresses de l'âme deviendraient des abstractions de l'intelligence. Ah! le chef-d'œuvre de Dieu, c'est d'avoir fait que ses lois les plus conservatrices de l'humanité fussent en même temps les sentiments les plus délicieux de l'individu! Tant qu'on n'aime pas, on ne comprend pas!

Heureux celui que Dieu a fait naître d'une bonne et sainte famille! c'est la première des bénédictions de la destinée; et quand je dis une bonne famille, je n'entends pas une famille noble de cette noblesse que les hommes honorent et qu'ils enregistrent sur du parchemin. Il y a une noblesse dans toutes les conditions. J'ai connu des familles de laboureurs où cette pureté de sentiments, où cette chevalerie de probité, où cette fleur de délicatesse, où cette légitimité des traditions qu'on appelle la noblesse, étaient aussi visibles dans les actes, dans les traits, dans le langage, dans les manières, qu'elles le furent jamais dans les hautes races de la monarchie. Il y a la noblesse de la nature comme celle de la société, et c'est la meilleure. Peu importe à quel étage de la rue ou de quelle grandeur dans les champs soit formé le foyer domestique, pourvu qu'il soit le refuge de la piété, de l'intégrité et des tendresses de la famille qui s'y perpétue! La prédestination de l'enfant, c'est la maison où il est né; son âme se compose surtout des impressions qu'il y a reçues. Le regard des yeux de notre mère est une partie de notre âme qui pénètre en nous par nos propres yeux.

Quel est celui qui, en revoyant ce regard seulement en songe ou en idée, ne sent pas descendre dans sa pensée quelque chose qui en apaise le trouble et qui en éclaire la sérénité ?

Dieu m'a fait la grâce de naître dans une de ces familles de prédilection qui sont comme un sanctuaire de piété où l'on ne respire que la bonne odeur que quelques générations y ont répandue en traversant successivement la vie; famille sans grand éclat, mais sans tache, placée par la Providence à un de ces rangs intermédiaires de la société où l'on tient à la fois à la noblesse par le nom et au peuple par la modicité de la fortune, par la simplicité de la vie et par la résidence à la campagne, au milieu des paysans, dans les mêmes habitudes et à peu près dans les mêmes travaux. Si j'avais à renaître sur cette terre, c'est encore là que je voudrais renaître. On y est bien placé pour voir et pour comprendre les conditions diverses de l'humanité... au milieu. Pas assez haut pour être envié, pas assez bas pour être dédaigné ; point juste et précis où se rencontrent et se résument dans les conditions humaines l'élévation des idées que produit l'élévation du point de vue, le naturel des sentiments que conserve la fréquentation de la nature.

III

Sur les bords de la Saône, en remontant son cours, à quelques lieues de Lyon, s'élève entre des villages et des prairies, au penchant d'un coteau à peine renflé au-dessus des plaines, la ville petite mais gracieuse de Mâcon. Deux clochers gothiques, décapités par la révolution et minés par le temps, attirent l'œil et la pensée du voyageur qui descend vers la Provence ou vers l'Italie, sur les bateaux à vapeur dont la rivière est tout le jour sillonnée. Au-dessous de ces ruines de la cathédrale antique s'étendent, sur une longueur d'une demi-lieue, de longues files de maisons blanches et des quais où l'on débarque et où l'on embarque les marchandises du midi de la France et les produits des vignobles mâconnais. Le haut de la ville, que l'on n'aperçoit pas de la rivière, est abandonné au silence et au repos. On dirait d'une ville espagnole. L'herbe y croît l'été entre les pavés. Les hautes murailles des anciens couvents en assombrissent les rues étroites. Un collége, un hôpital, des églises, les unes restaurées, les autres délabrées et servant de magasins aux tonneliers du pays ; une grande place plantée de tilleuls à ses deux extrémités, où les enfants jouent, où les vieillards s'assoient au soleil dans les beaux jours ; de longs faubourgs à maisons basses qui montent en serpentant jusqu'au sommet de la colline, à l'embouchure des grandes routes ; quelques jolies maisons dont une face regarde la ville, tandis que l'autre est déjà plongée dans la campagne et dans la verdure ; et, aux alentours de la place, cinq ou six hôtels ou grandes maisons presque toujours fermées, qui reçoivent, l'hiver, les anciennes familles de la province : voilà le coup d'œil de la haute ville. C'est le quartier de ce qu'on appelait autrefois la noblesse et le clergé ; c'est encore le quartier de la magistrature et de la propriété. Il en est de même partout : les populations descendent des hauteurs pour travailler, et remontent pour se reposer. Elles s'éloignent du bruit dès qu'elles ont le bien-être.

A l'un des angles de cette place, qui était avant la révolution un rempart, et qui en conserve le nom, on voit une grande et haute maison percée de fenêtres rares et dont les murs élevés, massifs et noircis par la pluie et éraillés par le soleil, sont reliés depuis plus d'un siècle par de grosses clefs de fer. Une porte haute et large, précédée d'un perron de deux marches, donne entrée dans un long vestibule, au fond duquel un lourd escalier en pierre brille au soleil par une fenêtre colossale et monte d'étage en étage pour desservir de nombreux et profonds appartements. C'est là la maison où je suis né.

IV

Mon grand-père vivait encore. C'était un vieux gentilhomme qui avait servi longtemps dans les armées de Louis XV, et avait reçu la croix de Saint-Louis à la bataille de Fontenoy. Rentré dans sa province avec le grade de capitaine de cavalerie, il y avait rapporté les habitudes d'élégance, de splendeur et de plaisir contractées à la cour ou dans les garnisons. Possesseur d'une belle fortune dans son pays, il avait épousé une riche héritière de Franche-Comté, qui lui avait apporté en dot de belles terres et de grandes forêts dans les environs de Saint-Claude et dans les gorges du Jura, non loin de Genève. Il avait six enfants, trois fils et trois filles. D'après les idées du temps, la fortune de la famille avait été destinée tout entière à l'aîné de ces fils. Le second était entré malgré lui dans l'état ecclésiastique, pour lequel il n'avait aucune vocation. Des trois filles, deux avaient été élevées dans des couvents, l'autre était chanoinesse et avait fait ses vœux. Mon père était le dernier né de cette nombreuse famille. Dès l'âge de seize ans on l'avait mis au service dans le même régiment où avait servi avant lui son père. Il ne devait jamais se marier : c'était la règle du temps. Il devait vieillir dans le grade modeste de capitaine de cavalerie, auquel il était arrivé de bonne heure ; venir de temps en temps en semestre dans la maison paternelle; gagner lentement la croix de Saint-Louis, terme unique des ambitions du gentilhomme de province ; puis, dans son âge avancé, pourvu d'une petite pension du roi et d'une légitime plus mince encore, végéter dans une chambre haute de quelque vieux château de son frère aîné, surveiller le jardin, chasser avec le curé, dresser les chevaux, jouer avec les enfants, faire la partie d'échecs ou de trictrac des voisins, complaisant né de tout le monde, esclave domestique, heureux de l'être, aimé mais négligé de tout le monde, et achevant ainsi sa vie, inaperçu, sans biens, sans femme, sans postérité, jusqu'à ce que les infirmités et la maladie le reléguassent du salon dans la chambre nue, où pendaient au mur son casque et sa vieille épée, et qu'on dît un jour dans le château : « Le chevalier est mort. »

Mon père était le chevalier de Lamartine, et cette vie lui était destinée. Modeste et respectueux, il l'aurait acceptée en gémissant, mais sans murmure. Une circonstance vint changer inopinément tous ces arrangements du sort. Son frère aîné devint valétudinaire ; les médecins lui déconseillèrent le mariage. Il dit à son père : « Il faut marier le chevalier. » Ce fut un soulèvement général de tous les sentiments de famille et de tous les préjugés de l'habitude dans l'esprit et dans le cœur du vieux gentilhomme. Les chevaliers ne sont pas faits pour se marier. On laissa mon père à son régiment. On ajourna d'année en année cette difficulté qui révoltait surtout ma grand'mère. — Marier le chevalier ! c'est monstrueux.

— D'un autre côté, laisser éteindre l'humble race et le nom obscur, c'était un crime contre le sang. Il fallait pourtant se décider. On ne se décidait pas, et la révolution approchait.

V

Il y avait à cette époque en France, et il y a encore en Allemagne, une institution religieuse et mondaine à la fois, dont il nous serait difficile de nous faire une idée aujourd'hui sans sourire, tant le monde et la religion s'y trouvaient rapprochés et confondus dans un contraste à la fois charmant et sévère. C'était ce qu'on appelle un chapitre de chanoinesses nobles. Voici ce qu'étaient ces chapitres.

Dans une province et dans un site ordinairement bien choisis, non loin de quelque grande ville dont le voisinage animait ces espèces de couvents sans clôture, les familles riches et nobles du royaume envoyaient vivre, après avoir fait ce qu'on appelait des preuves, celles de leurs filles qui ne se sentaient pas de goût pour l'état de religieuses cloîtrées et à qui cependant ces familles ne pouvaient faire des dots suffisantes pour les marier.

On leur donnait à chacune une petite dot, on leur bâtissait une jolie maison entourée d'un petit jardin, sur un plan uniforme, groupée autour de la chapelle du chapitre. C'étaient des espèces de cloîtres libres rangés les uns à côté des autres, mais dont la porte restait à demi ouverte au monde; une sorte de sécularisation imparfaite des ordres religieux d'autrefois; une transition élégante et douce entre l'Église et le monde. Ces jeunes personnes entraient là dès l'âge de quatorze à quinze ans. Elles commençaient par y vivre sous la surveillance très-peu gênante des chanoinesses les plus âgées qui avaient fait leurs vœux et à qui leurs familles les avaient confiées ; puis, dès qu'elles avaient vingt ans, elles prenaient elles-mêmes la direction de leurs ménages, elles s'associaient avec une ou deux de leurs amies et vivaient en commun par petits groupes de deux ou trois.

Elles ne vivaient guère au chapitre que pendant la belle saison. L'hiver, elles étaient rappelées dans les villes des environs, au sein de leur famille, pour y passer un semestre de plaisir et décorer le salon de leurs mères. Pendant les mois de résidence au chapitre, elles n'étaient astreintes à rien, si ce n'est à aller deux fois par jour chanter l'office dans l'église, et encore le moindre prétexte suffisait pour les en exempter. Le soir elles se réunissaient, tantôt chez l'abbesse, tantôt chez l'une d'entre elles, pour jouer, causer, faire des lectures, sans autre règle que leur goût, sans autre surveillance que celle d'une vieille chanoinesse, gardienne indulgente de ce charmant troupeau. On devait seulement rentrer à certaines heures. Les hommes étaient exclus de ces réunions, mais il y avait une exception qui conciliait tout. Les jeunes chanoinesses pouvaient recevoir chacune leurs frères en visites pendant un certain nombre de jours, et elles pouvaient les présenter à leurs amies dans les sociétés du chapitre. Là se formaient naturellement les plus tendres liaisons de cœur entre les jeunes officiers venant passer quelques jours de semestre chez leur sœur et les jeunes amies de cette sœur. Il s'ensuivait bien de temps en temps quelques enlèvements ou quelques chuchotements dans le chapitre ; mais en général une pieuse réserve, une décence irréprochable, présidaient à ces rapports d'intimité si délicate, et les sentiments mutuellement conçus, ranimés par des visites annuelles au chapitre, donnaient lieu plus tard à des mariages d'inclination, si rares, à cette époque, dans la société française.

VI

Une des sœurs de mon père était chanoinesse d'un de ces chapitres nobles dans le Beaujolais, aux bords de la Saône, entre Lyon et Mâcon; elle avait fait ses vœux à vingt et un ans. Elle y avait une maison que mon grand-père avait bâtie pour elle. Elle y logeait une charmante amie de seize ans, qui venait d'entrer au chapitre. Mon père, en allant voir sa sœur à Salles (c'est le nom du village), fut frappé des grâces, de l'esprit et des qualités angéliques de cette jeune personne. La jeune recluse et le bel officier s'aimèrent. La sœur de mon père fut la confidente naturelle de cette mutuelle tendresse. Elle la favorisa, et, après bien des années de constance, bien des obstacles surmontés, bien des oppositions de famille vaincues, la destinée, dont le plus puissant ministre est toujours l'amour, s'accomplit, et mon père épousa l'amie de sa sœur.

VII

Alix des Roys, c'est le nom de notre mère, était fille de M. des Roys, intendant général des finances de M. le duc d'Orléans. Madame des Roys, sa femme, était sous-gouvernante des enfants de ce prince, favorite de cette belle et vertueuse duchesse d'Orléans que la révolution respecta, tout en la chassant de son palais et en conduisant ses fils dans l'exil et son mari à l'échafaud. M. et madame des Roys avaient un logement au Palais-Royal l'hiver, et à Saint-Cloud l'été. Ma mère y naquit; elle y fut élevée avec le roi Louis-Philippe, dans la familiarité respectueuse qui s'établit toujours entre les enfants à peu près du même âge, participant aux mêmes leçons et aux mêmes jeux.

Combien de fois ma mère ne nous a-t-elle pas entretenus de l'éducation de ce prince qu'une révolution avait jeté loin de sa patrie, qu'une autre révolution devait porter sur un trône? Il n'y a pas une fontaine, une allée, une pelouse des jardins de Saint-Cloud que nous ne connussions par ses souvenirs d'enfance avant de les avoir vues nous-mêmes. Saint-Cloud était pour elle son Milly, son berceau, le lieu où toutes ses premières pensées avaient germé, avaient fleuri, avaient végété et grandi avec les plantes de ce beau parc. Tous les noms sonores du dix-huitième siècle étaient les premiers noms qui s'étaient gravés dans sa mémoire.

Madame des Roys, sa mère, était une femme de mérite. Ses fonctions dans la maison du premier prince du sang attiraient et groupaient autour d'elle beaucoup de personnages célèbres de l'époque. Voltaire, à son court et dernier voyage à Paris, qui fut un triomphe, vint rendre visite aux jeunes princes. Ma mère, qui n'avait que sept à huit ans, assista à la visite, et, quoique si jeune, elle comprit, par l'impression qui se révélait autour d'elle, qu'elle voyait quelque chose de plus qu'un roi. L'attitude de Voltaire, son costume, sa canne, ses gestes, ses paroles, étaient restés gravés dans cette mémoire d'enfant comme l'empreinte d'un être antédiluvien dans la pierre de nos montagnes.

D'Alembert, Laclos, madame de Genlis, Buffon, Florian, l'historien anglais Gibbon, Grimm, Morellet, M. Necker, les hommes d'État, les gens de lettres, les philosophes du temps, vivaient dans la société de madame des Roys. Elle avait eu surtout des relations avec le plus immortel d'entre eux, Jean-Jacques Rousseau. Ma mère, quoique très-pieuse et très-étroitement attachée au dogme catholique, avait conservé une tendre admiration pour ce grand homme, sans doute parce qu'il avait plus qu'un génie, parce qu'il avait une âme. Elle n'était pas de la religion de son génie, mais elle était de la religion de son cœur.

VIII

Le duc d'Orléans, comte de Beaujolais aussi, avait la nomination d'un certain nombre de dames au chapitre de Salles, qui dépendait de son duché. C'est ainsi et c'est par lui que ma mère y fut nommée à l'âge de quinze à seize ans. J'ai encore un portrait d'elle fait à cet âge, indépendamment du portrait que toutes ses sœurs et que mon père lui-même nous ont si souvent tracé de mémoire. Elle est représentée dans son costume de chanoinesse. On voit une jeune personne, grande, élancée, d'une taille flexible, avec de beaux bras blancs sortant, à la hauteur du coude, des manches étroites d'une robe noire. Sur la poitrine est attachée la petite croix d'or du chapitre. Par-dessus ses cheveux noirs tombe et flotte, des deux côtés de la tête, un voile de dentelles moins noires que ses cheveux. Sa figure, toute jeune et toute naïve, brille seule au milieu de ces couleurs sombres.

Le temps a un peu enlevé la fraîcheur du coloris de quinze ans. Mais les traits sont aussi purs que si le pinceau du peintre n'était pas encore séché sur la palette. On y retrouve ce sourire intérieur de la vie, cette tendresse intarissable de l'âme et du regard, et surtout ce rayon de lumière si serein de raison, si imbibé de sensibilité, qui ruisselait comme une caresse éternelle de son œil un peu profond et un peu voilé par la paupière, comme si elle n'eût pas voulu laisser jaillir toute la clarté et tout l'amour qu'elle avait dans ses beaux yeux. On comprend, rien qu'à voir ce portrait, toute la passion qu'une telle femme dut inspirer à mon père, et toute la piété que plus tard elle devait inspirer à ses enfants.

Mon père lui-même, à cette époque, était digne par son extérieur et par son caractère de s'attacher le cœur d'une femme sensible et courageuse. Il n'était plus très-jeune : il avait trente-huit ans. Mais pour un homme d'une forte race, qui devait mourir jeune encore d'esprit et de corps à quatre-vingt-dix ans, avec toutes ses dents, tous ses cheveux et toute la sévère et imposante beauté que la vieillesse comporte, trente-huit ans, c'était la fleur de la vie. Sa taille élevée, son attitude militaire, ses traits mâles, avaient tout le caractère de l'ordre et du commandement. La fierté douce et la franchise étaient les deux empreintes que sa physionomie laissait dans le regard. Il n'affectait ni la légèreté ni la grâce, bien qu'il y en eût beaucoup dans son esprit. Avec un prodigieux bouillonnement du sang au fond du cœur, il paraissait froid et indifférent à la surface, parce qu'il se craignait lui-même, et qu'il avait comme honte de sa sensibilité.

Il n'y eut jamais un homme au monde qui se douta moins de sa vertu et qui enveloppa davantage de toute la pudeur d'une femme les sévères perfections d'une nature de héros. J'y fus trompé moi-même bien des années. Je le crus dur et austère, il n'était que juste et rigide. Quant à ses goûts, ils étaient primitifs comme son âme. Patriarche et militaire, c'était tout l'homme. La chasse et les bois, quand il était en semestre dans la province; le reste de l'année, son régiment, son cheval, ses armes, les règlements scrupuleusement suivis et ennoblis par l'enthousiasme de la vie de soldat : c'étaient toutes ses occupations. Il ne voyait rien au delà de son grade de capitaine de cavalerie et de l'estime de ses camarades. Son régiment était plus que sa famille. Il en désirait l'honneur à l'égal de son propre honneur. Il savait par cœur tous les noms des officiers et des cavaliers. Il en était adoré. Son état, c'était sa vie. Sans aucune espèce d'ambition ni de fortune ni de grade plus élevé, son idéal, c'était d'être ce qu'il était, un bon officier; d'avoir l'honneur pour âme, le service du roi pour religion, de passer six mois de l'année dans une ville de garnison et les six autres mois de l'année dans une petite maison à lui, à la campagne, avec une femme et des enfants. L'homme primitif, enfin, un peu modifié par le soldat, voilà mon père.

La révolution, le malheur, les années et les idées le modifièrent et le complétèrent dans son âge avancé. Je puis dire que moi-même j'ai vu sa grande et facile nature se développer après soixante-dix ans de vie. Il était de la race de ces chênes qui végètent et se renouvellent jusqu'au jour où l'on met la cognée au tronc de l'arbre. A quatre-vingts ans il se perfectionnait encore.

IX

J'ai déjà dit quels obstacles de fortune et quels préjugés de famille s'opposaient à son mariage. Sa constance et celle de ma mère les surmontèrent. Ils furent unis au moment même où la révolution allait ébranler tous les établissements humains et le sol même sur lequel on les fondait.

Déjà l'Assemblée constituante était à l'œuvre. Elle sapait avec la force d'une raison pour ainsi dire surhumaine les priviléges et les préjugés sur lesquels reposait l'ancien ordre social en France. Déjà ces grandes émotions du peuple emportaient, comme des vagues que le vent commence à soulever, tantôt Versailles, tantôt la Bastille, tantôt l'hôtel de ville de Paris. Mais l'enthousiasme de la noblesse même pour la grande régénération politique et religieuse subsistait encore. Malgré ces premiers tremblements du sol, on pensait que cela serait passager. On n'avait pas d'échelle dans le passé pour mesurer d'avance la hauteur qu'atteindrait ce débordement des idées nouvelles. Mon père n'avait pas quitté le service en se mariant : il ne voyait dans tout cela que son drapeau à suivre, le roi à défendre, quelques mois de lutte contre le désordre, quelques gouttes de son sang à donner à son devoir. Ces premiers éclairs d'une tempête qui devait submerger un trône et secouer l'Europe pendant un demi-siècle au moins se perdirent pour ma mère et pour lui dans les premières joies de leur amour et dans les premières perspectives de leur félicité. Je me souviens d'avoir vu un jour une branche de saule séparée du tronc par la tempête et flottant le matin sur un débordement de la Saône. Une femelle de rossignol y couvait encore son nid à la dérive, dans l'écume du fleuve, et le mâle suivait du vol ses amours sur un débris.

LIVRE DEUXIÈME

I

A peine avaient-ils goûté leur bonheur si longtemps attendu, qu'il fallut l'interrompre et se séparer, peut-être, hélas! pour ne plus se revoir. C'était le moment de l'émigration. A cette époque, l'émigration n'était pas, comme elle le devint plus tard, un refuge contre la persécution ou la mort. C'était une vogue universelle d'expatriation qui avait saisi la noblesse française. L'exemple donné par les princes devint contagieux. Des régiments perdirent en une nuit leurs officiers. Ce fut une honte pendant un certain temps de rester là où étaient le roi et la France. Il fallait un grand courage d'esprit et une grande fermeté de caractère pour résister à cette folie épidémique qui prenait le nom de l'honneur. Mon père eut ce courage, il se refusa à émigrer. Seulement, quand on demanda aux officiers de l'armée un serment qui répugnait à sa conscience de serviteur du roi, il donna sa démission. Mais le 10 août approchait; on le sentait venir. On savait d'avance que le château des Tuileries serait attaqué, que les jours du roi seraient menacés, que la constitution de 91, pacte momentané de conciliation entre la royauté représentative et le peuple souverain, serait renversée ou triomphante dans des flots de sang. Les amis dévoués de ce qui restait de monarchie et les hommes personnellement et religieusement attachés au roi se comptèrent et s'unirent pour aller fortifier la garde constitutionnelle de Louis XVI et se ranger, le jour du péril, autour de lui. Mon père fut du nombre de ces hommes de cœur.

Ma mère me portait alors dans son sein. Elle n'essaya pas de le retenir. Même au milieu de ses larmes, elle n'a jamais compris la vie sans l'honneur, ni balancé une minute entre une douleur et un devoir.

Mon père partit sans espoir, mais sans hésitation. Il combattit avec la garde constitutionnelle et avec les Suisses pour défendre le château. Quand Louis XVI eut abandonné sa demeure, le combat devint un massacre. Mon père fut blessé d'un coup de feu dans le jardin des Tuileries. Il s'échappa, fut arrêté en traversant la rivière en face des Invalides, conduit à Vaugirard et emprisonné quelques heures dans une cave. Il fut réclamé et sauvé par le jardinier d'un de ses parents qui était officier municipal de la commune, et qui le reconnut par un hasard miraculeux. Échappé ainsi à la mort, il revint auprès de ma mère et vécut dans une obscurité profonde, retiré à la campagne, jusqu'aux jours où la persécution révolutionnaire ne laissa plus d'autre asile à ceux qui tenaient à l'ordre ancien que la prison ou l'échafaud.

II

La famille de mon grand-père donnait peu de prétextes à la persécution. Aucun de ses membres n'avait émigré. Mon grand-père lui-même était un vieillard de plus de quatre-vingts ans. Son fils aîné, ainsi que son second fils, l'abbé de Lamartine, élevés l'un et l'autre dans les doctrines du dix-huitième siècle, avaient sucé, dès leur enfance, le lait de cette philosophie qui promettait au monde un ordre nouveau. Ils étaient de cette partie de la jeune noblesse qui recevait de plus haut et qui propageait avec le plus d'ardeur les idées de transformation politique. On se trompe grossièrement sur les origines de la révolution française quand on s'imagine qu'elle est venue d'en bas. Les idées viennent toujours d'en haut. Ce n'est pas le peuple qui a fait la révolution, c'est la noblesse, le clergé et la partie pensante de la nation. Les superstitions prennent quelquefois naissance dans le peuple, les philosophies ne naissent que dans la tête des sociétés. Or, la révolution française est une philosophie.

Mon grand-père et mes oncles surtout avaient la séve de la révolution dans l'esprit. Ils étaient partisans passionnés d'un gouvernement constitutionnel, d'une représentation nationale, de la fusion des ordres de l'État en une seule nation soumise aux mêmes lois et aux mêmes impôts. Mirabeau, les Lameth, La Fayette,

Mounier, Virieu, La Rochefoucauld, étaient les principaux apôtres de leur religion politique. Madame de Monnier (la Sophie de Mirabeau) avait vécu quelque temps chez mon grand-père. La Fayette avait été élevé avec l'abbé de Lamartine. Ils s'étaient retrouvés à Paris, ils entretenaient une correspondance suivie. Ils étaient liés d'une véritable amitié, amitié qui a survécu à quarante années d'absence, et dont l'illustre général me parlait encore l'avant-dernière année de sa vie.

Telle était la nuance des opinions de famille. Il n'y avait rien là d'antipathique à la révolution de 89; mon père et mes oncles ne se séparèrent du mouvement rénovateur qu'au moment où la révolution, s'échappant de ces mains démocratiques, se fit démagogie, se retourna contre ceux-là mêmes qui l'avaient réchauffée, et devint violence, spoliation et supplices. A ce moment aussi la persécution entra chez eux et ne les quitta plus qu'à la mort de Robespierre.

III

Le peuple vint arracher une nuit, de sa demeure, mon grand-père, malgré ses quatre-vingt-quatre ans, ma grand'mère, presque aussi âgée et infirme, mes deux oncles, mes trois tantes, religieuses, et déjà chassées de leurs couvents. On jeta pêle-mêle toute cette famille dans un char escorté de gendarmes, et on la conduisit, au milieu des huées et des cris de mort du peuple, jusqu'à Autun. Là, une immense prison avait été destinée à recevoir tous les suspects de la province. Mon père, par une exception dont il ignora la cause, fut séparé du reste de la famille et enfermé dans la prison de Mâcon. Ma mère, qui me nourrissait alors, fut laissée seule dans l'hôtel de mon grand-père, sous la surveillance de quelques soldats de l'armée révolutionnaire. Et l'on s'étonne que les hommes dont la vie date de ces jours sinistres aient apporté, en naissant, un goût de tristesse et une empreinte de mélancolie dans le génie français? *Virgile*, *Cicéron*, *Tibulle*, *Horace* lui-même, qui imprimèrent ce caractère au génie romain, n'étaient-ils pas nés, comme nous, pendant les grandes guerres civiles de Rome et au bruit des proscriptions de Marius, de Sylla, de César? Que l'on songe aux impressions de terreur ou de pitié qui agitèrent les flancs des femmes romaines pendant qu'elles portaient ces hommes dans leur sein! Que l'on songe au lait aigri de larmes que je reçus moi-même de ma mère pendant que la famille entière était dans une captivité qui ne s'ouvrait que pour la mort! pendant que l'époux qu'elle adorait était sur les degrés de l'échafaud, et que, captive elle-même dans sa maison déserte, des soldats féroces épiaient ses larmes pour lui faire un crime de sa tendresse et pour insulter à sa douleur!

IV

Sur les derrières de l'hôtel de mon grand-père, qui s'étendait d'une rue à l'autre, il y avait une petite maison basse et sombre qui communiquait avec la grande maison par un couloir obscur et par de petites cours étroites et humides comme des puits. Cette maison servait à loger d'anciens domestiques retirés du service de mon grand-père, mais qui tenaient encore à la famille par de petites pensions qu'ils continuaient de recevoir, et par quelques services d'obligeance qu'ils rendaient de temps en temps à leurs anciens maîtres; des espèces d'affranchis romains, comme chaque famille a le bonheur d'en conserver. Quand le grand hôtel fut mis sous le séquestre, ma mère se retira seule, avec une femme ou deux, dans cette maison. Un autre attrait l'y attirait encore.

Précisément en face de ses fenêtres, de l'autre côté de cette ruelle obscure, silencieuse et étroite comme une rue de Gênes, s'élevaient et s'élèvent encore aujourd'hui les murailles hautes et percées de rares fenêtres d'un ancien couvent d'Ursulines. Édifice austère d'aspect, recueilli comme sa destination, avec le beau portail d'une église adjacente sur un des côtés, et, sur le derrière, des cours profondes et un jardin cerné de murs noirs et dont la hauteur ôtait tout espoir de les franchir. Comme les prisons ordinaires de la ville regorgeaient de détenus, le tribunal révolutionnaire de Mâcon fit disposer ce couvent en prison supplémentaire. Le hasard ou la Providence voulut que mon père y fût enfermé. Il n'avait ainsi, entre le bonheur et lui, qu'un mur et la largeur d'une rue. Un autre hasard voulut que le couvent des Ursulines lui fût aussi connu dans tous ses détails d'intérieur que sa propre maison. Une des sœurs de mon grand-père, qui s'appelait madame de Lusy, était abbesse des Ursulines de Mâcon. Les enfants de son frère, dans leur bas âge, venaient sans cesse jouer dans le couvent. Il n'y avait pas d'allées du jardin, de cellules, d'escaliers dérobés, de mansardes, de greniers ni de soupiraux de cave qui ne leur fussent familiers et dont leur mémoire d'enfant n'eût retenu jusqu'aux plus insignifiants détails.

Mon père, jeté tout à coup dans cette prison, s'y trouva donc en pays connu. Pour comble de bonheur, le geôlier, républicain très-corruptible, avait été, quinze ans auparavant, cuirassier dans la compagnie de mon père. Son grade nouveau ne lui changea pas le cœur. Accoutumé à respecter et à aimer son capitaine, il s'attendrit en le revoyant, et quand les portes des Ursulines se refermèrent sur le captif, ce fut le républicain qui pleura.

Mon père se trouva là en bonne et nombreuse compagnie. La prison renfermait environ deux cents détenus sans crime, les suspects du département. Ils étaient entassés dans des salles, dans des réfectoires, dans des corridors du vieux couvent. Mon père demanda pour toute faveur au geôlier de le loger seul dans un coin du grenier. Une lucarne haute, ouvrant sur la rue, lui laisserait du moins la consolation de voir quelquefois à travers les grilles le toit de sa propre demeure. Cette faveur lui fut accordée. Il s'installa sous les tuiles, à l'aide de quelques planches et d'un misérable grabat. Le jour, il descendait auprès de ses compagnons de captivité pour prendre ses repas, pour jouer, pour causer des affaires du temps, sur lesquelles les prisonniers étaient réduits aux conjectures, car on ne leur laissait aucune communication écrite avec le dehors. Mais cet isolement ne dura pas longtemps pour mon père.

Le même sentiment qui l'avait poussé à demander au geôlier une cellule qui eût jour sur la rue, et qui le retenait des heures entières à regarder le toit de sa petite maison en face, avait aussi inspiré à ma mère la pensée de monter souvent au grenier de sa demeure, de s'asseoir près de la lucarne un peu en arrière, de manière à voir sans être vue. Elle contemplait de là, à travers ses pleurs, le toit de la prison où était enlevé à sa tendresse et dérobé à ses yeux celui qu'elle aimait. Deux regards, deux pensées qui se cherchent à travers l'univers finissent toujours par se retrouver. À travers deux murs et une rue étroite, leurs yeux pouvaient-ils manquer de se rencontrer? Leurs âmes s'émurent, leurs pensées se comprirent, leurs signes suppléèrent leurs paroles, de peur que leur voix ne révélât aux sentinelles, dans la rue, leurs communications. Ils passaient ainsi régulièrement plusieurs heures de la journée assis l'un en face de l'autre. Toute leur âme avait passé dans leurs yeux. Ma mère imagina d'écrire en gros caractères des lignes concises contenant en peu de mots ce qu'elle voulait faire connaître au prisonnier. Celui-ci répondait par un signe. Dès lors les rapports furent établis. Ils ne tardèrent pas à se compléter. Mon père, en qualité de chevalier de l'arquebuse, avait chez lui un arc et des flèches avec lesquels j'ai bien souvent joué dans mon enfance. Ma mère imagina de s'en servir pour communiquer plus complétement avec le prisonnier. Elle s'exerça quelques jours dans sa chambre à tirer de l'arc, et quand elle eut acquis assez d'adresse pour être sûre de ne pas manquer son but à quelques pieds de distance, elle attacha un fil à une flèche, et lança la flèche et le fil dans la fenêtre de la prison. Mon père cacha la flèche, et, tirant le fil à lui, il amena une lettre. On lui fit passer, par ce moyen, à la faveur de la nuit, du papier, des plumes, de l'encre même. Il répondait à loisir. Ma mère, avant le jour, venait retirer de son côté les longues lettres dans lesquelles le captif épanchait sa tendresse et sa tristesse, interrogeait, conseillait, consolait sa femme et parlait de son enfant. Ma pauvre mère m'apportait tous les jours dans ses bras au grenier, me montrait à mon père, m'allaitait devant lui, me faisait tendre mes petites mains vers les grilles de la prison; puis, me pressant le front contre sa poitrine, elle me dévorait de baisers, adressant ainsi au prisonnier toutes les caresses dont elle me couvrait à son intention.

V

Ainsi se passèrent des mois et des mois, troublés par la terreur, agités par l'espérance, éclairés et consolés quelquefois par ces lueurs que deux regards qui s'aiment se renvoient toujours jusque dans la nuit de la tristesse et de l'adversité. L'amour inspira à mon père une audace plus heureuse encore et dont le succès rendit l'emprisonnement même délicieux, et lui fit oublier l'échafaud.

J'ai déjà dit que la rue qui séparait le couvent des Ursulines de la maison paternelle était très-étroite. Non content de voir ma mère, de lui écrire et de lui parler, mon père conçut l'idée de se réunir à elle en franchissant la distance qui les séparait. Elle frémit, il insista. Quelques heures de bonheur dérobées aux persécutions et à la mort peut-être valaient bien une minute de danger. Qui sait si cette occasion se retrouverait jamais? si demain on n'ordonnerait pas de transférer le prisonnier à Lyon, à Paris, à l'échafaud? Ma mère céda. A l'aide de la flèche et du fil elle fit passer une lime. Un des barreaux de fer de la petite fenêtre de la prison fut silencieusement limé et remis à sa place. Puis un soir, où il n'y avait plus de lune, une grosse corde attachée au fil glissa du toit de ma mère dans la main du détenu. Fortement attachée d'un côté dans le grenier de notre maison à une poutre, mon père la noua de l'autre à un des barreaux de sa fenêtre. Il s'y suspendit par les mains et par les pieds, et, se glissant de nœuds en nœuds au-dessus de la tête des sentinelles, il franchit la rue et se trouva dans les bras de sa femme et auprès du berceau de son enfant.

Ainsi échappé de la prison, il était maître de n'y pas rentrer, mais condamné alors par contumace ou comme émigré, il aurait ruiné sa femme et perdu sa famille; il n'y songea pas. Il réserva, comme dernier moyen de salut, la possibilité de cette évasion pour la veille du jour où l'on viendrait l'appeler au tribunal révolutionnaire ou à la mort. Il avait la certitude d'en être averti par le geôlier. C'est le seul service qu'il lui eût demandé.

VI

Quelles nuits que ces nuits furtives passées à retenir les heures dans le sein de tout ce qu'on aime! à quelques pas, des sentinelles, des barreaux, des cachots et la mort! Ils ne comptaient pas, comme Roméo et Juliette, les pas des astres dans la nuit par le chant du rossignol et par celui de l'alouette, mais par le bruit des rondes qui passaient sous les fenêtres et par le nombre de factionnaires relevés. Avant que le firmament blanchît, il fallut franchir de nouveau la rue et rentrer muet dans sa loge grillée. La corde fut dénouée, retirée lentement par ma mère, et cachée, pour d'autres nuits pareilles, sous des matelas, dans un coin du grenier. Les deux amants eurent de temps en temps des entrevues semblables, mais il fallait les ménager avec prudence et les préparer avec soin; car, indépendamment du danger de tomber dans la rue ou d'être découvert par les surveillants, ma mère n'était pas sûre de la fidélité d'une des femmes qui la servaient, et dont un mot eût conduit mon père à la mort.

C'était le temps où les proconsuls de la Convention se partageaient les provinces de la France et y exerçaient, au nom du salut public, un pouvoir absolu et souvent sanguinaire. La fortune, la vie ou la mort des familles étaient dans un mot de la bouche de ces représentants, dans un attendrissement de leur âme, dans une signature de leur main. Ma mère, qui sentait la hache suspendue sur la tête du mari qu'elle adorait, avait eu plusieurs fois l'inspiration d'aller se jeter aux pieds de ces envoyés de la Convention, de leur demander la liberté de mon père. Sa jeunesse, sa beauté, son isolement, l'enfant qu'elle portait à la mamelle, les conseils mêmes de mon père l'avaient jusqu'alors retenue. Mais les instances du restes de la famille, enfermée dans les cachots d'Autun, vinrent lui demander impérieusement des démarches de suppliante qui ne coûtaient pas moins à sa fierté qu'à ses opinions. Elle obtint des autorités révolutionnaires de Mâcon un passe-port pour Lyon et pour Dijon. Combien de fois ne m'a-t-elle pas raconté ses répugnances, ses découragements, ses terreurs, quand il fallait, après des démarches sans nombre et des sollicitations repoussées avec rudesse, paraître enfin toute tremblante en présence d'un représentant du peuple en mission! Quelquefois c'était un homme grossier et brutal, qui refusait même d'écouter cette femme en larmes et qui la congédiait avec des menaces, comme coupable de vouloir attendrir la justice de la nation. Quelquefois c'était un homme sensible, que l'aspect d'une tendresse si profonde et d'un désespoir si touchant inclinait malgré lui à la pitié, mais que la présence de ses collègues endurcissait en apparence, et qui refusait des lèvres ce qu'il accordait du cœur. Le représentant Javogues fut celui de tous ces proconsuls qui laissa à ma mère la meilleure impression de son caractère. Introduite à Dijon, à son audience, il lui parla avec bonté et avec respect. Elle m'avait porté dans ses bras jusque dans le salon du représentant, afin que la pitié eût deux visages pour l'attendrir, celui d'une jeune mère et celui d'un enfant innocent. Javogues la fit asseoir, se plaignit de sa mission de rigueur, que ses fonctions et le salut de la république lui imposaient. Il me prit sur ses genoux, et comme ma mère faisait un geste d'effroi dans la crainte qu'il ne me laissât tomber : « Ne crains rien, citoyenne, lui dit-il, les républicains ont aussi des fils. » Et comme je jouais en souriant avec les bouts de son écharpe tricolore : « Ton enfant est bien beau, ajouta-t-il, pour un fils d'aristocrate. Élève-le pour la patrie et fais-en un citoyen. » Il lui donna quelques paroles d'intérêt pour mon père et quelques espérances de liberté prochaine. Peut-être est-ce à lui qu'il dut d'être oublié dans la prison; car un ordre de jugement à cette époque était un arrêt de supplice.

Revenue à Mâcon et rentrée dans sa maison, ma mère vécut emprisonnée elle-même dans son étroite demeure, en face des Ursulines. De temps en temps, quand la nuit était bien sombre, la lune absente et les réverbères éteints par le vent d'hiver, la corde à nœuds glissait d'une fenêtre à l'autre, et mon père venait passer des heures inquiètes et délicieuses auprès de tout ce qu'il aimait.

Dix-huit longs mois se passèrent ainsi. Le 9 thermidor ouvrit les prisons; mon père fut libre. Ma mère alla à Autun chercher ses vieux parents infirmes et les ramena dans leur maison longtemps fermée. Peu de temps après ce retour, mon grand-père et ma grand'mère moururent en paix et pleins de jours dans leur lit. Ils avaient traversé la grande tempête, secoués par elle, mais non renversés. Ils n'y avaient perdu aucun de leurs enfants, et ils pouvaient espérer, en fermant les yeux, que le ciel était épuisé pour longtemps d'orages, et que la vie serait plus douce pour ceux à qui ils la laissaient en quittant la terre.

LIVRE TROISIÈME

I

La fortune de mon grand-père, dans les intentions comme dans les usages du temps, avait dû passer tout entière à son fils aîné. Mais, les lois nouvelles ayant annulé les substitutions et supprimé le droit d'aînesse, et les vœux de pauvreté faits par mes tantes, sœurs de mon père, se trouvant non avenus devant la loi, la famille dut procéder au partage des biens. Ces biens étaient considérables, tant en Franche-Comté qu'en Bourgogne. Mon père, en demandant sa part comme ses frères et ses sœurs, pouvait changer d'un mot son sort et obtenir une des belles possessions territoriales que la famille avait à se partager. Sa scrupuleuse déférence pour les intentions de son père l'empêcha même de songer à les violer après sa mort. Les lois révolutionnaires qui supprimaient le droit d'aînesse étaient toutes récentes; elles avaient encore à ses yeux, bien qu'il les trouvât très-justes, une apparence de compression et de violence faite à l'autorité paternelle. En demander l'application en sa faveur contre son frère aîné lui paraissait un abus de sa situation. Il prit, sans se faire valoir, le parti de renoncer à la succession de son père et de sa mère, et de s'en tenir à la très-modique légitime que son contrat de mariage lui avait assurée. Il se fit pauvre, n'ayant qu'un mot à dire pour se faire riche. Les biens de la famille furent partagés. Chacun de ses frères et sœurs eut une large part. Il n'en voulut rien; il resta, pour tout bien, avec la petite terre de Milly, qu'on lui avait assignée en se mariant, et qui ne rendait alors que deux ou trois mille livres de rente. La dot de ma mère était modique. Les traitements des places que son père et ses frères occupaient dans la maison d'Orléans avaient disparu avec la Révolution. Les princesses de cette famille étaient exilées. Elles écrivaient quelquefois à ma mère. Elles se souvenaient de leur amitié d'enfance avec les filles de leur sous-gouvernante. Elles ne cessèrent pas de les entourer de leur souvenir dans l'exil et de leurs bienfaits dans la prospérité.

II

Mon père ne se croyait pas relevé par la révolution de sa fidélité d'honneur à son drapeau. Ce sentiment fermait toute carrière à sa fortune. Trois mille livres de rente et une petite maison délabrée et nue à la campagne, pour lui, sa femme et les nombreux enfants qui commençaient à s'asseoir à la table de famille, c'était quelque chose de bien indécis entre l'aisance frugale et l'indigence souffreteuse. Mais il avait la satisfaction de sa conscience, son amour pour sa femme, la simplicité champêtre de ses goûts, sa stricte mais généreuse économie, la conformité parfaite de ses désirs avec sa situation, enfin sa religieuse confiance en Dieu. Avec cela, il abordait courageusement les difficultés étroites de son existence. Ma mère, jeune, belle, élevée dans toutes les élégances d'une cour splendide, passait avec la même résignation souriante et avec le même bonheur intérieur, des appartements et des jardins d'une maison de prince, dans la petite chambre démeublée d'une maison vide depuis un siècle, et dans le jardin d'un quart d'arpent, entouré de pierres sèches, où allaient se confiner tous les grands rêves de sa jeunesse. Je leur ai entendu dire souvent depuis à l'un et l'autre que, malgré l'exiguïté de leur sort, ces premières années de calme après la secousse des révolutions, de recueillement dans leur amour et de jouissance d'eux-mêmes dans cette solitude, furent, à tout prendre, les plus douces années de leur vie. Ma mère, tout en souffrant beaucoup de la pauvreté, méprisa toujours la richesse. Combien de fois ne m'a-t-elle pas dit, plus tard, en me montrant du doigt les bornes si rapprochées du jardin et de nos champs de Milly : « C'est bien petit, mais c'est assez grand si nous savons y proportionner nos désirs et nos habitudes. Le bonheur est en nous; nous n'en aurions pas davantage en étendant la limite de nos prés ou de nos vignes. Le bonheur ne se mesure pas à l'arpent comme la terre; il se mesure à la résignation du cœur, car Dieu a voulu que le pauvre en eût autant que le riche, afin que l'un et l'autre ne songeassent pas à le demander à un autre qu'à lui! »

III

Je n'imiterai pas Jean-Jacques Rousseau dans ses *Confessions*. Je ne vous raconterai pas les puérilités de ma première enfance. L'homme ne commence qu'avec le sentiment et la pensée. Jusque-là, l'homme est un être, ce n'est pas même un enfant. L'arbre sans doute commence aux racines, mais ces racines, comme nos instincts, ne sont jamais destinées à être dévoilées à la lumière. La nature les cache avec dessein, car c'est là son secret. L'arbre ne commence pour nous qu'au moment où il sort de terre et se dessine avec sa tige, son écorce, ses rameaux, ses feuilles, pour le bois, pour l'ombre ou pour le fruit qu'il doit porter un jour. Ainsi de l'homme. Laissons donc le berceau aux nourrices, et nos premiers sourires, et nos premières larmes, et nos premiers balbutiements à l'extase de nos mères. Je ne veux me prendre pour vous qu'à mes premiers souvenirs déjà raisonnés.

Les deux premières scènes de la vie qui se représentent souvent à moi, dans ces retours que l'homme fait vers son passé le plus lointain pour se retrouver lui-même, les voici :

IV

Il est nuit. Les portes de la petite maison de Milly sont fermées. Un chien ami jette de temps en temps un aboiement dans la cour. La pluie d'automne tinte contre les vitres des deux fenêtres basses, et le vent, soufflant par rafales, produit, en se brisant contre les branches de deux ou trois platanes et en pénétrant dans les interstices des volets, ces sifflements intermittents et mélancoliques que l'on entend seulement au bord des grands bois de sapins quand on s'assoit à leurs pieds pour les écouter. La chambre où je me revois ainsi est grande mais presque nue. Au fond est une alcôve profonde avec un lit. Les rideaux du lit sont de serge blanche à carreaux bleus. C'est le lit de ma mère. Il y a deux berceaux sur des chaises de bois au pied du lit; l'un grand, l'autre petit. Ce sont les berceaux de mes plus jeunes sœurs qui dorment déjà depuis longtemps. Un grand feu de ceps de vigne brûle au fond d'une cheminée de pierres blanches dont le marteau de la révolution a ébréché en plusieurs endroits la tablette en brisant les armoiries ou les fleurs de lis des ornements. La plaque de fonte du foyer est retournée aussi, parce que, sans doute, elle dessinait sur sa surface opposée les armes du roi; de grosses poutres noircies par la fumée, ainsi que les planches qu'elles portent, forment le plafond. Sous les pieds, ni parquet ni tapis; de simples carreaux de brique non vernissés, mais de couleur de terre et cassés en mille morceaux par les souliers ferrés et par les sabots de bois des paysans qui en avaient fait leur salle de danse pendant l'emprisonnement de mon père. Aucune tenture, aucun papier peint sur les murs de la chambre; rien que le plâtre éraillé à plusieurs places et laissant voir la pierre nue du mur, comme on voit les membres et les os à travers un vêtement déchiré. Dans un angle, un petit clavecin ouvert, avec des cahiers de musique du *Devin de village* de Jean-Jacques Rousseau, épars sur l'instrument; plus près du feu, au milieu de la chambre, une petite table à jeu avec un tapis vert tout tigré de taches d'encre et de trous dans l'étoffe; sur la table, deux chandelles de suif qui brûlent dans deux chandeliers de cuivre argenté, et qui jettent un peu de lueur et de grandes ombres agitées par l'air sur les murs blanchis de l'appartement.

En face de la cheminée, le coude appuyé sur la table, un homme assis tient un livre à la main. Sa taille est élevée, ses membres robustes. Il a encore toute la vigueur de la jeunesse. Son front est ouvert, son œil bleu; son sourire ferme et gracieux laisse voir des dents éclatantes. Quelques restes de son costume, sa coiffure surtout et une certaine roideur militaire de l'attitude attestent l'officier retiré. Si on en doutait, on n'aurait qu'à regarder son sabre, ses pistolets d'ordonnance, son casque et les plaques dorées des brides de son cheval qui brillent suspendus par un clou à la muraille, au fond d'un petit cabinet ouvert sur la chambre. Cet homme, c'est notre père.

Sur un canapé de paille tressée est assise, dans l'angle que forment la cheminée et le mur de l'alcôve, une femme qui paraît encore très-jeune, bien qu'elle touche déjà à trente-cinq ans. Sa taille, élevée aussi, a toute la souplesse et toute l'élégance de celle d'une jeune fille. Ses traits sont si délicats, ses yeux noirs ont un regard si candide et si pénétrant; sa peau transparente laisse tellement apercevoir sous son tissu un peu pâle le bleu des veines et la mobile rougeur de ses moindres émotions; ses cheveux très-noirs, mais très-fins, tombent avec tant d'ondoiements et des courbes si soyeuses le long de ses joues, jusque sur ses épaules, qu'il est impossible de dire si elle a dix-huit ou trente ans. Personne ne voudrait effacer de son âge une de ses années, qui ne servent qu'à mûrir sa physionomie et à accomplir sa beauté.

Cette beauté, bien qu'elle soit pure dans chaque trait si on les contemple en détail, est visible surtout dans l'ensemble par l'harmonie, par la grâce et surtout par ce rayonnement de tendresse intérieure, véritable beauté de l'âme qui illumine le corps par dedans, lumière dont le plus beau visage n'est que la manifestation en dehors. Cette jeune femme, à demi renversée sur des coussins, tient une petite fille endormie, la tête sur une de ses épaules. L'enfant roule encore dans ses doigts une des longues tresses noires des cheveux de sa mère avec lesquelles elle jouait tout à l'heure avant de s'endormir. Une autre petite fille, plus âgée, est assise sur un tabouret au pied du canapé; elle repose sa tête blonde sur les genoux de sa mère. Cette jeune femme, c'est ma mère; ces deux enfants sont mes deux plus grandes sœurs. Deux autres sont dans les deux berceaux.

Mon père, je l'ai dit, tient un livre dans la main. Il lit à haute voix. J'entends encore d'ici le son mâle, plein, nerveux et cependant flexible de cette voix qui roule en larges et sonores périodes, quelquefois interrompues par les coups de vent contre les fenêtres. Ma mère, la tête un peu penchée, écoute en rêvant. Moi, le visage tourné vers mon père et le bras appuyé sur un de ses genoux, je bois chaque parole, je devance chaque récit, je dévore le livre dont les pages se déroulent trop lentement au gré de mon impatiente imagination. Or quel est ce livre, ce premier livre dont la lecture, entendue ainsi à l'entrée de la vie, m'apprend réellement ce que c'est qu'un livre, et m'ouvre, pour ainsi dire, le monde de l'émotion, de l'amour et de la rêverie?

Ce livre, c'était la *Jérusalem délivrée* ; la Jérusalem délivrée traduite par Lebrun, avec toute la majesté harmonieuse des strophes italiennes, mais épurée par le goût exquis du traducteur de ces taches éclatantes d'affectation et de faux brillant qui souillent quelquefois la mâle simplicité du récit du Tasse, comme une poudre d'or qui ternirait un diamant, mais sur lequel le français a soufflé. Ainsi le Tasse, lu par mon père, écouté par ma mère avec des larmes dans les yeux, c'est le premier poëte qui ait touché les fibres de mon imagination et de mon cœur. Aussi fait-il partie pour moi de la famille universelle et immortelle que chacun de nous se choisit dans tous les pays et dans tous les siècles pour s'en faire la parenté de son âme et la société de ses pensées.

J'ai gardé précieusement les deux volumes : je les ai sauvés de toutes les vicissitudes que les changements de résidence, les morts, les successions, les partages apportent dans les bibliothèques de famille. De temps en temps, à Milly, dans la même chambre, quand j'y reviens seul, je les rouvre pieusement ; je relis quelques-unes de ces mêmes strophes à demi-voix, en essayant de me feindre à moi-même la voix de mon père, et en m'imaginant que ma mère est là encore avec mes sœurs, qui écoute et qui ferme les yeux. Je retrouve la même émotion dans les vers du Tasse, les mêmes bruits du vent dans les arbres, les mêmes petillements des ceps dans le foyer ; mais la voix de mon père n'y est plus, mais ma mère a laissé le canapé vide, mais les deux berceaux se sont changés en deux tombeaux qui verdissent sur des collines étrangères ! Et tout cela finit toujours pour moi par quelques larmes dont je mouille le livre en le refermant.

LIVRE QUATRIÈME

I

Je vous ai parlé d'une autre scène d'enfance, restée vivement imprimée dans ma mémoire à l'origine de mes sensations. Comme elle vous peindra en même temps la nature de l'éducation première que j'ai reçue de ma mère, je vais aussi vous la décrire.

C'est un jour d'automne, à la fin de septembre ou au commencement d'octobre. Les brouillards, un peu tempérés par le soleil encore tiède, flottent sur les sommets des montagnes. Tantôt ils s'engorgent en vagues paresseuses dans le lit des vallées qu'ils remplissent comme un fleuve surgi dans la nuit; tantôt ils se déroulent sur les prés à quelques pieds de terre, blancs et immobiles comme les toiles que les femmes du village étendent sur l'herbe pour les blanchir à la rosée; tantôt de légers coups de vent les déchirent, les replient des deux côtés d'une rangée de collines, et laissent apercevoir par moments, entre eux, de grandes perspectives fantastiques éclairées par des traînées de lumière horizontales qui ruissellent du globe à peine levé du soleil. Il n'est pas bien jour encore dans le village. Je me lève. Mes habits sont aussi grossiers que ceux des petits paysans voisins; ni bas, ni souliers, ni chapeau; un pantalon de grosse toile écrue, une veste de drap bleu à longs poils, un bonnet de laine teint en brun, comme celui que les enfants des montagnes de l'Auvergne portent encore, voilà mon costume. Je jette par-dessus un sac de coutil qui s'entr'ouvre sur la poitrine comme une besace à grande poche. Cette poche contient, comme celle de mes camarades, un gros morceau de pain noir mêlé de seigle, un fromage de chèvre, gros et dur comme un caillou, et un petit couteau d'un sou, dont le manche de bois mal dégrossi contient en outre une fourchette de fer à deux longues branches. Cette fourchette sert aux paysans, dans mon pays, à puiser le pain, le lard et les choux dans l'écuelle où ils mangent la soupe. Ainsi équipé, je sors et je vais sur la place du village, près du portail de l'église, sous deux gros noyers. C'est là que, tous les matins, se rassemblent, autour de leurs moutons, de leurs chèvres et de quelques vaches maigres, les huit ou dix petits bergers de Milly, à peu près du même âge que moi, avant de partir pour les montagnes.

II

Nous partons, nous chassons devant nous le troupeau commun dont la longue file suit à pas inégaux les sentiers tortueux et arides des premières collines. Chacun de nous, à tour de rôle, va ramener les chèvres à coups de pierres quand elles s'égarent et franchissent les haies. Aprés avoir gravi les premières hauteurs nues qui dominent le village, et qu'on n'atteint pas en moins d'une heure au pas des troupeaux, nous entrons dans une gorge haute, très-espacée, où l'on n'aperçoit plus ni maison, ni fumée, ni culture.

Les deux flancs de ce bassin solitaire sont tout couverts de bruyères aux petites fleurs violettes, de longs genêts jaunes dont on fait les balais; çà et là quelques châtaigniers gigantesques étendent leurs longues branches à demi nues. Les feuilles brunies par les premières gelées pleuvent autour des arbres au moindre souffle de l'air. Quelques noires corneilles sont perchées sur les rameaux les plus secs et les plus morts de ces vieux arbres; elles s'envolent en croassant à notre approche. De grands aigles ou éperviers, très-élevés dans le firmament, tournent pendant des heures au-dessus de nos têtes, épiant les alouettes dans les genêts ou les petits chevreaux qui se rapprochent de leurs mères. De grandes masses de pierres grises, tachetées et un peu jaunies par les mousses, sortent de terre par groupes sur les deux pentes escarpées de la gorge.

Nos troupeaux, devenus libres, se répandent à leur fantaisie dans les genêts. Quant à nous, nous choisissons un de ces gros rochers dont le sommet, un peu recourbé sur lui-même, dessine une demi-voûte et défend de la pluie quelques pieds de sable fin à sa base. Nous nous établissons là. Nous allons chercher à brassées des fagots de bruyères sèches et les branches mortes tombées des châtaigniers pendant l'été. Nous battons le briquet. Nous allumons un de ces feux de berger si pittoresques à contempler de loin, du pied des collines ou du pont d'un vaisseau, quand on navigue en vue des terres.

Une petite flamme claire et ondoyante jaillit à travers les vagues noires, grises et bleues de la fumée du bois vert que le vent fouette comme une crinière de cheval échappé. Nous ouvrons nos sacs, nous en tirons le pain, le fromage, quelquefois les œufs durs, assaisonnés de gros grains de sel gris. Nous mangeons lentement, comme le troupeau rumine. Quelquefois l'un d'entre nous découvre à l'extrémité des branches d'un châtaignier des gousses de châtaignes oubliées sur l'arbre après la récolte. Nous nous armons tous de nos frondes, nous lançons avec adresse une nuée de pierres qui détachent le fruit de l'écorce entr'ouverte, et le font tomber à nos pieds.

Nous le faisons cuire sous la cendre de notre foyer, et si quelqu'un de nous vient à déterrer de plus quelques pommes de terre oubliées dans la glèbe d'un champ retourné, il nous les apporte, nous les recouvrons de cendres et de charbons, et nous les dévorons toutes fumantes, assaisonnées de l'orgueil de la découverte et du charme du larcin.

A midi on rassemble de nouveau les chèvres et les vaches couchées déjà depuis longtemps au soleil sur la grasse litière des feuilles mortes et des genêts. A mesure que le soleil, en montant, a dispersé les brouillards sur ces cimes éclatantes et tièdes de lumière, ils se sont accumulés dans la vallée et dans les plaines. Nous voyons seulement surgir au-dessus les cimes des collines, les clochers de quelques hauts villages, et à l'extrémité de l'horizon les neiges rosées et ombrées du mont Blanc, dont on distingue les ossements gigantesques, les arêtes vives et les angles rentrants ou sortants, comme si on était à une portée de regard.

Les troupeaux réunis, on s'achemine vers la vraie montagne. Nous laissons loin derrière nous cette première gorge alpestre, où nous avions passé la matinée. Les châtaigniers disparaissent, de petites broussailles leur succèdent; les pentes deviennent plus rudes; de hautes fougères les tapissent; çà et là, les grosses campanules bleues et les digitales pourprées les drapent de leurs fleurs. Bientôt tout cela disparaît encore. Il n'y a plus que de la mousse et des pierres roulantes sur les flancs des montagnes.

Les troupeaux s'arrêtent là avec un ou deux bergers. Les autres, et moi avec eux, nous avons aperçu depuis plusieurs jours, au dernier sommet de la plus haute de ces cimes, à côté d'une plaque de neige qui fait une tache blanche au nord, et qui ne fond que tard dans les étés froids, une ouverture dans le rocher qui doit donner entrée à quelque caverne. Nous avons vu les aigles s'envoler souvent vers cette roche; les plus hardis d'entre nous ont résolu d'aller dénicher les petits. Armés de nos bâtons et de nos frondes, nous y montons aujourd'hui. Nous avons tout prévu, mêmes les ténèbres de la caverne. Chacun de nous a préparé depuis quelques jours un flambeau pour s'y éclairer. Nous avons coupé dans les bois des environs des tiges de sapin de huit ou dix ans. Nous les avons fendues dans leur longueur en vingt ou trente petites lattes de l'épaisseur d'une ligne ou deux. Nous n'avons laissé intacte que l'extrémité inférieure de l'arbre ainsi fendu, afin que les lattes ne se séparent pas, et qu'il nous reste un manche solide dans la main pour les porter. Nous les avons reliées, en outre, de distance en distance, par des fils de fer qui retiennent tout le faisceau uni. Pendant plusieurs semaines nous les avons fait dessécher en les introduisant dans le four banal du village après qu'on en a tiré le pain. Ces petits arbres ainsi préparés, calcinés par le four et imbibés de la résine naturelle au sapin, sont des torches qui brûlent lentement, que rien ne peut éteindre, et qui jettent des flammes d'une rougeur éclatante au moindre vent qui les allume. Chacun de nous porte un de ces sapins sur son épaule. Arrivés au pied du rocher, nous le contournons à sa base pour trouver accès à la bouche tortueuse de la caverne qui s'entr'ouvre au-dessus de nos fronts. Nous y parvenons en nous hissant de roche en roche, et en déchirant nos mains et nos genoux. L'embouchure, recouverte par une voûte naturelle d'immenses blocs buttés les uns contre les autres, suffit à nous abriter tous. Elle se rétrécit bientôt, obstruée par des bancs de pierre qu'il faut franchir, puis, tournant tout à coup et descendant avec la rapidité d'un escalier sans marches, elle s'enfonce dans la montagne et dans la nuit.

Là, le cœur nous manque un peu. Nous lançons des pierres dont le bruit lent à descendre remonte à nos oreilles en échos souterrains. Les chauves-souris effrayées sortent à ce bruit de leur antre, et nous frappent le visage de leurs membranes gluantes. Nous allumons deux ou trois de nos torches. Le plus hardi et le plus grand se hasarde le premier. Nous le suivons tous. Nous rampons un moment comme le renard dans sa tanière. La fumée des torches nous étouffe, mais rien ne nous rebute, et, la voûte s'élargissant et s'élevant tout à coup, nous nous trouvons dans une de ces vastes salles souterraines dont les cavernes des montagnes sont presque toujours l'indice et qui leur servent pour ainsi dire à respirer l'air extérieur. Un petit bassin d'eau limpide réfléchit au fond la lueur de nos torches. Des gouttes brillantes comme le diamant suintent des parois de la voûte et, tombant par intervalles réguliers, y produisent ce tintement sonore, harmonieux et plaintif, qui, pour les petites sources comme pour les grandes mers, est toujours la voix de l'eau. L'eau est l'élément triste. *Super flumina Babylonis sedimus et flevimus.* Pourquoi? C'est que l'eau pleure avec tout le monde. Tout enfants que nous sommes, nous ne pouvons nous empêcher d'en être émus.

Assis au bord du bassin murmurant, nous triomphons longtemps de notre découverte, bien que nous n'ayons trouvé ni lions ni aigles, et que la fumée de bien des feux noircissant le rocher çà et là dût nous convaincre que nous n'étions pas les premiers introduits dans ce secret de la montagne. Nous nous baignons dans ce bassin; nous trempons nos pains dans son onde; nous nous oublions longtemps à la recherche de quelque autre branche de la caverne, si bien qu'à notre sortie le jour est tombé, et la nuit montre ses premières étoiles.

Nous attendons que les ténèbres soient encore un peu plus profondes. Alors nous allumons tous ensemble nos troncs de sapins par l'extrémité. Nous les portons la flamme en l'air. Nous descendons rapidement de sommets en sommets comme des étoiles filantes. Nous faisons des évolutions lumineuses sur les tertres avancés, d'où les villages lointains de la plaine peuvent nous apercevoir. Nous roulons ensemble jusqu'à nos troupeaux comme un torrent de feu. Nous les chassons devant nous, en criant et en chantant. Arrivés enfin sur la dernière colline qui domine le hameau de Milly, nous nous arrêtons, sûrs d'être regardés, sur une pelouse en pente ; nous formons des rondes, nous menons des danses, nous croisons nos pas en agitant nos petits arbres enflammés au-dessus de nos têtes ; puis nous les jetons à demi consumés sur l'herbe. Nous en faisons un seul feu de joie que nous regardons lentement brûler en redescendant vers la maison de nos mères.

Ainsi se passaient, avec quelques variations suivant les saisons, mes jours de berger. Tantôt c'était la montagne avec ses cavernes, tantôt les prairies avec leurs eaux sous les saules ; les écluses des moulins, dans lesquelles nous nous exercions à nager ; les jeunes poulains montés à cru et domptés par la course ; tantôt la vendange avec ses chars remplis de raisins, dont je conduisais les bœufs avec l'aiguillon du bouvier, et les cuves écumantes que je foulais tout nu avec mes camarades ; tantôt la moisson, et le seuil de terre où je battais le blé en cadence avec le fléau proportionné à mes bras d'enfant. Jamais homme ne fut élevé plus près de la nature et ne suça plus jeune l'amour des choses rustiques, l'habitude de ce peuple heureux qui les exerce, et le goût de ces métiers simples, mais variés comme les cultures, les sites, les saisons, qui ne font pas de l'homme une machine à dix doigts sans âme, comme les monotones travaux des autres industries, mais un être sentant, pensant et aimant, en communication perpétuelle avec la nature qu'il respire par tous les pores, et avec Dieu qu'il sent par tous ses bienfaits.

III

Elles furent humbles, sévères et douces, les premières impressions de ma vie. Les premiers paysages que mes yeux contemplèrent n'étaient pas de nature à agrandir ni à colorer beaucoup les ailes de ma jeune imagination. Ce n'est que plus tard et peu à peu que les magnifiques scènes de la création, la mer, les sublimes montagnes, les lacs resplendissants des Alpes, et les monuments humains dans les grandes villes, frappèrent mes yeux. Au commencement, je ne vis que ce que voient les enfants du plus agreste hameau dans un pays sans physionomie grandiose. Peut-être est-ce la meilleure condition pour bien jouir de la nature et des ouvrages des hommes, que de commencer par ce qu'il y a de plus modeste et de plus vulgaire, et de s'initier, pour ainsi dire, lentement et à mesure que l'âme se développe, aux spectacles de ce monde. L'aigle lui-même, destiné à monter si haut et à voir de si loin, commence sa vie dans les crevasses de sa roche, et ne voit dans sa jeunesse que les bords arides et souvent fétides de son nid.

Le village obscur où le ciel m'avait fait naître, et où la révolution et la pauvreté avaient confiné mon père et ma mère, n'avait rien qui pût marquer ni décorer la place de l'humble berceau d'un peintre ou d'un contemplateur de l'œuvre de Dieu.

IV

En quittant le lit de la Saône, creusé au milieu de vertes prairies et sous les fertiles coteaux de Mâcon, et en se dirigeant vers la petite ville et vers les ruines de l'antique abbaye de Cluny, où mourut Abailard, on suit une route montueuse à travers les ondulations d'un sol qui commence à s'enfler à l'œil comme les premières vagues d'une mer montante. A droite et à gauche blanchissent des hameaux au milieu des vignes. Au-dessus de ces hameaux, des montagnes nues et sans culture étendent en pentes rapides et rocailleuses des pelouses grises où l'on distingue comme des points blancs de rares troupeaux. Toutes ces montagnes sont couronnées de quelques masses de rochers qui sortent de terre, et dont les dents usées par le temps et par les vents présentent à l'œil les formes et les déchirures de vieux châteaux démantelés. En suivant la route qui circule autour de la base de ces collines, à environ deux heures de marche de la ville, on trouve à gauche un petit chemin étroit voilé de saules, qui descend dans les prés vers un ruisseau où l'on entend perpétuellement battre la roue du moulin.

Ce chemin serpente un moment sous les aulnes, à côté du ruisseau, qui le prend aussi pour lit quand les eaux courantes sont un peu grossies par les pluies; puis on traverse l'eau sur un petit pont, et on s'élève par une pente tournoyante, mais rapide, vers des masures couvertes de tuiles rouges, qu'on voit groupées au-dessus de soi, sur un petit plateau. C'est notre village.

Un clocher de pierres grises, en forme de pyramide, y surmonte sept ou huit maisons de paysans. Le chemin pierreux s'y glisse de porte en porte entre ces chaumières. Au bout de ce chemin, on arrive à une porte un peu plus haute et un peu plus large que les autres : c'est celle de la cour au fond de laquelle se cache la maison de mon père.

La maison s'y cache en effet, car on ne la voit d'aucun côté, ni du village ni de la grande route. Bâtie dans le creux d'un large pli du vallon, dominée de toutes parts par le clocher, par les bâtiments rustiques ou par des arbres, adossée à une assez haute montagne, ce n'est qu'en gravissant cette montagne et en se retournant qu'on voit en bas cette maison basse, mais massive, qui surgit, comme une grosse borne de pierre noirâtre, à l'extrémité d'un étroit jardin. Elle est carrée, elle n'a qu'un étage et trois larges fenêtres sur chaque face. Les murs n'en sont point crépis; la pluie et la mousse ont donné aux pierres la teinte sombre et séculaire des vieux cloîtres d'abbaye. Du côté de la cour, on entre dans la maison par une haute porte en bois sculpté. Cette porte est assise sur un large perron de cinq marches en pierres de taille. Mais les pierres, quoique de dimension colossale, ont été tellement écornées, usées, morcelées par le temps et par les fardeaux qu'on y dépose, qu'elles sont entièrement disjointes, qu'elles vacillent en murmurant sourdement sous les pas; que les orties, les pariétaires humides y croissent çà et là dans les interstices, et que les petites grenouilles d'été, à la voix si douce et si mélancolique, y chantent le soir comme dans un marais.

On entre d'abord dans un corridor large et bien éclairé, mais dont la largeur est diminuée par de vastes armoires de noyer sculpté où les paysans enferment le linge du ménage, et par des sacs de blé ou de farine déposés là pour les besoins journaliers de la famille. A gauche est la cuisine, dont la porte, toujours ouverte, laisse apercevoir une longue table de bois de chêne entourée de bancs. Il est rare qu'on n'y voie pas des paysans attablés à toute heure du jour, car la nappe y est toujours mise, soit pour les ouvriers, soit pour ces innombrables survenants à qui on offre habituellement le pain, le vin et le fromage, dans des campagnes éloignées des villes et qui n'ont ni auberge ni cabaret. A gauche, on entre dans la salle à manger. Rien ne la décore qu'une table de sapin, quelques chaises et un de ces vieux buffets à compartiments, à tiroirs et à nombreuses étagères, meuble héréditaire dans toutes les vieilles demeures, et que le goût actuel vient de rajeunir en les recherchant. De la salle à manger, on passe dans un salon à deux fenêtres, l'une sur la cour, l'autre au nord, sur un jardin. Un escalier, alors en bois, que mon père fit refaire en pierres grossièrement taillées, mène à l'étage unique et bas où une dizaine de chambres presque sans meubles ouvrent sur des corridors obscurs. Elles servaient alors à la famille, aux hôtes et aux domestiques. Voilà tout l'intérieur de cette maison, qui nous a si longtemps couvés dans ses murs sombres et chauds ; voilà le toit que ma mère appelait avec tant d'amour sa Jérusalem, sa maison de paix ! Voilà le nid qui nous abrita tant d'années de la pluie, du froid, de la faim, du souffle du monde ; le nid où la mort est venue prendre tour à tour le père et la mère, et dont les enfants se sont successivement envolés, ceux-ci pour un lieu, ceux-là pour un autre, quelques-uns pour l'éternité !... J'en conserve précieusement les restes, la paille, les mousses, le duvet ; et, bien qu'il soit maintenant vide, désert et refroidi de toutes ces délicieuses tendresses qui l'animaient, j'aime à le revoir, j'aime à y coucher encore quelquefois, comme si je devais y retrouver à mon réveil la voix de ma mère, les pas de mon père, les cris joyeux de mes sœurs, et tout ce bruit de jeunesse, de vie et d'amour qui résonne pour moi seul sous les vieilles poutres, et qui n'a plus que moi pour l'entendre et pour le perpétuer un peu de temps.

V

L'extérieur de cette demeure répond au dedans. Du côté de la cour, la vue s'étend seulement sur les pressoirs, les bûchers et les étables qui l'entourent. La porte de cette cour, toujours ouverte sur la rue du village, laisse voir tout le jour les paysans qui passent pour aller aux champs ou pour en revenir; ils ont leurs outils sur une épaule, et quelquefois sur l'autre un long berceau où dort leur enfant. Leur femme les suit à la vigne, portant un dernier né à la mamelle. Une chèvre avec un chevreau vient après, s'arrête un moment pour jouer avec les chiens près de la porte, puis bondit pour les rejoindre.

De l'autre côte de la rue est un four banal qui fume toujours, rendez-vous habituel des vieillards, des pauvres femmes qui filent et des enfants qui s'y chauffent à la cendre de son foyer jamais éteint. Voilà tout ce qu'on voit d'une des fenêtres du salon.

L'autre fenêtre, ouverte au nord, laisse plonger le regard au-dessus des murs du jardin et des tuiles de quelques maisons basses, sur un horizon de montagnes sombres et presque toujours nébuleux, d'où surgit, tantôt éclairé par un rayon de soleil orangé, tantôt du milieu des brouillards, un vieux château en ruine, enveloppé de ses tourelles et de ses tours. C'est le trait caractéristique de ce paysage. Si l'on enlevait cette ruine, les brillants reflets du soir sur ses murs, les fantasques tournoiements des fumées de la brume autour de ses donjons disparaîtraient pour jamais avec elle. Il ne resterait qu'une montagne noire et un ravin jaunâtre. Une voile sur la mer, une ruine sur une colline, sont un paysage tout entier. La terre n'est que la scène ; la pensée, le drame et la vie pour l'œil sont dans les traces de l'homme. Là où est la vie, là est l'intérêt.

Le derrière de la maison donne sur le jardin, petit enclos de pierres brunes d'un quart d'arpent. Au fond du jardin, la montagne commence à s'élever insensiblement, d'abord cultivée et verte de vignes, puis pelée, grise et nue comme ces mousses sans terre végétale qui croissent sur la pierre et qu'on n'en distingue presque pas. Deux ou trois roches ternes aussi tracent une légère dentelure à son sommet. Pas un arbre, pas même un arbuste ne dépasse la hauteur de la bruyère qui la tapisse. Pas une chaumière, pas une fumée ne l'anime. C'est peut-être ce qui fait le charme secret de ce jardin. Il est comme un berceau d'enfant que la femme du laboureur a caché dans un sillon du champ pendant qu'elle travaille. Les deux flancs du sillon cachent les bords du ruisseau, et quand le rideau est levé, l'enfant ne peut voir qu'un pan du ciel entre deux ondulations du terrain.

Quant au jardin en lui-même, il n'en a guère que le nom. Il n'eût pu compter pour un jardin qu'aux jours primitifs où Homère décrit le modeste enclos et les sept prairies du vieillard Laërte. Huit carrés de légumes coupés à angles droits, bordés d'arbres fruitiers et séparés par des allées d'herbes fourragères et de sable jaune; à l'extrémité de ces allées, au nord, huit troncs tortueux de vieilles charmilles qui forment un ténébreux berceau sur un banc de bois; un autre berceau plus petit au fond du jardin, tressé en vignes grimpantes de Judée sous deux cerisiers; voilà tout. J'oubliais, non pas la source murmurante, non pas même le puits aux pierres verdâtres et humides : il n'y a pas une goutte d'eau sur toute cette terre; mais j'oubliais un petit réservoir creusé par mon père dans le rocher pour recueillir les ondées de pluie; et autour de cette eau verte et stagnante douze sycomores et quelques platanes qui couvrent d'un peu d'ombre un coin du jardin derrière des murs, et qui sèment de leurs larges feuilles jaunies par l'été la nappe huileuse du bassin.

Oui, voilà bien tout. Et c'est là pourtant ce qui a suffi pendant tant d'années à la jouissance, à la joie, à la rêverie, aux doux loisirs et au travail d'un père, d'une mère et de huit enfants! Voilà ce qui suffit encore aujourd'hui à la nourriture de leurs souvenirs. Voilà l'Éden de leur enfance où se réfugient leurs plus sereines pensées quand elles veulent retrouver un peu de cette rosée du matin de la vie, et un peu de cette lumière colorée de la première heure, qui ne brille pure et rayonnante pour l'homme que sur ces premiers sites de son berceau. Il n'y a pas un arbre, un œillet, une mousse de ce jardin, qui ne soit incrusté dans notre âme comme s'il en faisait partie! Ce coin de terre nous semble immense, tant il contient pour nous de choses et de mémoires dans un si étroit espace. La pauvre grille de bois toujours brisée qui y conduit et par laquelle nous nous précipitions avec des cris de joie; les plates-bandes de laitues qu'on avait divisées pour nous en autant de petits jardins séparés et que nous cultivions nous-mêmes; le plateau au pied duquel notre père s'asseyait avec ses chiens à ses pieds au retour de la chasse; l'allée où notre mère se promenait au soleil couchant en murmurant tout bas le rosaire monotone qui fixait sa pensée à Dieu, pendant que son cœur et ses yeux nous couvaient près d'elle; le coin du gazon, à l'ombre et au nord, pour les jours chauds; le petit mur, tiède au midi, où nous nous rangions, nos livres à la main, au soleil comme des espaliers en automne; les trois lilas, les deux noisetiers, les fraises découvertes sous les feuilles, les prunes, les poires, les pêches trouvées le matin toutes gluantes de leur gomme d'or et toutes mouillées de rosée sous l'arbre; et plus tard le berceau de charmilles que chacun de nous, et moi surtout, cherchait à midi pour lire en paix ses livres favoris; et le souvenir des impressions confuses qui naissaient en nous de ces pages, et plus tard encore la mémoire des conversations intimes tenues ici ou là, dans telle ou telle allée de ce jardin; et la place où l'on se dit adieu en partant pour de longues absences, celle où l'on se retrouva au retour, celles où se passèrent quelques-unes de ces scènes intimes pathétiques de ce drame caché de la famille, où l'on vit se rembrunir le visage de son père, où notre mère pleura en nous pardonnant, où l'on tomba à ses genoux en cachant son front dans sa robe; celle où l'on vint lui annoncer la mort d'un fille chérie, celle où elle éleva ses yeux et ses mains résignés vers le ciel! Toutes ces images, toutes ces empreintes, tous ces groupes, toutes ces figures, toutes ces félicités, toutes ces tendresses, peuplent encore pour nous ce petit enclos comme ils l'ont peuplé, vivifié, enchanté pendant tant de jours, les plus doux des jours, et font que, recueillant par la pensée notre existence extravasée depuis, dans ces mêmes allées nous nous enveloppons pour ainsi dire de ce sol, de ces arbres, de ces plantes nées avec nous, et nous voudrions que l'univers commençât et finît pour nous avec les murs de ce pauvre enclos!

Ce jardin paternel a encore maintenant le même aspect. Les arbres un peu vieillis commencent seulement à tapisser leurs troncs de taches de mousse; les bordures de roses et d'œillets ont empiété sur le sable, rétréci les sentiers. Ces bordures traînent leurs filaments où les pieds s'embarrassent. Deux rossignols chantent encore les nuits d'été dans les deux berceaux déserts. Les trois sapins plantés par ma mère ont encore dans leurs rameaux les mêmes brises mélodieuses. Le soleil a le même éclat sur les nues à son couchant. On y jouit du même silence, interrompu seulement de temps en temps par le tintement des angelus dans le clocher, ou par la cadence monotone et assoupissante des fléaux qui battent le blé sur les aires dans les granges. Mais les herbes parasites, les ronces, les grandes mauves bleues s'élèvent par touffes épaisses entre les rosiers. Le lierre épaissit ses draperies déchirées contre les murs. Il empiète chaque année davantage sur les fenêtres toujours fermées de la chambre de notre mère; et quand par hasard je m'y promène et que je m'y oublie un moment, je ne suis arraché à ma solitude que par les pas du vieux vigneron qui nous servait de jardinier dans ces jours-là, et qui revient de temps en temps visiter ses plantes comme moi mes souvenirs, mes apparitions et mes regrets.

VI

Vous connaissez maintenant cette demeure aussi bien que moi. Mais que ne puis-je un seul moment animer pour vous ce séjour de la vie, du mouvement, du bruit, des tendresses qui le remplissaient pour nous! J'avais déjà dix ans que je ne savais pas encore ce que c'était qu'une amertume de cœur, une gêne d'esprit, une sévérité du visage humain. Tout était libre en moi et souriant autour de moi. Je n'étais pourtant ni énervé par les complaisances de ceux à qui je devais obéir, ni abandonné sans frein aux capricieuses exigences de mes imaginations ou de mes volontés d'enfant. Je vivais seulement dans un milieu sain et salutaire de la plénitude de la vie, entre mon père et ma mère, et ne respirant autour d'eux que tendresse, piété et contentement. Aimer et être aimé, c'était jusque-là toute mon éducation physique; elle se faisait aussi d'elle-même au grand air et dans les exercices presque sauvages que je vous ai décrits. Plante de pleine terre et de montagne, on se gardait bien de m'abriter. On me laissait croître et me fortifier en luttant l'hiver et l'été contre les éléments. Ce régime me réussissait à merveille, et j'étais alors un des plus beaux enfants qui aient jamais foulé de leurs pieds nus les pierres de nos montagnes, où la race humaine est cependant si saine et si belle. Des yeux d'un bleu noir, comme ceux de ma mère; des traits accentués, mais adoucis par une expression un peu pensive, comme était la sienne; un éblouissant rayon de joie éclairant tout ce visage; des cheveux très-souples et très-fins, d'un brun doré comme l'écorce mûre de la châtaigne, tombant en ondes plutôt qu'en boucles sur mon cou bruni par le hâle; la taille haute déjà pour mon âge, les mouvements lestes et flexibles; seulement une extrême délicatesse de peau, qui me venait aussi de ma mère, et une facilité à rougir et à pâlir qui trahissait la finesse des tissus, la rapidité et la puissance des émotions du cœur sur le visage; en tout le portrait de ma mère, avec l'accent viril de plus dans l'expression : voilà l'enfant que j'étais alors. Heureux de formes, heureux de cœur, heureux de caractère, la vie avait écrit bonheur, force et santé sur tout mon être. Le temps, l'éducation, les fautes, les hommes, les chagrins, l'ont effacé; mais je n'en accuse qu'eux et moi surtout.

VII

Mon éducation était toute dans les yeux plus ou moins sereins et dans le sourire plus ou moins ouvert de ma mère. Les rênes de mon cœur étaient dans le sien. Elle ne me demandait que d'être vrai et bon. Je n'avais aucune peine à l'être : mon père me donnait l'exemple de la sincérité jusqu'au scrupule; ma mère, de la bonté jusqu'au dévouement le plus héroïque. Mon âme, qui ne respirait que la bonté, ne pouvait pas produire autre chose. Je n'avais jamais à lutter ni avec moi-même ni avec personne. Tout m'attirait, rien ne me contraignait. Le peu qu'on m'enseignait m'était présenté comme une récompense. Mes maîtres n'étaient que mon père et ma mère; je les voyais lire, et je voulais lire; je les voyais écrire, et je leur demandais de m'aider à former mes lettres. Tout cela se faisait en jouant, aux moments perdus, sur les genoux, dans le jardin, au coin du feu du salon, avec des sourires, des badinages, des caresses. J'y prenais goût; je provoquais moi-même les courtes et amusantes leçons. J'ai ainsi tout su, un peu plus tard, il est vrai, mais sans me souvenir comment j'ai appris, et sans qu'un sourcil se soit froncé pour me faire apprendre. J'avançais sans me sentir marcher. Ma pensée, toujours en communication avec celle de ma mère, se développait, pour ainsi dire, dans la sienne. Les autres mères ne portent que neuf mois leur enfant dans leur sein; je puis dire que la mienne m'a porté douze ans dans le sien, et que j'ai vécu de sa vie morale comme j'avais vécu de sa vie physique dans ses flancs, jusqu'au moment où j'en fus arraché pour aller vivre de la vie putride ou tout au moins glaciale des colléges.

Je n'eus donc ni maître d'écriture, ni maître de lecture, ni maître de langues. Un voisin de mon père, M. Bruys de Vaudran, homme de talent retiré du monde, où il avait beaucoup vécu, venait nous voir une fois par semaine; il me donnait d'une très-belle main des exemples d'écriture que je copiais seul et que je lui remettais à corriger à son retour. Le goût de la lecture m'avait pris de bonne heure. On avait peine à me trouver assez de livres appropriés à mon âge pour alimenter ma curiosité. Ces livres d'enfants ne me suffisaient déjà plus; je regardais avec envie les volumes rangés sur quelques planches dans un petit cabinet du salon. Mais ma mère modérait chez moi cette impatience de connaître; elle ne me livrait que peu à peu les livres, et avec intelligence. La Bible abrégée et épurée, les fables de La Fontaine, qui me paraissaient à la fois puériles, fausses et cruelles, et que je ne pus jamais apprendre par cœur; les ouvrages de madame de Genlis ; ceux de Berquin, des morceaux de Fénelon et de Bernardin de Saint-Pierre, qui me ravissaient dès ce temps-là, la *Jérusalem délivrée*, *Robinson*, quelques tragédies de Voltaire, surtout *Mérope*, lue par mon père à la veillée : c'est là que je puisais, comme la plante dans le sol, les premiers sucs nourriciers de ma jeune intelligence. Mais je puisais surtout dans l'âme de ma mère; je lisais à travers ses yeux, je sentais à travers ses impressions, j'aimais à travers son amour. Elle me traduisait tout : nature, sentiment, sensations, pensées. Sans elle, je n'aurais rien su épeler de la création que j'avais sous les yeux; mais elle me mettait le doigt sur toute chose. Son âme était si lumineuse, si colorée et si chaude, qu'elle ne laissait de ténèbres et de froid sur rien. En me faisant peu à peu tout comprendre, elle me faisait en même temps tout aimer. En un mot, l'instruction insensible que je recevais n'était point une leçon : c'était l'action même de vivre, de penser et de sentir que j'accomplissais sous ses yeux, avec elle, comme elle et par elle. C'est ainsi que mon cœur se formait en moi sur un modèle que je n'avais pas même la peine de regarder, tant il était confondu avec mon propre cœur.

VIII

Ma mère s'inquiétait très-peu de ce qu'on entend par instruction ; elle n'aspirait pas à faire de moi un enfant avancé pour son âge. Elle ne me provoquait pas à cette émulation qui n'est qu'une jalousie de l'orgueil des enfants. Elle ne me laissait comparer à personne ; elle ne m'exaltait ni ne m'humiliait jamais par ces comparaisons dangereuses. Elle pensait avec raison qu'une fois mes forces intellectuelles développées par les années et par la santé du corps et de l'esprit, j'apprendrais aussi couramment qu'un autre le peu de grec, de latin et de chiffres dont se compose cette banalité lettrée qu'on appelle une éducation. Ce qu'elle voulait, c'était faire en moi un enfant heureux, un esprit sain et une âme aimante, une créature de Dieu et non une poupée des hommes. Elle avait puisé ses idées sur l'éducation d'abord dans son âme, et puis dans Jean-Jacques Rousseau et dans Bernardin de Saint-Pierre, ces deux philosophes des femmes, parce qu'ils sont les philosophes du sentiment. Elle les avait connus ou entrevus l'un et l'autre dans son enfance chez sa mère; elle les avait lus et vivement goûtés depuis; elle avait entendu, toute jeune, débattre mille fois leurs systèmes par madame de Genlis et par les personnes habiles chargées d'élever les enfants de M. le duc d'Orléans. On sait que ce prince fut le premier qui osa appliquer les théories de cette philosophie naturelle à l'éducation de ses fils. Ma mère, élevée avec eux et presque comme eux, devait transporter aux siens ces traditions de son enfance. Elle le faisait avec choix et discernement. Elle ne confondait pas ce qu'il convient d'apprendre à des princes, placés au sommet d'un ordre social, avec ce qu'il convient d'enseigner à des enfants de pauvres et obscures familles, placés tout près de la nature dans les conditions modestes du travail et de la simplicité. Mais ce qu'elle pensait, c'est que, dans toutes les conditions de la vie, il faut d'abord faire un homme, et que, quand l'homme est fait, c'est-à-dire l'être intelligent, sensible et en rapports justes avec lui-même, avec les autres hommes et avec Dieu, qu'il soit prince ou ouvrier, peu importe, il est ce qu'il doit être ; ce qu'il est est bien, et l'œuvre de sa mère est accomplie.

C'est d'après ce système qu'elle m'élevait. Mon éducation était une éducation philosophique de seconde main, une éducation philosophique corrigée et attendrie par la maternité.

Physiquement, cette éducation découlait beaucoup de Pythagore et de l'*Émile*. Ainsi, la plus grande simplicité de vêtements et la plus rigoureuse frugalité dans les aliments en faisaient la base. Ma mère était convaincue, et j'ai comme elle cette conviction, que tuer les animaux pour se nourrir de leur chair et de leur sang est une des infirmités de la condition humaine ; que c'est une de ces malédictions jetées sur l'homme, soit par sa chute, soit par l'endurcissement de sa propre perversité. Elle croyait, et je le crois comme elle, que ces habitudes d'endurcissement de cœur à l'égard des animaux les plus doux, nos compagnons, nos auxiliaires, nos frères en travail et même en affection ici-bas ; que ces immolations, ces appétits de sang, cette vue des chairs palpitantes, sont faits pour brutaliser et pour endurcir les instincts du cœur. Elle croyait, et je le crois aussi, que cette nourriture, bien plus succulente et bien plus énergique en apparence, contient en soi des principes irritants et putrides qui aigrissent le sang et abrègent les jours de l'homme. Elle citait, à l'appui de ces idées d'abstinence, les populations innombrables, douces, pieuses de l'Inde, qui s'interdisent tout ce qui a eu vie, et les races fortes et saines des peuples pasteurs, et même des populations laborieuses de nos campagnes qui travaillent le plus, qui vivent le plus innocemment et les plus longs jours, et qui ne mangent pas de viande dix fois dans leur vie. Elle ne m'en laissa jamais manger avant l'âge où je fus jeté dans la vie pêle-mêle des colléges. Pour m'en ôter le désir, si je l'avais eu, elle n'employa pas de raisonnements ; mais elle se servit de l'instinct qui raisonne mieux en nous que la logique.

J'avais un agneau qu'un paysan de Milly m'avait donné, et que j'avais élevé à me suivre partout comme le chien le plus tendre et le plus fidèle. Nous nous aimions avec cette première passion que les enfants et les jeunes animaux ont naturellement les uns pour les autres. Un jour, la cuisinière dit à ma mère, en ma présence : « Madame, l'agneau est gras ; voilà le boucher qui vient le demander : faut-il le lui donner ? » Je me récriai, je me précipitai sur l'agneau, je demandai ce que le boucher voulait en faire et ce que c'était qu'un boucher. La cuisinière me répondit que c'était un homme qui tuait les agneaux, les moutons, les petits veaux et les belles vaches pour de l'argent. Je ne pouvais pas le croire. Je priai ma mère. J'obtins facilement la grâce de mon ami. Quelques jours après, ma mère allant à la ville me mena avec elle et me fit passer, comme par hasard, dans la cour d'une boucherie. Je vis des hommes, les bras nus et sanglants, qui assommaient un bœuf ; d'autres qui égorgeaient des veaux et des moutons, et qui dépeçaient leurs membres encore pantelants. Des ruisseaux de sang fumaient çà et là sur le pavé. Une profonde pitié mêlé d'horreur me saisit. Je demandai à passer vite. L'idée de ces scènes horribles et dégoûtantes, préliminaires obligés d'un de ces plats de viande que je voyais servis sur la table, me fit prendre la nourriture animale en dégoût et les bouchers en horreur. Bien que la nécessité de se conformer aux conditions de la société où l'on vit m'ait fait depuis manger ce que tout le monde mange, j'ai conservé une répugnance raisonnée pour la chair cuite, et il m'a toujours été difficile de ne pas voir dans l'état de boucher quelque chose de l'état de bourreau. Je ne vécus donc, jusqu'à douze ans, que de pain, de laitage, de légumes et de fruits. Ma santé n'en fut pas moins forte, mon développement moins rapide, et peut-être est-ce à ce régime que je dus cette pureté de traits, cette sensibilité exquise d'impressions et cette douceur sereine d'humeur et de caractère que je conservai jusqu'à cette époque.

IX

Quant aux sentiments et aux idées, ma mère en suivait le développement naturel chez moi en le dirigeant sans que je m'en aperçusse, et peut-être sans s'en apercevoir elle-même. Son système n'était point un art, c'était un amour. Voilà pourquoi il était infaillible. Ce qui l'occupait par-dessus tout, c'était de tourner sans cesse mes pensées vers Dieu et de vivifier tellement ces pensées par la présence et par le sentiment continuels de Dieu dans mon âme, que ma religion devînt un plaisir et ma foi un entretien avec l'invisible. Il était difficile qu'elle n'y réussît pas, car sa piété avait le caractère de tendresse comme toutes ses autres vertus.

Ma mère n'était pas précisément ce qu'on entend par une femme de génie dans ce siècle où les femmes se sont élevées à une si grande hauteur de pensée, de style et de talent dans tous les genres. Elle n'y prétendit même jamais. Elle n'exerçait pas son intelligence sur ces vastes sujets. Elle ne forçait pas par la réflexion les ressorts faciles et élastiques de sa souple imagination. Elle n'avait en elle ni le métier ni l'art de la femme supérieure de ce temps.

Elle n'écrivait jamais pour écrire, encore moins pour être admirée, bien qu'elle écrivît beaucoup pour elle-même et pour retrouver dans un registre de sa conscience et des événements de sa vie intérieure un miroir moral d'elle-même où elle se regardait souvent pour se comparer et s'améliorer. Cette habitude d'enregistrer sa vie, qu'elle a conservée jusqu'à la fin, a produit quinze à vingt volumes de confidences intimes d'elle à Dieu, que j'ai eu le bonheur de conserver et où je la retrouve toute vivante quand j'ai besoin de me réfugier encore dans son sein.

Elle avait peu lu, de peur d'effleurer sa foi si vive et si obéissante. Elle n'écrivait pas avec cette force de conception et avec cet éclat d'images qui caractérisent le don de l'expression. Elle parlait et écrivait avec cette simplicité claire et limpide d'une femme qui ne se recherche jamais elle-même, et qui ne demande aux mots que de rendre avec justesse sa pensée, comme elle ne demandait à ses vêtements que de la vêtir et non de l'embellir. Sa supériorité n'était point dans sa tête, mais dans son âme. C'est dans le cœur que Dieu a placé le génie des femmes, parce que les œuvres de ce génie sont toutes des œuvres d'amour. Tendresse, piété, courage, héroïsme, constance, dévouement, abnégation d'elle-même, sérénité sensible, mais dominant par la foi et par la volonté ce qui souffrait en elle : tels étaient les traits de ce génie élevé que tous ceux qui l'approchaient sentaient dans sa vie et non dans ses œuvres écrites. Ce n'est que par l'attrait qu'on se sentait dominé auprès d'elle. C'était une supériorité qu'on ne reconnaissait qu'en l'adorant.

X

Le fond de cette âme, c'était un sentiment immense, tendre et consolant de l'infini. Elle était trop sensible et trop vaste pour les misérables petites ambitions de ce monde. Elle le traversait, elle ne l'habitait pas. Ce sentiment de l'infini en tout, et surtout en amour, avait dû se convertir pour elle en une invocation et en une aspiration perpétuelle à celui qui en est la source, c'est-à-dire à Dieu. On peut dire qu'elle vivait en Dieu autant qu'il est permis à une créature d'y vivre. Il n'y a pas une des faces de son âme qui n'y fût sans cesse tournée, qui ne fût transparente, lumineuse, réchauffée par ce rayonnement d'en haut, découlant directement de Dieu sur nos pensées. Il en résultait pour elle une piété qui ne s'assombrissait jamais. Elle n'était pas dévote dans le mauvais sens du mot; elle n'avait aucune de ces terreurs, de ces puérilités, de ces asservissements de l'âme, de ces abrutissements de la pensée qui composent la dévotion chez quelques femmes, et qui ne sont en elles qu'une enfance prolongée toute la vie, ou une vieillesse chagrine et jalouse qui se venge par une passion sacrée des passions profanes qu'elles ne peuvent plus avoir.

Sa religion était, comme son génie, tout entière dans son âme. Elle croyait humblement; elle aimait ardemment; elle espérait fermement. Sa foi était un acte de vertu et non un raisonnement. Elle la regardait comme un don de Dieu reçu des mains de sa mère, et qu'il eût été coupable d'examiner et de laisser emporter au vent du chemin. Plus tard, toutes les voluptés de la prière, toutes les larmes de l'admiration, toutes les effusions de son cœur, toutes les sollicitudes de sa vie et toutes les espérances de son immortalité s'étaient tellement identifiées avec sa foi, qu'elles en faisaient, pour, ainsi dire, partie dans sa pensée, et qu'en perdant ou en altérant sa croyance, elle aurait cru perdre à la fois son innocence, sa vertu, ses amours et ses bonheurs ici-bas, et ses gages de bonheur plus haut, sa terre et son ciel enfin ! Aussi y tenait-elle comme à son ciel et à sa terre. Et puis, elle était née pieuse comme on naît poëte ; la piété, c'était sa nature ; l'amour de Dieu, c'était sa passion ! Mais cette passion, par l'immensité de son objet et par la sécurité même de sa jouissance, était sereine, heureuse et tendre comme toutes ses autres passions.

Cette piété était la part d'elle-même qu'elle désirait le plus ardemment nous communiquer. Faire de nous des créatures de Dieu en esprit et en vérité, c'était sa pensée la plus maternelle. A cela encore elle réussissait sans systèmes et sans efforts et avec cette merveilleuse habileté de la nature qu'aucun artifice ne peut égaler. Sa piété, qui découlait de chacune de ses inspirations, de chacun de ses actes, de chacun de ses gestes, nous enveloppait, pour ainsi dire, d'une atmosphère du ciel ici-bas. Nous croyions que Dieu était derrière elle et que nous allions l'entendre et le voir, comme elle semblait elle-même l'entendre et le voir, et converser avec lui à chaque impression du jour. Dieu était pour nous comme l'un d'entre nous. Il était né en nous avec nos premières et nos plus indéfinissables impressions. Nous ne nous souvenions pas de ne l'avoir pas connu ; il n'y avait pas un premier jour où on nous avait parlé de lui. Nous l'avions toujours vu en tiers entre notre mère et nous. Son nom avait été sur nos lèvres avec le lait maternel, nous avions appris à parler en le balbutiant. A mesure que nous avions grandi, les actes qui le rendent présent et même sensible à l'âme s'étaient accomplis vingt fois par jour sous nos yeux. Le matin, le soir, avant, après nos repas, on nous avait fait faire de courtes prières. Les genoux de notre mère avaient été longtemps notre autel familier. Sa figure rayonnante était toujours voilée à ce moment d'un recueillement respectueux et un peu solennel, qui nous avait imprimé à nous-mêmes le sentiment de la gravité de l'acte qu'elle nous inspirait. Quand elle avait prié avec nous et sur nous, son beau visage devenait plus doux et plus attendri encore. Nous sentions qu'elle avait communiqué avec sa force et avec sa joie pour nous en inonder davantage.

LIVRE CINQUIÈME

I

Toutes nos leçons de religion se bornaient pour elle a être religieuse devant nous et avec nous. La perpétuelle effusion d'amour, d'adoration et de reconnaissance qui s'échappait de son âme était sa seule et naturelle prédication. La prière, mais la prière rapide, lyrique, ailée, était associée aux moindres actes de notre journée. Elle s'y mêlait si à propos, qu'elle était toujours un plaisir et un rafraîchissement, au lieu d'être une obligation et une fatigue. Notre vie était entre les mains de cette femme un *sursùm corda* perpétuel. Elle s'élevait aussi naturellement à la pensée de Dieu que la plante s'élève à l'air et à la lumière. Notre mère, pour cela, faisait le contraire de ce qu'on fait ordinairement. Au lieu de nous commander une dévotion chagrine qui arrache les enfants à leurs jeux ou à leur sommeil pour les forcer à prier Dieu, et souvent à travers leur répugnance et leurs larmes, elle faisait pour nous une fête de l'âme de ces courtes invocations auxquelles elle nous conviait en souriant. Elle ne mêlait pas la prière à nos larmes, mais à tous les petits événements heureux qui nous survenaient pendant la journée. Ainsi, quand nous étions réveillés dans nos petits lits, que le soleil si gai du matin étincelait sur nos fenêtres, que les oiseaux chantaient sur nos rosiers ou dans leurs cages, que les pas des serviteurs résonnaient depuis longtemps dans la maison et que nous l'attendions elle-même impatiemment pour nous lever, elle montait, elle entrait, le visage toujours rayonnant de bonté, de tendresse et de douce joie ; elle nous embrassait dans nos lits ; elle nous aidait à nous habiller ; elle écoutait ce joyeux petit ramage d'enfants dont l'imagination rafraîchie gazouille au réveil, comme un nid d'hirondelles gazouille sur le toit quand la mère approche ; puis elle nous disait : « A qui devons-nous ce bonheur dont nous allons jouir ensemble? C'est à Dieu, c'est à notre Père céleste. Sans lui, ce beau soleil ne se serait pas levé ; ces arbres auraient perdu leurs feuilles ; les gais oiseaux seraient morts de faim et de froid sur la terre nue, et vous, mes pauvres enfants, vous n'auriez nit lit, ni maison, ni jardin, ni mère pour vous abriter et vous nourrir, vous réjouir toute votre saison ! Il est bien juste de le remercier pour tout ce qu'il nous donne avec ce jour, de le prier de nous donner beaucoup d'autres jours pareils. » Alors elle se mettait à genoux devant notre lit, elle joignait nos petites mains, et souvent en les baisant, dans les siennes, elle faisait lentement et à demi-voix la courte prière du matin que nous répétions avec ses inflexions et ses paroles.

Le soir, elle n'attendait pas que nos yeux, appesantis par le sommeil, fussent à demi fermés pour nous faire balbutier, comme en rêve, les paroles qui retardaient péniblement pour nous l'heure du repos ; elle réunissait au salon, aussitôt après le souper, les domestiques et même les paysans des hameaux les plus voisins et les plus amis de la maison. Elle prenait un livre de pieuses instructions chrétiennes pour le peuple ; elle en lisait quelques courts passages à son rustique auditoire. Cette lecture était suivie de la prière, qu'elle lisait elle-même à haute voix, ou que mes jeunes sœurs disaient à sa place quand elles furent plus âgées. J'entends d'ici le refrain de ces litanies monotones qui roulait sourdement sous les poutres et qui ressemblait au flux et au reflux régulier des vagues du cœur venant battre les bords de la vie et les oreilles de Dieu.

L'un de nous était toujours chargé de dire à son tour une petite prière pour les voyageurs, pour les pauvres, pour les malades, pour quelque besoin particulier du village ou de la maison. En nous donnant ainsi un petit rôle dans l'acte sérieux de la prière, elle nous y intéressait en nous y associant, et nous empêchait de la prendre en froide habitude, en vaine cérémonie ou même en dégoût. Outre ces deux prières presque publiques, le reste de notre journée avait encore de fréquentes et irrégulières élévations de nos âmes d'enfants vers Dieu. Mais ces prières, nées de la circonstance dans le cœur et sur les lèvres de notre mère, n'étaient que des inspirations du moment; elles n'avaient rien de régulier ni de fatigant pour nous. Au contraire, elles complétaient et consacraient, pour ainsi dire, chacune de nos impressions et de nos jouissances.

Ainsi, quand un frugal repas, mais délicieux pour nous, était servi sur la table, notre mère, avant de s'asseoir et de rompre le pain, nous faisait un petit signe que nous comprenions. Nous suspendions une demi-minute l'impatience de notre appétit, pour prier Dieu de bénir la nourriture qu'il nous donnait. Après le repas et avant d'aller jouer, nous lui rendions grâce en quelques mots. Si nous partions pour une promenade lointaine et vivement désirée, par une belle matinée d'été, notre mère, en partant, nous faisait faire tout bas, et sans qu'on s'en aperçût, une courte invocation intérieure à Dieu, pour qu'il bénît cette grande joie et nous préservât de tout accident. Si la course nous conduisait devant quelque spectacle sublime ou gracieux de la nature, nouveau pour nous, dans quelque grande et sombre forêt de sapins où la solennité des ténèbres, les jaillissements de clarté à travers les rameaux, ébranlaient nos jeunes imaginations ; devant une belle nappe d'eau roulant en cascade et nous éblouissant d'écume, de mouvement et de bruit ; si un beau soleil couchant groupait sur la montagne des nuages d'une forme et d'un éclat inusités, et faisait en pénétrant sous l'horizon de magnifiques adieux à ce petit coin du globe qu'il venait d'illuminer, notre mère manquait rarement de profiter de la grandeur ou de la nouveauté de nos impressions pour nous faire élever notre âme à l'auteur de toutes ces merveilles, et pour nous mettre en communication avec lui par quelques soupirs lyriques de sa perpétuelle adoration.

Combien de fois, les soirs d'été, en se promenant avec nous dans la campagne, où nous ramassions des fleurs, des insectes, des cailloux brillants dans le lit du ruisseau de Milly, ne nous faisait-elle pas asseoir à côté d'elle, au pied d'un saule, et, le cœur débordant de son pieux enthousiasme, ne nous entretenait-elle pas un moment du sens religieux et caché de cette belle création qui ravissait nos yeux et nos cœurs! Je ne sais pas si ces explications de la nature, des éléments, de la vertu des plantes, de la destination des insectes, étaient bien selon la science. Elle les prenait dans Pluche, Buffon, Bernardin de Saint-Pierre; mais, s'il n'en sortait pas des systèmes irréprochables de la nature, il en sortait un immense sentiment de la Providence et une religieuse bénédiction de nos esprits à cet océan infini des sagesses et des miséricordes de Dieu.

Quand nous étions bien attendris par ces sublimes commentaires, et que nos yeux commençaient à se mouiller d'admiration, elle ne laissait pas s'évaporer ces douces larmes au souffle des distractions légères et des pensées mobiles; elle se hâtait de tourner tout cet enthousiasme de la contemplation en tendresse. Quelques versets des psaumes qu'elle savait par cœur, appropriés aux impressions de la scène, tombaient avec componction de ses lèvres. Ils donnaient un sens pieux à toute la terre et une parole divine à tous nos sentiments.

II

En rentrant, elle nous faisait presque toujours passer devant les pauvres maisons des malades ou des indigents du village. Elle s'approchait de leurs lits, elle leur donnait quelques conseils et quelques remèdes. Elle puisait ses ordonnances dans Tissot ou dans Buchan, ces deux médecins populaires. Elle faisait de la médecine son étude assidue pour l'appliquer aux indigents. Elle avait des vrais médecins le génie instinctif, le coup d'œil prompt, la main heureuse. Nous l'aidions dans ses visites quotidiennes. L'un de nous portait la charpie et l'huile aromatique pour les blessés, l'autre, les bandes de linge pour les compresses. Nous apprenions ainsi à n'avoir aucune de ces répugnances qui rendent plus tard l'homme faible devant la maladie, inutile à ceux qui souffrent, timide devant la mort. Elle ne nous écartait pas des plus affreux spectacles de la misère, de la douleur et même de l'agonie. Je l'ai vue souvent debout, assise ou à genoux au chevet de ces grabats des chaumières, ou dans les étables où les paysans couchent quand ils sont vieux et cassés, essuyer de ses mains la sueur froide des pauvres mourants, les retourner sous leurs couvertures, leur réciter les prières du dernier moment, et attendre patiemment des heures entières que leur âme eût passé à Dieu, au son de sa douce voix.

Elle faisait de nous aussi les ministres de ses aumônes. Nous étions sans cesse occupés, moi surtout, comme le plus grand, à porter au loin, dans les maisons isolées de la montagne, tantôt un peu de pain blanc pour les femmes en couches, tantôt une bouteille de vin vieux et des morceaux de sucre, tantôt un peu de bouillon pour les vieillards épuisés faute de nourriture. Ces petits messages étaient pour nous des plaisirs et des récompenses. Les paysans nous connaissaient à deux ou trois lieues à la ronde. Ils ne nous voyaient jamais passer sans nous appeler par nos noms d'enfant qui leur étaient familiers, sans nous prier d'entrer chez eux, d'y accepter un morceau de pain, de lard ou de fromage. Nous étions, pour tout le canton, les fils de la *dame*, les envoyés de bonnes nouvelles, les anges de secours pour toutes les misères abandonnées des gens de la campagne. Là où nous entrions entrait une providence, une espérance, une consolation, un rayon de joie et de charité. Ces douces habitudes d'intimité avec tous les malheureux et d'entrée familière dans toutes les demeures des habitants du pays, avaient fait pour nous une véritable famille de tout ce peuple des champs. Depuis les vieillards jusqu'aux petits enfants, nous connaissions tout ce petit monde par son nom. Le matin, les marches de pierre de la porte d'entrée de Milly et le corridor étaient toujours assiégés de malades ou de parents des malades qui venaient chercher des consultations auprès de notre mère. Après nous, c'était à cela qu'elle consacrait ses matinées. Elle était toujours occupée à faire quelques préparations médicinales pour les pauvres, à piler des herbes, à faire des à peser des drogues dans de petites balances, souvent même à panser les blessures et les plaies les plus dégoûtantes. Elle nous employait, nous l'aidions selon nos forces à tout cela. D'autres cherchent l'or dans ces alambics; notre mère n'y cherchait que le soulagement des infirmités des misérables, et plaçait ainsi bien plus haut et bien plus sûrement dans le ciel l'unique trésor qu'elle ait jamais désiré ici-bas : les bénédictions des pauvres et la volonté de Dieu.

III

Quand tout ce tracas du jour se taisait enfin, que nous avions dîné, que les voisins qui venaient quelquefois en visite s'étaient retirés, et que l'ombre de la montagne, s'allongeant sur le petit jardin, y versait déjà le crépuscule de la journée qui allait finir, ma mère se séparait un moment de nous. Elle nous laissait, soit dans le petit salon, soit au coin du jardin, à distance d'elle. Elle prenait enfin son heure de repos et de méditation à elle seule. C'était le moment où elle se recueillait avec toutes ses pensées rappelées à elle et tous ses sentiments extravasés de son cœur pendant le jour, dans le sein de Dieu, où elle aimait tant à se replonger. Nous connaissions, tout jeunes que nous étions, cette heure à part qui lui était réservée entre toutes les heures. Nous nous écartions tout naturellement de l'allée du jardin où elle se promenait, comme si nous eussions craint d'interrompre ou d'entendre les mystérieuses confidences d'elle à Dieu et de Dieu à elle! C'était une petite allée de sable jaune tirant sur le rouge, bordée de fraisiers, entre des arbres fruitiers qui ne s'élevaient pas plus haut que sa tête. Un gros bouquet de noisetiers était au bout de l'allée d'un côté, un mur de l'autre. C'était le site le plus désert et le plus abrité du jardin. C'est pour cela qu'elle le préférait, car ce qu'elle voyait dans cette allée était en elle et non dans l'horizon de la terre. Elle y marchait d'un pas rapide, mais très-régulier, comme quelqu'un qui pense fortement, qui va à un but certain, et que l'enthousiasme soulève en marchant. Elle avait ordinairement la tête nue; ses beaux cheveux noirs à demi livrés au vent, son visage un peu plus grave que le reste du jour, tantôt légèrement incliné vers la terre, tantôt relevé vers le ciel, où ses regards semblaient chercher les premières étoiles qui commençaient à se détacher du bleu de la nuit dans le firmament. Ses bras étaient nus à partir du coude; ses mains étaient tantôt jointes comme celles de quelqu'un qui prie, tantôt libres et cueillant par distraction quelques roses ou quelques mauves violettes, dont les hautes tiges croissaient au bord de l'allée. Quelquefois ses lèvres étaient entr'ouvertes et immobiles, quelquefois fermées et agitées d'un imperceptible mouvement, comme celles de quelqu'un qui parle en rêvant.

Elle parcourait ainsi pendant une demi-heure, plus ou moins, selon la beauté de la soirée, la liberté de son temps ou l'abondance de l'inspiration intérieure, deux ou trois cents fois l'espace de l'allée. Que faisait-elle ainsi? vous l'avez deviné. Elle vivait un moment en Dieu seul. Elle échappait à la terre. Elle se séparait volontairement de tout ce qui la touchait ici-bas pour aller chercher dans une communication anticipée avec le Créateur, au sein même de la création, ce rafraîchissement céleste dont l'âme souffrante et aimante a besoin pour reprendre les forces de souffrir et d'aimer toujours davantage.

Ce que Dieu disait à cette âme, Dieu seul le sait; ce qu'elle disait à Dieu, nous le savons à peu près comme elle. C'étaient des retours pleins de sincérité et de componction sur les légères fautes qu'elle avait pu commettre dans l'accomplissement de ses devoirs, dans la journée; de tendres reproches qu'elle se faisait à elle-même pour s'encourager à mieux correspondre aux grâces divines de sa situation; des remercîments passionnés à la Providence pour quelques-uns de ces petits bonheurs qui lui étaient arrivés en nous : son fils, qui avait annoncé d'heureuses inclinations; ses filles, qui s'embellissaient sous ses yeux; son mari, qui, par son intelligence et son ordre admirables, avait légèrement accru la petite fortune et le bien-être futur de la maison; puis les blés qui s'annonçaient beaux; la vigne, notre principale richesse, dont les fleurs bien parfumées embaumaient l'air et promettaient une abondante vendange; quelques contemplations soudaines, ravissantes, de la grandeur du firmament, de l'armée des astres, de la beauté de la saison, de l'organisation des fleurs, des insectes, des instincts maternels des oiseaux, dont on voyait toujours quelques nids respectés par nous entre les branches de nos rosiers ou de nos arbustes. Tout cela entassé dans son cœur comme les prémices sur l'autel, et allumé au feu de son jeune enthousiasme s'exhalant en regards, en soupirs, en quelques gestes inaperçus et en versets des Psaumes sourdement murmurés! Voilà ce qu'entendaient seulement les herbes, les feuilles, les arbres et les fleurs dans cette allée du recueillement.

IV

Cette allée était pour nous comme un sanctuaire dans un saint lieu, comme la chapelle du jardin où Dieu lui-même la visitait. Nous n'osions jamais y venir jouer; nous la laissions entièrement à son mystérieux usage sans qu'on nous l'eût défendu. A présent encore, après tant d'années que son ombre seule s'y promène, quand je vais dans ce jardin, je respecte l'allée de ma mère. Je baisse la tête en la traversant, mais je ne m'y promène pas moi-même pour n'y pas effacer sa trace.

Quand elle sortait de ce sanctuaire et qu'elle revenait vers nous, ses yeux étaient mouillés, son visage plus serein et plus apaisé encore qu'à l'ordinaire. Son sourire perpétuel sur ses gracieuses lèvres avait quelque chose de plus tendre et de plus amoureux encore. On eût dit qu'elle avait déposé un fardeau de tristesse ou d'adoration, et qu'elle marchait plus légèrement à ses devoirs le reste de la journée.

V

Cependant j'avançais en âge, j'avais dix ans. Il fallait bien commencer à m'apprendre quelque chose de ce que savent les hommes. Ma mère n'instruisait que mon cœur et ne formait que mes sentiments. Il s'agissait d'apprendre le latin. Le vieux curé d'un village voisin (car la cure de Milly était vendue et l'église fermée) tenait une petite école pour les enfants de quelques paysans aisés. On m'y envoyait le matin. Je portais sur mon dos dans un sac un morceau de pain et quelques fruits pour déjeuner avec mes petits camarades. Je portais de plus sous mon bras, comme les autres, un petit fagot de bois ou de ceps de vigne, pour alimenter le feu du pauvre curé. Le village de Bussières, où il desservait une petite église, est situé à un quart de lieue du hameau de Milly, au fond d'une charmante vallée dominée d'un côté par des vignes et par des noyers sur des pelouses, s'étendant de l'autre sur de jolis prés qu'arrose un ruisseau et qu'entrecoupent de petits bois de chênes et des groupes de vieux châtaigniers. La cure avec son jardin, sa cour et son puits, était cachée au nord derrière les murs de l'église, et tout ensevelie dans l'ombre du large clocher.

Au midi seulement, une galerie extérieure de quelques pas de long, et dont le toit était supporté par des piliers de bois avec leur écorce, ouvrait sur la cuisine et sur une salle dont le vieillard avait fait notre salle d'étude. J'entends d'ici le bruit de nos petits sabots retentissant sur les marches de pierre qui montaient de la cour dans cette galerie. Nous venions de Milly cinq ou six enfants tous les jours, quelque temps qu'il fît. Plus la température était pluvieuse ou froide, plus le chemin était pour nous amusant à faire et plus nous le prolongions. Entre Bussières et Milly, il y a une colline rapide dont la pente, par un sentier de pierres roulées, se précipite sur la vallée du presbytère. Ce sentier, en hiver, était un lit épais de neige ou un glacis de verglas sur lequel nous nous laissions rouler ou glisser comme font les bergers des Alpes. En bas, les prés ou le ruisseau débordé étaient souvent des lacs de glace interrompus seulement par le tronc noir des saules. Nous avions trouvé le moyen d'avoir des patins, et, à force de chutes, nous avions appris à nous en servir. C'est là que je pris une véritable passion pour cet exercice du Nord, où je devins très-habile plus tard. Se sentir emporté avec la rapidité de la flèche et avec les gracieuses ondulations de l'oiseau dans l'air, sur une surface plane, brillante, sonore et perfide ; s'imprimer à soi-même, par un simple balancement du corps, et, pour ainsi dire, par le seul gouvernail de la volonté, toutes les courbes, toutes les inflexions de la barque sur la mer ou de l'aigle planant dans le bleu du ciel, c'était pour moi et ce serait encore, si je ne respectais pas mes années, une telle ivresse des sens et un si voluptueux étourdissement de la pensée que je ne puis y songer sans émotion. Les chevaux même, que j'ai tant aimés, ne donnent pas au cavalier ce délire mélancolique que les grands lacs glacés donnent aux patineurs. Combien de fois n'ai-je pas fait des vœux pour que l'hiver, avec son brillant soleil froid, étincelant sur les glaces bleues des prairies sans bornes de la Saône, fût éternel ainsi que nos plaisirs !

On conçoit qu'en telle compagnie et par une telle

route nous arrivions souvent un peu tard. Le vieux curé ne nous en recevait pas plus mal. Accablé d'âge et d'infirmités, homme du monde autrefois, élégant et riche avant la révolution, tombé dans le dénûment depuis, il avait peu de goût pour la société d'enfants étourdis et bruyants qu'il s'était chargé d'enseigner. Tout ce que le bonhomme voulait de nous, c'était la légère rétribution que la générosité de nos parents ajoutait sans doute au mince casuel de son église. Du reste, il se déchargeait de notre éducation sur un jeune et brillant vicaire qui vivait avec lui dans sa cure, et qui le traitait en père plus qu'en supérieur. Ce vicaire s'appelait l'abbé Dumont. Le reste de la maison se composait d'une femme déjà âgée, mais belle et gracieuse toujours. C'était la mère du jeune abbé. Elle gouvernait doucement et souverainement le ménage des deux prêtres, aidée par une jolie nièce et par un vieux marguillier qui fendait le bois, bêchait le jardin et sonnait la cloche.

L'abbé Dumont n'avait rien du sacerdoce que le dégoût profond d'un état où on l'avait jeté malgré lui, la veille même du jour où le sacerdoce allait être ruiné en France. Il n'en portait pas même l'habit. Tous ses goûts étaient ceux d'un gentilhomme; toutes ses habitudes étaient celles d'un militaire; toutes ses manières étaient celles d'un homme du grand monde. Beau de visage, grand de taille, fier d'attitude, grave et mélancolique de physionomie, il parlait à sa mère avec tendresse, au curé avec respect, à nous avec dédain et supériorité. Toujours entouré de trois ou quatre beaux chiens de chasse, ses compagnons assidus dans la chambre comme dans les forêts, il s'occupait plus d'eux que de nous. Deux ou trois fusils luisants de propreté, décorés de plaques d'argent, brillaient au coin de la

cheminée; des fourniments de poudre, des balles, du gros plomb de chasse, étaient épars çà et là sur toutes les tables. Il tenait ordinairement à la main un grand fouet de cuir à manche d'ivoire, terminé par un sifflet pour rappeler ses chiens dans les montagnes. On voyait plusieurs sabres et des couteaux de chasse suspendus aux murs, et de grandes bottes à l'écuyère, armées de longs éperons d'argent, se dressaient toutes vernies et toutes cirées dans les coins de l'appartement. On sentait à son air, au son mâle et ferme de sa voix, et à cet ameublement, que son caractère naturel se vengeait par le costume du contre-sens de sa nature et de son état.

Il était instruit, et beaucoup de livres épars sur les chaises attestaient en lui des goûts littéraires. Mais ces livres étaient, comme les meubles, très-peu canoniques. C'étaient des volumes de Raynal, de J.-J. Rousseau, de Voltaire, des romans de l'époque ou des brochures et des journaux contre-révolutionnaires. Car, bien qu'il fût très-peu ecclésiastique, l'abbé Dumont était très-royaliste. Sa cheminée était couverte de bustes et de gravures représentant l'infortuné Louis XVI, la reine, le Dauphin, les illustres victimes de la révolution. Toute cette haine pour la révolution et toute cette philosophie dont la révolution avait été la conséquence se conciliaient très-bien alors dans la plupart des hommes de cette époque. La révolution avait satisfait leurs doctrines et renversé leur situation. Leur âme était un cahos comme la société nouvelle : ils ne s'y reconnaissaient plus.

On juge aisément, sur un pareil portrait, qu'entre un vieillard infirme qui se chauffait au feu de la cuisine tout le jour et un jeune homme impatient d'action et de plaisir, qui comptait comme autant d'heures de supplice les heures qu'il retranchait pour nous de la chasse, notre instruction ne pouvait pas s'étendre rapidement. Aussi se borna-t-elle, pendant l'année tout entière, à nous apprendre deux ou trois déclinaisons de mots latins dont nous ne comprenions même que la désinence. Le reste consistait à patiner l'hiver, à nager l'été dans les écluses des moulins, et à courir les noces et les fêtes des villages voisins, où l'on nous donnait les gâteaux d'usage dans ces circonstances, et où nous tirions les innombrables coups de pistolet qui sont partout le signe de réjouissances.

Je parlais le patois comme ma langue naturelle, et personne ne savait par cœur mieux que moi les chansons traditionnelles si naïves que l'on chante, la nuit, dans nos campagnes, sous la fenêtre de la chambre ou à la porte de l'étable où couche la fiancée.

VI

Mais cette vie entièrement paysanesque, et cette ignorance absolue de ce que les autres enfants savent à cet âge, n'empêchaient pas que, sous le rapport des sentiments et des idées, mon éducation familière, surveillée par ma mère, ne fît de moi un des esprits les plus justes, un des cœurs les plus aimants, et un des enfants les plus dociles que l'on pût désirer. Ma vie était composée de liberté, d'exercices vigoureux et de plaisirs simples, mais non de déréglements dangereux. On savait très-bien, à mon insu, me choisir mes camarades et mes amis parmi les enfants des familles les plus honnêtes et les plus irréprochables du village. Quelques-uns des plus âgés avaient, jusqu'à un certain point, la responsabilité de moi. Je ne recevais ni mauvais exemples ni mauvais conseils parmi eux. Le respect et l'amour que tout ce peuple avait pour mon père et pour ma mère rejaillissaient sur moi, tant le pays m'était comme une famille dont j'étais, pour ainsi dire, l'enfant commun et de prédilection.

Je n'aurais jamais songé à désirer une autre vie que celle-là. Ma mère, qui craignait pour moi le danger des éducations publiques, aurait voulu prolonger éternellement aussi cette heureuse enfance. Mais mon père et ses frères, dont j'aurai à parler bientôt, voyaient avec inquiétude que j'allais toucher à ma douzième année dans quelques mois, bientôt à l'adolescence, et que l'âge viril me surprendrait dans une trop grande infériorité d'instruction et de discipline avec les hommes de mon âge et de ma condition. Ils s'en alarmaient tout haut. J'entendais, à ce sujet, des représentations vives à ma pauvre mère. Elle pleurait souvent. L'orage passait et se brisait contre l'imperturbabilité de sa tendresse et contre l'énergie de sa volonté si flexible et pourtant si constante. Mais l'orage revenait tous les jours.

L'aîné de mes oncles était un homme d'autrefois; il était bon, mais il n'était nullement tendre. Élevé dans la rude et stricte école de la vie militaire, il ne concevait que l'éducation commune. Il voulait que l'homme fût formé par le contact des hommes; il craignait que cette tendresse de mère interposée toujours entre l'enfant et les réalités de la vie n'énervât trop la virilité du caractère. De plus, il était fort instruit, savant même et écrivain. Il voyait bien que je n'apprendrais jamais rien dans la maison de mon père qu'à bien vivre et à vivre heureux. Il voulait davantage.

Mon père, plus indulgent par sa nature et plus influencé par les idées maternelles, ne se serait pas décidé de lui-même à m'exiler de Milly; mais la persistance de mes oncles l'emporta. Ils étaient les rois de la famille et ses oracles, à peu près comme le bailli de Mirabeau dans la famille de ce grand homme. L'avenir de la famille était entre les mains de cet oncle, car il gouvernait ses frères et ses sœurs. Il n'était point marié; il fallait le ménager. Son empire un peu despotique, comme l'était alors l'autorité d'un chef de maison, s'exerçait avec une souveraineté fortifiée par son mérite distingué et par la considération dont il était investi. Par prudence et par amour pour ses enfants, ma mère céda. Mon arrêt fut porté, non sans bien des temporisations et bien des larmes.

On chercha longtemps un collége où les principes religieux, si chers à ma mère, fussent associés à un enseiment fort et à un régime paternel. On crut avoir trouvé tout cela dans une maison d'éducation célèbre alors à Lyon. Ma mère m'y conduisit elle-même. J'y entrai comme le condamné à mort entre dans son dernier cachot. Les faux sourires, les hypocrites caresses des maîtres de cette pension, qui voulaient imiter le cœur d'un père pour de l'argent, ne m'en imposèrent pas. Je compris tout ce que cette tendresse de commande avait de vénal. Mon cœur se brisa pour la première fois de ma vie, et quand la grille de fer se referma entre ma mère et moi, je sentis que j'entrais dans un autre monde, et que la lune de miel de mes premières années était écoulée sans retour.

LIVRE SIXIÈME

1

Représentez-vous un oiseau doux, mais libre et sauvage, en possession du nid, des forêts, du ciel, en rapport avec toutes les voluptés de la nature, de l'espace et de la liberté, pris tout à coup au piége de fer de l'oiseleur, et forcé de replier ses ailes et de déchirer ses pattes dans les barreaux de la cage étroite où on vient de l'enfermer avec d'autres oiseaux de races différentes, et dont le plumage et les cris discordants lui sont inconnus, vous aurez une idée imparfaite encore de ce que j'éprouvai pendant les premiers mois de ma captivité.

L'éducation maternelle m'avait fait une âme toute d'expansion, dé sincérité et d'amour. Je ne savais pas ce que c'était que craindre, je ne savais qu'aimer. Je ne connaissais que la douce et naturelle persuasion qui découlait pour moi des lèvres, des yeux, des moindres gestes de ma mère. Elle n'était pas mon maître, elle était plus, elle était ma volonté. Ce régime sain de la maison paternelle où la seule loi était de s'aimer, où la seule crainte était de déplaire, où la seule punition était un front attristé, avait fait de moi un enfant très-développé pour tout ce qui était sentiment, très-impressionnable aux moindres rudesses, aux moindres froissements de cœur. Je tombais de ce nid rembourré de duvet, et tout chaud de la tendresse d'une incomparable famille, sur la terre froide et dure d'une école tumultueuse, peuplée de deux cents enfants inconnus, railleurs, méchants, vicieux, gouvernés par des maîtres brusques, violents et intéressés, dont le langage mielleux, mais fade, ne déguisa pas un seul jour à mes yeux l'indifférence.

Je les pris en horreur. Je vis en eux des geôliers. Je passais les heures de récréation à regarder seul et triste, à travers les barreaux d'une longue grille qui fermait la cour, le ciel et la cime boisée des montagnes du Beaujolais, et à soupirer après les images de bonheur et de liberté que j'y avais laissées. Les jeux de mes camarades m'attristaient; leur physionomie même me repoussait. Tout respirait un air de malice, de fourberie et de corruption qui soulevait mon cœur. L'impression fut si vive et si triste, que les idées de suicide dont je n'avais jamais entendu parler m'assaillirent avec force. Je me souviens d'avoir passé des jours et des nuits à chercher par quel moyen je pourrais m'arracher une vie que je ne pouvais pas supporter. Cet état de mon âme ne cessa pas un seul moment tout le temps que je restai dans cette maison.

II

Après quelques mois de ce supplice, je résolus de m'échapper. Je calculai longtemps et habilement mes moyens d'évasion. Enfin, à l'heure où la porte d'un parloir s'ouvrait pour les parents qui venaient visiter leurs enfants, j'eus soin de me tenir dans ce parloir. Je fis semblant d'avoir jeté dans la rue la balle avec laquelle je jouais. Je me précipitai dehors comme pour la rattraper. Je refermai violemment la porte, et je m'élançai à toutes jambes à travers les petites ruelles bordées de murs et de jardins qui sillonnaient le faubourg de la Croix-Rousse, à Lyon. Je parvins bientôt à faire perdre mes traces au gardien qui me poursuivait, et quand j'eus gagné les bois qui couvraient les collines de la Saône, entre Neuville et Lyon, je ralentis le pas et je m'assis au pied d'un arbre pour reprendre haleine et réfléchir.

Je n'avais pour toute ressource que trois francs en petite monnaie dans ma poche. Je savais bien que je serais mal reçu par mon père; mais je me disais : « Ma fuite aura toujours cela de bon qu'on ne pourra pas me renvoyer dans le même collége. » Et puis, je ne comptais pas me présenter à mon père. Mon plan consistait à aller à Milly demander asile à un de ces braves paysans dont j'étais si connu et si aimé, soit même à la loge du gros chien de garde de la cour de la maison, où j'avais si souvent passé des heures avec lui couché sur la paille; de là j'aurais fait prévenir ma mère que j'étais arrivé; elle aurait adouci mon père; on m'aurait reçu et pardonné, et j'aurais repris ma douce vie auprès d'eux.

Il n'en fut point ainsi. M'étant remis en marche, et étant arrivé dans une petite ville à six lieues de Lyon, j'entrai dans une auberge et je demandai à dîner. Mais à peine étais-je assis devant l'omelette et le fromage qu'une bonne femme m'avait préparés, que la porte s'ouvrit et que je vis entrer le directeur de la maison d'éducation, escorté d'un gendarme. On me reprit, on me lia les mains, on me ramena à travers la honte que me donnait la curiosité des villageois. On m'enferma seul dans une espèce de cachot. J'y passai deux mois sans communication avec qui que ce fût, excepté pourtant avec le directeur, qui me demanda en vain un acte de repentir. Lassé à la fin de ma fermeté, on me renvoya à mes parents. Je fus mal reçu de toute la famille, excepté de ma pauvre mère. Elle obtint qu'on ne me renverrait plus à Lyon. Un collége dirigé par les jésuites à Belley, sur la frontière de Savoie, était alors en grande renommée, non-seulement en France, mais encore en Italie, en Allemagne et en Suisse. Ma mère m'y conduisit.

III

En y entrant, je sentis en peu de jours la différence prodigieuse qu'il y a entre une éducation vénale rendue à de malheureux enfants, pour l'amour de l'or, par des industriels enseignants, et une éducation donnée au nom de Dieu, et inspirée par un religieux dévouement dont le ciel seul est la récompense. Je ne retrouvai pas là ma mère, mais j'y retrouvai Dieu, la pureté, la prière, la charité, une douce et paternelle surveillance, le ton bienveillant de la famille, des enfants aimés et aimants, aux physionomies heureuses. J'étais aigri et endurci ; je me laissai attendrir et séduire. Je me pliai de moi-même à un joug que d'excellents maîtres savaient rendre doux et léger. Tout leur art consistait à nous intéresser nous-mêmes aux succès de la maison et à nous conduire par notre propre volonté et par notre propre enthousiasme. Un esprit divin semblait animer du même souffle les maîtres et les disciples. Toutes nos âmes avaient retrouvé leurs ailes et volaient d'un élan naturel vers le bien et vers le beau. Les plus rebelles eux-mêmes étaient soulevés et entraînés dans le mouvement général. C'est là que j'ai vu ce que l'on pouvait faire des hommes, non en les contraignant, mais en les inspirant. Le sentiment religieux qui animait nos maîtres nous animait tous. Ils avaient l'art de rendre ce sentiment aimable et sensible, et de créer en nous la passion de Dieu. Avec un tel levier placé dans nos propres cœurs, ils soulevaient tout. Quant à eux, ils ne faisaient pas semblant de nous aimer, ils nous aimaient véritablement, comme les saints aiment leurs devoirs, comme les ouvriers aiment leurs œuvres, comme les superbes aiment leur orgueil. Ils commencèrent par me rendre heureux ; ils ne tardèrent pas à me rendre sage. La piété se ranima dans mon âme. Elle devint le mobile de mon ardeur au travail. Je formai des amitiés intimes avec des enfants de mon âge aussi purs et aussi heureux que moi. Ces amitiés nous refaisaient, pour ainsi dire, une famille. Arrivé trop tard dans les dernières classes, puisque j'avais déjà passé douze ans, je marchai vite aux premières. En trois ans j'avais tout appris. Je revenais chaque année chargé des premiers prix de ma classe. J'en avais du bonheur pour ma mère, je n'en avais aucun orgueil pour moi. Mes camarades et mes rivaux me pardonnaient mes succès, parce qu'ils semblaient naturels, et que je ne les sentais pas moi-même. Il ne manquait à mon bonheur que ma mère et la liberté.

IV

Cependant je n'ai jamais pu discipliner mon âme à la servitude, quelque adoucie qu'elle fût par l'amitié, par la faveur de mes maîtres, par la popularité bienveillante dont mes condisciples m'entouraient au collége. Cette liberté des yeux, des pas, des mouvements, longtemps savourée à la campagne, me rendait les murs de l'école plus obscurs et plus étroits. J'étais un prisonnier plus heureux que les autres, mais j'étais toujours un prisonnier. Je ne m'entretenais avec mes amis, dans les heures de libre entretien, que du bonheur de sortir bientôt de cette reclusion forcée et de posséder de nouveau le ciel, les champs, les bois, les eaux, les montagnes de nos demeures paternelles. J'avais la fièvre perpétuelle de la liberté, j'avais la frénésie de la nature.

La fenêtre haute du dortoir la plus rapprochée de mon lit ouvrait sur une verte vallée du Bugey, tapissée de prairies, encadrée par des bois de hêtres et terminée par des montagnes bleuâtres sur le flanc desquelles on voyait flotter la vapeur humide et blanche de lointaines cascades. Souvent, quand tous mes camarades étaient endormis, quand la nuit était limpide et que la lune éclairait le ciel, je me levais sans bruit, je grimpais contre les barreaux d'un dossier de chaise, dont je me faisais une échelle, et je m'accoudais des heures entières sur le socle de cette fenêtre, pour regarder amoureusement cet horizon de silence, de solitude et de recueillement. Mon âme se portait avec d'indicibles élans vers ces prés, vers ces bois, vers ces eaux ; il me semblait que la félicité suprême était de pouvoir y égarer à volonté mes pas, comme j'y égarais mes regards et mes pensées, et si je pouvais saisir dans les gémissements du vent, dans les chants du rossignol, dans les bruissements des feuillages, dans le murmure lointain et répercuté des chutes d'eau, dans les tintements des clochettes des vaches sur la montagne, quelques-unes des notes agrestes, des réminiscences d'oreille de mon enfance à Milly, des larmes de souvenir, d'extase, tombaient de mes yeux sur la pierre de la fenêtre, et je rentrais dans mon lit pour y rouler longtemps en silence, dans mes rêves éveillés, les images éblouissantes de ces visions.

Elles se mêlaient de jour en jour davantage dans mon âme avec les pensées et les visions du ciel. Depuis que l'adolescence, en troublant mes sens, avait inquiété, attendri et attristé mon imagination, une mélancolie un peu sauvage avait jeté comme un voile sur ma gaieté naturelle et donné un accent plus grave à mes pensées comme au son de ma voix. Mes impressions étaient devenues si fortes, qu'elles en étaient douloureuses. Cette tristesse vague que toutes les choses de la terre me faisaient éprouver m'avait tourné vers l'infini. L'éducation éminemment religieuse qu'on nous donnait chez les jésuites, les prières fréquentes, les méditations, les sacrements, les cérémonies pieuses répétées, prolongées, rendues plus attrayantes par la parure des autels, la magnificence des costumes, les chants, l'encens, les fleurs, la musique, exerçaient sur des imaginations d'enfants ou d'adolescents de vives séductions. Les ecclésiastiques qui nous les prodiguaient s'y abandonnaient les premiers eux-mêmes avec la sincérité et la ferveur de leur foi. J'y avais résisté quelque temps sous l'impression des préventions et de l'antipathie que mon premier séjour dans le collége de Lyon m'avait laissées contre mes premiers maîtres. Mais la douceur, la tendresse d'âme et la persuasion insinuante d'un régime plus sain, sous mes maîtres nouveaux, ne tardèrent pas à agir avec la toute-puissance de leur enseignement sur une imagination de quinze ans. Je retrouvai insensiblement auprès d'eux la piété naturelle que ma mère m'avait fait sucer avec son lait. En retrouvant la piété, je retrouvai le calme dans mon esprit, l'ordre et la résignation dans mon âme, la règle dans ma vie, le goût de l'étude, le sentiment de mes devoirs, la sensation de la communication avec Dieu, les voluptés de la méditation et de la prière, l'amour du recueillement intérieur, et ces extases de l'adoration en présence de Dieu auxquelles rien ne peut être comparé sur la terre, excepté les extases d'un premier et pur amour. Mais l'amour divin, s'il a des ivresses et des voluptés de moins, a de plus l'infini et l'éternité de l'être qu'on adore! Il a de plus encore sa présence perpétuelle devant les yeux et dans l'âme de l'adorateur. Je le savourai dans toute son ardeur et dans toute son immensité.

Il m'en resta plus tard ce qui reste d'un incendie qu'on a traversé : un éblouissement dans les yeux et une tache de brûlure sur le cœur. Ma physionomie en fut modifiée; la légèreté un peu évaporée de l'enfance y fit place à une gravité tendre et douce, à cette concentration méditative du regard et des traits qui donne l'unité et le sens moral au visage. Je ressemblais à une statue de l'Adolescence enlevée un moment de l'abri des autels pour être offerte en modèle aux jeunes hommes. Le recueillement du sanctuaire m'enveloppait jusque dans mes jeux et dans mes amitiés avec mes camarades. Ils m'approchaient avec une certaine déférence, ils m'aimaient avec réserve.

J'ai peint dans *Jocelyn*, sous le nom d'un personnage imaginaire, ce que j'ai éprouvé moi-même de chaleur d'âme contenue, d'enthousiasme pieux répandu en élancements de pensées, en épanchements et en larmes d'adoration devant Dieu, pendant ces brûlantes années d'adolescence, dans une maison religieuse. Toutes mes passions futures encore en pressentiments, toutes mes facultés de comprendre, de sentir et d'aimer encore en germe, toutes les voluptés et toutes les douleurs de ma vie encore en songe, s'étaient pour ainsi dire concentrées, recueillies et condensées dans cette passion de Dieu, comme pour offrir au créateur de mon être, au printemps de mes jours, les prémices, les flammes et les parfums d'une existence que rien n'avait encore profanée, éteinte ou évaporée avant lui.

Je vivrais mille ans que je n'oublierais pas certaines heures du soir où, m'échappant pendant la récréation des élèves jouant dans la cour, j'entrais par une petite porte secrète dans l'église déjà assombrie par la nuit, et à peine éclairée au fond du chœur par la lampe suspendue du sanctuaire; je me cachais sous l'ombre plus épaisse d'un pilier; je m'enveloppais tout entier de mon manteau comme dans un linceul; j'appuyais mon front contre le marbre froid d'une balustrade, et, plongé, pendant des minutes que je ne comptais plus, dans une muette mais intarissable adoration, je ne sentais plus la terre sous mes genoux ou sous mes pieds, et je m'abîmais en Dieu, comme l'atome flottant dans la chaleur d'un jour d'été s'élève, se noie, se perd dans l'atmosphère, et, devenu transparent comme l'éther, paraît aussi aérien que l'air lui-même et aussi lumineux que la lumière !

Cette sérénité chaude de mon âme, découlant pour moi de la piété, ne s'éteignit pas en moi pendant les quatre années que j'employai encore à achever mes études. Cependant j'aspirais ardemment à les terminer pour rentrer dans la maison paternelle et dans la liberté de la vie des champs. Cette aspiration incessante vers la famille et vers la nature était même au fond un stimulant plus puissant que l'émulation. Au terme de chaque cours d'étude accompli, je voyais en idée s'ouvrir la porte de ma prison. C'est ce qui me faisait presser le pas et devancer mes émules. Je ne devais les couronnes dont j'étais récompensé et littéralement surchargé à la fin de l'année, qu'à la passion de sortir plus vite de cet exil où l'on condamne l'enfance. Quand je n'aurais plus rien à apprendre au collége, il faudrait bien me rappeler à la maison.

Ce jour arriva enfin. Ce fut un des plus beaux de mon existence. Je fis des adieux reconnaissants aux excellents maîtres qui avaient su vivifier mon âme en formant mon intelligence, et qui avaient fait pour ainsi dire rejaillir leur amour de Dieu en amour et en zèle pour l'âme de ses enfants. Les pères Desbrosses, Varlet, Béquet, Wrintz, surtout, mes amis plus que mes professeurs, restèrent toujours dans ma mémoire comme des modèles de sainteté, de vigilance, de paternité, de tendresse et de grâce pour leurs élèves. Leurs noms feront toujours pour moi partie de cette famille de l'âme à laquelle on ne doit pas le sang et la chair, mais l'intelligence, le goût, les mœurs et le sentiment.

Je n'aime pas l'institut des jésuites. Élevé dans leur

sein, je savais discerner, dès cette époque, l'esprit de séduction, d'orgueil et de domination qui se cache ou qui se révèle à propos dans leur politique, et qui, en immolant chaque membre au corps et en confondant ce corps avec la religion, se substitue habilement à Dieu même et aspire à donner à une secte le gouvernement des consciences et la monarchie universelle de la conscience humaine. Mais ces vices abstraits de l'institution ne m'autorisent pas à effacer de mon cœur la vérité, la justice et la reconnaissance pour les mérites et pour les vertus que j'ai vus respirer et éclater dans leur enseignement et dans les maîtres chargés par eux du soin de notre enfance. Le mobile humain se sentait dans leurs rapports avec le monde ; le mobile divin se sentait dans leurs rapports avec nous.

Leur zèle était si ardent qu'il ne pouvait s'allumer qu'à un principe surnaturel et divin. Leur foi était sincère, leur vie pure, rude, immolée à chaque minute et jusqu'à la fin au devoir et à Dieu. Si leur foi eût été moins superstitieuse et moins puérile, si leurs doctrines eussent été moins imperméables à la raison, ce catholicisme éternel, je verrais dans les hommes que je viens de citer les maîtres les plus dignes de toucher avec des mains pieuses l'âme délicate de la jeunesse ; je verrais dans leur institut l'école et l'exemple des corps enseignants. Voltaire, qui fut leur élève aussi, leur rendit la même justice. Il honora les maîtres de sa jeunesse dans les ennemis de la philosophie humaine. Je les honore et je les vénère dans leurs vertus, comme lui. La vérité n'a jamais besoin de calomnier la moindre vertu pour triompher par le mensonge. Ce serait là un jésuitisme de la philosophie. C'est par la vérité que la raison doit triompher.

Enfin, après l'année qu'on appelle de philosophie, année pendant laquelle on torture par des sophismes stupides et barbares le bon sens naturel de la jeunesse pour le plier aux dogmes régnants et aux institutions convenues, je sortis du collége pour n'y plus rentrer. Je n'en sortis pas sans reconnaissance pour mes excellents maîtres : mais j'en sortis avec l'ivresse d'un captif qui aime ses geôliers sans regretter les murs de sa prison. J'allais me plonger dans l'océan de liberté auquel je n'avais pas cessé d'aspirer ! Oh ! comme je comptais heure par heure ces derniers jours de la dernière semaine où notre délivrance devait sonner ! Je n'attendis pas qu'on m'envoyât chercher de la maison paternelle ; je partis en compagnie de trois élèves de mon âge qui rentraient dans leur famille comme moi, et dont les parents habitaient les environs de Mâcon. Nous portions notre petit bagage sur nos épaules, et nous nous arrêtions de village en village et de ferme en ferme, dans les gorges sauvages du Bugey. Les montagnes, les torrents, les cascades, les ruines sous les rochers, les chalets sous les sapins et sous les hêtres de ce pays tout alpestre, nous arrachaient nos premiers cris d'admiration pour la nature. C'étaient nos vers grecs et latins traduits par Dieu lui-même en images grandioses et vivantes, une promenade à travers la poésie de sa création. Toute cette route ne fut qu'une ivresse.

V

De retour à Milly quelques jours avant la chute des feuilles, je crus ne pouvoir épuiser jamais les torrents de félicité intérieure que répandait en moi le sentiment de ma liberté dans le site de mon enfance, au sein de ma famille. C'était la conquête de mon âge de virilité. Ma mère m'avait fait préparer une petite chambre à moi seul, prise dans un angle de la maison et dont la fenêtre ouvrait sur l'allée solitaire de noisetiers. Il y avait un lit sans rideaux, une table, des rayons contre le mur pour ranger mes livres. Mon père m'avait acheté les trois compléments de la robe virile d'un adolescent, une montre, un fusil et un cheval, comme pour me dire que désormais les heures, les champs, l'espace, étaient à moi. Je m'emparai de mon indépendance avec un délire qui dura plusieurs mois. Le jour était donné tout entier à la chasse avec mon père, à panser mon cheval à l'écurie ou à galoper, la main dans sa crinière, dans les prés des vallons voisins; les soirées aux doux entretiens de famille dans le salon, avec ma mère, mon père, quelques amis de la maison, ou à des lectures à haute voix des historiens et des poëtes.

Outre ces livres instructifs vers la lecture desquels mon père dirigeait sans affectation ma curiosité, j'en avais d'autres que je lisais seul. Je n'avais pas tardé à découvrir l'existence des cabinets de lecture à Mâcon où on louait des livres aux habitants des campagnes voisines. Ces livres, que j'allais chercher le dimanche, étaient devenus pour moi la source inépuisable de solitaires délectations. J'avais entendu les titres de ces ouvrages retentir au collége dans les entretiens des jeunes gens plus avancés en âge et en instruction que moi. Je me faisais un véritable Éden imaginaire de ce monde des idées, des poëmes et des romans qui nous étaient interdits par la juste sévérité de nos études.

Le moment où cet Éden me fut ouvert, où j'entrai pour

la première fois dans une bibliothèque circulante, où je pus à mon gré étendre la main sur tous ces fruits mûrs, verts ou corrompus de l'arbre de science, me donna le vertige. Je me crus introduit dans le trésor de l'esprit humain. Hélas! hélas! combien ce trésor véritable est vite épuisé! et combien de pierres fausses tombèrent peu à peu sous mes mains avec désenchantement et avec dégoût, à la place des merveilles que j'espérais y trouver!

Les sentiments de piété que j'avais rapportés de mon éducation et la crainte d'offenser les chastes et religieux scrupules de ma mère m'empêchèrent néanmoins de laisser égarer mes mains et mes yeux sur les livres dépravés ou suspects, poison des âmes, dont la fin du dernier siècle et le matérialisme ordurier de l'empire avaient inondé alors les bibliothèques. Je les entr'ouvris en rougissant avec une curiosité craintive, et je les refermai avec horreur. Le cynisme est l'idéal renversé; c'est la parodie de la beauté physique et morale, c'est le crime de l'esprit, c'est l'abrutissement de l'imagination. Je ne pouvais m'y plaire. Il y avait en moi trop d'enthousiasme pour ramper dans ces égouts de l'intelligence. Ma nature avait des ailes. Mes dangers étaient en haut et non en bas.

Mais je dévorais toutes les poésies et tous les romans dans lesquels l'amour s'élève à la hauteur d'un sentiment, au pathétique de la passion, à l'idéal d'un culte éthéré. Madame de Staël, madame Cottin, madame Flahaut, Richardson, l'abbé Prévost, les romans allemands d'Auguste Lafontaine, ce Gessner prosaïque de la bourgeoisie, fournirent pendant des mois entiers de délicieuses scènes toutes faites au drame intérieur de mon imagination de seize ans. Je m'enivrais de cet *opium* de l'âme qui peuple de fabuleux fantômes les espaces encore vides de l'imagination des oisifs, des femmes et des enfants. Je vivais de ces mille vies qui passaient, qui brillaient et qui s'évanouissaient successivement devant moi, en tournant les innombrables pages de ces volumes plus enivrants que les feuilles de pavot.

Ma vie était dans mes songes. Mes amours se personnifiaient dans ces figures idéales qui se levaient tour à tour sous l'évocation magique de l'écrivain, et qui traversaient les airs en y laissant pour moi une image de femme, un visage gracieux ou mélancolique, des cheveux noirs ou blonds, des regards d'azur ou d'ébène, et surtout un nom mélodieux. Quelle puissance que cette création par la parole, qui a doublé le monde des êtres et qui a donné la vie à tous les rêves de l'homme! Quelle puissance surtout à l'âge où la vie n'est elle-même encore qu'un rêve, et où l'homme n'est encore qu'imagination!

Mais ce qui me passionnait par-dessus tout, c'étaient les poëtes, ces poëtes qu'on nous avait avec raison interdits pendant nos mâles études, comme des enchantements dangereux qui dégoûtent du réel en versant à pleins flots la coupe des illusions sur les lèvres des enfants.

Parmi ces poëtes, ceux que je feuilletais de préférence n'étaient pas alors les anciens dont nous avions, trop jeunes, arrosé les pages classiques de nos sueurs et de nos larmes d'écolier. Il s'en exhalait, quand je rouvrais leurs pages, je ne sais quelle odeur de prison, d'ennui et de contrainte qui me les faisait refermer, comme le captif délivré qui n'aime pas à revoir ses chaînes; mais c'étaient ceux qui ne s'inscrivent pas dans le catalogue des livres d'étude, les poëtes modernes, italiens, anglais, allemands, français, dont la chair et le sang sont notre sang et notre chair à nous-mêmes, qui sentent, qui pensent, qui aiment, qui chantent, comme nous pensons, comme nous chantons, comme nous aimons, nous, hommes des nouveaux jours : le Tasse, le Dante, Pétrarque, Shakspeare, Milton, Chateaubriand, qui chantait alors comme eux, Ossian surtout, ce poëte du vague, ce brouillard de l'imagination, cette plainte inarticulée des mers du Nord, cette écume des grèves, ce gémissement des ombres, ce roulis des nuages autour des pics tempétueux de l'Écosse, ce Dante septentrional, aussi grand, aussi majestueux, aussi surnaturel que le Dante de Florence, plus sensible que lui, et qui arrache souvent à ses fantômes des cris plus humains et plus déchirants que ceux des héros d'Homère.

VI

C'était le moment où Ossian, le poëte de ce génie des ruines et des batailles, régnait sur l'imagination de la France. Baour-Lormian le traduisait en vers sonores pour les camps de l'empereur. Les femmes le chantaient en romances plaintives ou en fanfares triomphales au départ, sur la tombe ou au retour de leurs amants. De petites éditions en volumes portatifs se glissaient dans toutes les bibliothèques. Il m'en tomba une sous la main. Je m'abîmai dans cet océan d'ombres, de sang, de larmes, de fantômes, d'écume, de neige, de brumes, de frimas, et d'images dont l'immensité, le demi-jour et la tristesse correspondaient si bien à la mélancolie grandiose d'une âme de seize ans qui ouvre ses premiers rayons sur l'infini. Ossian, ses sites et ses images correspondaient merveilleusement aussi à la nature du pays des montagnes presque écossaises, à la saison de l'année et à la mélancolie des sites où je le lisais. C'était dans les âpres frissons de novembre et de décembre. La terre était couverte d'un manteau de neige percé çà et là par les troncs noirs de sapins épars, ou surmonté par les branches nues des chênes où s'assemblaient et criaient les volées de corneilles. Les brumes glacées suspendaient le givre aux buissons. Les nuages ondoyaient sur les cimes ensevelies des montagnes. De rares échappées de soleil les perçaient par moments et découvraient de profondes perspectives de vallées sans fond, où l'œil pouvait supposer des golfes de mer. C'était la décoration naturelle et sublime des poëmes d'Ossian que je tenais à la main. Je les emportai dans mon carnier de chasseur sur les montagnes, et, pendant que les chiens donnaient de la voix dans les gorges, je les lisais assis sous quelque rocher concave, ne quittant la page des yeux que pour trouver à l'horizon, à mes pieds, les mêmes brouillards, les mêmes nuées, les mêmes plaines de glaçons ou de neige que je venais de voir en imagination dans mon livre. Combien de fois je sentis mes larmes se congeler au bord de mes cils! J'étais devenu un des fils du barde, une de ces ombres héroïques, amoureuses, plaintives, qui combattent, qui aiment, qui pleurent ou qui chantent sur la harpe dans les sombres domaines de Fingal. Ossian est certainement une des palettes où mon imagination a broyé le plus de couleurs, et qui a laissé le plus de ses teintes sur les faibles ébauches que j'ai tracées depuis. C'est l'Eschyle de nos temps ténébreux. Des érudits curieux ont prétendu et prétendent encore qu'il n'a jamais existé ni écrit, que ses poëmes sont une supercherie de Macpherson. J'aimerais autant dire que Salvator Rosa a inventé la nature!

VII

Mais il manquait quelque chose à mon intelligence complète d'Ossian: c'était l'ombre d'un amour. Comment adorer sans objet? comment se plaindre sans douleur? comment pleurer sans larmes? Il fallait un prétexte à mon imagination d'enfant rêveur. Le hasard et le voisinage ne tardèrent pas à me fournir ce type obligé de mes adorations et de mes chants. Je m'en serais fait un de mes songes, de mes nuages et de mes neiges, s'il n'avait pas existé tout près de moi. Mais il existait, et il eût été digne d'un culte moins imaginaire et moins puéril que le mien.

Mon père passait alors les hivers tout entiers à la campagne. Il y avait, dans les environs, des familles nobles ou des familles d'honorable et élégante bourgeoisie qui habitaient également leurs châteaux ou leurs petits domaines pendant toutes les saisons de l'année. On se réunissait dans des repas de campagne ou dans des soirées sans luxe. La plus sobre simplicité et la plus cordiale égalité régnaient dans ces réunions de voisins et d'amis. Vieux seigneurs ruinés par la révolution, émigrés encore jeunes et conteurs, rentrés de l'exil; curés, notaires, médecins des villages voisins, familles retirées dans leurs maisons rustiques, riches cultivateurs du pays, confondus par les habitudes et par le voisinage avec la bourgeoisie et la noblesse, composaient ces réunions que le retour de l'hiver avait multipliées.

Pendant que les parents s'entretenaient longuement à table, ou jouaient aux échecs, au trictrac, aux cartes dans la salle, les jeunes gens jouaient à des jeux moins réfléchis dans un coin de la chambre, se répandaient dans les jardins, pétrissaient la neige, dénichaient les rouges-gorges ou les fauvettes dans les rosiers, ou répétaient les rôles de petites pièces et de proverbes en action qu'ils venaient représenter, après le souper et le jeu, devant les parents et les amis.

Une jeune personne de seize ans, comme moi, fille unique d'un propriétaire aisé de nos montagnes, se distinguait de tous ces enfants par son esprit, par son instruction et par ses talents précoces. Elle s'en distinguait aussi par sa beauté plus mûre qui commençait à la rendre plus rêveuse et plus réservée que ses autres compagnes. Sa beauté, sans être d'une régularité parfaite, avait cette langueur d'expression contagieuse qui fait rêver le regard et languir aussi la pensée de celui qui contemple. Des yeux d'un bleu de pervenche, des cheveux noirs et touffus, une bouche pensive qui riait peu et qui ne s'ouvrait que pour des paroles brèves, sérieuses, pleines d'un sens supérieur à ses années ; une taille où se révélaient déjà les gracieuses inflexions de la jeunesse, une démarche lasse, un regard qui contemplait souvent, et qui se détournait quand on le surprenait comme s'il eût voulu dérober les rêveries dont il était plein : telle était cette jeune fille. Elle semblait avoir le pressentiment d'une vie courte et nuageuse comme les beaux jours d'hiver où je la connus. Elle dort depuis longtemps sous cette neige où nous imprimions nos premiers pas.

Elle s'appelait Lucy.

VIII

Elle sortait depuis quelques mois d'un couvent de Paris où ses parents lui avaient donné une éducation supérieure à sa destinée et à sa fortune. Elle était musicienne. Elle avait une voix qui faisait pleurer. Elle dansait avec une perfection d'attitude et de pose un peu nonchalante, mais qui donnait à l'art l'abandon et la mollesse des mouvements d'une enfant : elle parlait deux langues étrangères. Elle avait rapporté de Paris des livres dont elle continuait à nourrir son esprit dans l'isolement du hameau de son père. Elle savait par cœur les poëtes; elle adorait comme moi Ossian, dont les images lui rappelaient nos propres collines dans celles de Morven. Cette adoration commune du même poëte, cette intelligence à deux d'une même langue ignorée des autres, étaient déjà une confidence involontaire entre nous. Nous nous cherchions sans cesse; nous nous rapprochions partout pour en parler. Avant de savoir que nous avions un attrait l'un vers l'autre, nous nous rencontrions déjà dans nos nuages, nous nous aimions déjà dans notre poëte chéri. Souvent à part du reste de la société, dans les jeux, dans les promenades, nous marchions à une longue distance en avant de sa mère et de mes sœurs, nous parlant peu, n'osant nous regarder, mais nous montrant de temps en temps de la main quelques beaux arcs-en-ciel dans les brouillards, quelques sombres vallées noyées d'une nappe de brume d'où sortait, comme un écueil ou comme un navire submergé, la flèche d'un clocher ou le faisceau de tours ruinées d'un vieux château; ou bien encore quelque chute d'eau congelée au fond du ravin, sur laquelle les châtaigniers et les chênes penchaient leurs bras alourdis de neige, comme les vieillards de Lochlin sur la harpe des bardes.

Nous nous répondions par un regard d'admiration muette et d'intelligence intérieure. Nous marchions souvent une demi-heure ainsi, à côté l'un de l'autre, quand je la conduisais jusqu'au bout de la vallée où demeurait son père, sans qu'on entendît d'autre bruit que le léger craquement de nos pieds dans le sentier de neige. Nous ne nous quittions pourtant jamais sans un soupir dans le cœur et sans une rougeur sur le front.

Les familles et les voisins souriaient de cette inclination qu'ils avaient aperçue avant nous. Ils la trouvaient naturelle et sans danger entre deux enfants de cet âge, qui ne savaient pas même le nom du sentiment qui les entraînait ainsi, et qui, loin de se déclarer cette prédilection l'un à l'autre, ne se l'expliquaient pas à eux-mêmes.

IX

Cependant ce sentiment se passionnait de jour en jour davantage en moi et en elle. Quand j'avais passé la soirée auprès d'elle, que j'avais reconduit sa famille jusqu'au torrent au-dessus duquel la maison de son père s'élevait sur un cap de rocher, il me semblait qu'on m'arrachait le cœur et qu'on l'enfermait avec elle dans ces gros murs et sous cette porte retentissante. Je revenais à pas lents, sans suivre aucun sentier, à travers les taillis et les prés, me retournant sans cesse pour voir l'ombre des hautes murailles se découper sur le firmament : heureux quand j'apercevais briller un moment une petite lumière à la fenêtre de la tourelle haute qui dominait le torrent où je savais qu'elle lisait en attendant le sommeil.

Tous les jours je m'acheminais, sous un prétexte quelconque, de ce côté de la vallée, mon fusil sous le bras, mon chien sur mes pas. Je passais des heures entières à rôder en vue du vieux manoir, sans entendre d'autre bruit que la voix des chiens de garde qui hurlaient de joie en jouant avec leur jeune maîtresse, sans voir autre chose que la fumée qui s'élevait du toit dans le ciel gris. Quelquefois cependant je la découvrais elle-même en robe blanche à peine agrafée autour du cou; elle ouvrait sa fenêtre au rayon matinal ou au vent du midi; elle posait un pot de fleurs sur le rebord pour faire respirer à la plante renfermée l'air du ciel, ou bien elle suspendait à un clou la cage de son chardonneret que baisaient ses lèvres entre les barreaux.

Elle s'accoudait quelquefois longtemps pour regarder écumer le torrent et courir les nuages, et ses beaux cheveux noirs pendaient en dehors, fouettés contre le mur par le vent d'hiver. Elle ne se doutait pas qu'un regard ami suivait, du bord opposé du ravin, tous ses mouvements, et qu'une bouche entr'ouverte cherchait à reconnaître dans les saveurs de l'air les vagues du vent qui avaient touché ses cheveux et emporté leur odeur dans les prés. Le soir, je lui disais timidement que j'avais passé en vue de sa maison dans la journée; qu'elle avait arrosé sa plante à telle heure; qu'à telle autre elle avait exposé son oiseau au soleil; qu'ensuite elle avait rêvé un moment à sa fenêtre; qu'après elle avait chanté ou touché du piano; qu'enfin elle avait refermé sa fenêtre et qu'elle s'était assise longtemps immobile comme quelqu'un qui lit.

X

Elle rougissait en me voyant si attentif à observer ce qu'elle faisait et en pensant qu'un regard invisible notait ses regards, ses pas et ses gestes jusque dans sa tour, où elle ne se croyait vue que de Dieu; mais elle ne paraissait donner aucune signification d'attachement particulier à cette vigilance de ma pensée sur elle.

« Et vous, me disait-elle avec un intérêt sensible dans la voix, mais masqué d'une apparente indifférence, qu'avez-vous fait aujourd'hui? » Je n'osais jamais lui dire : « J'ai pensé à vous! » Et nous restions toujours dans cette délicieuse indécision de deux cœurs qui sentent qu'ils s'adorent, mais qui ne se décideraient jamais à se le dire des lèvres : leur silence et leur tremblement même le disent assez pour eux.

Ossian fut notre confident muet et notre interprète. Elle m'en avait prêté un volume. Je devais le lui rendre. Après avoir glissé dans toutes les pages les brins de mousse, les grains de lierre, les fleurs qu'elle aimait à cueillir dans les haies ou sur les pots de giroflée des chaumières quand nous nous promenions ensemble avant l'hiver; après avoir cherché à appeler ainsi sa pensée sur moi et montré que je pensais à ses goûts moi-même, l'idée me vint d'ajouter une ou deux pages à Ossian, et de charger l'ombre des bardes écossais de la confidence de mon amour sans espoir. J'affectai de me faire redemander souvent le livre avant de le rendre et de citer vingt fois le chiffre d'une page « que je relisais toujours, lui disais-je, qui exprimait toute mon âme, qui était imbibée de toutes mes larmes d'admiration, et je la suppliais de la lire à son tour, mais de la lire seule, dans sa chambre, le soir, avec recueillement, au bruit du vent dans les pins et du torrent dans son lit, comme sans doute Ossian l'avait écrite. » J'avais excité ainsi sa curiosité, et j'espérais qu'elle ouvrirait le volume à la page qui contenait le poëme de ses propres soupirs.

XI

J'ai retrouvé, il y a trois ans, ces premiers vers dans les papiers du pauvre curé de B***, qui était en ce temps-là de nos sociétés d'enfance, et pour qui je les avais copiées; car, quel amour n'a pas besoin d'un confident? Les voici dans toute leur inexpérience et dans toute leur faiblesse. J'en demande pardon à M. de Lormian, poëte et aveugle aujourd'hui comme Ossian. C'était un écho lointain de l'Écosse répété par une voix d'enfant dans les montagnes de son pays, une palette et point de dessin, des nuages et point de couleurs. Un rayon de la poésie du Midi fit évanouir pour moi plus tard toute cette brume fantastique du Nord.

A LUCY L...

RÉCITATIF.

La harpe de Morven de mon âme est l'emblème ;
Elle entend de Cromla les pas des morts venir ;
Sa corde à mon chevet résonne d'elle-même
Quand passe sur ses nerfs l'ombre de l'avenir.
Ombres de l'avenir, levez-vous pour mon âme !
Écartez la vapeur qui vous voile à mes yeux...
Quelle étoile descend?... Quel fantôme de femme
Pose ses pieds muets sur le cristal des cieux?

. . . .

Est-ce un songe qui meurt? une âme qui vient vivre?
Mêlée aux brumes d'or dans l'impalpable éther,
Elle ressemble aux fils du blanc tissu du givre
Qu'aux vitres de l'hiver les songes font flotter.
Ne soufflez pas sur elle, ô vents tièdes des vagues !
Ne fondez pas cette ombre, éclairs du firmament !
Oiseaux, n'effacez pas sous vos pieds ces traits vagues
Où la vierge apparaît aux rêves de l'amant !

La lampe du pêcheur qui vogue dans la brume
A des rayons moins doux que son regard lointain.
Le feu que le berger dans la bruyère allume
Se fond moins vaguement dans les feux du matin,

. . . .
. . . .
. . . .
. . . .

Sous sa robe d'enfant, qui glisse des épaules,
A peine aperçoit-on deux globes palpitants,
Comme les nœuds formés sous l'écorce des saules,
Qui font renfler la tige aux séves du printemps.

CHANT.

« Il est nuit sur les monts. L'avalanche ébranlée
Glisse par intervalle aux flancs de la vallée.
Sur les sentiers perdus sa poudre se répand;
Le pied d'acier du cerf à ce bruit se suspend.
Prêtant l'oreille au chien qui le poursuit en rêve,
Il attend pour s'enfuir que le croissant se lève.
L'arbre au bord du ravin, noir et déraciné,
Se penche comme un mât sous la vague incliné.
La corneille, qui dort sur une branche nue,
S'éveille et pousse un cri qui se perd dans la nue;
Elle fait dans son vol pleuvoir à flocons blancs
La neige qui chargeait ses ailes sur ses flancs.
Les nuages chassés par les brises humides
S'empilent sur les monts en sombres pyramides,
Ou, comme des vaisseaux sur le golfe écumant,
Labourent de sillons le bleu du firmament.
Le vent transi d'Érin qui nivelle la plaine
Sur la lèvre en glaçons coupe et roidit l'haleine;
Et le lac où languit le bateau renversé
N'est qu'un champ de frimas par l'ouragan hersé.

. . . .
. . . .
. . . .

. . . .
Un toit blanchi de chaume où la tourbe allumée
Fait ramper sur le ciel une pâle fumée;
La voix du chien hurlant en triste aboîment sort,
Seul vestige de vie au sein de cette mort :

. . . .

. . . .
Quel est au sein des nuits ce jeune homme, ou ce rêve
Qui de l'étang glacé suit à grands pas la grève,

Gravit l'âpre colline, une arme dans la main.
Rencontre le chevreuil sans changer son chemin,
Redescend des hauteurs dans la gorge profonde
Où la tour des vieux chefs chancelle au bord de l'onde ;
Son noir lévrier quête et hurle dans les bois,
Et la brise glacée est pleine d'une voix.

CHANT DU CHASSEUR.

» Lève-toi ! lève-toi ! sur les collines sombres,
Biche aux cornes d'argent que poursuivent les ombres !
O lune ! sur ces murs épands tes blancs reflets !
Des songes de mon front ces murs sont le palais !
Des rayons vaporeux de ta chaste lumière
A mes yeux fascinés fais briller chaque pierre ;
Ruisselle sur l'ardoise, et jusque dans mon cœur
Rejaillis, ô mon astre, en torrents de langueur !
Aux fentes des créneaux la giroflée est morte.
Le lierre aux coups du Nord frissonne sur la porte
Comme un manteau neigeux dont le pâtre, au retour,
Secoue avant d'entrer les frimas dans la cour.
Le mur épais s'entr'ouvre à l'épaisse fenêtre...
Lune ! avec ton rayon mon regard y pénètre !
J'y vois, à la lueur du large et haut foyer,
Dans l'âtre au reflet rouge un frêne flamboyer.

LE CHASSEUR.

» Astre indiscret des nuits, que vois-tu dans la salle ?

LA LUNE.

» Les chiens du fier chasseur qui dorment sur la dalle.

LE CHASSEUR.

» Que m'importent les chiens, le chevreuil et le cor ?
Astre indiscret des nuits, regarde et dis encor.

LA LUNE.

» Sous l'ombre d'un pilier la nourrice dévide
La toison des agneaux sur le rouet rapide.

Ses yeux sous le sommeil se ferment à demi ;
Sur son épaule enfin son front penche endormi ;
Oubliant le duvet dont la quenouille est pleine,
Dans la cendre à ses pieds glisse et roule la laine.

LE CHASSEUR.

» Que me fait la nourrice aux doigts chargés de jours ?
Astre éclatant des nuits, regarde et dis toujours !

LA LUNE.

» Entre l'âtre et le mur, la blanche jeune fille,
Laissant sur ses genoux sa toile et son aiguille,
Sur la table accoudée...

LE CHASSEUR.

     Astre indiscret des nuits !
Arrête-toi sur elle ! et regarde, et poursuis !

LA LUNE.

» Sur la table de chêne, accoudée et pensive,
Elle suit du regard la forme fugitive
De l'ombre et des lueurs qui flottent sur le mur,
Comme des moucherons sur un ruisseau d'azur.
On dirait que ses yeux fixés sur des mystères
Cherchent un sens caché dans ces vains caractères,
Et qu'elle voit d'avance entrer dans cette tour
L'ombre aux traits indécis de son futur amour.
Non, jamais un amant qu'à sa couche j'enlève,
Dans ses bras assoupis n'enlaça plus beau rêve !
Vois-tu ses noirs cheveux, de ses charmes jaloux,
Rouler comme une nuit jusque sur ses genoux ?

LE CHASSEUR.

» Soufflez, brises du ciel ! ouvrez ce sombre voile !
Nuages de son front, rendez-moi mon étoile !

Laissez-moi seulement sous ce jais entrevoir
La blancheur de son bras sortant du réseau noir!
Ou l'ondulation de sa taille élancée,
Ou ce coude arrondi qui porte sa pensée,
Ou le lis de sa joue, ou le bleu du regard
Dont le seul souvenir me perce comme un dard.
O fille du rocher! tu ne sais pas quels rêves
Avec ce globe obscur de tes yeux tu soulèves!...
A chacun des longs cils qui voilent leur langueur,
Comme l'abeille au trèfle, est suspendu mon cœur.
Reste, oh! reste longtemps sur ton bras assoupie
Pour assouvir l'amour du chasseur qui t'épie!
Je ne sens ni la nuit ni les mordants frimas.
Ton souffle est mon foyer, tes yeux sont mes climats.
Des ombres de mon sein ta pensée est la flamme!
Toute neige est printemps aux rayons de ton âme!
Oh! dors! oh! rêve ainsi, la tête sur ton bras!
Et quand au jour, demain, tu te réveilleras,
Puissent mes longs regards, incrustés sur la pierre,
Rester collés au mur et dire à ta paupière
Qu'un fantôme a veillé sur toi dans ton sommeil!
Et puisses-tu chercher son nom à ton réveil! »

. . . .
. . . .

RÉCITATIF.

Ainsi chantait, au pied de la tour isolée,
Le barde aux bruns cheveux, sous la nuit étoilée,
Et transis par le froid, ses chiens le laissaient seul,
Et le givre en tombant le couvrait d'un linceul,
Et le vent qui glaçait le sang dans ses artères
L'endormait par degrés du sommeil de ses pères,
Et les loups qui rôdaient sur l'hiver sans chemin,
Hurlant de joie aux morts, le flairaient pour demain.
Et pendant qu'il mourait au bord du précipice,
La vierge réveillée écoutait la nourrice,
A voix basse contant les choses d'autrefois,
Ou tirait un accord de harpe sous ses doigts,

Ou, frappant le tison aux brûlantes prunelles,
Lisait sa destinée au vol des étincelles,
Ou regardait, distraite, aux flammes du noyer,
Les murs réverbérer les lueurs du foyer.

Milly, 1805, 16 décembre.

XII

Je lui remis un soir, en nous séparant, le volume grossi de ces vers. Elle les lut sans colère et vraisemblablement sans surprise. Elle y répondit par un petit poëme ossianique aussi, comme le mien, intercalé dans les pages d'un autre volume. Ses vers n'exprimaient que la plainte mélancolique d'une jeune vierge de Morven, qui voit le vaisseau de son frère partir pour une terre lointaine, et qui reste à pleurer le compagnon de sa jeunesse, au bord du torrent natal. Je trouvai cette poésie admirable et bien supérieure à la mienne. Elle était en effet plus correcte et plus gracieuse. Il y avait de ces notes que la rhétorique ne connaît pas et qu'on ne trouve que dans un cœur de femme. Notre correspondance poétique se poursuivit ainsi quelques jours, et resserra, par cette confidence de nos pensées, l'intimité qui existait déjà entre nos yeux.

XIII

Nous trouvions toujours trop courtes les heures que nous passions ensemble, pendant les promenades ou pendant les soirées de famille, à contempler la sauvage physionomie de nos montagnes, les sapins chargés de neige, imitant les fantômes qui traînent leurs linceuls, la lune dans les nuages, l'écume de la cascade d'où s'élevait l'*arc de la pluie* dont parle Ossian. Nous aspirions à jouir de ces spectacles nocturnes pendant des nuits plus entièrement à nous, et en échangeant, plus librement que nous n'osions le faire devant les indifférents, les jeunes et inépuisables émanations de nos âmes devant les merveilles de cette nature en harmonie avec les merveilles de nos premières extases et de nos premiers étonnements.

« Qu'elles seraient belles, nous disions-nous souvent, les heures passées ensemble, dans la solitude et dans le silence d'une nuit d'hiver, à nous entretenir sans témoins et sans fin des plus secrètes émotions de nos âmes, comme *Fingal*, *Morni* et *Malvina* sur les collines de leurs aïeux ! »

Des larmes de désir et d'enthousiasme montaient dans nos yeux à ces images anticipées du bonheur poétique que nous osions rêver dans ces entretiens dérobés au jour et à l'œil de nos parents. A force d'en parler, nous arrivâmes à un égal désir de réaliser ce songe d'enfant ; puis nous concertâmes secrètement, mais innocemment, les moyens de nous donner l'un à l'autre cette félicité d'imagination. Rien n'était si facile du moment que nous nous entendions, moi pour le demander avec passion, elle pour l'accorder sans soupçon ni résistance.

XIV

La tour qu'habitait Lucy, à l'extrémité du petit manoir de son père, avait pour base une terrasse dont le mur, bâti en forme de rempart, avait ses fondements dans le bas de la petite vallée près du torrent. Le mur était en pente assez douce. Des buis, des ronces, des mousses, poussés dans les crevasses des vieilles pierres ébréchées par le temps, permettaient à un homme agile et hardi d'arriver, en rampant, au sommet du parapet et de sauter, de là, dans le petit jardin qui occupait l'espace étroit de la terrasse au pied de la tour. Une porte basse de cette tour, servant d'issue à la dernière marche d'un escalier tournant, ouvrait sur le jardin. Cette porte, fermée la nuit par un verrou intérieur, pouvait s'ouvrir sous la main de Lucy et lui donner la promenade du jardin pendant le sommeil de sa nourrice. Je connaissais le mur, la terrasse, le jardin, la tour, l'escalier. Il ne s'agissait pour elle que d'avoir assez de résolution pour y descendre, pour moi assez d'audace pour y monter. Nous convînmes de la nuit, de l'heure, du signal que je ferais de la colline opposée en brûlant une amorce de mon fusil.

Le plus embarrassant pour moi était de sortir inaperçu, la nuit, de la maison de mon père. La grosse porte du vestibule sur le perron ne s'ouvrait qu'avec un retentissement d'énormes serrures rouillées, de barres et

de verrous dont le bruit ne pouvait manquer d'éveiller
mon père. Je couchais dans une chambre haute du premier étage. Je pouvais descendre en me suspendant à un
drap de mon lit et en sautant de l'extrémité du drap dans
le jardin; mais je ne pouvais remonter. Une échelle heureusement oubliée par des maçons qui avaient travaillé
quelques jours dans les pressoirs me tira d'embarras. Je
la dressai, le soir, contre le mur de ma chambre. J'attendis impatiemment que l'horloge eût sonné onze heures
et que tout bruit fût assoupi dans la maison. J'ouvris
doucement la fenêtre et je descendis, mon fusil à la
main, dans l'allée des noisetiers. Mais à peine avais-je
fait quelques pas muets sur la neige, que l'échelle, glissant avec fracas contre la muraille, tomba dans le jardin.
Un gros chien de chasse qui couchait au pied de mon lit,
m'ayant vu sortir par la fenêtre, s'était élancé à ma suite.
Il avait entravé ses pattes dans les barreaux et avait entraîné par son poids l'échelle à terre. A peine dégagé,
le chien s'était jeté sur moi et me couvrait de caresses.
Je le repoussai rudement pour la première fois de ma
vie. Je feignis de le battre pour lui ôter l'envie de me
suivre plus loin. Il se coucha à mes pieds et me vit franchir le mur qui séparait le jardin des vignes sans faire
un mouvement.

XV

Je me glissai à travers les champs, les bois et les
prés, sans rencontrer personne jusqu'au bord du ravin
opposé à la maison de Lucy. Je brûlai l'amorce. Une
légère lueur allumée un instant, puis éteinte à la fenêtre

haute de la tour, me répondit. Je déposai mon fusil au pied du mur en talus. Je grimpai le rempart. Je sautai sur la terrasse. Au même instant, la porte de la tour s'ouvrit. Lucy, franchissant le dernier degré et marchant comme quelqu'un qui veut assoupir le bruit de ses pas, s'avança vers l'allée où je l'attendais un peu dans l'ombre. Une lune splendide éclairait de ses gerbes froides, mais éblouissantes, le reste de la terrasse, les murs et les fenêtres de la tour, les flancs de la vallée.

Nous étions enfin au comble de nos rêves. Nos cœurs battaient. Nous n'osions ni nous regarder ni parler. J'essuyai cependant avec la main un banc de pierre couvert de neige glacée. J'y étendis mon manteau, que je portais plié sous mon bras, et nous nous assîmes un peu loin l'un de l'autre. Nul de nous ne rompait le silence. Nous regardions tantôt à nos pieds, tantôt vers la tour, tantôt vers le ciel. A la fin je m'enhardis : « O Lucy ! lui dis-je, comme la lune rejaillit pittoresquement d'ici de tous les glaçons du torrent et de toutes les neiges de la vallée ! Quel bonheur de la contempler avec vous ! — Oui, dit-elle, tout est plus beau avec un ami qui partage vos admirations pour ces paysages. » Elle allait poursuivre, quand un gros corps noir, passant comme un boulet par-dessus le mur du parapet, roula dans l'allée, et vint, en deux ou trois élans, bondir sur nous en aboyant de joie.

C'était mon chien qui m'avait suivi de loin, et qui, ne me voyant pas redescendre, s'était élancé sur ma piste et avait grimpé comme moi le mur de la terrasse. A sa voix et à ses bonds dans le jardin, les chiens de la cour répondirent par de longs aboiements, et nous aperçûmes dans l'intérieur de la maison la lueur d'une lampe qui passait de fenêtre en fenêtre en s'approchant de la tour. Nous nous levâmes. Lucy s'élança vers la porte de son escalier, dont je l'entendis refermer précipitamment le verrou. Je me laissai glisser jusqu'au pied du mur dans les prés. Mon chien me suivit. Je m'enfonçai à grands pas dans les sombres gorges des montagnes, en maudissant l'importune fidélité du pauvre animal. J'arrivai transi sous la fenêtre de ma chambre.

Je replaçai l'échelle. Je me couchai à l'aube du jour, sans autre souvenir de cette première nuit de poésie ossianique que les pieds mouillés, les membres transis, la conscience un peu humiliée de ma timidité devant la charmante Lucy, et une rancune très-modérée contre mon chien, qui avait interrompu à propos un entretien dont nous étions déjà plus embarrassés qu'heureux.

XVI

Ainsi finirent ces amours imaginaires qui commençaient à inquiéter un peu nos parents. On s'était aperçu de ma sortie nocturne. On se hâta de me faire partir avant que cet enfantillage devînt plus sérieux. Nous nous jurâmes de nous aimer par tous les astres de la nuit, par toutes les ondes du torrent et par tous les arbres de la vallée. L'hiver fondit ces serments avec ses neiges. Je partis pour achever mon éducation à Paris et dans d'autres grandes villes. Lucy fut mariée pendant mon absence, devint une femme accomplie, fit le bonheur d'un mari qu'elle aima, et mourut jeune, dans une destinée aussi vulgaire que ses premiers rêves avaient été poétiques. Je revois quelquefois son ombre mélancolique et diaphane sur la petite terrasse de la tour de ***, quand je passe, l'hiver, au fond de la vallée, que le vent du nord fouette la crinière de mon cheval ou que les chiens aboient dans la cour du manoir abandonné.

LIVRE SEPTIÈME

I

GRAZIELLA

A dix-huit ans, ma famille me confia aux soins d'une de mes parentes que des affaires appelaient en Toscane, où elle allait accompagnée de son mari. C'était une occasion de me faire voyager et de m'arracher à cette oisiveté dangereuse de la maison paternelle et des villes de province, où les premières passions de l'âme se corrompent faute d'activité. Je partis avec l'enthousiasme d'un enfant qui va voir se lever le rideau des plus splendides scènes de la nature et de la vie.

Les Alpes, dont je voyais de loin, depuis mon enfance, briller les neiges éternelles, à l'extrémité de l'horizon, du haut de la colline de Milly; la mer, dont les voyageurs et les poëtes avaient jeté dans mon esprit tant d'éclatantes images; le ciel italien, dont j'avais, pour ainsi dire, aspiré déjà la chaleur et la sérénité dans les pages de *Corinne* et dans les vers de *Gœthe*:

Connais-tu cette terre où les myrtes fleurissent?

les monuments encore debout de cette antiquité romaine, dont mes études toutes fraîches avaient rempli ma pensée; la liberté enfin; la distance qui jette un prestige sur toutes choses; les aventures, ces accidents certains des longs voyages, que l'imagination jeune prévoit, combine à plaisir et savoure d'avance; le changement de langue, de visages, de mœurs, qui semble initier l'intelligence à un monde nouveau, tout cela me fascinait. Je vécus dans un état constant d'ivresse pendant les longs jours d'attente qui précédèrent le départ. Ce délire, renouvelé chaque jour par les magnificences de la nature en Savoie, en Suisse, sur le lac de Genève, sur les glaciers du Simplon, au lac de Côme, à Milan et à Florence, ne retomba que lorsqu'il fut question de mon retour.

Les affaires qui avaient conduit ma compagne de voyage à Livourne se prolongeant indéfiniment, on parla de me faire repartir pour la France sans avoir vu Rome et Naples. C'était m'arracher mon rêve au moment où j'allais le saisir. Je me révoltai intérieurement contre une pareille idée. J'écrivis à mon père pour lui demander l'autorisation de continuer seul mon voyage en Italie, et, sans attendre la réponse, que je n'espérais guère favorable, je résolus de prévenir la désobéissance par le fait. « Si la défense arrive, me disais-je, elle arrivera trop tard. Je serai réprimandé, mais je serai pardonné; je reviendrai, mais j'aurai vu. » Je fis la revue de mes finances très-restreintes; mais je calculai que j'avais un parent de ma mère établi à Naples, et qu'il ne me refuserait pas quelque argent pour le retour. Je partis, une belle nuit, de Livourne, par le courrier de Rome.

J'y passai l'hiver seul dans une petite chambre d'une rue obscure, qui débouche sur la place d'Espagne, chez un peintre romain qui me prit en pension dans sa famille. Ma figure, ma jeunesse, mon enthousiasme, mon isolement au milieu d'un pays inconnu, avaient intéressé un de mes compagnons de voyage dans la route de Florence à Rome. Il s'était lié d'une amitié soudaine avec moi. C'était un beau jeune homme à peu près de mon âge. Il paraissait être le fils ou le neveu du fameux chanteur *Davide*, alors le premier ténor des théâtres d'Italie. Davide voyageait aussi avec nous. C'était un homme d'un âge déjà avancé. Il allait chanter pour la dernière fois sur le théâtre Saint-Charles à Naples.

Davide me traitait en père, et son jeune compagnon me comblait de prévenances et de bontés. Je répondais à ces avances avec l'abandon et la naïveté de mon âge. Nous n'étions pas encore arrivés à Rome que le beau voyageur et moi nous étions déjà inséparables. Le courrier, dans ce temps-là, ne mettait pas moins de trois jours pour aller de Florence à Rome. Dans les auberges, mon nouvel ami était mon interprète ; à table, il me servait le premier ; dans la voiture, il me ménageait à côté de lui la meilleure place, et, si je m'endormais, j'étais sûr que ma tête aurait son épaule pour oreiller.

Quand je descendais de la voiture aux longues montées des collines de la *Toscane* ou de la *Sabine*, il descendait avec moi, m'expliquait le pays, me nommait les villes, m'indiquait les monuments. Il cueillait même de belles fleurs et achetait de belles figues et de beux raisins sur la route ; il remplissait de ces fruits mes mains et mon chapeau. Davide semblait voir avec plaisir l'affection de son compagnon de voyage pour le jeune étranger. Ils se souriaient quelquefois en me regardant d'un air d'intelligence, de finesse et de bonté.

Arrivés à Rome la nuit, je descendis tout naturellement dans la même auberge qu'eux. On me conduisit dans ma chambre; je ne me réveillai qu'à la voix de mon jeune ami, qui frappait à ma porte et qui m'invitait à déjeuner. Je m'habillai à la hâte, et je descendis dans la salle où les voyageurs étaient réunis. J'allais serrer la main de mon compagnon de voyage et je le cherchais en vain des yeux parmi les convives, quand un rire général éclata sur tous les visages. Au lieu du fils ou du neveu de Davide, j'aperçus à côté de lui une charmante figure de jeune fille romaine élégamment vêtue et dont les cheveux noirs, tressés en bandeau autour du front, étaient rattachés derrière par deux longues épingles d'or à têtes de perles, comme les portent encore les paysannes de Tivoli. C'était mon ami qui avait repris, en arrivant à Rome, son costume et son sexe.

J'aurais dû m'en douter à la tendresse de son regard et à la grâce de son sourire. Mais je n'avais eu aucun soupçon. « L'habit ne change pas le cœur, me dit en rougissant la belle Romaine ; seulement vous ne dormirez plus sur mon épaule, et, au lieu de recevoir de moi des fleurs, c'est vous qui m'en donnerez. Cette aventure vous apprendra à ne pas vous fier aux apparences d'amitié qu'on aura pour vous plus tard ; cela pourrait bien être autre chose. »

La jeune fille était une cantatrice, élève et favorite de Davide. Le vieux chanteur la conduisait partout avec lui, il l'habillait en homme pour éviter les commentaires sur la route. Il la traitait en père plus qu'en protecteur, et n'était nullement jaloux des douces et innocentes familiarités qu'il avait laissées lui-même s'établir entre nous.

II

Davide et son élève passèrent quelques semaines à Rome. Le lendemain de notre arrivée, elle reprit ses habits d'homme et me conduisit d'abord à Saint-Pierre, puis au Colisée, à *Frascati*, à *Tivoli*, à *Albano*; j'évitai ainsi les fatigantes redites de ces démonstrateurs gagés qui dissèquent aux voyageurs le cadavre de Rome, et qui, en jetant leur monotone litanie de noms propres et de dates à travers vos impressions, obsèdent la pensée et déroutent le sentiment des belles choses. La *Camilla* n'était pas savante, mais, née à Rome, elle savait d'instinct les beaux sites et les grands aspects dont elle avait été frappée dans son enfance.

Elle me conduisait sans y penser aux meilleures places et aux meilleures heures, pour contempler les restes de la ville antique. Le matin, sous les pins aux larges dômes du *Monte-Pincio*; le soir, sous les grandes ombres des colonnades de Saint-Pierre; au clair de lune, dans l'enceinte muette du Colisée; par de belles journées d'automne, à *Albano*, à *Frascati* et au temple de la Sibylle tout retentissant et tout ruisselant de la fumée des cascades de *Tivoli*. Elle était gaie et folâtre comme une statue de l'éternelle Jeunesse au milieu de ces vestiges du temps et de la mort. Elle dansait sur la tombe de *Cécilia Metella*, et, pendant que je rêvais assis sur une pierre, elle faisait résonner des éclats de sa voix de théâtre les voûtes sinistres du palais de Dioclétien.

Le soir, nous revenions à la ville, notre voiture remplie de fleurs et de débris de statues, rejoindre le vieux Davide, que ses affaires retenaient à Rome, et qui nous menait finir la journée dans sa loge au théâtre. La cantatrice, plus âgée que moi de quelques années, ne me témoignait pas d'autres sentiments que ceux d'une amitié un peu tendre. J'étais trop timide pour en témoigner d'autres moi-même, je ne les ressentais même pas, malgré ma jeunesse et sa beauté. Son costume d'homme, sa familiarité toute virile, le son mâle de sa voix de contralto et la liberté de ses manières me faisaient une telle impression, que je ne voyais en elle qu'un beau jeune homme, un camarade et un ami.

III

Quand le chanteur et son élève furent partis, je restai absolument seul à Rome, sans aucune lettre de recommandation, sans aucune autre connaissance que les sites, les monuments et les ruines où la *Camilla* m'avait introduit. Le vieux peintre chez lequel j'étais logé ne sortait jamais de son atelier que pour aller le dimanche à la messe avec sa femme et sa fille, jeune personne de seize ans aussi laborieuse que lui. Leur maison était une espèce de couvent où le travail de l'artiste n'était interrompu que par un frugal repas et par la prière.

Le soir, quand les dernières lueurs du soleil s'éteignaient sur les fenêtres de la chambre haute du pauvre peintre, et que les cloches des monastères voisins sonnaient l'*Ave Maria*, cet adieu harmonieux du jour en Italie, le seul délassement de la famille était de dire ensemble le chapelet et de psalmodier à demi-chant des litanies, jusqu'à ce que les voix affaissées par le sommeil s'éteignissent dans un vague et monotone murmure semblable à celui du flot qui s'apaise sur une plage où le vent tombe avec la nuit.

J'aimais cette scène calme et pieuse du soir, où finissait une journée de travail par cet hymne de trois âmes, s'élevant au ciel pour se reposer du jour. Cela me reportait au souvenir de la maison paternelle, où notre mère nous réunissait aussi, le soir, pour prier, tantôt dans sa chambre, tantôt dans les allées de sable du petit jardin de Milly, aux dernières lueurs du crépuscule. En retrouvant les mêmes habitudes, les mêmes actes, la même religion, je me sentais presque sous le toit paternel dans cette famille inconnue. Je n'ai jamais vu de vie plus recueillie, plus solitaire, plus laborieuse et plus sanctifiée que celle de la maison du peintre romain.

Le peintre avait un frère. Ce frère ne demeurait pas avec lui. Il enseignait la langue italienne aux étrangers de distinction qui passaient les hivers à Rome. C'était plus qu'un professeur de langues, c'était un lettré romain du premier mérite. Jeune encore, d'une figure superbe, d'un caractère antique, il avait figuré avec éclat dans les tentatives de révolution que les républicains romains avaient faites pour ressusciter la liberté dans leur pays. Il était un des tribuns du peuple, un des *Rienzi* de l'époque. Dans cette courte résurrection de Rome antique suscitée par les Français, étouffée par Mack et par les Napolitains, il avait joué un des premiers rôles, il avait harangué le peuple au Capitole, arboré le drapeau de l'indépendance et occupé un des premiers postes de la république. Poursuivi, persécuté, emprisonné au moment de la réaction, il n'avait dû son salut qu'à l'arrivée des Français, qui avaient sauvé les républicains, mais qui avaient confisqué la république.

Ce Romain adorait la France révolutionnaire et philosophique; il abhorrait l'empereur et l'empire. Bonaparte était pour lui, comme pour tous les Italiens libéraux, le César de la liberté. Tout jeune encore, j'avais les mêmes sentiments. Cette conformité d'idées ne tarda pas à se révéler entre nous. En voyant avec quel enthousiasme à la fois juvénile et antique je vibrais aux accents de liberté quand nous lisions ensemble les vers incendiaires du poëte Monti ou les scènes républicaines d'Alfieri, il vit qu'il pouvait s'ouvrir à moi, et je devins moins son élève que son ami.

IV

La preuve que la liberté est l'idéal divin de l'homme, c'est qu'elle est le premier rêve de la jeunesse, et qu'elle ne s'évanouit dans notre âme que quand le cœur se flétrit et que l'esprit s'avilit ou se décourage. Il n'y a pas une âme de vingt ans qui ne soit républicaine. Il n'y a pas un cœur usé qui ne soit servile.

Combien de fois mon maître et moi n'allâmes-nous pas nous asseoir sur la colline de la villa *Pamphili*, d'où l'on voit Rome, ses dômes, ses ruines, son Tibre, qui rampe souillé, silencieux, honteux, sous les arches coupées du *Ponte Rotto*, d'où l'on entend le murmure plaintif de ses fontaines et les pas presque muets de son peuple marchant en silence dans ses rues désertes! Combien de fois ne versâmes-nous pas des larmes amères sur le sort de ce monde livré à toutes les tyrannies, où la philosophie et la liberté n'avaient semblé vouloir renaître un moment en France et en Italie que pour être souillées, trahies ou opprimées partout! Que d'imprécations à voix basse ne sortaient pas de nos poitrines contre ce tyran de l'esprit humain, contre ce soldat couronné qui ne s'était retrempé dans la révolution que pour y puiser la force de la détruire et pour livrer de nouveau les peuples à tous les préjugés et à toutes les servitudes! C'est de cette époque que datent pour moi l'amour de l'émancipation de l'esprit humain et cette haine intellectuelle contre ce héros du siècle, haine à la fois sentie et raisonnée, que la réflexion et le temps ne font que justifier, malgré les flatteurs de sa mémoire.

V

Ce fut sous l'empire de ces impressions que j'étudiai Rome, son histoire et ses monuments. Je sortais le matin, seul, avant que le mouvement de la ville pût distraire la pensée du contemplateur. J'emportais sous mon bras les historiens, les poëtes, les descripteurs de Rome. J'allais m'asseoir ou errer sur les ruines désertes du *Forum*, du Colisée, de la campagne romaine. Je regardais, je lisais, je pensais tour à tour. Je faisais de Rome une étude sérieuse, mais une étude en action. Ce fut mon meilleur cours d'histoire. L'antiquité, au lieu d'être un ennui, devint pour moi un sentiment. Je ne suivais dans cette étude d'autre plan que mon penchant. J'allais au hasard, où mes pas me portaient. Je passais de Rome antique à Rome moderne, du Panthéon au palais de

Léon X, de la maison d'Horace à Tibur, à la maison de Raphaël. Poëtes, peintres, historiens, grands hommes, tout passait confusément devant moi, je n'arrêtais un moment que ceux qui m'intéressaient davantage ce jour-là.

Vers onze heures, je rentrais dans ma petite cellule de la maison du peintre, pour déjeuner. Je mangeais, sur ma table de travail et tout en lisant, un morceau de pain et de fromage. Je buvais une tasse de lait; puis je travaillais, je notais, j'écrivais jusqu'à l'heure du dîner. La femme et la fille de mon hôte le préparaient elles-mêmes pour nous. Après le repas, je repartais pour d'autres courses et je ne rentrais qu'à la nuit close. Quelques heures de conversation avec la famille du peintre et des lectures prolongées longtemps dans la nuit achevaient ces paisibles journées. Je ne sentais aucun besoin de société. Je jouissais même de mon isolement. Rome et mon âme me suffisaient. Je passai ainsi tout un long hiver, depuis le mois d'octobre jusqu'au mois d'avril suivant, sans un jour de lassitude ou d'ennui. C'est au souvenir de ces impressions que dix ans après j'écrivis des vers sur Tibur.

VI

Maintenant, quand je recherche bien dans ma pensée toutes mes impressions de Rome, je n'en trouve que deux qui effacent, ou qui, du moins, dominent toutes les autres : le Colisée, cet ouvrage du peuple romain; Saint-Pierre, ce chef-d'œuvre du catholicisme. Le Colisée est la trace gigantesque d'un peuple surhumain, qui élevait, pour son orgueil et ses plaisirs féroces, des monuments capables de contenir toute une nation. Monument rivalisant par la masse et par la durée avec les œuvres mêmes de la nature. Le Tibre aura tari dans ses rives de boue que le Colisée le dominera encore.

Saint-Pierre est l'œuvre d'une pensée, d'une religion, de l'humanité tout entière à une époque du monde! Ce n'est plus là un édifice destiné à contenir un vil peuple. C'est un temple destiné à contenir toute la philosophie, toutes les prières, toute la grandeur, toute la pensée de l'homme. Les murs semblent s'élever et s'agrandir, non plus à la proportion d'un peuple, mais à la proportion de Dieu. Michel-Ange seul a compris le catholicisme et lui a donné dans Saint-Pierre sa plus sublime et sa plus complète expression. Saint-Pierre est véritablement l'apothéose en pierres, la transfiguration monumentale de la religion du Christ.

Les architectes des cathédrales gothiques étaient des barbares sublimes. Michel-Ange seul a été un philosophe dans sa conception. Saint-Pierre, c'est le christianisme philosophique d'où l'architecte divin chasse les ténèbres, et où il fait entrer l'espace, la beauté, la symétrie, la lumière à flots intarissables. La beauté incomparable de Saint-Pierre de Rome, c'est d'être un temple qui ne semble destiné qu'à revêtir l'idée de Dieu de toute sa splendeur.

Le christianisme périrait que Saint-Pierre resterait encore le temple universel, éternel, rationnel de la religion quelconque qui succéderait au culte du Christ, pourvu que cette religion fût digne de l'humanité et de Dieu! C'est le temple le plus abstrait que jamais le génie humain, inspiré d'une idée divine, ait construit ici-bas. Quand on y entre, on ne sait si l'on entre dans un temple antique ou dans un temple moderne; aucun détail n'offusque l'œil, aucun symbole ne distrait la pensée ; les hommes de tous les cultes y pénètrent avec le même respect. On sent que ce temple ne peut être habité que par l'idée de Dieu, et que toute autre idée ne le remplirait pas.

Changez le prêtre, ôtez l'autel, détachez les tableaux, emportez les statues, rien n'est changé, c'est toujours la maison de Dieu ! ou plutôt, Saint-Pierre est à lui seul un grand symbole de ce christianisme éternel qui, possédant en germe dans sa morale et dans sa sainteté les développements successifs de la pensée religieuse de tous les siècles et de tous les hommes, s'ouvre à la raison à mesure que Dieu la fait luire, communique avec Dieu dans la lumière, s'élargit et s'élève aux proportions de l'esprit humain grandissant sans cesse, recueille tous les peuples dans l'unité d'adoration, fait de toutes les formes divines un seul Dieu, de toutes les fois un seul culte, et de tous les peuples une seule humanité.

Michel-Ange est le Moïse du catholicisme monumental, tel qu'il sera un jour compris. Il a fait l'arche impérissable des temps futurs, le Panthéon de la raison divinisée.

VII

Enfin, après m'être assouvi de Rome, je voulus voir Naples. C'est le tombeau de Virgile et le berceau du Tasse qui m'y attiraient surtout. Les pays ont toujours été pour moi des hommes. Naples, c'est pour moi Virgile et le Tasse. Il me semblait qu'ils avaient vécu hier, et que leur cendre était encore tiède. Je voyais d'avance le

Pausilippe et Sorrente, le Vésuve et la mer à travers l'atmosphère de leurs beaux et tendres génies.

Je partis pour Naples vers les derniers jours de mars. Je voyageais en chaise de poste avec un négociant français qui avait cherché un compagnon de route pour alléger les frais du voyage. A quelque distance de Velletri, nous rencontrâmes la voiture du courrier de Rome à Naples renversée sur les bords du chemin et criblée de balles. Le courrier, un postillon et deux chevaux avaient été tués. On venait d'emporter les hommes dans une masure voisine. Les dépêches déchirées et les lambeaux de lettres flottaient au vent. Les brigands avaient repris la route des Abruzzes. Des détachements de cavalerie et d'infanterie française, dont les corps étaient campés à Terracine, les poursuivaient parmi les rochers. On entendait le feu des tirailleurs, et on voyait sur tout le flanc de la montagne les petites fumées des coups de fusil. De distance en distance nous rencontrions des postes de troupes françaises et napolitaines échelonnées sur la route. C'est ainsi qu'on entrait alors dans le royaume de Naples.

Ce brigandage avait un caractère politique. Murat régnait. Les Calabres résistaient encore; le roi Ferdinand, retiré en Sicile, soutenait de ses subsides les chefs de guérillas dans les montagnes. Le fameux *Fra Diavolo* combattait à la tête de ces bandes. Leurs exploits étaient des assassinats. Nous ne trouvâmes l'ordre et la sécurité qu'aux environs de Naples.

J'y arrivai le 1er avril. J'y fus rejoint quelques jours plus tard par un jeune homme de mon âge, avec qui je m'étais lié au collége d'une amitié vraiment fraternelle. Il s'appelait Aymon de Virieu. Sa vie et la mienne ont été tellement mêlées depuis son enfance jusqu'à sa mort que

nos deux existences font comme partie l'une de l'autre, et que j'ai parlé de lui presque partout où j'ai eu à parler de moi. . . . .
. . . .

I

ÉPISODE

Je menais à Naples à peu près la même vie contemplative qu'à Rome chez le vieux peintre de la place d'Espagne ; seulement, au lieu de passer mes journées à errer parmi les débris de l'antiquité, je les passais à errer ou sur les bords ou sur les flots du golfe de Naples. Je revenais le soir au vieux couvent où, grâce à l'hospitalité du parent de ma mère, j'habitais une petite cellule qui touchait aux toits, et dont le balcon, festonné de pots de fleurs et de plantes grimpantes, ouvrait sur la mer, sur le Vésuve, sur Castellamare et sur Sorrente.

Quand l'horizon du matin était limpide, je voyais briller la maison blanche du *Tasse*, suspendue comme un nid de cygne au sommet d'une falaise de rocher jaune, coupé à pic par les flots. Cette vue me ravissait.

La lueur de cette maison brillait jusqu'au fond de mon âme. C'était comme un éclair de gloire qui étincelait de loin sur ma jeunesse et dans mon obscurité. Je me souvenais de cette scène homérique de la vie de ce grand homme, quand, sorti de prison, poursuivi par l'envie des petits et par la calomnie des grands, bafoué jusque dans son génie, sa seule richesse, il revient à Sorrente chercher un peu de repos, de tendresse ou de pitié, et que, déguisé en mendiant, il se présente à sa sœur pour tenter son cœur et voir si elle, au moins, reconnaîtra celui qu'elle a tant aimé.

« Elle le reconnaît à l'instant, dit le biographe naïf, malgré sa pâleur maladive, sa barbe blanchissante et son manteau déchiré. Elle se jette dans ses bras avec plus de tendresse et de miséricorde que si elle eût reconnu son frère sous les habits d'or des courtisans de Ferrare. Sa voix est étouffée longtemps par ses sanglots; elle presse son frère contre son cœur. Elle lui lave les pieds, elle lui apporte le manteau de son père, elle lui fait préparer un repas de fête. Mais ni l'un ni l'autre ne purent toucher aux mets qu'on avait servis, tant leurs cœurs étaient pleins de larmes; et ils passèrent le jour à pleurer, sans se rien dire, en regardant la mer et en se souvenant de leur enfance. »

II

Un jour, c'était au commencement de l'été, la saison où le golfe de Naples, bordé de ses collines, de ses maisons blanches, de ses rochers tapissés de vignes grimpantes et entourant sa mer plus bleue que son ciel, ressemble à une coupe de vert antique qui blanchit d'écume, et dont le lierre et le pampre festonnant les anses et les bords; c'est la saison où les pêcheurs du Pausilippe, qui suspendent leur cabane à ses rochers et qui étendent leurs filets sur ses petites plages de sable fin, s'éloignent de la terre avec confiance et vont pêcher la nuit à deux ou trois lieues en mer, jusque sous les falaises de *Capri*, de *Procida*, d'*Ischia*, et au milieu du golfe de *Gaëte*.

Quelques-uns portent avec eux des torches de résine, qu'ils allument pour tromper le poisson. Le poisson monte à la lueur, croyant que c'est le crépuscule du jour. Un enfant, accroupi sur la proue de la barque, penche en silence sa torche inclinée sur la vague, pendant que le pêcheur, plongeant de l'œil au fond de l'eau, cherche à apercevoir sa proie et à l'envelopper de son filet. Ces feux, rouges comme des foyers de fournaise, se reflètent en longs sillons ondoyants sur la nappe de la mer, comme les longues traînées de lueurs qu'y projette le globe de la lune. L'ondoiement des vagues les fait osciller et en prolonge l'éblouissement de lame en lame aussi loin que la première vague les reflète aux vagues qui la suivent.

III

Nous passions souvent, mon ami et moi, des heures entières, assis sur un écueil ou sur les ruines humides du palais de la reine *Jeanne*, à regarder ces lueurs fantastiques et à envier la vie errante et insouciante de ces pauvres pêcheurs.

Quelques mois de séjour à Naples, la fréquentation habituelle des hommes du peuple pendant nos courses de tous les jours dans la campagne et sur la mer, nous avaient familiarisés avec leur langage accentué et sonore, où le geste et le regard tiennent plus de place que le mot. Philosophes par pressentiment et fatigués des agitations vaines de la vie avant de les avoir connues, nous portions souvent envie à ces heureux *lazzaroni*, dont la plage et les quais de Naples étaient alors couverts, passant leurs jours à dormir, à l'ombre de leur petite barque, sur le sable, à écouter les vers improvisés de leurs poëtes ambulants, et à danser la *tarentela* avec les jeunes filles de leur caste, le soir, sous quelque treille au bord de la mer. Nous connaissions leurs habitudes, leur caractère et leurs mœurs, beaucoup mieux que celles du monde élégant, où nous n'allions jamais. Cette vie nous plaisait et endormait en nous ces mouvements fiévreux de l'âme, qui usent inutilement l'imagination des jeunes hommes avant l'heure où leur destinée les appelle à agir ou à penser.

Mon ami avait vingt ans; j'en avais dix-huit : nous étions donc tous deux à cet âge où il est permis de confondre les rêves avec les réalités. Nous résolûmes de lier connaissance avec ces pêcheurs, et de nous embarquer avec eux pour mener quelques jours la même vie. Ces nuits tièdes et lumineuses passées sous la voile, dans ce berceau ondoyant des lames et sous le ciel profond et étoilé, nous semblaient une des plus mystérieuses voluptés de la nature, qu'il fallait surprendre et connaître, ne fût-ce que pour la raconter.

Libres et sans avoir de comptes à rendre de nos actions et de nos absences à personne, le lendemain nous exécutâmes ce que nous avions rêvé. En parcourant la plage de la *Margellina*, qui s'étend sous le tombeau de Virgile, au pied du mont Pausilippe, et où les pêcheurs de

Naples tirent leurs barques sur le sable et raccommodent leurs filets, nous vîmes un vieillard encore robuste. Il embarquait ses ustensiles de pêche dans son caïque peint de couleurs éclatantes et surmonté à la poupe d'une petite image sculptée de saint François. Un enfant de douze ans, son seul rameur, apportait en ce moment dans la barque deux pains, un fromage de buffle dur, luisant et doré comme les cailloux de la plage, quelques figues et une cruche de terre qui contenait l'eau.

La figure du vieillard et celle de l'enfant nous attirèrent. Nous liâmes conversation. Le pêcheur se prit à sourire quand nous lui proposâmes de nous recevoir pour rameurs, et de nous mener en mer avec lui. « Vous n'avez pas les mains calleuses qu'il faut pour toucher le manche de la rame, nous dit-il. Vos mains blanches sont faites pour toucher des plumes et non du bois : ce serait dommage de les durcir à la mer. — Nous sommes jeunes, répondit mon ami, et nous voulons essayer de tous les métiers avant d'en choisir un. Le vôtre nous plaît parce qu'il se fait sur la mer et sous le ciel. — Vous avez raison, répliqua le vieux batelier, c'est un métier qui rend le cœur content et l'esprit confiant dans la protection des saints. Le pêcheur est sous la garde immédiate du ciel. L'homme ne sait pas d'où viennent le vent et la vague. Le rabot et la lime sont dans la main de l'ouvrier, la richesse et la faveur sont dans la main du roi, mais la barque est dans la main de Dieu. »

Cette pieuse philosophie du barcarole nous attacha davantage à l'idée de nous embarquer avec lui. Après une longue résistance il y consentit. Nous convînmes de lui donner chacun deux *carlins* par jour pour lui payer notre apprentissage et notre nourriture.

Ces conventions faites, il envoya l'enfant chercher à la

Margellina un surcroît de provisions de pain, de vin, de fromages secs et de fruits. A la tombée du jour, nous l'aidâmes à mettre sa barque à flot et nous partîmes.

IV

La première nuit fut délicieuse. La mer était calme comme un lac encaissé dans les montagnes de la Suisse. A mesure que nous nous éloignions du rivage, nous voyions les langues de feu des fenêtres du palais et des quais de Naples s'ensevelir sous la ligne sombre de l'horizon. Les phares seuls nous montraient la côte. Ils pâlissaient devant la légère colonne de feu qui s'élançait du cratère du Vésuve. Pendant que le pêcheur jetait et tirait le filet, et que l'enfant, à moitié endormi, laissait vaciller sa torche, nous donnions de temps en temps une faible impulsion à la barque, et nous écoutions avec ravissement les gouttes sonores de l'eau, qui ruisselait de nos rames, tomber harmonieusement dans la mer comme des perles dans un bassin d'argent.

Nous avions déjà doublé depuis longtemps la pointe du Pausilippe, traversé le golfe de *Pouzzoles*, celui de *Baïa* et franchi le canal du golfe de Gaëte, entre le cap Misène et l'île de Procida. Nous étions en pleine mer; le sommeil nous gagnait. Nous nous couchâmes sous nos bancs à côté de l'enfant.

Le pêcheur étendit sur nous la lourde voile pliée au fond de la barque. Nous nous endormîmes ainsi entre deux lames, bercés par le balancement insensible d'une mer qui faisait à peine incliner le mât. Quand nous nous réveillâmes il était grand jour.

Un soleil étincelant moirait la mer de rubans de feu et se réverbérait sur les maisons blanches d'une côte inconnue. Une légère brise, qui venait de cette terre, faisait palpiter la voile sur nos têtes, et nous poussait d'anse en anse et de rocher en rocher. C'était la côte dentelée et à pic de la charmante île d'*Ischia* que je devais tant habiter et tant aimer plus tard. Elle m'apparaissait, pour la première fois, nageant dans la lumière, sortant de la mer, se perdant dans le bleu du ciel, et éclose comme d'un rêve de poëte pendant le léger sommeil d'une nuit d'été.

V

L'île d'*Ischia*, qui sépare le golfe de Gaëte du golfe de Naples, et qu'un étroit canal sépare elle-même de l'île de Procida, n'est qu'une seule montagne à pic dont la cime blanche et foudroyée plonge ses dents ébréchées dans le ciel. Les flancs abrupts, creusés de vallons, de ravines, de lits de torrents, sont revêtus du haut en bas de châtaigniers d'un vert sombre. Les plateaux les plus rapprochés de la mer et inclinés sur les flots portent des chaumières, des villas rustiques et des villages à moitié cachés sous les treilles de vignes. Chacun de ces villages a sa *marine*. On appelle ainsi le petit port où flottent les barques des pêcheurs de l'île et où se balancent quelques mâts de navires à voile latine. Les vergues touchent aux arbres et aux vignes de la côte.

Il n'y avait pas une de ces maisons suspendues aux pentes de la montagne, ou cachée au fond de ses ravins, pyramidant sur un de ces plateaux, ou projetée sur un de ces ceps, qui, adossée à son bois de châtaigniers, ombragée par son groupe de pins, entourée de ses arcades blanches ou festonnée de ses treilles pendantes, ne fût en songe la demeure idéale d'un poëte ou d'un amant.

Nos yeux ne se lassaient pas de ce spectacle. La côte abondait en poissons. Le pêcheur avait fait une bonne nuit. Nous abordâmes une des petites anses de l'île pour puiser de l'eau à une source voisine et pour nous reposer sous les rochers. Au soleil baissant, nous revînmes à Naples, couchés sur nos bancs de rameurs. Une voile carrée, placée en travers d'un petit mât sur la proue, dont l'enfant tenait l'écoute, suffisait pour nous faire longer les falaises de Procida et du cap Misène, et pour faire écumer la surface de la mer sous notre esquif.

Le vieux pêcheur et l'enfant, aidés par nous, tirèrent leur barque sur le sable et emportèrent les paniers de poissons dans la cave de la petite maison qu'ils habitaient sous les rochers de la *Margellina*.

VI

Les jours suivants, nous reprîmes gaiement notre nouveau métier. Nous écumâmes tour à tour tous les flots de la mer de Naples. Nous suivions le vent avec indifférence partout où il soufflait. Nous visitâmes ainsi l'île de Capri, d'où l'imagination repousse encore l'ombre sinistre de Tibère; Cumes et ses temples, ensevelis sous les lauriers touffus et sous les figuiers sauvages; Baïa et ses plages mornes, qui semblent avoir vieilli et blanchi comme ces Romains dont elles abritaient jadis la jeunesse et les délices; Portici et Pompéia, riants sous la lave et sous la cendre du Vésuve, Castellamare, dont les hautes et noires forêts de lauriers et de châtaigniers sauvages, en se répétant dans la mer, teignent en vert sombre les flots toujours murmurants de la rade. Le vieux batelier connaissait partout quelque famille de pêcheurs comme lui, où nous recevions l'hospitalité quand la mer était grosse et nous empêchait de rentrer à Naples.

Pendant deux mois, nous n'entrâmes pas dans une auberge. Nous vivions en plein air avec le peuple et de la vie frugale du peuple. Nous nous étions faits peuple nous-mêmes pour être plus près de la nature. Nous avions presque son costume. Nous parlions sa langue, et la simplicité de ses habitudes nous communiquait pour ainsi dire la naïveté de ses sentiments.

Cette transformation, d'ailleurs, nous coûtait peu à mon ami et à moi. Élevés tous deux à la campagne pendant les orages de la révolution, qui avait abattu ou dispersé nos familles, nous avions beaucoup vécu, dans notre enfance, de la vie du paysan : lui, dans les montagnes du Grésivaudan, chez une nourrice qui l'avait recueilli pendant l'emprisonnement de sa mère; moi, sur les collines du Mâconnais, dans la petite demeure rustique où mon père et ma mère avaient recueilli leur nid menacé. Du berger ou du laboureur de nos montagnes au pêcheur du golfe de Naples, il n'y a de différence que le site, la langue et le métier. Le sillon et la vague inspirent les mêmes pensées aux hommes qui labourent la terre ou l'eau. La nature parle la même langue à ceux qui cohabitent avec elle sur la montagne ou sur la mer.

Nous l'éprouvions. Au milieu de ces hommes simples, nous ne nous trouvions pas dépaysés. Les mêmes instincts sont une parenté entre les hommes. La monotonie même de cette existence nous plaisait en nous endormant. Nous voyions avec peine avancer la fin de l'été et approcher ces jours d'automne et d'hiver après lesquels nous devions rentrer dans notre patrie. Nos familles, inquiètes, commençaient à nous rappeler. Nous éloignions autant que nous le pouvions cette idée de départ, et nous aimions à nous figurer que cette vie n'aurait point de terme.

VII

Cependant septembre commençait avec ses pluies et ses tonnerres. La mer était moins douce. Notre métier, plus pénible, devenait quelquefois dangereux. Les brises fraîchissaient, la vague écumait et nous trempait souvent de ses jaillissements. Nous avions acheté sur le môle deux de ces capotes de grosse laine brune que les matelots et les lazzaroni de Naples jettent pendant l'hiver sur leurs épaules. Les manches larges de ces capotes pendent à côté des bras nus. Le capuchon, flottant en arrière ou ramené sur le front, selon le temps, abrite la tête du marin de la pluie et du froid, ou laisse la brise et les rayons du soleil se jouer dans ses cheveux mouillés.

Un jour, nous partîmes de la *Margellina* par une mer d'huile, que ne ridait aucun souffle, pour aller pêcher des rougets et les premiers thons sur la côte de Cumes, où les courants les jettent dans cette saison. Les brouillards roux du matin flottaient à mi-côte et annonçaient un coup de vent pour le soir. Nous espérions le prévenir et avoir le temps de doubler le cap Misène avant que la mer lourde et dormante fût soulevée.

La pêche était abondante. Nous voulûmes jeter quelques filets de plus. Le vent nous surprit; il tomba du sommet de l'*Epoméo*, immense montagne qui domine Ischia, avec le bruit et le poids de la montagne elle-même qui s'écroulerait dans la mer. Il aplanit d'abord tout l'espace liquide autour de nous, comme la herse de fer aplanit la glèbe et nivelle les sillons. Puis la vague, revenue de sa surprise, se gonfla murmurante et creuse, et s'éleva en peu de minutes à une telle hauteur, qu'elle nous cachait de temps à autre la côte et les îles.

Nous étions également loin de la terre ferme et d'Ischia, et déjà à demi engagés dans le canal qui sépare le cap Misène de l'île grecque de Procida. Nous n'avions qu'un parti à prendre : nous engager résolûment dans le canal, et, si nous réussissions à le franchir, nous jeter à gauche dans le golfe de Baïa et nous abriter dans ses eaux tranquilles.

Le vieux pêcheur n'hésita pas. Du sommet d'une lame où l'équilibre de la barque nous suspendit un moment dans un tourbillon d'écume, il jeta un regard rapide autour de lui, comme un homme égaré qui monte sur un arbre pour chercher sa route, puis, se précipitant au gouvernail : « A vos rames, enfants! s'écria-t-il; il faut que nous voguions au cap plus vite que le vent; s'il nous y devance, nous sommes perdus! » Nous obéîmes comme le corps obéit à l'instinct.

Les yeux fixés sur ses yeux comme pour y chercher le rapide indice de sa direction, nous nous penchâmes sur nos avirons, et tantôt gravissant péniblement le flanc des lames montantes, tantôt nous précipitant avec leur écume au fond des lames descendantes, nous cherchions à activer notre ascension ou à ralentir notre chute par la résistance de nos rames dans l'eau. Huit ou dix vagues de plus en plus énormes nous jetèrent dans le plus étroit du canal. Mais le vent nous avait devancés, comme l'avait craint le pilote, et, en s'engouffrant entre le cap et la pointe de l'île, il avait acquis telle force, qu'il soulevait la mer avec les bouillonnements d'une lave furieuse. La vague, resserrée dans un trop petit espace et ne pouvant fuir assez vite devant l'ouragan qui la poussait, s'amoncelait sur elle-même, retombait, ruisselait, s'éparpillait dans tous les sens comme une mer folle, et, cherchant, sans la trouver, une issue pour s'échapper du canal, se heurtait avec des coups terribles contre les rochers à pic du cap Misène et y élevait une colonne d'écume dont la poussière était renvoyée jusque sur nous.

VIII

Tenter de franchir ce passage avec une barque aussi fragile, et qu'un seul jet d'écume pouvait remplir et engloutir, c'était insensé. Le pêcheur jeta sur le cap éclairé par sa colonne d'écume un regard que je n'oublierai jamais; puis, faisant le signe de la croix : « Passer est impossible, s'écria-t-il; reculer dans la grande mer, encore plus. Il ne nous reste qu'un parti : aborder à Procida ou périr. »

Tout novices que nous étions dans la pratique de la mer, nous sentions la difficulté d'une pareille manœuvre par un coup de vent. En nous dirigeant vers le cap pour le doubler, le vent nous aurait pris en poupe, nous chassant devant lui, nous aurions suivi la mer qui fuyait avec nous, et les vagues, en nous portant sur leur sommet, nous auraient relevés avec elles. Elles avaient donc moins de chance de nous ensevelir dans les abîmes qu'elles creusaient. Mais, pour aborder à Procida, dont nous apercevions les feux du soir briller à notre droite, il fallait prendre obliquement les lames et nous glisser, pour ainsi dire, dans leurs vallées vers la côte, en présentant le flanc à la vague et les minces bords de la barque au vent. Cependant la nécessité ne nous permettait pas d'hésiter. Le pêcheur, nous faisant signe de relever nos rames, profita de l'intervalle d'une lame à une autre pour virer de bord. Nous mîmes le cap sur Procida, et nous voguâmes comme un brin d'herbe marine qu'une vague jette à l'autre vague et que le flot reprend au flot.

IX

Nous avancions peu; la nuit était tombée. La poussière, l'écume, les nuages que le vent roulait en lambeaux déchirés sur le canal en redoublaient l'obscurité. Le vieillard avait ordonné à l'enfant d'allumer une de ses torches de résine, soit pour éclairer un peu sa manœuvre, soit pour indiquer aux marins de Procida qu'une barque en perdition dans le canal implorait, sinon leur secours, du moins leurs prières.

C'était un spectacle sublime et sinistre que celui de ce pauvre enfant accroché d'une main au petit mât qui surmontait la proue, et de l'autre élevant au-dessus de sa tête cette torche de feu rouge dont la flamme et la fumée se tordaient sous le vent et lui brûlaient les doigts et les cheveux. Cette étincelle flottante apparaissant au sommet des lames et disparaissant dans leur profondeur, toujours sur le point de s'éteindre et toujours ranimée, était le symbole de ces quatre vies d'hommes qui luttaient entre le salut et la mort dans les ombres et dans les angoisses de cette nuit.

X

Trois heures, dont les minutes ont la durée des pensées qui les mesurent, s'écoulèrent ainsi. La lune se leva, et, comme c'est l'habitude, le vent plus furieux se leva avec elle. Si nous avions eu la moindre voile, il nous eût chavirés vingt fois. Quoique les bords très-bas de la barque donnassent peu de prise à l'ouragan, il y avait des moments où il semblait déraciner notre quille des flots, et où il nous faisait tournoyer comme une feuille sèche arrachée à l'arbre.

Nous embarquions beaucoup d'eau : nous ne pouvions suffire à la vider aussi vite qu'elle nous envahissait. Il y avait des moments où nous sentions les planches s'affaisser sous nous comme un cercueil qui descend dans la fosse. Le poids de l'eau rendait la barque moins obéissante et pouvait la rendre plus lente à se relever une fois entre deux lames. Une seule seconde de retard, et tout était fini.

Le vieillard, sans pouvoir parler, nous fit signe, les larmes aux yeux, de jeter à la mer tout ce qui encombrait le fond de la barque. Les jarres d'eau, les paniers de poissons, les deux grosses voiles, l'ancre de fer, les cordages, jusqu'à ses paquets de lourdes hardes ; nos capotes mêmes de grosse laine trempées d'eau, tout passa par-dessus le bord. Le pauvre nautonier regarda un moment surnager toute sa richesse. La barque se releva et courut légèrement sur la crête des vagues, comme un coursier qu'on a déchargé.

Nous entrâmes insensiblement dans une mer plus douce, un peu abritée par la pointe occidentale de Procida. Le vent faiblit, la flamme de la torche se redressa, la lune ouvrit une grande percée bleue entre les nuages; les lames, en s'allongeant, s'aplanirent et cessèrent d'écumer sur nos têtes. Peu à peu, la mer devint courte et clapoteuse comme dans une anse presque tranquille, et l'ombre noire de la falaise de Procida nous coupa la ligne de l'horizon. Nous étions dans les eaux du milieu de l'île.

XI

La mer était trop grosse à la pointe pour en chercher le port. Il fallut nous résoudre à aborder l'île par ses flancs et au milieu de ses écueils. « N'ayons plus d'inquiétude, enfants, nous dit le pêcheur en reconnaissant le rivage à la clarté de la torche; la Madone nous a sauvés. Nous tenons la terre et nous coucherons cette nuit dans ma maison. » Nous crûmes, mon ami et moi, qu'il avait perdu l'esprit, car nous ne lui connaissions d'autre demeure que sa cave sombre de la *Margellina*, et, pour y retourner avant la nuit, il fallait nécessairement se rejeter dans le canal, doubler le cap et affronter de nouveau la mer mugissante à laquelle nous venions d'échapper.

Mais le pêcheur souriait de notre air d'étonnement, et comprenait nos pensées dans nos yeux : « Soyez tranquilles, jeunes gens, reprit-il, nous y arriverons sans qu'une seule vague nous mouille. » Puis il nous expliqua qu'il était de Procida; qu'il possédait encore sur cette côte de l'île la cabane et le jardin de son père, et qu'en ce moment même sa femme âgée avec sa petite fille, sœur de Beppino, notre jeune mousse, et deux autres petits enfants, étaient dans sa maison, pour y sécher des figues et pour y vendanger les treilles dont ils vendaient les raisins à Naples. « Encore quelques coups de rame, ajouta-t-il, et nous boirons de l'eau de la source qui est plus limpide que le vin d'Ischia. »

Ces mots nous rendirent courage; nous ramâmes encore pendant l'espace d'environ une lieue le long de la côte droite et écumeuse de Procida. De temps en temps, l'enfant élevait et secouait sa torche. Elle jetait sa lueur sinistre sur les rochers, et nous montrait partout une muraille formidable. Enfin, au tournant d'une pointe de granit qui s'avançait en forme de bastion dans la mer, nous vîmes la falaise fléchir et se creuser un peu comme une brèche dans un mur d'enceinte; un coup de gouvernail nous fit virer droit à la côte, trois dernières lames jetèrent notre barque harassée entre deux écueils, où l'écume bouillonnait sur un bas-fond.

XII

La proue, en touchant la roche, rendit un son sec et éclatant comme le craquement d'une planche qui tombe à faux et qui se brise. Nous sautâmes dans la mer, nous amarrâmes de notre mieux la barque avec un reste de cordage, et nous suivîmes le vieillard et l'enfant qui marchaient devant nous.

Nous gravîmes contre le flanc de la falaise une espèce

de rampe étroite où le ciseau avait creusé dans le rocher des degrés inégaux, tout glissants de la poussière de la mer. Cet escalier de roc vif, qui manquait quelquefois sous les pieds, était remplacé par quelques marches artificielles qu'on avait formées en enfonçant par la pointe de longues perches dans les trous de la muraille, et en jetant sur ce plancher tremblant des planches goudronnées de vieilles barques, ou des fagots de branches de châtaignier garnies de leurs feuilles sèches.

Après avoir monté ainsi lentement environ quatre ou cinq cents marches, nous nous trouvâmes dans une petite cour suspendue qu'entourait un parapet de pierres grises. Au fond de la cour s'ouvraient deux arches sombres qui semblaient devoir conduire à un cellier. Au-dessus de ces arches massives, deux arcades arrondies et surbaissées portaient un toit en terrasse, dont les bords étaient garnis de pots de romarin et de basilic. Sous les arcades, on apercevait une galerie rustique où brillaient, comme des lustres d'or, aux clartés de la lune, des régimes de maïs suspendus.

Une porte en planches mal jointes ouvrait sur cette galerie. A droite, le terrain sur lequel la maisonnette était inégalement assise s'élevait jusqu'à la hauteur du plain-pied de la galerie. Un gros figuier et quelques ceps tortueux de vigne se penchaient de là sur l'angle de la maison, en confondant leurs feuilles et leurs fruits sous les ouvertures de la galerie et en jetant deux ou trois festons serpentants sur le mur d'appui des arcades. Leurs branches grillaient à demi deux fenêtres basses qui s'ouvraient sur cette espèce de jardin; si ce n'eût été ces deux fenêtres, on eût pu prendre la maison massive, carrée et basse, pour un des rochers gris de cette côte, ou pour un de ces blocs de lave refroidie que le châtaignier, le lierre et la vigne pressent et ensevelissent de leurs rameaux, et où le vigneron de Castellamare ou de Sorrente creuse une grotte fermée d'une porte pour conserver son vin à côté du cep qui l'a porté.

Essoufflés par la montée longue et rapide que nous venions de faire et par le poids de nos rames que nous portions sur nos épaules, nous nous arrêtâmes un moment, le vieillard et nous, pour reprendre haleine dans cette cour. Mais l'enfant, jetant sa rame sur un tas de broussailles et gravissant légèrement l'escalier, se mit à frapper à l'une des fenêtres avec sa torche encore allumée, en appelant d'une voix joyeuse sa grand'mère et sa sœur : « Ma mère ! ma sœur ! *Madre! Sorellina!* criait-il, *Gaëtana! Graziella!* réveillez-vous ; ouvrez, c'est le père, c'est moi ; ce sont des étrangers avec nous. »

Nous entendîmes une voix mal éveillée, mais claire et douce, qui jetait confusément quelques exclamations de surprise du fond de la maison. Puis le battant d'une des fenêtres s'ouvrit à demi, poussé par un bras nu et blanc qui sortait d'une manche flottante, et nous vîmes à la lueur de la torche que l'enfant élevait vers la fenêtre, en se dressant sur la pointe des pieds, une ravissante figure de jeune fille apparaître entre les volets plus ouverts.

.. Surprise au milieu de son sommeil par la voix de son frère, Graziella n'avait eu ni la pensée ni le temps de s'arranger une toilette de nuit. Elle s'était élancée pieds nus à la fenêtre, dans le désordre où elle dormait sur son lit. De ses longs cheveux noirs la moitié tombait sur une de ses joues ; l'autre moitié se tordait autour de son cou, puis, emportée de l'autre côté de son épaule par le vent qui soufflait avec force, frappait le volet entr'ouvert et revenait lui fouetter le visage comme l'aile d'un corbeau battue du vent.

Du revers de ses deux mains, la jeune fille se frottait les yeux en élevant ses coudes et en dilatant ses épaules avec ce premier geste d'un enfant qui se réveille et qui veut chasser le sommeil. Sa chemise, nouée autour du cou, ne laissait apercevoir qu'une taille élevée et mince où se modelaient à peine sous la toile les premières ondulations de la jeunesse. Ses yeux, ovales et grands, étaient de cette couleur indécise entre le noir foncé et le bleu de mer qui adoucit le rayonnement par l'humidité du regard et qui mêle à proportions égales dans des yeux de femme la tendresse de l'âme avec l'énergie de la passion : teinte céleste que les yeux des femmes de l'Asie et de l'Italie empruntent au feu brûlant de leur jour de flamme et à l'azur serein de leur ciel, de leur mer et de leur nuit. Les joues étaient pleines, arrondies, d'un contour ferme, mais d'un teint un peu pâle et un peu bruni par le climat, non de cette pâleur maladive du Nord, mais de cette blancheur saine du Midi qui ressemble à la couleur du marbre exposé depuis des siècles à l'air et aux flots. La bouche, dont les lèvres étaient plus ouvertes et plus épaisses que celles des femmes de nos climats, avait les plis de la candeur et de la bonté. Les dents courtes, mais éclatantes, brillaient aux lueurs flottantes de la torche comme des écailles de nacre aux bords de la mer sous la moire de l'eau frappée du soleil.

Tandis qu'elle parlait à son petit frère, ses paroles vives, un peu âpres et accentuées, dont la moitié était emportée par la brise, résonnaient comme une musique à nos oreilles. Sa physionomie, aussi mobile que les lueurs de la torche qui l'éclairait, passa en une minute de la surprise à l'effroi, de l'effroi à la gaieté, de la gaieté à la tendresse, de la tendresse au rire ; puis elle nous aperçut derrière le tronc du gros figuier, elle se retira confuse de la fenêtre, sa main abandonna le volet, qui battit librement la muraille ; elle ne prit que le temps d'éveiller sa grand'mère et de s'habiller à demi, elle vint nous ouvrir la porte sous les arcades et embrasser, tout émue, son grand-père et son frère.

XIII

La vieille mère parut bientôt tenant à la main une lampe de terre rouge, qui éclairait son visage maigre et pâle et ses cheveux aussi blancs que les écheveaux de laine qui floconnaient sur la table autour de sa quenouille. Elle baisa la main de son mari et le front de l'enfant. Tout le récit que contiennent ces lignes fut échangé en quelques mots et en quelques gestes entre les membres de cette pauvre famille. Nous n'entendions pas tout. Nous nous tenions un peu à l'écart pour ne pas gêner l'épanchement de cœur de nos hôtes. Ils étaient pauvres ; nous étions étrangers : nous leur devions le respect. Notre attitude réservée à la dernière place et près de la porte le leur témoignait silencieusement.

Graziella jetait de temps en temps un regard étonné et comme du fond d'un rêve sur nous. Quand le père eût fini de raconter, la vieille mère tomba à genoux près du foyer ; Graziella, montant sur la terrasse, rapporta une branche de romarin et quelques fleurs d'oranger à larges étoiles blanches : elle prit une chaise, elle attacha le bouquet avec de longues épingles, tirées de ses cheveux, devant une petite statue enfumée de la Vierge placée au-dessus de la porte et devant laquelle brûlait une lampe. Nous comprîmes que c'était une action de grâces à sa divine protectrice pour avoir sauvé son grand-père et son frère, et nous prîmes notre part de sa reconnaissance.

XIV

L'intérieur de la maison était aussi nu et aussi semblable au rocher que le dehors. Il n'y avait que les murs sans enduit, blanchis seulement d'un peu de chaux. Les lézards, réveillés par la lueur, glissaient et bruissaient dans les interstices des pierres et sous les feuilles de fougère qui servaient de lits aux enfants. Des nids d'hirondelles, dont on voyait sortir les petites têtes noires et briller les yeux inquiets, étaient suspendus aux solives couvertes d'écorce qui formaient le toit. Graziella et sa grand'mère couchaient ensemble dans la seconde chambre sur un lit unique, recouvert de morceaux de voiles. Des paniers de fruits et un bât de mulet jonchaient le plancher.

Le pêcheur se tourna vers nous avec une espèce de honte, en nous montrant de sa main la pauvreté de sa demeure; puis il nous conduisit sur la terrasse, place d'honneur dans l'orient et dans le midi de l'Italie. Aidé de l'enfant et de Graziella, il fit une espèce de hangar en appuyant une des extrémités de nos rames sur le mur du parapet de la terrasse, l'autre extrémité sur le plancher. Il couvrit cet abri d'une douzaine de fagots de châtaigniers fraîchement coupés dans la montagne; il étendit quelques bottes de fougère sous ce hangar; il nous apporta deux morceaux de pain, de l'eau fraîche et des figues, et il nous invita à dormir.

Les fatigues et les émotions du jour nous rendirent le sommeil soudain et profond. Quand nous nous réveillâmes, les hirondelles criaient déjà autour de notre couche en rasant la terrasse, pour y dérober les miettes de notre souper ; et le soleil, déjà haut dans le ciel, échauffait comme un four les fagots de feuilles qui nous servaient de toit.

Nous restâmes longtemps étendus sur notre fougère dans cet état de demi-sommeil qui laisse l'homme moral sentir et penser avant que l'homme des sens ait le courage de se lever et d'agir. Nous échangions quelques paroles inarticulées, qu'interrompaient de longs silences et qui retombaient dans les rêves. La pêche de la veille, la barque balancée sous nos pieds, la mer furieuse, les rochers inaccessibles, la figure de Graziella entre deux volets, aux clartés de la résine ; toutes ces images se croisaient, se brouillaient, se confondaient en nous.

Nous fûmes tirés de cette somnolence par les sanglots et les reproches de la vieille grand'mère, qui parlait à son mari dans la maison. La cheminée, dont l'ouverture perçait la terrasse, apportait la voix et quelques paroles jusqu'à nous. La pauvre femme se lamentait sur la perte des jarres, de l'ancre, des cordages presque neufs, et surtout des deux belles voiles filées par elle, tissues de son propre chanvre, et que nous avions eu la barbarie de jeter à la mer pour sauver nos vies.

« Qu'avais-tu à faire, disait-elle au vieillard atterré et muet, de prendre ces deux étrangers, ces deux Français avec toi ? Ne savais-tu pas que ce sont des païens (*pagani*) et qu'ils portent le malheur et l'impiété avec eux ? Les saints t'ont puni. Ils nous ont ravi notre richesse ; remercie-les encore de ce qu'ils ne nous ont pas ravi notre âme. »

Le pauvre homme ne savait que répondre. Mais Graziella, avec l'autorité et l'impatience d'une enfant à qui sa grand'mère permettait tout, se révolta contre l'injustice de ces reproches, et, prenant le parti du vieillard :

« Qu'est-ce qui vous a dit que ces étrangers sont des païens? répondit-elle à sa grand'mère. Est-ce que les païens ont un air si compatissant pour les pauvres gens ? Est-ce que les païens font le signe de la croix comme nous devant l'image des saints ? Eh bien, je vous dis qu'hier, quand vous êtes tombée à genoux pour remercier Dieu, et quand j'ai attaché le bouquet à l'image de la Madone, je les ai vus baisser la tête comme s'ils priaient, faire le signe de la croix sur leur poitrine, et que même j'ai vu une larme briller dans les yeux du plus jeune et tomber sur sa main. — C'était une goutte de l'eau de mer qui tombait de ses cheveux, reprit aigrement la vieille femme. — Et moi, je vous dis que c'était une larme, répliqua avec colère Graziella. Le vent qui soufflait avait bien eu le temps de sécher leurs cheveux depuis le rivage jusqu'au sommet de la côte. Eh bien, je vous le répète, ils avaient de l'eau dans les yeux. » Nous comprîmes que nous avions une protectrice toute-puissante dans la maison, car la grand'mère ne répondit pas et ne murmura plus.

XV

Nous nous hâtâmes de descendre pour remercier la pauvre famille de l'hospitalité que nous avions reçue. Nous trouvâmes le pêcheur, la vieille mère, Beppo,

Graziella et jusqu'aux petits enfants, qui se disposaient à descendre vers la côte pour visiter la barque abandonnée la veille, et voir si elle était suffisamment amarrée contre le gros temps, car la tempête continuait encore. Nous descendîmes avec eux, le front baissé, timides comme des hôtes qui ont été l'occasion d'un malheur dans une famille, et qui ne sont pas sûrs des sentiments qu'on y a pour eux.

Le pêcheur et sa femme nous précédaient de quelques marches; Graziella, tenant un de ses petits frères par la main et portant l'autre sur le bras, venait après. Nous suivions derrière, en silence. Au dernier détour d'une des rampes, d'où l'on voit les écueils que l'arête d'un rocher nous empêchait d'apercevoir encore, nous entendîmes un cri de douleur s'échapper à la fois de la bouche du pêcheur et de celle de sa femme. Nous les vîmes élever leurs bras nus au ciel, se tordre les mains comme dans les convulsions du désespoir, se frapper du poing le front et les yeux et s'arracher des touffes de cheveux blancs, que le vent emportait en tournoyant contre les rochers.

Graziella et les petits enfants mêlèrent bientôt leurs voix à ces cris. Tous se précipitèrent comme des insensés en franchissant les derniers degrés de la rampe vers les écueils, s'avancèrent jusque dans les franges d'écume que les vagues immenses chassaient à terre, et tombèrent sur la plage, les uns à genoux, les autres à la renverse, la vieille femme le visage dans ses mains et la tête dans le sable humide.

Nous contemplions cette scène de désespoir du haut du dernier petit promontoire, sans avoir la force d'avancer ni de reculer. La barque, amarrée au rocher, mais qui n'avait point d'ancre à la poupe pour la contenir, avait été soulevée pendant la nuit par les lames et mise en pièces contre les pointes des écueils qui devaient la protéger. La moitié du pauvre esquif tenait encore par la corde au roc où nous l'avions fixé la veille. Il se débattait avec un bruit sinistre comme des voix d'hommes en perdition qui s'éteignent dans un gémissement rauque et désespéré.

Les autres parties de la coque, la poupe, le mât, les membrures, les planches peintes, étaient semées çà et là sur la grève, semblables aux membres des cadavres déchirés par les loups après un combat. Quand nous arrivâmes sur la plage, le vieux pêcheur était occupé à courir d'un de ces débris à l'autre. Il les relevait, il les regardait d'un œil sec, puis il les laissait retomber à ses pieds pour aller plus loin. Graziella pleurait, assise à terre, la tête dans son tablier. Les enfants, leurs jambes nues dans la mer, couraient en criant après les débris des planches, qu'ils s'efforçaient de diriger vers le rivage.

Quant à la vieille femme, elle ne cessait de gémir et de parler en gémissant. Nous ne saisissions que des accents confus et des lambeaux de plaintes qui déchiraient l'air et qui fendaient le cœur : « O mer féroce ! mer sourde ! mer pire que les démons de l'enfer ! mer sans cœur et sans honneur ! criait-elle avec des vocabulaires d'injures, en montrant le poing fermé aux flots, pourquoi ne nous as-tu pas pris nous-mêmes ? nous tous ? puisque tu nous as pris notre gagne-pain ? Tiens ! tiens ! tiens ! prends-moi du moins en morceaux, puisque tu ne m'as pas prise tout entière ! »

Et en disant ces mots elle se levait de son séant, elle jetait, avec des lambeaux de sa robe, des touffes de ses cheveux dans la mer. Elle frappait la vague du geste, elle piétinait dans l'écume ; puis, passant alternativement de la colère à la plainte et des convulsions à l'attendrissement, elle se rasseyait dans le sable, appuyait son front dans ses mains, et regardait en pleurant les planches disjointes battre l'écueil. « Pauvre barque ! criait-elle, comme si ces débris eussent été les membres d'un être chéri à peine privé de sentiment, « est-ce là le sort que nous te devions ? Ne devions-nous pas périr avec toi ? Périr ensemble, comme nous avions vécu ? Là ! en morceaux, en débris, en poussière ; criant, morte encore, sur l'écueil où tu nous as appelés toute la nuit, et où nous devions te secourir ! Qu'est-ce que tu penses de nous ? Tu nous avais si bien servis, et nous t'avons trahie, abandonnée, perdue ! Perdue, là, si près de la maison, à portée de la voix de ton maître ! jetée à la côte comme le cadavre d'un chien fidèle que la vague rejette aux pieds du maître qui l'a noyé ! »

Puis ses larmes étouffaient sa voix ; puis elle reprenait une à une toute l'énumération des qualités de sa barque, et tout l'argent qu'elle leur avait coûté, et tous les souvenirs qui se rattachaient pour elle à ce pauvre débris flottant. « Était-ce pour cela, disait-elle, que nous l'avions fait si bien radouber et si bien peindre après la dernière pêche du thon ? Était-ce pour cela que mon pauvre fils, avant de mourir et de me laisser ces trois enfants, sans père ni mère, l'avait bâtie avec tant de soins et d'amour presque tout entière de ses propres mains ? Quand je venais prendre les paniers dans la cale, je reconnaissais les coups de sa hache dans le bois, et je les baisais en mémoire de lui. Ce sont les requins et les crabes de la mer qui les baiseront maintenant ! Pendant les soirs d'hiver, il avait sculpté lui-même avec son couteau l'image de saint François sur une planche, et il l'avait fixée à la proue pour la protéger contre le mauvais temps. O saint impitoyable! Comment s'est-il montré reconnaissant? Qu'a-t-il fait de mon fils, de sa femme et de la barque qu'il nous avait laissée après lui pour gagner la vie de ses pauvres enfants? Comment s'est-il protégé lui-même, et où est-elle, son image, jouet des flots?

» — Mère! mère! s'écria un des enfants en ramassant sur la grève, entre deux rochers, un éclat du bateau laissé à sec par une lame, voilà le saint! »

La pauvre femme oublia toute sa colère et tous ses blasphèmes, s'élança, les pieds dans l'eau, vers l'enfant, prit le morceau de planche sculpté par son fils, et le colla sur ses lèvres en le couvrant de larmes. Puis elle alla se rasseoir et ne dit plus rien.

XVI

Nous aidâmes Beppo et le vieillard à recueillir un à un tous les morceaux de la barque. Nous tirâmes la quille mutilée plus avant sur la plage. Nous fîmes un monceau de ces débris, dont quelques planches et les ferrures pouvaient servir encore à ces pauvres gens; nous roulâmes par-dessus de grosses pierres, afin que les vagues, si elles montaient, ne dispersassent pas ces chers restes de l'esquif, et nous remontâmes, tristes et bien loin derrière nos hôtes, à la maison. L'absence de bateau et l'état de la mer ne nous permettaient pas de partir.

Après avoir pris, les yeux baissés et sans dire un mot, un morceau de pain et du lait de chèvre que Graziella nous apporta près de la fontaine, sous le figuier, nous laissâmes la maison à son deuil, et nous allâmes nous promener dans la haute treille de vignes et sous les oliviers du plateau élevé de l'île.

XVII

Nous nous parlions à peine, mon ami et moi, mais nous avions la même pensée et nous prenions par instinct tous les sentiers qui tendaient à la pointe orientale de l'île et qui devaient nous mener à la ville prochaine de Procida. Quelques chevriers et quelques jeunes filles au costume grec, que nous rencontrâmes portant des cruches d'huile sur leurs têtes, nous remirent plusieurs fois dans le vrai chemin. Nous arrivâmes enfin à la ville après une heure de marche.

« Voilà une triste aventure, me dit enfin mon ami. — Il faut la changer en joie pour ces bonnes gens, lui répondis-je. — J'y pensais, reprit-il en faisant sonner dans sa ceinture de cuir bon nombre de sequins d'or. — Et moi aussi ; mais je n'ai que cinq ou six sequins dans ma bourse. Cependant j'ai été de moitié dans le malheur, il faut que je sois aussi de moitié dans la réparation. — Je suis le plus riche des deux, dit mon ami ; j'ai un crédit chez un banquier de Naples. J'avancerai tout. Nous réglerons nos comptes en France. »

XVIII

En parlant ainsi, nous descendions légèrement les rues en pente de Procida. Nous arrivâmes bientôt sur la *marine*. C'est ainsi qu'on appelle la plage voisine de la rade ou du port dans l'archipel et sur les côtes d'Italie. La plage était couverte de barques d'Ischia, de Procida et de Naples, que la tempête de la veille avait forcées de chercher un abri dans ses eaux. Les marins et les pêcheurs dormaient au soleil, au bruit décroissant des vagues, ou causaient par groupes assis sur le môle. A notre costume et au bonnet de laine rouge qui recouvrait nos cheveux, ils nous prirent pour de jeunes matelots de Toscane ou de Gênes qu'un des bricks qui portent l'huile ou le vin d'Ischia avait débarqués à Procida.

Nous parcourûmes la *marine* en cherchant de l'œil une barque solide et bien gréée, qui pût être facilement manœuvrée par deux hommes, et dont la proportion et les formes se rapprochassent le plus possible de celle que nous avions perdue. Nous n'eûmes pas de peine à la trouver. Elle appartenait à un riche pêcheur de l'île qui en possédait plusieurs autres. Celle-là n'avait encore que quelques mois de service. Nous allâmes chez le propriétaire, dont les enfants du port nous indiquèrent la maison.

Cet homme était gai, sensible et bon. Il fut touché du récit que nous lui fîmes du désastre de la nuit et de la désolation de son pauvre compatriote de Procida. Il n'en perdit pas une piastre sur le prix de son embarcation ;

mais il n'en exagéra point la valeur, et le marché fut conclu pour trente-deux sequins d'or que mon ami lui paya comptant. Moyennant cette somme, le bateau et un gréement tout neuf, voiles, jarres, cordages, ancre de fer, tout fut à nous.

Nous complétâmes même l'équipement en achetant dans une boutique du port deux capotes de laine rousse, une pour le vieillard, l'autre pour l'enfant; nous y joignîmes des filets de diverses espèces, des paniers à poissons et quelques ustensiles grossiers de ménage à l'usage des femmes. Nous convînmes avec le marchand de barques que nous lui payerions le lendemain trois sequins de plus si l'embarcation était conduite le jour même au point de la côte que nous lui désignâmes. Comme la bourrasque baissait et que la terre élevée de l'île abritait un peu la mer du vent de ce côté, il s'y engagea, et nous repartîmes par terre pour la maison d'Andréa.

XIX

Nous fîmes la route lentement, nous asseyant sous tous les arbres, à l'ombre de toutes les treilles, causant, rêvant, marchandant à toutes les jeunes *procitanes* les paniers de figues, de nèfles, de raisins qu'elles portaient, et donnant aux heures le temps de couler. Quand, du haut d'un promontoire, nous aperçûmes notre embarcation qui se glissait furtivement sous l'ombre de la côte, nous pressâmes le pas pour arriver en même temps que les rameurs.

On n'entendait ni pas ni voix dans la petite maison et dans la vigne qui l'entourait. Deux beaux pigeons aux larges pattes emplumées et aux ailes blanches tigrées de noir, becquetant des grains de maïs sur le mur en parapet de la terrasse, étaient le seul signe de vie qui animât la maison. Nous montâmes sans bruit sur le toit; nous y trouvâmes la famille profondément endormie. Tous, excepté les enfants dont les jolies têtes reposaient à côté l'une de l'autre sur le bras de Graziella, sommeillaient dans l'attitude de l'affaissement produit par la douleur.

La vieille mère avait la tête sur ses genoux, et son haleine assoupie semblait sangloter encore. Le père était étendu sur le dos, les bras en croix, en plein soleil. Les hirondelles rasaient ses cheveux gris dans leur vol. Les mouches couvraient son front en sueur. Deux sillons creux et serpentant jusqu'à sa bouche attestaient que la force de l'homme s'était brisée en lui, et qu'il s'était assoupi dans les larmes.

Ce spectacle nous fendit le cœur. La pensée du bonheur que nous allions rendre à ces pauvres gens nous consola. Nous les éveillâmes. Nous jetâmes aux pieds de Graziella et de ses petits frères, sur le plancher du toit, les pains frais, le fromage, les salaisons, les raisins, les oranges, les figues, dont nous nous étions chargés en route. La jeune fille et les enfants n'osaient se lever au milieu de cette pluie d'abondance qui tombait comme du ciel autour d'eux. Le père nous remerciait pour sa famille. La grand'mère regardait tout cela d'un œil terne. L'expression de sa physionomie se rapprochait plus de la colère que de l'indifférence.

« Allons, Andréa, dit mon ami au vieillard, l'homme ne doit pas pleurer deux fois ce qu'il peut racheter avec du travail et du courage. Il y a des planches dans les forêts et des voiles dans le chanvre qui pousse. Il n'y a que la vie de l'homme que le chagrin use qui ne repousse pas. Un jour de larmes consume plus de force qu'un an de travail. Descendez avec nous, avec votre femme et vos enfants. Nous sommes vos matelots ; nous vous aiderons à remonter ce soir, dans la cour, les débris de votre naufrage. Vous en ferez des clôtures, des lits, des tables, des meubles pour la famille. Cela vous fera plaisir un jour de dormir tranquille dans votre vieillesse au milieu de ces planches, qui vous ont si longtemps bercé sur les flots. — Qu'elles puissent seulement nous faire des cercueils ! » murmura sourdement la grand'mère.

XX

Cependant ils se levèrent et nous suivirent tous en descendant lentement les degrés de la côte; mais on voyait que l'aspect de la mer et le son des lames leur faisaient mal. Je n'essayerai pas de décrire la surprise et la joie de ces pauvres gens quand, du haut du dernier palier de la rampe, ils aperçurent la belle embarcation neuve, brillante au soleil et tirée à sec sur le sable à côté des débris de l'ancienne, et que mon ami leur dit : « Elle est à vous ! » Ils tombèrent tous comme foudroyés de la même joie à genoux, chacun sur le degré où il se trouvait, pour remercier Dieu, avant de trouver des paroles pour nous remercier nous-mêmes. Mais leur bonheur nous remerciait assez.

Ils se relevèrent à la voix de mon ami qui les appelait. Ils coururent sur ses pas vers la barque. Ils en firent d'abord à distance et respectueusement le tour, comme s'ils eussent craint qu'elle n'eût quelque chose de fantastique et qu'elle ne s'évanouît comme un prodige. Puis ils s'en approchèrent de plus près, la touchèrent et portèrent ensuite à leur front et à leurs lèvres la main qui l'avait touchée. Enfin ils poussèrent des exclamations d'admiration et de joie, et, se prenant les mains en chaîne, depuis la vieille femme jusqu'aux petits enfants, ils dansèrent autour de la coque.

XXI

Beppo fut le premier qui y monta. Debout sur le petit faux pont de la proue, il tirait un à un de la cale tout le gréement dont nous l'avions remplie : l'ancre, les cordages, les jarres à quatre anses, les belles voiles neuves, les paniers, les capotes aux larges manches ; il faisait sonner l'ancre, il élevait les rames au-dessus de sa tête, il dépliait la toile, il froissait entre ses doigts le rude duvet des manteaux, il montrait toutes ses richesses à son grand-père, à sa grand'mère, à sa sœur, avec des cris et des trépignements de bonheur. Le père, la mère, Graziella, pleuraient en regardant tour à tour la barque et nous.

Les marins qui avaient amené l'embarcation, cachés derrière les rochers, pleuraient aussi. Tout le monde nous bénissait. Graziella, le front baissé et plus sérieuse dans sa reconnaissance, s'approcha de sa grand'mère, et je l'entendis murmurer en nous montrant du doigt : « Vous disiez que c'étaient des païens ; et quand je vous disais, moi, que ce pouvaient bien être plutôt des anges ! Qui est-ce qui avait raison ? »

La vieille femme se jeta à nos pieds et nous demanda

pardon de ses soupçons. Depuis cette heure, elle nous aima presque autant qu'elle aimait sa petite-fille ou Beppo.

XXII

Nous congédiâmes les marins de Procida, après leur avoir payé les trois sequins convenus. Nous nous chargeâmes chacun d'un des objets de gréement qui encombraient la cale. Nous rapportâmes à la maison, au lieu des débris de sa fortune, toutes ces richesses de l'heureuse famille. Le soir, après souper, à la clarté de la lampe, Beppo détacha du chevet du lit de sa grand'mère le morceau de planche brisée où la figure de saint François avait été sculptée par son père ; il l'équarrit avec une scie ; il la nettoya avec son couteau ; il la polit et la peignit à neuf. Il se proposait de l'incruster le lendemain sur l'extrémité intérieure de la proue, afin qu'il y eût dans la nouvelle barque quelque chose de l'ancienne. C'est ainsi que les peuples de l'antiquité, quand ils élevaient un temple sur l'emplacement d'un autre temple, avaient soin d'introduire dans la construction du nouvel édifice les matériaux, ou une colonne au moins, de l'ancien, afin qu'il y eût quelque chose de vieux et de sacré dans le moderne, et que le souvenir lui-même fruste et grossier eût son culte et son prestige pour le cœur parmi les chefs-d'œuvre du sanctuaire nouveau. L'homme est partout l'homme. Sa nature sensible a toujours les mêmes instincts, qu'il s'agisse du Parthénon, de Saint-Pierre de Rome ou d'une pauvre barque de pêcheur sur un écueil de Procida.

XXIII

Cette nuit fut peut-être la plus heureuse de toutes les nuits que la Providence eût destinées à cette maison depuis qu'elle fût sortie du rocher et jusqu'à ce qu'elle retombât en poussière. Nous dormîmes aux coups de vent dans les oliviers, au bruit des lames sur la côte et aux lueurs rasantes de la lune sur notre terrasse. A notre réveil, le ciel était balayé comme un cristal poli, la mer foncée et tigrée d'écume comme si l'eau eût sué de vitesse et de lassitude. Mais le vent, plus furieux, mugissait toujours. La poussière blanche que les vagues accumulaient sur la pointe du cap Misène s'élevait encore plus haut que la veille. Elle noyait toute la côte de Cumes dans un flux et un reflux de brume lumineuse qui ne cessait de monter et de retomber. On n'apercevait aucune voile sur le golfe de Gaëte ni sur celui de Baïa. Les hirondelles de mer fouettaient l'écume de leurs ailes blanches, seul oiseau qui ait son élément dans la tempête et qui crie de joie pendant les naufrages, comme ces habitants maudits de la Baie des Trépassés qui attendent leur proie des navires en perdition.

Nous éprouvions, sans nous le dire, une joie secrète d'être ainsi emprisonnés par le gros temps dans la maison et dans la vigne du batelier. Cela nous donnait le temps de savourer notre situation et de jouir du bonheur de cette pauvre famille à laquelle nous nous attachions comme des enfants.

Le vent et la grosse mer nous y retinrent neuf jours entiers. Nous aurions désiré, moi surtout, que la tempête ne finît jamais, et qu'une nécessité involontaire et fatale nous fît passer des années où nous nous trouvions si captifs et si heureux. Nos journées s'écoulaient pourtant bien insensibles et bien uniformes. Rien ne prouve mieux combien peu de chose suffit au bonheur quand le cœur est jeune et jouit de tout. C'est ainsi que les aliments les plus simples soutiennent et renouvellent la vie du corps quand l'appétit les assaisonne, et que les organes sont neufs et sains...

XXIV

Nous éveiller au cri des hirondelles qui effleuraient notre toit de feuilles sur la terrasse où nous avions dormi; écouter la voix enfantine de Graziella, qui chantait à demi-voix dans la vigne, de peur de troubler le sommeil des deux étrangers; descendre rapidement à la plage pour nous plonger dans la mer et nager quelques minutes dans une petite calanque, dont le sable fin brillait à travers la transparence d'une eau profonde, et où le mouvement et l'écume de la haute mer ne pénétraient pas; remonter lentement à la maison en séchant et en réchauffant au soleil nos cheveux et nos épaules trempés par le bain; déjeuner dans la vigne d'un morceau de pain et de fromage de buffle, que la jeune fille nous apportait et rompait avec nous; boire l'eau claire et rafraîchie de la source, puisée par elle dans une petite jarre de terre oblongue qu'elle penchait en rougissant sur son bras, pendant que nos lèvres se collaient à l'orifice; aider ensuite la famille dans les mille petits travaux rustiques de la maison et du jardin; relever les pans de murs de clôture qui entouraient la vigne et qui supportaient les terrasses ; déraciner de grosses pierres, qui avaient roulé, l'hiver, du haut de ces murs sur les jeunes plants de vigne, et qui empiétaient sur le peu de culture qu'on pouvait pratiquer entre les ceps ; apporter dans le cellier les grosses courges jaunes dont une seule était la charge d'un homme ; en couper ensuite les filaments, qui couvraient la terre de leurs larges feuilles et qui embarrassaient les pas dans leurs réseaux ; tracer entre chaque rangée de ceps, sous les treilles hautes, une petite rigole dans la terre sèche, pour que l'eau de la pluie s'y rassemblât d'elle-même et les abreuvât plus longtemps ; creuser, pour le même usage, des espèces de puits en entonnoir au pied des figuiers et des citronniers : telles étaient nos occupations matinales jusqu'à l'heure où le soleil dardait d'aplomb sur le toit, sur le jardin, sur la cour, et nous forçait à chercher l'abri des treilles. La transparence et le reflet des feuilles de vigne y teignaient les ombres flottantes d'une couleur chaude et un peu dorée.

LIVRE HUITIÈME

I

Graziella alors rentrait à la maison pour filer auprès de sa grand'mère ou pour préparer le repas du milieu du jour. Quant au vieux pêcheur et à Beppo, ils passaient les journées entières au bord de la mer à arrimer la barque neuve, à y faire les perfectionnements que leur passion pour leur nouvelle propriété leur inspirait, et à essayer les filets à l'abri des écueils. Ils nous rapportaient toujours, pour le repas de midi, quelques crabes ou quelques anguilles de mer, aux écailles plus luisantes que le plomb fraîchement fondu. La mère les faisait frire dans l'huile des oliviers. La famille conservait cette huile, selon l'usage du pays, au fond d'un petit puits creusé dans le rocher, tout près de la maison, et fermé d'une grosse pierre où l'on avait scellé un anneau de fer. Quelques concombres frits de même et découpés en lanières dans la poêle, quelques coquillages frais, semblables à des moules, et qu'on appelle *frutti di mare*, fruits de mer, composaient pour nous ce frugal dîner, le principal et le plus succulent repas de la journée. Des raisins muscats aux longues grappes jaunes, cueillis le matin par Graziella, conservés sur leur tige et sous leurs feuilles, et servis sur des corbeilles plates d'osier tressé, formaient le dessert. Une tige ou deux de fenouil vert et cru trempé dans le poivre, et dont l'odeur d'anis parfume les lèvres et relève le cœur, nous tenaient lieu de liqueurs et de café, selon l'usage des marins et des paysans de Naples. Après le dîner nous allions chercher, mon ami et moi, quelque abri ombragé et frais au sommet de la falaise, en vue de la mer et de la côte de Baïa, et nous y passions, à regarder, à rêver et à lire, les heures brûlantes du jour, jusque vers quatre ou cinq heures après midi.

II

Nous n'avions sauvé des flots que trois volumes dépareillés, parce que ceux-là ne se trouvaient pas dans notre valise de marin, quand nous la jetâmes à la mer : c'était un petit volume italien d'*Ugo Foscolo*, intitulé : *Lettres de Jacopo Ortis*, une espèce de Werther, moitié politique, moitié romanesque, où la passion de la liberté de son pays se mêle dans le cœur d'un jeune Italien à sa passion pour une belle Vénitienne. Le double enthousiasme, nourri par ce double feu de l'amant et du citoyen, allume dans l'âme d'Ortis une fièvre dont l'accès, trop fort pour un homme sensible et maladif, produit enfin le suicide. Ce livre, copie littérale mais coloriée et lumineuse du *Werther* de Gœthe, était alors entre les mains de tous les jeunes hommes qui nourrissaient, comme nous, dans leur âme, ce double rêve de ceux qui sont dignes de rêver quelque chose de grand : l'amour et la liberté.

III

La police de Bonaparte et de Murat proscrivait en vain l'auteur et le livre. L'auteur avait pour asile le cœur de tous les patriotes italiens et de tous les libéraux de l'Europe. Le livre avait pour sanctuaire la poitrine des jeunes gens comme nous ; nous l'y cachions pour en aspirer les maximes. Des deux autres volumes que nous avions sauvés, l'un était *Paul et Virginie,* de Bernardin de Saint-Pierre, ce manuel de l'amour naïf ; livre qui semble une page de l'enfance du monde arrachée à l'histoire du cœur humain et conservée toute pure et toute trempée de larmes contagieuses pour les yeux de seize ans.

L'autre était un volume de Tacite, pages tachées de débauche, de honte et de sang, mais où la vertu stoïque prend le burin et l'apparente impassibilité de l'histoire pour inspirer à ceux qui la comprennent la haine de la tyrannie, la puissance des grands dévouements et la soif des généreuses morts.

Ces trois livres se trouvaient par hasard correspondre aux trois sentiments qui faisaient dès lors, comme par pressentiment, vibrer nos jeunes âmes : l'amour, l'enthousiasme pour l'affranchissement de l'Italie et de la France, et enfin la passion de l'action politique et du mouvement des grandes choses dont Tacite nous présentait l'image et pour lesquelles il trempait nos âmes de bonne heure dans le sang de son pinceau et dans le feu de la vertu antique. Nous lisions haut et tour à tour, tantôt admirant, tantôt pleurant, tantôt rêvant. Nous entrecoupions ces lectures de longs silences et de quelques exclamations échangées, qui étaient pour nous le commentaire irréfléchi de nos impressions, et que le vent emportait avec nos rêves.

IV

Nous nous placions nous-mêmes par la pensée dans quelques-unes de ces situations fictives ou réelles que le poëte ou l'historien venait de raconter pour nous. Nous nous faisions un idéal d'amant ou de citoyen, de vie cachée ou de vie publique, de félicité ou de vertu. Nous nous plaisions à combiner ces grandes circonstances, ces merveilleux hasards des temps de révolution, où les hommes les plus obscurs sont révélés à la foule par le génie et appelés, comme par leurs noms, à combattre la tyrannie et à sauver les nations ; puis, victimes de l'instabilité et de l'ingratitude des peuples, condamnés à mourir sur l'échafaud, en face du temps qui les méconnaît et de la postérité qui les venge.

Il n'y avait pas de rôle, quelque héroïque qu'il fût, qui n'eût trouvé nos âmes au niveau des situations. Nous nous préparions à tout, et si la fortune, un jour, ne réalisait pas ces grandes épreuves où nous nous précipitions en idée, nous nous vengions d'avance en la méprisant. Nous avions en nous-mêmes cette consolation des âmes fortes : que si notre vie restait inutile, vulgaire et obscure, c'était la fortune qui nous manquerait, ce n'était pas nous qui manquions à la fortune !

V

Quand le soleil baissait, nous faisions de longues courses à travers l'île. Nous la visitions dans tous les sens. Nous allions à la ville acheter le pain ou les légumes qui manquaient au jardin d'Andréa. Quelquefois nous rapportions un peu de tabac, cet *opium* du marin, qui l'anime en mer et qui le console à terre. Nous rentrions à la nuit tombante, les poches et les mains pleines de nos modestes munificences. La famille se rassemblait, le soir, sur le toit qu'on appelle à Naples l'*astrico*, pour attendre les heures du sommeil. Rien de si pittoresque, dans les belles nuits de ce climat, que la scène de l'*astrico* au clair de la lune.

A la campagne, la maison basse et carrée ressemble à un piédestal antique qui porte des groupes vivants et des statues animées. Tous les habitants de la maison y montent, s'y meuvent ou s'y assoient dans des attitudes diverses ; la clarté de la lune ou les lueurs de la lampe projettent et dessinent ces profils sur le fond bleu du firmament. On y voit la vieille mère filer, le père fumer sa pipe de terre cuite à la tige de roseau, les garçons s'accouder sur le rebord et chanter en longues notes traînantes ces airs marins ou champêtres dont l'accent prolongé ou vibrant a quelque chose de la plainte du bois torturé par les vagues ou de la vibration stridente de la cigale au soleil; les jeunes filles enfin, avec leurs robes courtes, leurs pieds nus, leurs soubrevestes vertes et galonnées d'or ou de soie, et leurs longs cheveux noirs flottants sur leurs épaules, enveloppés d'un mouchoir noué sur la nuque, à gros nœuds, pour préserver leur chevelure de la poussière.

Elles y dansent souvent seules ou avec leurs sœurs; l'une tient une guitare, l'autre élève sur sa tête un tambour de basque entouré de sonnettes de cuivre. Ces deux instruments, l'un plaintif et léger, l'autre monotone et sourd, s'accordent merveilleusement pour rendre presque sans art les deux notes alternatives du cœur de l'homme : la tristesse et la joie. On les entend pendant les nuits d'été sur presque tous les toits des îles ou de la campagne de Naples, même sur les barques; ce concert aérien, qui poursuit l'oreille de site en site, depuis la mer jusqu'aux montagnes, ressemble aux bourdonnements d'un insecte de plus, que la chaleur fait naître et bourdonner sous ce beau ciel. Ce pauvre insecte, c'est l'homme! qui chante quelques jours devant Dieu sa jeunesse et ses amours, et puis qui se tait pour l'éternité. Je n'ai jamais pu entendre ces notes répandues dans l'air, du haut des *astricos*, sans m'arrêter et sans me sentir le cœur serré, prêt à éclater de joie intérieure ou de mélancolie plus forte que moi.

VI

Telles étaient aussi les attitudes, les musiques et les voix sur la terrasse du toit d'Andréa. Graziella jouait de la guitare, et Beppino, faisant rebondir ses doigts d'enfant sur le petit tambour qui avait servi autrefois à l'endormir dans son berceau, accompagnait sa sœur. Bien que les instruments fussent gais et que les attitudes fussent celles de la joie, les airs étaient tristes, les notes lentes et rares allaient profondément pincer les fibres endormies du cœur. Il en est ainsi de la musique partout où elle n'est pas un vain jeu de l'oreille, mais un gémissement harmonieux des passions qui sort de l'âme par la voix. Tous ses accents sont des soupirs, toutes ses notes roulent des pleurs avec le son. On ne peut jamais frapper un peu fort sur le cœur de l'homme sans qu'il en sorte des larmes, tant la nature est pleine, au fond, de tristesse! et tant ce qui le remue en fait monter de lie à nos lèvres et de nuages à nos yeux!...

VII

Même quand la jeune fille, sollicitée par nous, se levait modestement pour danser la tarentelle aux sons du tambourin frappé par son frère, et, qu'emportée par le mouvement tourbillonnant de cette danse nationale, elle tournoyait sur elle-même, les bras gracieusement élevés, imitant avec ses doigts le claquement des castagnettes et précipitant les pas de ses pieds nus, comme des gouttes de pluie sur la terrasse ; oui, même alors, il y avait dans l'air, dans les attitudes, jusque dans la frénésie même de ce délire en action, quelque chose de sérieux et de triste, comme si toute joie n'eût été qu'une démence passagère, et comme si, pour saisir un éclair de bonheur, la jeunesse et la beauté même avaient besoin de s'étourdir jusqu'au vertige et de s'enivrer de mouvement jusqu'à la folie !

VIII

Plus souvent nous nous entretenions gravement avec nos hôtes ; nous leur faisions raconter leur vie, leurs traditions ou leurs souvenirs de famille. Chaque famille est une histoire ou même un poëme pour qui sait le feuilleter. Celle-ci avait aussi sa noblesse, sa richesse, son prestige dans le lointain.

L'aïeul d'Andréa était un négociant grec de l'île d'Égine. Persécuté pour sa religion par le pacha d'Athènes, il avait embarqué une nuit sa femme, ses filles, ses fils, sa fortune, dans un des navires qu'il possédait pour le commerce. Il s'était réfugié à Procida, où il avait des correspondants et où la population était grecque comme lui. Il y avait acheté de grands biens dont il ne restait plus de vestiges que la petite métairie où nous étions, et le nom des ancêtres gravé sur quelques tombeaux dans le cimetière de la ville. Les filles étaient mortes religieuses dans le monastère de l'île. Les fils avaient perdu toute la fortune dans les tempêtes qui avaient englouti leurs navires. La famille était tombée en décadence. Elle avait échangé jusqu'à son beau nom grec contre un nom obscur de pêcheur de Procida. « Quand une maison s'écroule, on finit par en balayer jusqu'à la dernière pierre, nous disait Andréa. De tout ce que mon aïeul possédait sous le ciel, il ne reste rien que mes deux rames, la barque que vous m'avez rendue, cette cabane qui ne peut pas nourrir ses maîtres, et la grâce de Dieu. »

IX

La mère et la jeune fille nous demandaient de leur dire, à notre tour, qui nous étions, où était notre pays, que faisaient nos parents? Si nous avions notre père, notre mère, des frères, des sœurs, une maison, des figuiers, des vignes? Pourquoi nous avions quitté tout cela si jeunes, pour venir ramer, lire, écrire, rêver au soleil et coucher sur la terre dans le golfe de Naples? Nous avions beau dire, nous ne pouvions jamais leur faire comprendre que c'était pour regarder le ciel et la mer, pour sentir fermenter en nous notre jeunesse, et pour recueillir des impressions, des sentiments, des idées que nous écririons peut-être ensuite en vers, comme ceux qu'ils voyaient écrits dans nos livres, ou comme ceux que les improvisateurs de Naples récitaient, le dimanche soir, aux marins, sur le Môle ou à la Margellina.

« Vous voulez vous moquer de moi, nous disait Graziella en éclatant de rire, vous des poëtes! mais vous n'avez pas les cheveux hérissés et les yeux hagards de ceux qu'on appelle de ce nom sur les quais de la Marine ! Vous des poëtes ! et vous ne savez pas même pincer une note sur la guitare. Avec quoi donc accompagnerez-vous les chansons que vous ferez ? »

Puis elle secouait la tête en faisant la moue et en s'impatientant de ce que nous ne voulions pas dire la vérité.

X

Quelquefois un vilain soupçon traversait son âme et jetait du doute et une ombre de crainte dans son regard. Mais cela ne durait pas. Nous l'entendions dire tout bas à sa grand'mère : « Non, cela n'est pas possible, ce ne sont pas des réfugiés chassés de leur pays pour une mauvaise action. Ils sont trop jeunes et trop bons pour connaître le mal. » Nous nous amusions alors à lui faire le récit de quelques forfaits bien sinistres, dont nous nous déclarions les auteurs. Le contraste de nos fronts calmes et limpides, de nos yeux sereins, de nos lèvres souriantes et de nos cœurs ouverts, avec les crimes fantastiques que nous supposions avoir commis, la faisait rire aux éclats ainsi que son frère, et dissipait vite toute ombre, toute possibilité de défiance.

XI

Graziella nous demandait souvent ce que nous avions donc à lire tout le jour dans nos livres. Elle croyait que c'étaient des prières, car elle n'avait jamais vu de livres qu'à l'église dans la main des fidèles qui savaient lire et qui suivaient les paroles saintes du prêtre. Elle nous croyait très-pieux, puisque nous passions des journées entières à balbutier des paroles mystérieuses. Seulement elle s'étonnait que nous ne nous fissions pas prêtres ou ermites dans un séminaire de Naples ou dans quelque monastère des îles. Pour la détromper, nous essayâmes de lire deux ou trois fois, en les traduisant en langue vulgaire du pays, des passages de Foscolo et quelques beaux fragments de notre Tacite.

Nous pensions que ces soupirs patriotiques de l'exilé italien et ces grandes tragédies de Rome impériale feraient une forte impression sur notre naïf auditoire; car le peuple a de la patrie dans les instincts, de l'héroïsme dans le sentiment et du drame dans le coup d'œil. Ce qu'il retient, ce sont surtout les grandes chutes et les belles morts. Mais nous nous aperçûmes vite que ces déclamations et ces scènes si puissantes sur nous n'avaient point d'effet sur ces âmes simples. Le sentiment de la liberté politique, cette aspiration des hommes de loisir, ne descend pas si bas dans le peuple.

Ces pauvres pêcheurs ne comprenaient pas pourquoi Ortis se désespérait et se tuait, puisqu'il pouvait jouir de toutes les vraies voluptés de la vie : se promener sans rien faire, voir le soleil, aimer sa maîtresse et prier Dieu sur les rives vertes et grasses de la Brenta. « Pourquoi se tourmenter ainsi, disaient-ils, pour des idées qui ne pénètrent pas jusqu'au cœur? Que lui importe que ce soient les Autrichiens ou les Français qui règnent à Milan? C'est un fou de se faire tant de chagrin pour de telles choses. » Et ils n'écoutaient plus.

XII

Quant à Tacite, ils l'entendaient moins encore. L'empire ou la république, ces hommes qui s'entre-tuaient, les uns pour régner, les autres pour ne pas survivre à la servitude, ces crimes pour le trône, ces vertus pour la gloire, ces morts pour la postérité, les laissaient froids. Ces orages de l'histoire éclataient trop au-dessus de leurs têtes. C'étaient pour eux comme des tonnerres hors de portée sur la montagne, qu'on laisse rouler sans s'en inquiéter, parce qu'ils ne tombent que sur les cimes, et qu'ils n'ébranlent pas la voile du pêcheur ni la maison du métayer.

Tacite n'a écrit que pour les politiques et les philosophes; c'est le Platon de l'histoire. Sa sensibilité est trop raffinée pour le vulgaire. Il faut, pour le comprendre, avoir vécu dans les tumultes de la place publique ou dans les mystérieuses intrigues des palais. Otez la liberté, l'ambition et la gloire à des scènes, qu'y reste-t-il? Ce sont les trois grands acteurs de ses drames. Or, ces trois passions sont inconnues au peuple, parce que ce sont des passions de l'esprit, et qu'il n'a que les passions du cœur. Nous nous en aperçûmes à la froideur et à l'étonnement que ces fragments répandaient autour de nous.

Nous essayâmes alors, un soir, de leur lire *Paul et Virginie*. Ce fut moi qui le traduisis en lisant, parce que j'avais tant l'habitude de le lire que je le savais, pour ainsi dire, par cœur. Familiarisé par un plus long séjour en Italie avec la langue, les expressions ne me coûtaient rien à trouver et coulaient de mes lèvres comme une langue maternelle. A peine cette lecture eut-elle commencé, que les physionomies de notre petit auditoire changèrent et prirent une expression d'attente et de recueillement, indice certain de l'émotion du cœur. Nous avions rencontré la note qui vibre à l'unisson dans l'âme de tous les hommes, de tous les âges et de toutes les conditions, la note sensible, la note universelle, celle qui renferme dans un seul son l'éternelle vérité de l'art : la nature, l'amour et Dieu.

XIII

Je n'avais encore lu que quelques pages, et déjà vieillards, jeune fille, enfant, tout avait changé d'attitude. Le pêcheur, le coude sur son genou et l'oreille penchée de mon côté, oubliait d'aspirer la fumée de sa pipe. La vieille grand'mère, assise en face de moi, tenait ses deux mains jointes sous son menton, avec le geste des pauvres femmes qui écoutent la parole de Dieu, accroupies sur le pavé des temples. Beppo était descendu du mur de la terrasse, où il était assis tout à l'heure. Il avait placé, sans bruit, sa guitare sur le plancher. Il posait sa main à plat sur le manche, de peur que le vent n'en fît résonner les cordes. Graziella, qui se tenait ordinairement un peu loin, se rapprochait insensiblement de moi, comme si elle eût été fascinée par une puissance d'attraction cachée dans le livre.

Adossée au mur de la terrasse, au pied duquel j'étais étendu moi-même, elle se rapprochait de plus en plus de mon côté, appuyée sur sa main gauche, qui portait à terre, dans l'attitude du gladiateur blessé. Elle regardait avec de grands yeux bien ouverts tantôt le livre, tantôt mes lèvres d'où coulait le récit, tantôt le vide entre mes lèvres et le livre, comme si elle eût cherché du regard l'invisible esprit qui me l'interprétait. J'entendais son souffle inégal s'interrompre ou se précipiter, suivant les palpitations du drame, comme l'haleine essoufflée de quelqu'un qui gravit une montagne et qui se repose pour respirer de temps en temps. Avant que je fusse arrivé au milieu de l'histoire, la pauvre enfant avait oublié sa réserve un peu sauvage avec moi. Je sentais la chaleur de sa respiration sur mes mains. Ses cheveux frissonnaient sur mon front. Deux ou trois larmes brûlantes, tombées de ses joues, tachaient les pages tout près de mes doigts.

XIV

Excepté ma voix lente et monotone, qui traduisait littéralement à cette famille de pêcheurs ce poëme du cœur, on n'entendait aucun bruit que les coups sourds et éloignés de la mer, qui battait la côte là-bas sous nos pieds. Ce bruit même était en harmonie avec la lecture. C'était comme le dénoûment pressenti de l'histoire, qui grondait d'avance dans l'air au commencement et pendant le cours du récit. Plus ce récit se déroulait, plus il semblait attacher nos simples auditeurs. Quand j'hésitais, par hasard, à trouver l'expression juste pour rendre le mot français, Graziella, qui depuis quelque temps tenait la lampe abritée contre le vent de son tablier, l'approchait tout près des pages et brûlait presque le livre dans son impatience, comme si elle eût pensé que la lumière allait faire jaillir le sens intellectuel à mes yeux et faire éclore plus vite les paroles sur mes lèvres. Je repoussais en souriant la lampe de la main sans détourner mon regard de la page, et je sentais mes doigts tout chauds de ses pleurs.

XV

Quand je fus arrivé au moment où Virginie, rappelée en France par sa tante, sent, pour ainsi dire, le déchirement de son être en deux, et s'efforce de consoler Paul sous les bananiers, en lui parlant de retour et en lui montrant la mer qui va l'emporter, je fermai le volume et je remis la lecture au lendemain.

Ce fut un coup au cœur de ces pauvres gens. Graziella se mit à genoux devant moi, puis devant mon ami, pour nous supplier d'achever l'histoire. Mais ce fut en vain. Nous voulions prolonger l'intérêt pour elle, le charme de l'épreuve pour nous. Elle arracha alors le livre de mes mains. Elle l'ouvrit comme si elle eût pu, à force de volonté, en comprendre les caractères. Elle lui parla, elle l'embrassa. Elle le remit respectueusement sur mes genoux, en joignant les mains et en me regardant en suppliante.

Sa physionomie, si sereine et si souriante dans le calme, mais un peu austère, avait pris tout à coup dans la passion et dans l'attendrissement sympathique de ce récit quelque chose de l'animation, du désordre et du pathétique du drame. On eût dit qu'une révolution subite avait changé ce beau marbre en chair et en larmes. La jeune fille sentait son âme jusque-là dormante se révéler à elle dans l'âme de Virginie. Elle semblait avoir mûri de six ans dans cette demi-heure. Les teintes orageuses de la passion marbraient son front, le blanc azuré de ses yeux ombragé de ses cils était comme une eau calme et abritée où le soleil, le vent et l'ombre seraient venus à lutter tout à coup pour la première fois. Nous ne pouvions nous lasser de la regarder dans cette attitude. Elle, qui jusque-là ne nous avait inspiré que de l'enjouement, nous inspira presque du respect. Mais ce fut en vain qu'elle nous conjura de continuer; nous ne voulûmes pas user notre puissance en une seule fois, et ses belles larmes nous plaisaient trop à faire couler pour en tarir la source en un jour. Elle se retira en boudant et éteignit la lampe avec colère.

XVI

Le lendemain, quand je la revis sous les treilles et que je voulus lui parler, elle se détourna comme quelqu'un qui cache ses larmes, et refusa de me répondre. On voyait à ses yeux bordés d'un léger cercle noir, à la pâleur plus mate de ses joues et à une légère et gracieuse dépression des coins de sa bouche, qu'elle n'avait pas dormi, et que son cœur était encore gros des chagrins imaginaires de la veillée. Merveilleuse puissance d'un livre qui agit sur le cœur d'une enfant illettrée et d'une famille ignorante avec toute la force d'une réalité, et dont la lecture est un événement dans la vie du cœur!

C'est que de même que je traduisais le poëme, le poëme avait traduit la nature, et que ces événements si simples, le berceau de ces deux enfants aux pieds de deux pauvres mères, leurs amours innocents, leur séparation cruelle, ce retour trompé par la mort, ce naufrage et ces deux tombeaux, n'enfermant qu'un seul cœur, sous les bananiers, sont des choses que tout le monde sent et comprend, depuis le palais jusqu'à la cabane du pêcheur. Les poëtes cherchent le génie bien loin, tandis qu'il est dans le cœur, et que quelques notes bien simples, touchées pieusement et par hasard sur cet instrument, monté par Dieu même, suffisent pour faire pleurer tout un siècle, et pour devenir aussi populaires que l'amour et aussi sympathiques que le sentiment. Le sublime lasse, le beau trompe, le pathétique seul est infaillible dans l'art. Celui qui sait attendrir sait tout. Il y a plus de génie dans une larme que dans tous les musées et dans toutes les bibliothèques de l'univers. L'homme est comme l'arbre qu'on secoue pour en faire tomber ses fruits : on n'ébranle jamais l'homme sans qu'il en tombe des pleurs.

XVII

Tout le jour, la maison fut triste comme s'il était arrivé un événement douloureux dans l'humble famille. On se réunit pour prendre les repas, sans presque se parler. On se sépara. On se retrouva sans sourire. On voyait que Graziella n'avait point le cœur à ce qu'elle faisait en s'occupant dans le jardin ou sur le toit. Elle regardait souvent si le soleil baissait, et, de cette journée, il était visible qu'elle n'attendait que le soir.

Quand le soir fut venu, et que nous eûmes repris tous

nos places ordinaires sur l'*astrico*, je rouvris le livre et j'achevai la lecture au milieu des sanglots. Père, mère, enfants, mon ami, moi-même, tous participaient à l'émotion générale. Le son morne et grave de ma voix se pliait, à mon insu, à la tristesse des aventures et à la gravité des paroles. Elles semblaient, à la fin du récit, venir de loin et tomber de haut dans l'âme avec l'accent creux d'une poitrine vide où le cœur ne bat plus et ne participe plus aux choses de la terre que par la tristesse, la religion et le souvenir.

XVIII

Il nous fut impossible de prononcer de vaines paroles après ce récit. Graziella resta immobile et sans geste, dans l'attitude où elle était en écoutant, comme si elle écoutait encore. Le silence, cet applaudissement des impressions durables et vraies, ne fut interrompu par personne. Chacun respectait dans les autres les pensées qu'il sentait en soi-même. La lampe presque consumée s'éteignit insensiblement sans qu'aucun de nous y portât la main pour la ranimer. La famille se leva et se retira furtivement. Nous restâmes seuls, mon ami et moi, confondus de la toute-puissance de la vérité, de la simplicité et du sentiment sur tous les hommes, sur tous les âges et sur tous les pays.

Peut-être une autre émotion remuait-elle déjà aussi le fond de notre cœur. La ravissante image de Graziella, transfigurée par ses larmes, initiée à la douleur par l'amour, flottait dans nos rêves avec la céleste création de Virginie. Ces deux noms et ces deux enfants, confondus dans des apparitions errantes, enchantèrent ou attristèrent notre sommeil agité jusqu'au matin. Le soir de ce jour et les deux jours qui suivirent, il fallut relire deux fois à la jeune fille le même récit. Nous l'aurions relu cent fois de suite, qu'elle ne se serait pas lassée de le demander encore. C'est le caractère des imaginations d Midi, rêveuses et profondes, de ne pas chercher la variété dans la poésie ou dans la musique; la musique et la poésie ne sont, pour ainsi dire, que les thèmes sur lesquels chacun brode ses propres sentiments; on s'y nourrit, sans satiété, comme le peuple, du même récit et du même air pendant des siècles. La nature elle-même, cette musique et cette poésie suprême, qu'a-t-elle autre chose que deux ou trois paroles et deux ou trois notes, toujours les mêmes, avec lesquelles elle attriste ou enchante les hommes, depuis le premier soupir jusqu'au dernier?

XIX

Au lever du soleil, le neuvième jour, le vent de l'équinoxe tomba enfin, et, en peu d'heures, la mer redevint une mer d'été. Les montagnes mêmes de la côte de Naples, ainsi que les eaux et le ciel, semblaient nager dans un fluide plus limpide et plus bleu que pendant les mois des grandes chaleurs, comme si la mer, le firmament et les montagnes eussent déjà senti ce premier frisson de l'hiver, qui cristallise l'air et le fait étinceler comme l'eau congelée des glaciers. Les feuilles jaunies de la vigne et les feuilles brunies des figuiers commençaient à tomber et à joncher la cour. Les raisins étaient cueillis. Les figues séchées sur l'*astrico* au soleil étaient emballées dans des paniers grossiers d'herbes marines tressées en nattes par les femmes. La barque était pressée d'essayer la mer, et le vieux pêcheur de ramener sa famille à la Margellina. On nettoya la maison et le toit, on couvrit la source d'une grosse pierre, pour que les feuilles séchées et les eaux d'hiver n'en corrompissent pas le bassin. On épuisa d'huile le petit puits creusé dans la roche. On mit l'huile dans des jarres, les enfants les descendirent à la mer en passant de petits bâtons dans les anses. On fit un paquet entouré de cordes du matelas et des couvertures du lit. On alluma une dernière fois la lampe sous l'image abandonnée du foyer. On fit une dernière prière devant la madone, pour lui recommander la maison, le figuier, la vigne que l'on quittait ainsi pour plusieurs mois. Puis l'on ferma la porte. On cacha la clef au fond d'une fente de rocher recouverte de lierre, pour que le pêcheur, s'il revenait pendant l'hiver, sût où la trouver et qu'il pût visiter son toit. Nous descendîmes ensuite à la mer, aidant la pauvre famille à emporter et à embarquer l'huile, les pains et les fruits.

LIVRE NEUVIÈME

I

Notre retour à Naples, en longeant le fond du golfe de Baïa et les pentes sinueuses du Pausilippe, fut une véritable fête pour la jeune fille, pour les enfants, pour nous, un triomphe pour Andréa. Nous rentrâmes à la Margellina à nuit close et en chantant. Les vieux amis et les voisins du pêcheur ne se lassaient pas d'admirer sa nouvelle barque. Ils l'aidèrent à la décharger et à la tirer à terre. Comme nous lui avions défendu de dire à qui il la devait, on fit peu d'attention à nous.

Après avoir tiré l'embarcation sur la grève, et porté les paniers de figues et de raisins au-dessus de la cave d'Andréa, près du seuil de trois chambres basses habitées par la vieille mère, les petits enfants et Graziella, nous nous retirâmes inaperçus. Nous traversâmes, non sans un serrement de cœur, le tumulte effrayant des rues populeuses de Naples, et nous rentrâmes dans nos logements.

II

Nous nous proposions, après quelques jours de repos à Naples, de reprendre la même vie avec le pêcheur toutes les fois que la mer le permettrait. Nous nous étions si bien accoutumés à la simplicité de nos costumes et à la nudité de la barque depuis trois mois, que le lit, les meubles de nos chambres et nos habits de ville nous semblaient un luxe gênant et fastidieux. Nous espérions bien ne les reprendre que pour peu de jours. Mais le lendemain, en allant chercher à la poste nos lettres arriérées, mon ami en trouva une de sa mère. Elle rappelait son fils sans retard en France pour assister au mariage de sa sœur. Son beau-frère devait venir au-devant de lui jusqu'à Rome. D'après les dates, il devait déjà y être arrivé. Il n'y avait pas à atermoyer : il fallait partir.

J'aurais dû partir avec lui. Je ne sais quel attrait d'isolement et d'aventure me retenait. La vie du marin, la cabane du pêcheur, l'image de Graziella, y étaient peut-être bien pour quelque chose, mais confusément. Le vertige de la liberté, l'orgueil de me suffire à moi-même à trois cents lieues de mon pays, la passion du vague et de l'inconnu, cette perspective aérienne des jeunes imaginations, y étaient pour davantage.

Nous nous séparâmes avec un mâle attendrissement. Il me promit de venir me rejoindre aussitôt qu'il aurait satisfait à ses devoirs de fils et de frère. Il me prêta cinquante louis pour combler le vide que ces six mois avaient fait dans ma bourse, et il partit.

III

Ce départ, l'absence de cet ami, qui était pour moi ce qu'un frère plus âgé est à un frère presque enfant, me laissèrent dans un isolement que toutes les heures m'approfondissaient et dans lequel je me sentais enfoncer comme dans un abîme. Toutes mes pensées, tous mes sentiments, toutes mes paroles, qui s'évaporaient autrefois en les échangeant avec lui, me restaient dans l'âme, s'y corrompaient, s'y attristaient et me retombaient sur le cœur comme un poids que je ne pouvais plus soulever. Ce bruit où rien ne m'intéressait, cette foule où personne ne savait mon nom, cette chambre où aucun regard ne me répondait, ces livres qu'on a lus cent fois, et dont les caractères immobiles vous redisent toujours les mêmes mots dans la même phrase et à la même place, cette vie d'auberge où l'on coudoie sans cesse des inconnus, où l'on s'assied à une table muette à côté d'hommes toujours nouveaux et toujours indifférents; tout cela, qui m'avait semblé si délicieux à Rome et à Naples, avant nos excursions et notre vie vagabonde et errante de l'été, me semblait maintenant une mort lente. Je me noyais le cœur de mélancolie.

Je traînai quelques jours cette tristesse de rue en rue, de théâtre en théâtre, de lecture en lecture, sans pouvoir la secouer; puis enfin elle finit par me vaincre. Je tombai malade, de ce qu'on appelle le mal du pays.

Ma tête était lourde ; mes jambes ne pouvaient me porter. J'étais pâle et défait. Je ne mangeais plus. Le silence m'attristait ; le bruit me faisait mal ; je passais les nuits sans sommeil et les jours couché sur mon lit, sans avoir ni l'envie ni même la force de me lever. Le vieux parent de ma mère, le seul qui pût s'intéresser à moi, était allé passer plusieurs mois à trente lieues de Naples dans les Abruzzes, où il voulait établir des manufactures. Je demandai un médecin ; il vint, me regarda, me tâta le pouls et me dit que je n'avais aucun mal. La vérité, c'est que j'avais un mal auquel sa médecine n'avait pas de remède, un mal d'âme et d'imagination. Il s'en alla. Je ne le revis plus.

IV

Cependant je me sentis si mal le lendemain que je cherchai dans ma mémoire de qui je pourrais attendre quelque secours et quelque pitié si je venais à ne pas me relever. L'image de la pauvre famille du pêcheur de la Margellina, au milieu de laquelle je vivais encore en souvenir, me revint naturellement à l'esprit. J'envoyai un enfant qui me servait chercher Andréa et lui dire que le plus jeune des deux étrangers était malade et demandait à le voir.

Quand l'enfant porta son message, Andréa était en mer avec Beppino ; la grand'mère était occupée à vendre les poissons sur les quais de Chiaja. Graziella seule était à la maison avec ses petits frères. Elle prit à peine le temps de les confier à une voisine, de se vêtir de ses habits les plus neufs de Procitane, et elle suivit l'enfant, qui lui montra la rue, le vieux couvent, et la précéda sur l'escalier.

J'entendis frapper doucement à la porte de ma chambre. La porte s'ouvrit comme poussée par une main invisible : j'aperçus Graziella. Elle jeta un cri de pitié en me voyant. Elle fit quelques pas en s'élançant vers mon lit; puis, se retenant et s'arrêtant debout, les mains entrelacées et pendantes sur son tablier, la tête penchée sur l'épaule gauche dans l'attitude de la pitié : « Comme il est pâle ! se dit-elle tout bas, et comment si peu de jours ont-ils pu lui changer à ce point le visage ! Et où est l'autre? dit-elle en se retournant et en cherchant des yeux mon compagnon ordinaire dans la chambre.—Il est parti, lui dis-je, et je suis seul et inconnu à Naples. — Parti? dit-elle. En vous laissant seul et malade ainsi? Il ne vous aimait donc pas ! Ah ! si j'avais été à sa place, je ne serais pas partie, moi ; et pourtant je ne suis pas votre frère, et je ne vous connais que depuis le jour de la tempête ! »

V

Je lui expliquai que je n'étais pas malade quand mon ami m'avait quitté. « Mais comment, reprit-elle vivement et avec un ton de reproche moitié tendre, moitié calme, n'aviez-vous pas pensé que vous aviez d'autres amis à la Margellina? Ah ! je le vois, ajouta-t-elle tristement et en regardant ses manches et le bas de sa robe, c'est que nous sommes de pauvres gens et que nous vous aurions fait honte en entrant dans cette belle maison. C'est égal, poursuivit-elle en s'essuyant les yeux, qu'elle n'avait pas cessé de tenir attachés sur mon front et sur mes bras affaissés, quand même on nous eût méprisés, nous serions toujours venus. — Pauvre Graziella, répondis-je en souriant, Dieu me garde du jour où j'aurai honte de ceux qui m'aiment! »

VI

Elle s'assit sur une chaise au pied de mon lit et nous causâmes un peu.

Le son de sa voix, la sérénité de ses yeux, l'abandon confiant et calme de son attitude, la naïveté de sa physionomie, l'accent à la fois saccadé et plaintif des femmes de ces îles, qui rappelle, comme dans l'Orient, le ton soumis de l'esclave dans les palpitations mêmes de l'amour, la mémoire enfin des belles journées de la cabane passées au soleil avec elle; ces soleils de Procida qui me semblaient encore ruisseler de son front, de son corps et de ses pieds dans ma chambre morne; tout cela, pendant que je la regardais et que je l'écoutais, m'enlevait tellement à ma langueur et à ma souffrance, que je me crus subitement guéri. Il me semblait qu'aussitôt qu'elle serait sortie j'allais me lever et marcher. Cependant je me sentais si bien par sa présence, que je prolongeais la conversation tant que je pouvais, et que je la retenais sous mille prétextes, de peur qu'elle ne s'en allât trop vite en emportant le bien-être que je ressentais.

Elle me servit une partie du jour sans crainte, sans réserve affectée, sans fausse pudeur, comme une sœur qui sert son frère sans penser qu'il est un homme. Elle alla m'acheter des oranges. Elle en mordait l'écorce avec ses belles dents pour en enlever la peau et pour en faire jaillir le jus dans mon verre en les pressant avec ses doigts. Elle détacha de son cou une petite médaille d'argent qui pendait par un cordon noir et se cachait dans sa poitrine. Elle l'attacha avec une épingle au rideau blanc de mon lit. Elle m'assura que je serais bientôt guéri par la vertu de la sainte image. Puis, le jour commençant à baisser, elle me quitta, non sans revenir vingt fois de la porte à mon lit pour s'informer de ce que je pourrais désirer encore et pour me faire des recommandations plus vives de prier bien dévotement l'image avant de m'endormir.

VII

Soit vertu de l'image et des prières qu'elle lui fit sans doute elle-même, soit influence calmante de cette apparition de tendresse et d'intérêt que j'avais eue sous les traits de Graziella, soit que la distraction charmante que sa présence et son entretien m'avaient donnée eût caressé et apaisé l'agacement maladif de tout mon être, à peine fut-elle sortie, que je m'endormis d'un sommeil tranquille et profond.

Le lendemain, à mon réveil, en apercevant les écorces d'oranges qui jonchaient le plancher de ma chambre, la chaise de Graziella tournée encore vers mon lit comme elle l'avait laissée, et comme si elle allait s'y asseoir de nouveau, la petite médaille pendue à mon rideau par le collier de soie noire, et toutes ces traces de cette présence et de ces soins de femme qui me manquaient depuis si longtemps, il me sembla, d'abord mal éveillé, que ma mère ou une de mes sœurs était entrée le soir dans ma chambre. Ce ne fut qu'en ouvrant tout à fait les yeux et en rappelant mes pensées une à une que la figure de Graziella m'apparut telle que je l'avais vue la veille.

Le soleil était si pur, le repos avait si bien fortifié mes membres, la solitude de ma chambre m'était devenue si pesante, le besoin d'entendre encore le son d'une voix connue me pressait si fort, que je me levai aussitôt, tout faible et tout chancelant que j'étais; je mangeai le reste des oranges; je montai dans un *corricolo* de place et je me fis conduire instinctivement du côté de la Margellina.

VIII

Arrivé près de la petite maison basse d'Andréa, je montai l'escalier qui menait à la plate-forme au-dessus de la cave, et sur laquelle s'ouvraient les chambres de la famille. Je trouvai sur l'*astrico* Graziella, la grand'mère, le vieux pêcheur, Beppino et les enfants. Ils se disposaient à sortir au même moment, dans leurs plus beaux habits, pour venir me voir. Chacun d'eux portait dans un panier, ou dans un mouchoir, ou à la main, un présent de ce que ces pauvres gens avaient imaginé devoir être plus agréable ou plus salutaire à un malade : celui-ci une fiasque de vin blanc doré d'Ischia, fermée, en guise de liége, par un bouchon de romarin et d'herbes aromatiques qui parfument le vase; celui-là des figues sèches, cet autre des nèfles, les petits enfants des oranges. Le cœur de Graziella avait passé dans tous les membres de la famille.

IX

Ils jetèrent un cri de surprise en me voyant apparaître encore pâle et faible, mais debout et souriant devant eux. Graziella laissa rouler de joie à terre les oranges qu'elle tenait dans son tablier, et, se frappant les mains l'une contre l'autre, elle courut à moi : « Je vous l'avais bien dit, s'écria-t-elle, que l'image vous guérirait si elle couchait seulement une nuit sur votre lit. Vous avais-je trompé ? » Je voulus lui rendre l'image, et je la pris dans mon sein, où je l'avais mise en sortant. « Baisez-la avant, » me dit-elle. Je la baisai, et un peu aussi le bout de ses doigts, qu'elle avait tendus pour me la reprendre. « Je vous la rendrai si vous retombez malade, ajouta-t-elle en la remettant à son cou et en la glissant dans son sein ; elle servira à deux. »

Nous nous assîmes sur la terrasse, au soleil du matin. Ils avaient tous l'air aussi joyeux que s'ils eussent recouvré un frère ou un enfant de retour après un long voyage. Le temps, qui est nécessaire à la formation des amitiés intimes dans les hautes classes, ne l'est pas dans les classes inférieures. Les cœurs s'ouvrent sans défiance, ils se soudent tout de suite, parce qu'il n'y a pas d'intérêt soupçonné sous les sentiments. Il se forme plus de liaison et de parenté d'âme en huit jours parmi les hommes de la nature qu'en dix ans parmi les hommes de la société. Cette famille et moi nous étions déjà parents.

Nous nous informâmes réciproquement de ce qui nous était survenu de bien ou de mal depuis que nous nous étions séparés. La pauvre maison était en veine de bonheur. La barque était bénie. Les filets étaient heureux. La pêche n'avais jamais autant rendu. La grand'mère ne suffisait pas au soin de vendre les poissons au peuple devant sa porte; Beppino, fier et fort, valait un marin de vingt ans, quoiqu'il n'en eût que douze. Graziella enfin apprenait un état bien au-dessus de l'humble profession de sa famille. Son salaire, déjà haut pour le travail d'une jeune fille, et qui monterait davantage encore avec son talent, suffirait pour habiller et nourrir ses petits frères, et pour lui faire une dot à elle-même quand elle serait en âge et en idée de faire l'amour.

C'étaient les expressions de ses parents. Elle était *corailleuse*, c'est-à-dire elle apprenait à travailler le corail. Le commerce et la manufacture du corail formaient alors la principale richesse de l'industrie des villes de la côte d'Italie. Un des oncles de Graziella, frère de la mère qu'elle avait perdue, était contre-maître dans la plus importante fabrique de corail de Naples. Riche pour son état, et dirigeant de nombreux ouvriers des deux sexes, qui ne pouvaient suffire aux demandes de cet objet de luxe par toute l'Europe, il avait pensé à sa nièce, et il était venu peu de jours avant l'enrôler parmi ses ouvrières. Il lui avait apporté le corail, les outils, et lui avait donné les premières leçons de son art très-simple. Les autres ouvrières travaillaient en commun à la manufacture.

Graziella, dans l'absence continuelle et forcée de sa grand'mère et du pêcheur, étant la gardienne unique des enfants, exerçait son métier à la maison. Son oncle, que ses occupations retenaient presque toujours, envoyait depuis quelque temps à la jeune fille son fils aîné, cousin de Graziella, jeune homme de vingt ans, sage, modeste, rangé, ouvrier d'élite, mais simple d'esprit, rachitique. et un peu contrefait dans sa taille. Il venait le soir, après la fermeture de la fabrique, examiner le travail de sa cousine, la perfectionner dans le maniement des outils et lui donner aussi les premières leçons de lecture, d'écriture et de calcul. « Espérons, me dit tout bas la grand'mère pendant que Graziella regardait ailleurs, que cela tournera au profit des deux, et que le maître deviendra le serviteur de sa fiancée. » Je vis qu'il y avait une pensée d'orgueil et d'ambition pour sa petite-fille dans l'esprit de la vieille femme. Mais Graziella ne s'en doutait pas.

X

La jeune fille me mena par la main dans sa chambre, pour me faire admirer les petits ouvrages de corail qu'elle avait déjà tournés et polis. Ils étaient proprement rangés sur du coton dans de petits cartons sur le pied de son lit. Elle voulut en façonner un morceau devant moi. Je faisais tourner la roue du petit tour avec le bout de mon pied, en face d'elle, pendant qu'elle présentait la branche rouge de corail à la scie circulaire qui la coupait en grinçant. Elle arrondissait ensuite ces morceaux, en les tenant du bout des doigts, et en les usant contre la meule.

La poussière rose couvrait ses mains, et, volant quelquefois jusqu'à son visage, saupoudrait ses joues et ses lèvres d'un léger fard, qui faisait paraître ses yeux plus bleus et plus resplendissants. Elle s'essuya en riant et secoua ses cheveux noirs, dont la poussière me couvrit à mon tour. « N'est-ce pas, dit-elle, que c'est un bel état pour une fille de la mer comme moi? Nous lui devons tout, à la mer : depuis la barque de mon grand-père et le pain que nous mangeons, jusqu'à ces colliers et à ces pendants d'oreilles dont je me parerai peut-être un jour, quand j'en aurai tant poli et tant façonné pour de plus riches et de plus belles que moi. »

La matinée se passa ainsi à causer, à folâtrer, à travailler, sans que l'idée me vînt de m'en aller. Je partageai, à midi, le repas de la famille. Le soleil, le grand air, le contentement d'esprit, la frugalité de la table, qui ne portait que du pain, un peu de poisson frit et des fruits conservés dans la cave, m'avaient rendu l'appétit et les forces. J'aidai le père, après midi, à raccommoder les mailles d'un vieux filet étendu sur l'*astrico*.

La roue qui tournait sous le pied cadencé de Graziella, le bruit du rouet de la grand'mère et les voix des enfants qui jouaient avec les oranges sur le seuil de la maison accompagnaient mélodieusement notre travail. Graziella sortait de temps en temps pour secouer ses cheveux sur le balcon, nous échangions un regard, un mot amical, un sourire. Je me sentais heureux, sans savoir de quoi, jusqu'au fond de l'âme. J'aurais voulu être une des plantes d'aloès enracinées dans les clôtures du jardin, ou un des lézards qui se chauffaient au soleil auprès de nous sur la terrasse et qui habitaient avec cette pauvre famille les fentes du mur de la maison.

XI

Mais mon âme et mon visage s'assombrissaient à mesure que baissait le jour. Je devenais triste en pensant qu'il fallait regagner ma chambre de voyageur. Graziella s'en aperçut la première. Elle alla dire quelques mots tout bas à l'oreille de sa grand'mère.

« Pourquoi nous quitter ainsi? dit la vieille femme, comme si elle eût parlé à un de ses enfants. N'étions-nous pas bien ensemble à Procida? Ne sommes-nous pas les mêmes à Naples? Vous avez l'air d'un oiseau qui a perdu sa mère et qui rôde en criant autour de tous les nids. Venez habiter le nôtre, si vous le trouvez assez bon pour un *monsieur* comme vous. La maison n'a que trois chambres, mais Beppino couche dans la barque. Celle des enfants suffira bien à Graziella, pourvu qu'elle puisse travailler le jour dans celle où vous dormirez. Prenez la sienne, et attendez ici le retour de votre ami. Car un jeune homme bon et triste comme vous, seul dans les rues de Naples, cela fait de la peine à penser. »

Le pêcheur, Beppino, les petits enfants même, qui aimaient déjà l'étranger, se réjouirent de l'idée de la bonne femme. Ils insistèrent vivement, et tous ensemble, pour me faire accepter son offre. Graziella ne dit rien, mais elle attendait, avec une anxiété visible, voilée par une distraction feinte, ma réponse aux insistances de ses parents. Elle frappait du pied, par un mouvement convulsif et involontaire, à toutes les raisons de discrétion que je donnais pour ne pas accepter.

Je levai à la fin les yeux sur elle. Je vis qu'elle avait

le blanc des yeux plus humide et plus brillant qu'à l'ordinaire, et qu'elle froissait entre ses doigts et brisait une à une les branches d'une plante de basilic qui végétait dans un pot de terre sur le balcon. Je compris ce geste mieux que de longs discours. J'acceptai la communauté de vie qu'on m'offrait. Graziella battit des mains et sauta de joie en courant, sans se retourner, dans sa chambre, comme si elle eût voulu me prendre au mot sans me laisser le temps de me rétracter.

XII

Graziella appela Beppino. En un instant, son frère et elle emportèrent, dans la chambre des enfants, son lit, ses pauvres meubles, son petit miroir entouré de bois peint, la lampe de cuivre, les deux ou trois images de la Vierge qui pendaient aux murs attachées par des épingles, la table et le petit tour où elle travaillait le corail. Ils puisèrent de l'eau dans le puits, en répandirent avec la paume de la main sur le plancher, balayèrent avec soin la poudre de corail sur la muraille et sur les dalles ; ils placèrent sur l'appui de la fenêtre les deux pots les plus verts et les plus odorants de baume et de réséda qu'ils purent trouver sur l'*astrico*. Ils n'auraient pas préparé et poli avec plus de soin la chambre des noces, si Beppo eût dû amener le soir sa fiancée dans la maison de son père. Je les aidai en riant à ce badinage.

Quand tout fut prêt, j'emmenai Beppino et le pêcheur avec moi pour acheter et rapporter le peu de meubles qui m'étaient nécessaires. J'achetai un petit lit de fer complet, une table de bois blanc, deux chaises de jonc, une petite brasière en cuivre où l'on brûle, les soirs d'hiver, pour se chauffer, les noyaux enflammés d'olive ; ma malle, que j'envoyai prendre dans ma cellule, contenait tout le reste. Je ne voulais pas perdre une nuit de cette vie heureuse qui me rendait comme une famille. Le soir même je couchai dans mon nouveau logement. Je ne me réveillai qu'au cri joyeux des hirondelles, qui entraient dans ma chambre par une vitre cassée de la fenêtre, et à la voix de Graziella, qui chantait dans la chambre à côté en accompagnant son chant du mouvement cadencé de son tour.

XIII

J'ouvris la fenêtre qui donnait sur de petits jardins de pêcheurs et de blanchisseuses encaissés dans le rocher du mont Pausilippe et sur la plage de la Margellina.

Quelques blocs de grès brun avaient roulé jusque dans ces jardins et tout près de la maison. De gros figuiers, qui poussaient à demi écrasés sous ces rochers, les saisissaient de leurs bras tortueux et blancs et les recouvraient de leurs larges feuilles immobiles. On ne voyait, de ce côté de la maison, dans ces jardins du pauvre peuple, que quelques puits surmontés d'une large roue, qu'un âne faisait tourner, pour arroser, par des rigoles de fenouil, les choux maigres et les navets ; des femmes séchant le linge sur des cordes tendues de citronnier en citronnier ; des petits enfants en chemise jouant ou pleurant sur les terrasses de deux ou trois maisonnettes blanches éparses dans les jardins. Cette vue si bornée, si vulgaire et si livide des faubourgs d'une grande ville me parut délicieuse en comparaison des façades hautes des rues profondément encaissées et de la foule bruyante des quartiers que je venais de quitter. Je respirais de l'air pur, au lieu de la poussière, du feu, de la fumée de cette atmosphère humaine dont je venais de sortir. J'entendais le braiement des ânes, le chant du coq, le bruissement des feuilles, le gémissement alternatif de la mer, au lieu de ces roulements de voiture, de ces cris aigus du peuple et de ce tonnerre incessant de tous les bruits stridents qui ne laissent dans les rues des grandes villes aucune trêve à l'oreille et aucun apaisement à la pensée.

Je ne pouvais m'arracher de mon lit, où je savourais délicieusement ce soleil, ces bruits champêtres, ces vols d'oiseaux, ce repos à peine ridé de la pensée; et puis, en regardant la nudité des murs, le vide de la chambre, l'absence des meubles, je me réjouissais en pensant que cette pauvre maison du moins m'aimait, et qu'il n'y a ni tapis, ni tentures, ni rideaux de soie qui vaillent un peu d'attachement. Tout l'or du monde n'achèterait pas un seul battement de cœur ni un seul rayon de tendresse dans le regard à des indifférents.

Ces pensées me berçaient doucement dans mon demi-sommeil; je me sentais renaître à la santé et à la paix. Beppino entra plusieurs fois dans ma chambre pour savoir si je n'avais besoin de rien. Il m'apporta sur mon lit du pain et des raisins que je mangeai en jetant des grains et des miettes aux hirondelles. Il était près de midi. Le soleil entrait à pleins rayons dans ma chambre avec sa douce tiédeur d'automne quand je me levai. Je convins avec le pêcheur et sa femme du taux d'une petite pension que je donnerais par mois, pour le loyer de ma cellule, et pour ajouter quelque chose à la dépense du ménage. C'était bien peu, ces braves gens trouvaient que c'était trop. On voyait bien que, loin de chercher à gagner sur moi, ils souffraient intérieurement de ce que leur pauvreté et la frugalité trop restreinte de leur vie ne leur permettaient pas de m'offrir une hospitalité dont ils eussent été plus fiers si elle ne m'avait rien coûté. On ajouta deux pains à ceux qu'on achetait chaque matin pour la famille, un peu de poisson bouilli ou frit à dîner, du laitage et des fruits secs pour le soir, de l'huile pour ma lampe, de la braise pour les jours froids : ce fut tout. Quelques *grains* de cuivre, petite monnaie du peuple à Naples, suffisaient par jour à ma dépense. Je n'ai jamais mieux compris combien le bonheur est indépendant du luxe, et combien on en achète davantage avec un denier de cuivre qu'avec une bourse d'or, quand on sait le trouver où Dieu l'a caché.

XIV

Je vécus ainsi pendant les derniers mois de l'automne et pendant les premiers mois de l'hiver. L'éclat et la sérénité de ces mois de Naples les font confondre avec ceux qui les ont précédés. Rien ne troublait la monotone tranquillité de notre vie. Le vieillard et son petit-fils ne s'aventuraient plus en pleine mer à cause des coups de vent fréquents de cette saison. Ils continuaient à pêcher le long de la côte, et leur poisson vendu sur la *marine* par la mère fournissait amplement à leur vie sans besoin.

Graziella se perfectionnait dans son art; elle grandissait et embellissait encore dans la vie plus douce et plus sédentaire qu'elle menait depuis qu'elle travaillait au corail. Son salaire, que son oncle lui apportait le dimanche, lui permettait non-seulement de tenir ses petits frères plus propres et mieux vêtus et de les envoyer à l'école, mais encore de donner à sa grand'mère et de se donner à elle-même quelques parties de costumes plus riches et plus élégants particuliers aux femmes de leur île : des mouchoirs de soie rouge pour pendre derrière la tête en long triangle sur les épaules ; des souliers sans talon, qui n'emboîtent que les doigts du pied, brodés de paillettes d'argent ; des soubrevestes de soie rayée de noir et de vert : ces vestes galonnées sur les coutures flottent ouvertes sur les hanches, elles laissent apercevoir par devant la finesse de la taille et les contours du cou orné de colliers ; enfin de larges boucles d'oreilles ciselées où les fils d'or s'entrelacent avec de la poussière de perles. Les plus pauvres femmes des îles grecques portent ces parures et ces ornements. Aucune détresse ne les forcerait à s'en défaire. Dans les climats où le sentiment de la beauté est plus vif que sous notre ciel et où la vie n'est que l'amour, la parure n'est pas un luxe aux yeux de la femme : elle est sa première et presque sa seule nécessité.

XV

Quand, le dimanche ou les jours de fête, Graziella ainsi vêtue sortait de sa chambre sur la terrasse, avec quelques fleurs de grenades rouges ou de lauriers-roses sur le côté de la tête dans ses cheveux noirs ; quand, en écoutant le son des cloches de la chapelle voisine, elle passait et repassait devant ma fenêtre comme un paon qui se moire au soleil sur le toit; quand elle traînait languissamment ses pieds emprisonnés dans ses babouches émaillées en les regardant, et puis qu'elle relevait sa tête avec un ondoiement habituel du cou pour faire flotter le mouchoir de soie et ses cheveux sur ses épaules; quand, s'apercevant que je la regardais, elle rougissait un peu, comme si elle eût été honteuse d'être si belle, il y avait des moments où le nouvel éclat de sa beauté me frappait tellement que je croyais la voir pour la première fois, et que ma familiarité ordinaire avec elle se changeait en une sorte de timidité et d'éblouissement.

Mais elle cherchait si peu à éblouir, et son instinct naturel de parure était si exempt de tout orgueil et de toute coquetterie, qu'aussitôt après les saintes cérémonies elle se hâtait de se dépouiller de ses riches parures et de revêtir la simple veste de gros drap vert, la robe d'indienne rayée de rouge et de noir, et de remettre à ses pieds les pantoufles au talon de bois blanc, qui résonnaient tout le jour sur la terrasse comme les babouches retentissantes des femmes esclaves de l'Orient.

Quand ses jeunes amies ne venaient pas la chercher ou que son cousin ne l'accompagnait pas à l'église, c'était souvent moi qui la conduisais et qui l'attendais, assis sur les marches du péristyle. A sa sortie, j'entendais avec une sorte d'orgueil personnel, comme si elle eût été ma sœur ou ma fiancée, les murmures d'admiration que sa gracieuse figure excitait parmi ses compagnes et parmi les jeunes marins des quais de la Margellina. Mais elle n'entendait rien, et, ne voyant que moi dans la foule, me souriait du haut de la première marche, faisait son dernier signe de croix avec ses doigts trempés d'eau bénite et descendait modestement, les yeux baissés, les degrés au bas desquels je l'attendais.

C'est ainsi que, les jours de fête, je la menais le matin et le soir aux églises, seul et pieux divertissement qu'elle connût et qu'elle aimât. J'avais soin, ces jours-là, de rapprocher le plus possible mon costume de celui des jeunes marins de l'île, afin que ma présence n'étonnât personne et qu'on me prît pour le frère ou pour un parent de la jeune fille que j'accompagnais.

Les autres jours elle ne sortait pas. Quant à moi, j'avais repris peu à peu ma vie d'étude et mes habitudes solitaires, distraites seulement par la douce amitié de Graziella et par mon adoption dans sa famille. Je lisais les historiens, les poëtes de toutes les langues. J'écrivais quelquefois ; j'essayais, tantôt en italien, tantôt en français, d'épancher en prose ou en vers ces premiers bouillonnements de l'âme, qui semblent peser sur le cœur jusqu'à ce que la parole les ait soulagés en les exprimant.

Il semble que la parole soit la seule prédestination de l'homme, et qu'il ait été créé pour enfanter des pensées, comme l'arbre pour enfanter son fruit. L'homme se tourmente jusqu'à ce qu'il ait produit au dehors ce qui le travaille au dedans. Sa parole écrite est comme un miroir dont il a besoin pour se connaître lui-même et pour s'assurer qu'il existe. Tant qu'il ne s'est pas vu dans ses œuvres, il ne se sent pas complétement vivant. L'esprit a sa puberté comme le corps.

J'étais à cet âge où l'âme a besoin de se nourrir et de se multiplier par la parole. Mais, comme il arrive toujours, l'instinct se produisait en moi avant la force. Dès que j'avais écrit, j'étais mécontent de mon œuvre et je la rejetais avec dégoût. Combien le vent et les vagues de la mer de Naples n'ont-ils pas emporté et englouti, le matin, de lambeaux de mes sentiments et de mes pensées de la nuit, déchirés le jour et s'envolant sans regret loin de moi!

XVI

Quelquefois Graziella, me voyant plus longtemps enfermé et plus silencieux qu'à l'ordinaire, entrait furtivement dans ma chambre pour m'arracher à mes lectures obstinées ou à mes occupations. Elle s'avançait sans bruit derrière ma chaise, elle se levait sur la pointe des pieds pour regarder par-dessus mes épaules, sans le comprendre, ce que je lisais ou ce que j'écrivais; puis, par un mouvement subit, elle m'enlevait le livre ou m'arrachait la plume des doigts en se sauvant. Je la poursuivais sur la terrasse, je me fâchais un peu : elle riait. Je lui pardonnais; mais elle me grondait sérieusement, comme aurait pu faire une mère.

« Qu'est-ce que dit donc si longtemps aujourd'hui à vos yeux ce livre? murmurait-elle avec une impatience moitié sérieuse, moitié badine. Est-ce que ces lignes noires sur ce vilain vieux papier n'auront jamais fini de vous parler? Est-ce que vous ne savez pas assez d'histoires pour nous en raconter tous les dimanches et tous les soirs de l'année, comme celle qui m'a tant fait pleurer à Procida? Et à qui écrivez-vous toute la nuit ces longues lettres que vous jetez le matin au vent de la mer? Ne voyez-vous pas que vous vous faites mal et que vous êtes tout pâle et tout distrait quand vous avez écrit ou lu si longtemps? Est-ce qu'il n'est pas plus doux de parler avec moi, qui vous regarde, que de parler des jours entiers avec ces mots ou avec ces ombres qui ne vous écoutent pas? Dieu! que n'ai-je donc autant d'esprit que ces feuilles de papier! Je vous parlerais tout le jour, je vous dirais tout ce que vous me demanderiez, moi, et vous n'auriez pas besoin d'user ainsi vos yeux et de brûler toute l'huile de votre lampe. » Alors elle me cachait mon livre et mes plumes. Elle m'apportait ma veste et mon bonnet de marin. Elle me forçait de sortir pour me distraire.

Je lui obéissais en murmurant, mais en l'aimant.

LIVRE DIXIÈME

I

J'allais faire de longues courses à travers la ville, sur les quais, dans la campagne ; mais ces courses solitaires n'étaient pas tristes comme les premiers jours de mon retour à Naples. Je jouissais seul, mais je jouissais délicieusement des spectacles de la ville, de la côte, du ciel et des eaux. Le sentiment momentané de mon isolement ne m'accablait plus ; il me recueillait en moi-même et concentrait les forces de mon cœur et de ma pensée. Je savais que des pensées et des yeux amis me suivaient dans cette foule ou dans ces déserts, et qu'au retour j'étais attendu par des cœurs pleins de moi.

Je n'étais plus comme l'oiseau qui crie autour des nids étrangers, suivant l'expression de la vieille femme, j'étais comme l'oiseau qui s'essaye à voler à de longues distances de la branche qui le porte, mais qui sait la route pour y revenir. Toute mon affection pour mon ami absent avait reflué sur Graziella. Ce sentiment avait même quelque chose de plus vif, de plus mordant, de plus attendri que celui qui m'attachait à lui. Il me semblait que je devais l'un à l'habitude et aux circonstances, mais que l'autre était né de moi-même, et que je l'avais conquis par mon propre choix.

Ce n'était pas de l'amour, je n'en avais ni l'agitation, ni la jalousie, ni la préoccupation passionnée ; c'était un repos délicieux du cœur, au lieu d'être une fièvre douce de l'âme et des sens. Je ne pensais ni à aimer autrement ni à être aimé davantage. Je ne savais pas si elle était un camarade, un ami, une sœur ou autre chose pour moi ; je savais seulement que j'étais heureux avec elle et elle heureuse avec moi.

Je ne désirais rien de plus, rien autrement. Je n'étais pas à cet âge où l'on s'analyse à soi-même ce qu'on éprouve, pour se donner une vaine définition de son bonheur. Il me suffisait d'être calme, attaché et heureux, sans savoir de quoi ni pourquoi. La vie en commun, la pensée à deux, resserraient chaque jour l'innocente et douce familiarité entre nous, elle aussi pure dans son abandon que j'étais calme dans mon insouciance.

II

Depuis trois mois que j'étais de la famille, que j'habitais le même toit, que je faisais, pour ainsi dire, partie de sa pensée, Graziella s'était si bien habituée à me regarder comme inséparable de son cœur, qu'elle ne s'apercevait peut-être pas elle-même de toute la place que j'y tenais. Elle n'avait avec moi aucune de ces craintes, de ces réserves, de ces pudeurs qui s'interposent dans les relations d'une jeune fille et d'un jeune homme, et qui souvent font naître l'amour des précautions mêmes que l'on prend pour s'en préserver. Elle ne se doutait pas, et je me doutais à peine moi-même que ses pures grâces d'enfant, écloses maintenant à quelques soleils de plus, dans tout l'éclat d'une maturité précoce, faisaient de sa beauté naïve une puissance pour elle, une admiration pour tous et un danger pour moi. Elle ne prenait aucun souci de la cacher ou de la parer à mes yeux. Elle n'y pensait pas plus qu'une sœur ne pense si elle est belle ou laide aux yeux de son frère. Elle ne mettait pas une fleur de plus ou de moins pour moi dans ses cheveux. Elle n'en chaussait pas plus souvent ses pieds nus quand elle habillait le matin ses petits frères sur la terrasse au soleil, ou qu'elle aidait sa grand'mère à balayer les feuilles sèches tombées la nuit sur le toit. Elle entrait à toute heure dans ma chambre, toujours ouverte, et s'asseyait aussi innocemment que Beppino sur la chaise au pied de mon lit.

Je passais moi-même, les jours de pluie, des heures entières seul avec elle dans la chambre à côté, où elle dormait avec les petits enfants, et où elle travaillait au corail. Je l'aidais, en causant et en jouant, à son métier, qu'elle m'apprenait. Moins adroit, mais plus fort qu'elle, je réussissais mieux à dégrossir les morceaux. Nous faisions ainsi double ouvrage, et dans un jour elle en gagnait deux.

Le soir, au contraire, quand les enfants et la famille étaient couchés, c'était elle qui devenait l'écolière et moi le maître. Je lui apprenais à lire et à écrire en lui faisant épeler les lettres sur mes livres et en lui tenant la main pour lui enseigner à les tracer. Son cousin ne pouvant pas venir tous les jours, c'était moi qui le remplaçais. Soit que ce jeune homme, contrefait et boiteux, n'inspirât pas à sa cousine assez d'attrait et de respect, malgré sa douceur, sa patience et la gravité de ses manières ; soit qu'elle eût elle-même trop de distractions pendant ses leçons, elle faisait beaucoup moins de progrès avec lui qu'avec moi. La moitié de la soirée d'étude se passait à badiner, à rire, à contrefaire le pédagogue. Le pauvre jeune homme était trop épris de son élève et trop timide devant elle pour la gronder. Il faisait tout ce qu'elle voulait pour que les beaux sourcils de la jeune fille ne prissent pas un pli d'humeur, et pour que ses lèvres ne lui fissent pas leur petite moue. Souvent l'heure consacrée à lire se passait pour lui à éplucher des grains de corail, à dévider des écheveaux de laine sur le bois de la quenouille de la grand'mère, ou à raccommoder des mailles au filet de Beppo. Tout lui était bon, pourvu qu'au départ Graziella lui sourît avec complaisance et lui dît *addio* d'un son de voix qui voulût dire : A revoir !

III

Quand c'était avec moi, au contraire, la leçon était sérieuse. Elle se prolongeait souvent jusqu'à ce que nos yeux fussent lourds de sommeil. On voyait, à sa tête penchée, à son cou tendu, à l'immobilité attentive de son attitude et de sa physionomie, que la pauvre enfant faisait tous ses efforts pour réussir. Elle appuyait son coude sur mon épaule pour lire dans le livre où mon doigt traçait la ligne et lui indiquait le mot à prononcer. Quand elle écrivait, je tenais ses doigts dans ma main pour guider à demi sa plume.

Si elle faisait une faute, je la grondais d'un air sévère et fâché ; elle ne répondait pas et ne s'impatientait que contre elle-même. Je la voyais quelquefois prête à pleurer, j'adoucissais alors la voix et je l'encourageais à recommencer. Si elle avait bien lu et bien écrit, au contraire, on voyait qu'elle cherchait d'elle-même sa récompense dans mon applaudissement. Elle se retournait vers moi en rougissant et avec des rayons de joie orgueilleuse sur le front et dans les yeux, plus fière du plaisir qu'elle me donnait que du petit triomphe de son succès.

Je la récompensais en lui lisant quelques pages de *Paul et Virginie,* qu'elle préférait à tout ; ou quelques belles strophes du Tasse, quand il décrit la vie champêtre des bergers chez lesquels Herminie habite, ou qu'il chante les plaintes ou le désespoir des deux amants. La musique de ces vers la faisait pleurer et rêver longtemps encore après que j'avais cessé de lire. La poésie n'a pas d'écho plus sonore et plus prolongé que le cœur de la jeunesse où l'amour va naître. Elle est comme le pressentiment de toutes les passions. Plus tard, elle en est comme le souvenir et le deuil. Elle fait pleurer ainsi aux deux époques extrêmes de la vie : jeunes, d'espérance, et vieux, de regrets.

IV

Les familiarités charmantes de ces longues et douces soirées à la lueur de la lampe, à la tiède chaleur du brasier d'olives sous nos pieds, n'amenaient jamais entre nous d'autres pensées ni d'autres intimités que ces intimités d'enfants. Nous étions défendus, moi par mon insouciance presque froide, elle par sa candeur et sa pureté. Nous nous séparions aussi tranquilles que nous nous étions réunis, et, un moment après ces longs entretiens, nous dormions sous le même toit, à quelques pas l'un de l'autre, comme deux enfants qui ont joué ensemble le soir et qui ne rêvent rien au delà de leurs simples amusements. Ce calme des sentiments qui s'ignorent et qui se nourrissent d'eux-mêmes aurait duré des années sans une circonstance qui changea tout et qui nous révéla à nous-mêmes la nature d'une amitié qui nous suffisait pour être si heureux.

V

Cecco, c'était le nom du cousin de Graziella, continuait à venir plus assidûment de jour en jour passer les soirs d'hiver dans la famille du *marinaro*, bien que la jeune fille ne lui donnât aucune marque de préférence et qu'il fût même l'objet habituel de ses badinages et un peu le jouet de sa cousine. Il était si doux, si patient et si humble devant elle, qu'elle ne pouvait s'empêcher d'être touchée de ses complaisances et de lui sourire quelquefois avec bonté. C'était assez pour lui. Il était de cette nature de cœurs faibles, mais aimants, qui, se sentant déshérités par la nature des qualités qui font qu'on est aimé, se contentent d'aimer sans retour, et qui se dévouent comme des esclaves volontaires au service, sinon au bonheur de la femme à laquelle ils assujettissent leur cœur. Ce ne sont pas les plus nobles, mais ce sont les plus touchantes natures d'attachement. On les plaint, mais on les admire. Aimer pour être aimé, c'est de l'homme ; mais aimer pour aimer, c'est presque de l'ange.

VI

Sous les traits les plus disgracieux, il y avait quelque chose d'angélique dans l'amour du pauvre Cecco. Ainsi, bien loin d'être humilié ou jaloux des familiarités et des préférences dont j'étais à ses yeux l'objet de la part de Graziella, il m'aimait parce qu'elle m'aimait. Dans l'affection de sa cousine, il ne demandait pas la première place ou la place unique, mais la seconde ou la dernière : tout lui suffisait. Pour lui plaire un moment, pour obtenir un regard de complaisance, un geste, un mot gracieux, il serait venu me chercher au fond de la France et me ramener à celle qui me préférait à lui. Je crois même qu'il m'eût haï si j'avais fait de la peine à sa cousine.

Son orgueil était en elle comme son amour. Peut-être aussi, froid à l'intérieur, réfléchi, sensé et méthodique, tel que Dieu et son infirmité l'avaient fait, calculait-il instinctivement que mon empire sur les penchants de sa cousine ne serait pas éternel ; qu'une circonstance quelconque, mais inévitable, nous séparerait ; que j'étais étranger, d'un pays lointain, d'une condition et d'une fortune évidemment incompatibles avec celles de la fille d'un marinier de Procida ; qu'un jour ou l'autre l'intimité entre sa cousine et moi se romprait comme elle s'était formée ; qu'elle lui resterait alors seule, abandonnée, désolée ; que ce désespoir même fléchirait son cœur et le lui donnerait brisé, mais tout entier. Ce rôle de consolateur et d'ami était le seul auquel il pût prétendre. Mais son père avait une autre pensée pour lui.

VII

Le père, connaissant l'attachement de Cecco pour sa nièce, venait la voir de temps en temps. Touché de sa beauté, de sa sagesse, émerveillé des progrès rapides qu'elle faisait dans la pratique de son art, dans la lecture et dans l'écriture ; pensant d'ailleurs, que les disgrâces de la nature ne permettraient pas à Cecco d'aspirer à d'autres tendresses qu'à des tendresses de convenance et de famille, il avait résolu de marier son fils et sa nièce. Sa fortune faite, et assez considérable pour un ouvrier, lui permettait de regarder sa demande comme une faveur à laquelle Andréa, sa femme et la jeune fille ne penseraient même pas à résister. Soit qu'il eût parlé de son projet à Cecco, soit qu'il eût caché sa pensée pour lui faire une surprise de son bonheur, il résolut de s'expliquer.

VIII

La veille de Noël, je rentrai plus tard que de coutume pour prendre ma place au souper de famille. Je m'aperçus de quelque froideur et de quelque trouble dans la physionomie évidemment contrainte d'Andréa et de sa femme. Levant les yeux sur Graziella, je vis qu'elle avait pleuré. La sérénité et la gaieté étaient si habituelles sur son visage que cette expression inaccoutumée de tristesse la couvrait comme d'un voile matériel. On eût dit que l'ombre de ses pensées s'était répandue sur ses traits. Je restai pétrifié et muet, n'osant interroger ces pauvres gens ni parler à Graziella, de peur que le seul son de ma voix ne fît éclater son cœur, qu'elle paraissait à peine contenir.

Contre son habitude, elle ne me regardait pas. Elle portait d'une main distraite les morceaux de pain à sa bouche et faisait semblant de manger par contenance; mais elle ne pouvait pas. Elle jetait le pain sous la table. Avant la fin du repas taciturne, elle prit le prétexte de mener coucher les enfants; elle les entraîna dans leur chambre; elle s'y renferma sans dire adieu ni à ses parents ni à moi, et nous laissa seuls.

Quand elle fut sortie, je demandai au père et à la mère quelle était la cause du sérieux de leurs pensées et de la tristesse de leur enfant. Alors ils me racontèrent que le père de Cecco était venu dans la journée à la maison; qu'il avait demandé leur petite-fille en mariage pour son fils; que c'était un bien grand bonheur et une haute fortune pour la famille; que Cecco aurait du bien;

que Graziella, qui était si bonne, prendrait avec elle et élèverait ses deux petits frères comme ses propres enfants ; que leurs vieux jours à eux-mêmes seraient ainsi assurés contre la misère ; qu'ils avaient consenti avec reconnaissance à ce mariage ; qu'ils en avaient parlé à Graziella ; qu'elle n'avait rien répondu, par timidité et par modestie de jeune fille ; que son silence et ses larmes étaient l'effet de sa surprise et de son émotion, mais que cela passerait comme une mouche sur une fleur ; enfin qu'entre le père de Cecco et eux il avait été convenu qu'on ferait les fiançailles après les fêtes de Noël.

IX

Ils parlaient encore que depuis longtemps je n'entendais déjà plus. Je ne m'étais jamais rendu compte à moi-même de l'attachement que j'avais pour Graziella. Je ne savais pas comment je l'aimais ; si c'était de l'intimité pure, de l'amitié, de l'amour, de l'habitude, ou si c'était de tous ces sentiments réunis que se composait mon inclination pour elle. Mais l'idée de voir ainsi soudainement changées toutes ces douces relations de vie et de cœur qui s'étaient établies et comme cimentées à notre insu entre elle et moi ; la pensée qu'on allait me la prendre pour la donner tout à coup à un autre ; que, de ma compagne et de ma sœur qu'elle était à présent, elle allait me devenir étrangère et indifférente ; qu'elle ne serait plus là ; que je ne la verrais plus à toute heure ; que je n'entendrais plus sa voix m'appeler ; que je ne lirais plus dans ses yeux ce rayon toujours levé sur moi de lumière caressante et de tendresse qui m'éclairait doucement le cœur et qui me rappelait ma mère et mes sœurs ; le vide et la nuit profonde que je me figurais tout à coup autour de moi, là, le lendemain du jour où son mari l'aurait emmenée dans une autre maison ; cette chambre où elle ne dormirait plus ; la mienne où elle n'entrerait plus ; cette table où je ne la verrais plus assise ; cette terrasse où je n'entendrais plus le bruit de ses pieds nus ou de sa voix le matin à mon réveil ; ces églises où je ne la conduirais plus les dimanches ; cette barque où sa place resterait vide, et où je ne causerais plus qu'avec le vent et les flots ; les images pressées de toutes ces douces habitudes de notre vie passée, qui me remontaient à la fois dans la pensée et qui s'évanouissaient tout à coup pour me laisser comme dans un abîme de solitude et de néant ; tout cela me fit sentir pour la première fois ce qu'était pour moi la société de cette jeune fille et me montra trop qu'amour ou amitié, le sentiment qui m'attachait à elle était plus fort que je ne le croyais, et que le charme, inconnu à moi-même, de ma vie sauvage à Naples, ce n'était ni la mer, ni la barque, ni l'humble chambre dans la maison, ni le pêcheur, ni sa femme, ni Beppo, ni les enfants, c'était un seul être, et que, cet être disparu de la maison, tout disparaissait à la fois. Elle de moins dans ma vie présente, et il n'y avait plus rien. Je le sentis : ce sentiment confus jusque-là, et que je ne m'étais jamais confessé, me frappa d'un tel coup que tout mon être en tressaillit, et que j'éprouvai quelque chose de l'infini de l'amour par l'infini de la tristesse dans laquelle je me sentis tout à coup submergé.

X

Je rentrai en silence dans ma chambre. Je me jetai tout habillé sur mon lit. J'essayai de lire, d'écrire, de penser, de me distraire par quelque travail d'esprit pénible et capable de dominer mon agitation. Tout fut inutile. L'agitation intérieure était si forte que je ne pus avoir deux pensées, et que l'accablement même de mes forces ne put pas amener le sommeil. Jamais l'image de Graziella ne m'avait apparu jusque-là aussi ravissante et aussi obstinée devant les yeux. J'en jouissais comme de quelque chose qu'on voit à toute heure et dont on ne sent la douceur qu'en la perdant. Sa beauté même n'était rien pour moi jusqu'à ce jour ; je confondais l'impression que j'en ressentais avec l'effet de l'amitié que j'éprouvais pour elle et de celle que sa physionomie exprimait pour moi. Je ne savais pas qu'il y eût tant d'admiration dans mon attachement ; je ne soupçonnais pas la moindre passion dans sa tendresse.

Je ne me rendis pas bien compte de tout cela, même dans les longues circonvolutions de mon cœur pendant l'insomnie de cette nuit. Tout était confus dans ma douleur comme dans mes sensations. J'étais comme un homme étourdi d'un coup soudain qui ne sait pas encore bien d'où il souffre, mais qui souffre de partout.

Je quittai mon lit avant qu'aucun bruit se fît entendre dans la maison. Je ne sais quel instinct me portait à m'éloigner pendant quelque temps, comme si ma présence eût dû troubler dans un pareil moment le sanctuaire de cette famille dont le sort s'agitait ainsi devant un étranger.

Je sortis en avertissant Beppo que je ne reviendrais pas de quelques jours. Je pris au hasard la direction que me tracèrent mes premiers pas. Je suivis les longs quais de Naples; la côte de *Resina*, de *Portici*, le pied du Vésuve. Je pris des guides à *Torre del Greco*; je couchai sur une pierre à la porte de l'ermitage de *San Salvatore*, où la nature habitée finit et où la région du feu commence. Comme le volcan était depuis quelque temps en ébullition et lançait à chaque secousse des nuages de cendre et de pierres que nous entendions rouler la nuit jusque dans le ravin de lave qui est au pied de l'ermitage, mes guides refusèrent de m'accompagner plus loin. Je montai seul; je gravis péniblement le dernier cône en enfonçant mes pieds et mes mains dans une cendre épaisse et brûlante qui s'éboulait sous le poids de l'homme. Le volcan grondait et tonnait par moments. Les pierres calcinées et encore rouges pleuvaient çà et là autour de moi en s'éteignant dans la cendre. Rien ne m'arrêta. Je parvins jusqu'au rebord extrême du cratère. Je m'assis. Je vis lever le soleil sur le golfe, sur la campagne et sur la ville éblouissante de Naples. Je fus insensible et froid à ce spectacle que tant de voyageurs viennent admirer de mille lieues. Je ne cherchais dans cette immensité de lumière, de mers, de côtes et d'édifices frappés du soleil qu'un petit point blanc au milieu du vert sombre des arbres, à l'extrémité de la colline du Pausilippe où je croyais distinguer la chaumière d'Andréa. L'homme a beau regarder et embrasser l'espace, la nature entière ne se compose pour lui que de deux ou trois points sensibles auxquels toute son âme aboutit. Otez de la vie le cœur qui vous aime : qu'y reste-t-il? Il en est de même de la nature. Effacez-en le site et la maison que vos pensées cherchent ou que vos souvenirs peuplent, ce n'est plus qu'un vide éclatant où le regard se plonge sans trouver ni fond ni repos. Faut-il s'étonner après cela que les plus sublimes scènes de la création soient contemplées d'un œil si divers par les voyageurs? C'est que chacun porte avec soi son point de vue. Un nuage sur l'âme couvre et décolore plus la terre qu'un nuage sur l'horizon. Le spectacle est dans le spectateur. Je l'éprouvai.

XI

Je regardai tout; je ne vis rien. En vain je descendis comme un insensé, en me retenant aux pointes de laves refroidies, jusqu'au fond du cratère. En vain je franchis des crevasses profondes d'où la fumée et les flammes rampantes m'étouffaient et me brûlaient. En vain je contemplai les grands champs de soufre et de sel cristallisés qui ressemblaient à des glaciers coloriés par ces haleines du feu. Je restai aussi froid à l'admiration qu'au danger. Mon âme était ailleurs; je voulais en vain la rappeler.

Je redescendis le soir à l'ermitage. Je congédiai mes guides; je revins à travers les vignes de Pompéia. Je passai un jour entier à me promener dans les rues désertes de la ville engloutie. Ce tombeau, ouvert après deux mille ans et rendant au soleil ses rues, ses monuments, ses arts, me laissa aussi insensible que le Vésuve. L'âme de toute cette cendre a été balayée depuis tant de siècles par le vent de Dieu qu'elle ne me parlait plus au cœur. Je foulais sous mes pieds cette poussière d'hommes dans les rues de ce qui fut leur ville avec autant d'indifférence que des amas de coquillages vides roulés par la mer sur ses bords. Le temps est une grande mer qui déborde, comme l'autre mer, de nos débris. On ne peut pas pleurer sur tous. A chaque homme ses douleurs, à chaque siècle sa pitié ; c'est bien assez.

En quittant Pompéia, je m'enfonçai dans les gorges boisées des montagnes de Castellamare et de Sorrente. J'y vécus quelques jours, allant d'un village à l'autre, et me faisant guider par les chevriers aux sites les plus renommés de leurs montagnes. On me prenait pour un peintre qui étudiait des points de vue, parce que j'écrivais de temps en temps quelques notes sur un petit livre de dessins que mon ami m'avait laissé. Je n'étais qu'une âme errante qui divaguait çà et là dans la campagne pour user les jours. Tout me manquait. Je me manquais à moi-même.

Je ne pus continuer plus longtemps. Quand les fêtes de Noël furent passées, et ce premier jour de l'année aussi dont les hommes ont fait une fête comme pour séduire et fléchir le temps avec des joies et des couronnes, comme un hôte sévère qu'on veut attendrir, je me hâtai de rentrer à Naples. J'y rentrai la nuit et en hésitant, partagé entre l'impatience de revoir Graziella et la terreur d'apprendre que je ne la verrais plus. Je m'arrêtai vingt fois ; je m'assis sur le rebord des barques en approchant de la Margellina.

Je rencontrai Beppo à quelques pas de la maison. Il jeta un cri de joie en me voyant, et il me sauta au cou comme un jeune frère. Il m'emmena vers sa barque et me raconta ce qui s'était passé en mon absence.

Tout était bien changé dans la maison. Graziella ne faisait plus que pleurer depuis que j'étais parti. Elle ne se mettait plus à table pour le repas. Elle ne travaillait plus au corail. Elle passait tous ses jours enfermée dans sa chambre sans vouloir répondre quand on l'appelait, et toutes ses nuits à se promener sur la terrasse. On disait dans le voisinage qu'elle était folle ou qu'elle était tombée *innamorata*. Mais lui savait bien que ce n'était pas vrai.

Tout le mal venait, disait l'enfant, de ce qu'on voulait la fiancer à Cecco et qu'elle ne le voulait pas. Beppino avait tout vu et tout entendu. Le père de Cecco venait tous les jours demander une réponse à son grand-père et à sa grand'mère. Ceux-ci ne cessaient pas de tourmenter Graziella pour qu'elle donnât enfin son consentement. Elle ne voulait pas en entendre parler; elle disait qu'elle se sauverait plutôt à Genève. C'est pour le peuple catholique de Naples une expression analogue à celle-ci : « Je me ferais plutôt renégat. » C'est une menace pire que celle du suicide : c'est le suicide éternel de l'âme. Andréa et sa femme, qui adoraient Graziella, se désespéraient et se désolaient à la fois de sa résistance et de la perte de leurs espérances d'établissement pour elle. Ils la conjuraient par leurs cheveux blancs ; ils lui parlaient de leur vieillesse, de leur misère, de l'avenir des deux enfants. Alors Graziella s'attendrissait. Elle recevait un peu mieux le pauvre Cecco, qui venait de temps en temps s'asseoir humblement le soir à la porte de la chambre de sa cousine et jouer avec les petits. Il lui disait bonjour et adieu à travers la porte ; mais il était rare qu'elle lui répondît un seul mot. Il s'en allait mécontent mais résigné, et revenait le lendemain toujours le même.

« Ma sœur a bien tort, disait Beppino. Cecco l'aime tant et il est si bon ! Elle serait bien heureuse ! Enfin ce soir, ajouta-t-il, elle s'est laissée vaincre par les prières de mon grand-père et de ma grand'mère et par les larmes de Cecco. Elle a entr'ouvert un peu la porte ; elle lui a tendu la main ; il a passé une bague à son doigt, et elle a promis qu'elle se laisserait fiancer demain. Mais qui sait si demain elle n'aura pas un nouveau caprice? Elle qui était si douce et si gaie ! Mon Dieu ! qu'elle a changé ! Vous ne la reconnaîtriez plus !... »

XII

Beppino se coucha dans la barque. Instruit ainsi par lui de ce qui s'était passé, j'entrai dans la maison.

Andréa et sa femme étaient seuls sur l'*astrico*. Ils me revirent avec amitié et me comblèrent de reproches tendres sur mon absence si prolongée. Ils me racontèrent leurs peines et leurs espérances touchant Graziella. « Si vous aviez été là, me dit Andréa, vous qu'elle aime tant et à qui elle ne dit jamais non, vous nous auriez bien aidés. Que nous sommes contents de vous revoir ! C'est demain que se font les fiançailles ; vous y serez ; votre présence nous a toujours porté bonheur. »

Je sentis un frisson courir sur tout mon corps à ces paroles de ces pauvres gens. Quelque chose me disait que leur malheur viendrait de moi. Je brûlais et je tremblais de revoir Graziella. J'affectai de parler haut à ses parents, de passer et de repasser devant sa porte comme quelqu'un qui ne veut pas appeler, mais qui désire être entendu. Elle resta sourde, muette et ne parut pas. J'entrai dans ma chambre, et je me couchai. Un certain calme que produit toujours dans l'âme agitée la cessation du doute et la certitude de quoi que ce soit, même du malheur, s'empara enfin de mon esprit. Je tombai sur mon lit comme un poids mort et sans mouvement. La lassitude des pensées et des membres me jeta promptement dans des rêves confus, puis dans l'anéantissement du sommeil.

XIII

Deux ou trois fois dans la nuit je me réveillai à demi. C'était une de ces nuits d'hiver plus rares mais plus sinistres qu'ailleurs dans les climats chauds et au bord de la mer. Les éclairs jaillissaient sans interruption à travers les fentes de mes volets, comme les clignements d'un œil de feu sur les murs de ma chambre. Le vent hurlait comme des meutes de chiens affamés. Les coups sourds d'une lourde mer sur la grève de la Margellina faisaient retentir toute la rive, comme si on y avait jeté des blocs de rocher.

Ma porte tremblait et battait au soufle du vent. Deux ou trois fois il me sembla qu'elle s'ouvrait, qu'elle se refermait d'elle-même, et que j'entendais des cris étouffés et des sanglots humains dans les sifflements et dans les plaintes de la tempête. Je crus même une fois avoir entendu résonner des paroles et prononcer mon nom par une voix en détresse qui aurait appelé au secours! Je me levai sur mon séant; je n'entendis plus rien; je crus que la tempête, la fièvre et les rêves m'absorbaient dans leurs illusions; je retombai dans l'assoupissement.

Le matin, la tempête avait fait place au plus pur soleil. Je fus réveillé par des gémissements véritables et par des cris de désespoir du pauvre pêcheur et de sa femme qui se lamentaient sur le seuil de la porte de Graziella. La pauvre petite s'était enfuie pendant la nuit. Elle avait réveillé et embrassé les enfants en leur faisant signe de se taire. Elle avait laissé sur son lit tous ses plus beaux habits et ses boucles d'oreilles, ses colliers, le peu d'argent qu'elle possédait.

Le père tenait à la main un morceau de papier taché de quelques gouttes d'eau qu'on avait trouvé attaché par une épingle sur le lit. Il y avait cinq ou six lignes qu'il me priait, éperdu, de lire. Je pris le papier. Il ne contenait que ces mots écrits en tremblant dans l'accès de la fièvre, et que j'avais peine à lire : « J'ai trop promis... une voix me dit que c'est plus fort que moi... J'embrasse vos pieds. Pardonnez-moi. J'aime mieux me faire religieuse. Consolez Cecco et le *monsieur*... Je prierai Dieu pour lui et pour les petits. Donnez-leur tout ce que j'ai. Rendez la bague à Cecco... »

A la lecture de ces lignes toute la famille fondit de nouveau en larmes. Les petits enfants, encore tout nus, entendant que leur sœur était partie pour toujours, mêlaient leurs cris aux gémissements des deux vieillards et couraient dans toute la maison en appelant Graziella!

XIV

Le billet tomba de mes mains. En voulant le ramasser, je vis à terre, sous ma porte, une fleur de grenade que j'avais admirée le dernier dimanche dans les cheveux de la jeune fille et la petite médaille de dévotion qu'elle portait toujours dans son sein et qu'elle avait attachée quelques mois avant à mon rideau pendant ma maladie.

Je ne doutai plus que ma porte ne se fût en effet ouverte et refermée pendant la nuit ; que les paroles et les sanglots étouffés que j'avais cru entendre et que j'avais pris pour les plaintes du vent ne fussent les adieux et les sanglots de la pauvre enfant. Une place sèche sur le seuil extérieur de l'entrée de ma chambre, au milieu des traces de pluie qui tachaient tout le reste de la terrasse, attestait que la jeune fille s'était assise là pendant l'orage, qu'elle avait passé sa dernière heure à se plaindre et à pleurer, couchée ou agenouillée sur cette pierre. Je ramassai la fleur de grenade et la médaille, et je les cachai dans mon sein.

Les pauvres gens, au milieu de leur désespoir, étaient touchés de me voir pleurer comme eux. Je fis ce que je pus pour les consoler. Il fut convenu que, s'ils retrouvaient leur fille, on ne lui parlerait plus de Cecco. Cecco lui-même, que Beppo était allé chercher, fut le premier à se sacrifier à la paix de la maison et au retour de sa cousine. Tout désespéré qu'il fût, on voyait qu'il était heureux de ce que son nom était prononcé avec tendresse dans le billet, et qu'il trouvait une sorte de consolation dans les adieux mêmes qui faisaient son désespoir.

« Elle a pensé à moi, pourtant, » disait-il, et il s'essuyait les yeux. Il fut à l'instant convenu entre nous que nous n'aurions pas un instant de repos avant d'avoir trouvé les traces de la fugitive.

Le père et Cecco sortirent à la hâte pour aller s'informer dans les innombrables monastères de femmes de la ville. Beppo et la grand'mère coururent chez toutes les jeunes amies de Graziella, qu'ils soupçonnèrent d'avoir reçu quelques confidences de ses pensées et de sa fuite. Moi, étranger, je me chargeai de visiter les quais, les ports de Naples et les portes de la ville pour interroger les gardes, les capitaines de navire, les mariniers, et pour savoir si aucun d'eux n'avait vu une jeune Procitane sortir de la ville et s'embarquer le matin.

La matinée se passa dans de vaines recherches. Nous rentrâmes tous silencieux et mornes à la maison pour nous raconter mutuellement nos démarches et pour nous consulter de nouveau. Personne, excepté les enfants, n'eut la force de porter un morceau de pain à la bouche. Andréa et sa femme s'assirent découragés sur le seuil de la chambre de Graziella. Beppino et Cecco retournèrent errer sans espoir dans les rues et dans les églises, que l'on rouvre le soir à Naples pour les litanies et les bénédictions.

XV

Je sortis seul après eux, et je pris tristement et au hasard la route qui mène à la grotte du Pausilippe. Je franchis la grotte ; j'allai jusqu'au bord de la mer qui baigne la petite île de Nisida.

Du bord de la mer, mes yeux se portèrent sur Procida, qu'on voit blanchir de là comme une écaille de tortue sur le bleu des vagues. Ma pensée se reporta naturellement sur cette île et sur ces jours de fête que j'y avais passés avec Graziella. Une inspiration m'y guidait. Je me souvins que la jeune fille avait là une amie presque de son âge, fille d'un pauvre habitant des chaumières voisines; que cette jeune fille portait un costume particulier qui n'était pas celui de ses compagnes. Un jour que je l'interrogeais sur les motifs de cette différence dans ses habits, elle m'avait répondu qu'elle était religieuse, bien qu'elle demeurât libre chez ses parents dans une espèce d'état intermédiaire entre le cloître et la vie de famille. Elle me fit voir l'église de son monastère. Il y en avait plusieurs dans l'île, ainsi qu'à Ischia et dans les villages de la campagne de Naples.

La pensée me vint que Graziella, voulant se vouer à Dieu, aurait peut-être été se confier à cette amie et lui demander de lui ouvrir les portes de son monastère. Je ne m'étais pas donné le temps de réfléchir, et j'étais déjà marchant à grands pas sur la route de Pouzzoles, ville la plus rapprochée de Procida où l'on trouve des barques.

J'arrivai à Pouzzoles en moins d'une heure. Je courus au port ; je payai double deux rameurs pour les déterminer à me jeter à Procida malgré la mer forte et la nuit tombante. Ils mirent leur barque à flot. Je saisis une paire de rames avec eux. Nous doublâmes avec peine le cap Misène. Deux heures après j'abordais l'île, et je gravissais tout seul, tout essoufflé et tout tremblant, au milieu des ténèbres et aux coups du vent d'hiver, les degrés de la longue rampe qui conduisait à la cabane d'Andréa.

XVI

« Si Graziella est dans l'île, me disais-je, elle sera venue d'abord là, par l'instinct naturel qui pousse l'oiseau vers son nid et l'enfant vers la maison de son père. Si elle n'y est plus, quelques traces me diront qu'elle y a passé. Ces traces me conduiront peut-être où elle est. Si je n'y trouve ni elle ni traces d'elle, tout est perdu :

les portes de quelque sépulcre vivant se seront à jamais refermées sur sa jeunesse. »

Agité de ce doute terrible, je touchais au dernier degré. Je savais dans quelle fente de rocher la vieille mère, en partant, avait caché la clef de la maison. J'écartai le lierre et j'y plongeai la main. Mes doigts y cherchaient à tâtons la clef, tout crispés de peur de sentir le froid du fer qui ne m'eût plus laissé d'espérance...

La clef n'y était pas. Je poussai un cri étouffé de joie, et j'entrai à pas muets dans la cour. La porte, les volets étaient fermés ; une légère lueur qui s'échappait par les fentes de la fenêtre et qui flottait sur les feuilles du figuier trahissait une lampe allumée dans la demeure. Qui eût pu trouver la clef, ouvrir la porte, allumer la lampe, si ce n'était l'enfant de la maison ? Je ne doutai pas que Graziella ne fût à deux pas de moi, et je tombai à genoux sur la dernière marche de l'escalier pour remercier l'ange qui m'avait guidé jusqu'à elle.

XVII

Aucun bruit ne sortait de la maison. Je collai mon oreille au seuil, je crus entendre le faible bruit d'une respiration et comme des sanglots au fond de la seconde chambre. Je fis trembler légèrement la porte comme si elle eût été seulement ébranlée sur ses gonds par le vent, afin d'appeler peu à peu l'attention de Graziella, et pour que le son soudain et inattendu d'une voix humaine ne lui donnât pas une secousse mortelle en l'appelant. La respiration s'arrêta. J'appelai alors Graziella, à demi-voix et avec l'accent le plus calme et le plus tendre que je pus trouver dans mon cœur. Un faible cri me répondit du fond de la maison.

J'appelai de nouveau, en la conjurant d'ouvrir à son ami, à son frère, qui venait seul, la nuit, à travers la tempête et guidé par son bon ange, la chercher, la découvrir, l'arracher à son désespoir, lui apporter le pardon de sa famille, le sien, et la ramener à son devoir, à son bonheur, à sa pauvre grand'mère, à ses chers petits enfants !

« Dieu ! c'est lui ! c'est mon nom ! c'est sa voix ! » s'écria-t-elle sourdement.

Je l'appelai plus tendrement Graziellina, de ce nom de caresse que je lui donnais quand nous badinions ensemble.

« Oh ! c'est bien lui, dit-elle. Je ne me trompe pas, mon Dieu ! c'est lui ! »

Je l'entendis se soulever sur les feuilles sèches qui bruissaient à chacun de ses mouvements, faire un pas pour venir m'ouvrir, puis retomber de faiblesse ou d'émotion sans pouvoir aller plus avant.

XVIII

Je n'hésitai plus : je donnai un coup d'épaule de toutes les forces de mon impatience et de mon inquiétude à la vieille porte, la serrure céda et se détacha sous l'effort, et je me précipitai dans la maison.

La petite lampe rallumée devant la madone par Graziella l'éclairait d'une faible lueur. Je courus au fond de la seconde chambre où j'avais entendu sa voix et sa chute, et où je la croyais évanouie. Elle ne l'était pas.

Seulement sa faiblesse avait trahi son effort; elle était retombée sur le tas de bruyère sèche qui lui servait de lit et joignait les mains en me regardant. Ses yeux, animés par la fièvre, ouverts par l'étonnement et alanguis par l'amour, brillaient fixes comme deux étoiles dont les lueurs tombent du ciel, et qui semblent vous regarder.

Sa tête, qu'elle cherchait à relever, retombait de faiblesse sur les feuilles, renversée en arrière et comme si le cou était brisé. Elle était pâle comme l'agonie, excepté sur les pommettes des joues teintes de quelques vives roses. Sa belle peau était marbrée de taches de larmes et de la poussière qui s'y était attachée. Son vêtement noir se confondait avec la couleur brune des feuilles répandues à terre et sur lesquelles elle était couchée. Ses pieds nus, blancs comme le marbre, dépassaient de toute leur longueur le tas de fougères et reposaient sur la pierre. Des frissons couraient sur tous ses membres et faisaient claquer ses dents comme des castagnettes dans une main d'enfant. Le mouchoir rouge qui enveloppait ordinairement les longues tresses noires de ses beaux cheveux était détaché et étendu comme un demi-voile sur son front jusqu'au bord de ses yeux. On voyait qu'elle s'en était servie pour ensevelir son visage et ses larmes dans l'ombre comme dans l'immobilité anticipée d'un linceul, et qu'elle ne l'avait relevé qu'en entendant ma voix et en se plaçant sur son séant pour venir m'ouvrir.

XIX

Je me jetai à genoux à côté de la bruyère; je pris ses deux mains glacées dans les miennes; je les portai à mes lèvres pour les réchauffer sous mon haleine; quelques larmes de mes yeux y tombèrent. Je compris, au serrement convulsif de ses doigts, qu'elle les avait senties et qu'elle m'en remerciait. J'ôtai ma capote de marin. Je la jetai sur ses pieds nus. Je les enveloppai dans les plis de la laine.

Elle me laissait faire en me suivant seulement des yeux avec une expression d'heureux délire, mais sans pouvoir encore s'aider elle-même d'aucun mouvement, comme un enfant qui se laisse emmailloter et retourner dans son berceau. Je jetai ensuite deux ou trois fagots de bruyère dans le foyer de la première chambre pour réchauffer un peu l'air. Je les allumai à la flamme de la lampe, et je revins m'asseoir à terre à côté du lit de feuilles.

« Que je me sens bien! me dit-elle en parlant tout bas, d'un ton doux, égal et monotone, comme si sa poitrine eût perdu à la fois toute vibration et tout accent et n'eût plus conservé qu'une seule note dans la voix. J'ai voulu en vain me le cacher à moi-même, j'ai voulu en vain te le cacher toujours, à toi. Je peux mourir, mais je ne peux pas aimer un autre que toi. Ils ont voulu me donner un fiancé, c'est toi qui es le fiancé de mon âme! Je ne me donnerai pas à un autre sur la terre, car je me suis donnée en secret à toi! Toi sur la terre ou Dieu dans le ciel! c'est le vœu que j'ai fait le premier jour où j'ai

compris que mon cœur était malade de toi. Je sais bien
que je ne suis qu'une pauvre fille indigne de toucher seulement tes pieds par sa pensée. Aussi je ne t'ai jamais
demandé de m'aimer. Je ne te demanderai jamais si tu
m'aimes. Mais moi, je t'aime, je t'aime, je t'aime ! »
Et elle semblait concentrer toute son âme dans ces trois
mots. « Et maintenant, méprise-moi, raille-moi, foulemoi aux pieds ! Moque-toi de moi, si tu veux, comme
d'une folle qui rêve qu'elle est reine dans ses haillons.
Livre-moi à la risée de tout le monde ! Oui, je leur dirai
moi-même «. : Oui, je l'aime ! et si vous aviez été à ma
» place, vous auriez fait comme moi, vous seriez mortes
» ou vous l'auriez aimé ! »

XX

Je tenais les yeux baissés, n'osant les relever sur elle,
de peur que mon regard ne lui en dît trop ou trop peu
pour tant de délire. Cependant je relevai, à ces mots,
mon front collé sur ses mains, et je balbutiai quelques
paroles.

Elle me mit le doigt sur les lèvres. « Laisse-moi tout
dire : maintenant je suis contente ; je n'ai plus de doute,
Dieu s'est expliqué. Écoute :

» Hier, quand je me suis sauvée de la maison après
avoir passé toute la nuit à combattre et à pleurer à ta
porte ; quand je suis arrivée ici à travers la tempête, j'y
suis venue croyant ne plus te revoir jamais, et comme
une morte qui marcherait d'elle-même à la tombe. Je
devais me faire religieuse demain, aussitôt le jour venu.
Quand je suis arrivée la nuit à l'île et que je suis allée

frapper au monastère, il était trop tard, la porte était fermée. On a refusé de m'ouvrir. Je suis venue ici pour passer la nuit et baiser les murs de la maison de mon père avant d'entrer dans la maison de Dieu et dans le tombeau de mon cœur. J'ai écrit par un enfant à une amie de venir me chercher demain. J'ai pris la clef. J'ai allumé la lampe devant la madone. Je me suis mise à genou et j'ai fait un vœu, un dernier vœu, un vœu d'espérance jusque dans le désespoir. Car tu sauras, si jamais tu aimes, qu'il reste toujours une dernière lueur de feu au fond de l'âme, même quand on croit que tout est éteint. « Sainte protectrice, lui ai-je dit, envoyez-moi
» un signe de ma vocation pour m'assurer que l'amour
» ne me trompe pas et que je donne véritablement à
» Dieu une vie qui ne doit appartenir qu'à lui seul!

» Voici ma dernière nuit commencée parmi les vivants.
» Nul ne sait où je la passe. Demain peut-être on viendra
» me chercher ici quand je n'y serai déjà plus. Si c'est
» l'amie que j'ai envoyé avertir qui vient la première, ce
» sera signe que je dois accomplir mon dessein, et je la
» suivrai pour jamais au monastère.

« Mais si c'était lui qui parût avant elle!... lui, qui
» vînt, guidé par mon ange, me découvrir et m'arrêter
» au bord de mon autre vie!... Oh! alors, ce sera signe
» que vous ne voulez pas de moi, et que je dois retourner
» avec lui pour l'aimer le reste de mes jours!

» Faites que ce soit lui! ai-je ajouté. Faites ce miracle
» de plus, si c'est votre dessein et celui de Dieu! Pour
» l'obtenir, je vous fais un don, le seul que je puisse
» faire, moi qui n'ai rien. Voici mes cheveux, mes pau-
» vres et longs cheveux qu'il aime et qu'il dénoua si sou-
» vent en riant pour les voir flotter au vent sur mes
» épaules. Prenez-les, je vous les donne, je vais les

» couper moi-même pour vous prouver que je ne me
« réserve rien, et que ma tête subit d'avance le ciseau
« qui les couperait demain en me séparant du monde. »

A ces mots, elle écarta de la main gauche le mouchoir de soie qui lui couvrait la tête, et, prenant de l'autre le long écheveau de ses cheveux coupés et couchés à côté d'elle sur le lit de feuilles, elle me les montra en les déroulant. « La madone a fait le miracle! reprit-elle avec une voix plus forte et avec un accent intime de joie. Elle t'a envoyé! J'irai où tu voudras. Mes cheveux sont à elle. Ma vie est à toi! »

Je me précipitai sur les tresses coupées de ses beaux cheveux noirs, qui me restèrent dans les mains comme une branche morte détachée de l'arbre. Je les couvris de baisers muets, je les pressai contre mon cœur, je les arrosai de larmes comme si c'eût été une partie d'elle-même que j'ensevelissais morte dans la terre. Puis, reportant les yeux sur elle, je vis sa charmante tête, qu'elle relevait toute dépouillée, mais comme parée et embellie de son sacrifice, resplendir de joie et d'amour au milieu des tronçons noirs et inégaux de ses cheveux déchirés plutôt que coupés par les ciseaux. Elle m'apparut comme la statue mutilée de la Jeunesse dont les mutilations mêmes du temps relèvent la grâce et la beauté en ajoutant l'attendrissement à l'admiration. Cette profanation d'elle-même, ce suicide de sa beauté pour l'amour de moi, me portèrent au cœur un coup dont le retentissement ébranla tout mon être et me précipita le front contre terre à ses pieds. Je pressentis ce que c'était qu'aimer, et je pris ce pressentiment pour de l'amour.

XXI

Hélas! ce n'était pas le complet amour, ce n'en était en moi que l'ombre. Mais j'étais trop enfant et trop naïf encore pour ne pas m'y tromper moi-même. Je crus que je l'adorais comme tant d'innocence, de beauté et d'amour méritaient d'être adorés d'un amant. Je le lui dis avec cet accent sincère que donnent l'émotion et avec cette passion contenue que donnent la solitude, la nuit, le désespoir, les larmes. Elle le crut, parce qu'elle avait besoin de le croire pour vivre et parce qu'elle avait assez de passion elle-même dans son âme pour couvrir l'insuffisance de mille autres cœurs.

La nuit entière se passa ainsi dans l'entretien constant, mais naïf et pur, de deux êtres qui se dévoilent innocemment leur tendresse et qui voudraient que la nuit et le silence fussent éternels pour que rien d'étranger à eux ne vînt s'interposer entre la bouche et le cœur. Sa piété et ma réserve timide, l'attendrissement même de nos âmes, éloignaient de nous tout autre danger. Le voile de nos larmes était sur nous. Il n'y a rien de si loin de la volupté que l'attendrissement. Abuser d'une pareille intimité, c'eût été profaner deux âmes.

Je tenais ses deux mains dans les miennes. Je les sentais se ranimer à la vie. J'allais lui chercher de l'eau fraîche pour boire dans le creux de ma main ou pour essuyer son front et ses joues. Je rallumais le feu en y jetant quelques branches; puis je revenais m'asseoir sur la pierre à côté du fagot de myrte où reposait sa tête pour entendre et pour entendre encore les confidences délicieuses de son amour; comment il était né en elle à son insu, sous les apparences d'une pure et douce amitié de sœur; comment elle s'était d'abord alarmée, puis rassurée; à quel signe elle avait enfin reconnu qu'elle m'aimait; combien de marques secrètes de préférence elle m'avait données à mon insu; quel jour elle croyait s'être trahie; quel autre elle avait cru s'apercevoir que je la payais de retour; les heures, les gestes, les sourires, les mots échappés et retenus, les révélations ou les nuages involontaires de nos visages pendant ces six mois. Sa mémoire avait tout conservé; elle lui rappelait tout, comme l'herbe des montagnes du Midi, à laquelle le vent a mis le feu pendant l'été, conserve l'empreinte de l'incendie à toutes les places où la flamme a passé.

XXII

Elle y ajoutait ces mystérieuses superstitions du sentiment qui donnent un sens et un prix aux plus insignifiantes circonstances. Elle levait, pour ainsi dire, un à un tous les voiles de son âme devant moi. Elle se montrait comme à Dieu, dans toute la nudité de sa candeur, de son enfance, de son abandon. L'âme n'a qu'une fois dans la vie de ces moments où elle se verse tout entière dans une autre âme avec ce murmure intarissable des lèvres qui ne peuvent suffire à son amoureux épanchement, et qui finissent par balbutier des sons inarticulés et confus comme des baisers d'enfant qui s'endort.

Je ne me lassais pas moi-même d'écouter, de gémir et de frissonner tour à tour. Bien que mon cœur, trop léger et trop vert encore de jeunesse, ne fût ni assez mûr ni assez fécond pour produire de lui-même de si brûlantes et de si divines émotions, ces émotions faisaient, en tombant dans le mien, une impression si neuve et si délicieuse, qu'en les sentant je croyais les éprouver. Erreur! j'étais la glace, et elle était le feu. En le reflétant je croyais le produire. N'importe; ce rayonnement, répercuté de l'un à l'autre, semblait appartenir à tous les deux et nous envelopper de l'atmosphère du même sentiment.

XXIII

Ainsi s'écoula cette longue nuit d'hiver. Cette nuit n'eut pour elle et pour moi que la durée du premier soupir qui dit qu'on aime. Il nous sembla, quand le jour parut, qu'il venait interrompre ce mot à peine commencé.

Le soleil était cependant déjà haut sur l'horizon quand ses rayons glissèrent entre les volets fermés et pâlirent la lueur de la lampe. Au moment où j'ouvris la porte, je vis toute la famille du pêcheur qui montait en courant l'escalier.

La jeune religieuse de Procida, amie de Graziella, à qui elle avait envoyé son message la veille et confié le dessein d'entrer le lendemain au monastère, soupçonnant quelque désespoir d'amour, avait envoyé la nuit un de ses frères à Naples pour avertir les parents de la résolution de Graziella. Informés ainsi de leur enfant retrouvée, ils arrivaient en hâte, tout joyeux et tout repentants, pour l'arrêter sur le bord de son désespoir et la ramener libre et pardonnée avec eux.

La grand'mère se jeta à genoux près du lit en poussant vers elle de ses deux bras les deux petits enfants qu'elle avait amenés pour l'attendrir, et en se couvrant de leurs corps comme d'un bouclier contre les reproches de sa petite-fille. Les enfants se jetèrent tout en cris et tout en pleurs dans les bras de leur sœur. En se levant pour les caresser et pour embrasser sa grand'mère, le mouchoir qui couvrait la tête de Graziella tomba et laissa voir sa tête dépouillée de sa chevelure. A la vue de ces outrages à sa beauté, dont ils comprirent trop le sens, ils frémirent. Les sanglots éclatèrent de nouveau dans la maison. La religieuse qui venait d'entrer calma et consola tout le monde ; elle ramassa les tresses coupées du front de Graziella, elle les fit toucher à l'image de la madone en les pliant dans un mouchoir de soie blanc, et les remit dans le tablier de la grand'mère. « Gardez-les, lui dit-elle, pour les lui montrer de temps en temps, dans son bonheur ou dans ses peines, et pour lui rappeler, quand elle appartiendra à celui qu'elle aime, que les prémices de son cœur doivent appartenir toujours à Dieu, comme les prémices de sa beauté lui appartiennent dans cette chevelure. »

XXIV

Le soir, nous revînmes tous ensemble à Naples. Le zèle que j'avais montré pour retrouver et sauver Graziella dans cette circonstance avait redoublé l'affection de la vieille femme et du pêcheur pour moi. Aucun d'eux ne soupçonnait la nature de mon intérêt pour elle et de son attachement pour moi. On attribuait toute sa répugnance à la difformité de Cecco. On espérait vaincre cette répugnance par la raison et le temps. On promit à Graziella de ne plus la presser pour le mariage. Cecco lui-même supplia son père de ne plus en parler; il demandait, par son humilité, par son attitude et par ses regards, pardon à sa cousine d'avoir été l'occasion de sa peine. Le calme rentra dans la maison.

XXV

Rien ne jetait plus aucune ombre sur le visage de Graziella ni sur mon bonheur, si ce n'est la pensée que ce bonheur serait tôt ou tard interrompu par mon retour dans mon pays. Quand on venait à prononcer le nom de la France, la pauvre fille pâlissait comme si elle eût vu le fantôme de la mort. Un jour, en rentrant dans ma chambre, je trouvai tous mes habits de ville déchirés et jetés en pièces sur le plancher. « Pardonne-moi, me dit Graziella en se jetant à genoux à mes pieds, et en levant vers moi son visage décomposé; c'est moi qui ai fait ce *malheur*. Oh! ne me gronde pas! Tout ce qui me rappelle que tu dois quitter un jour ces habits de marin me fait trop de mal! Il me semble que tu dépouilleras ton cœur d'aujourd'hui pour en prendre un autre quand tu mettras tes habits d'autrefois. »

Excepté ces petits orages, qui n'éclataient que de la chaleur de sa tendresse et qui s'apaisaient sous quelques larmes de nos yeux, trois mois s'écoulèrent ainsi dans une félicité imaginaire que la moindre réalité devait briser en nous touchant. Notre Éden était sur un nuage.

Et c'est ainsi que je connus l'amour : par une larme dans des yeux d'enfant.

XXVI

Que nous étions heureux ensemble lorsque nous pouvions oublier complétement qu'il existait un autre monde au delà de nous, un autre monde que cette maisonnette au penchant du Pausilippe; cette terrasse au soleil, cette petite chambre où nous travaillions en jouant la moitié du jour; cette barque couchée dans son lit de sable sur la grève, et cette belle mer dont le vent humide et sonore nous apportait la fraîcheur et les mélodies des eaux !

Mais, hélas ! il y avait des heures où nous nous prenions à penser que le monde ne finissait pas là, et qu'un jour se lèverait qui ne nous retrouverait plus ensemble sous le même rayon de lune ou de soleil. J'ai tort de tant accuser la sécheresse de mon cœur alors en le comparant à ce qu'il a ressenti depuis. Au fond, je commençais à aimer Graziella mille fois plus que je ne me l'avouais à moi-même. Si je ne l'avais pas aimée autant, la trace qu'elle laissa pour toute ma vie dans mon âme n'aurait pas été si profonde, si douloureuse, et sa mémoire ne se serait pas incorporée à moi si délicieusement et si tristement, son image ne serait pas si présente et si éclatante dans mon souvenir. Bien que mon cœur fût du sable alors, cette fleur de mer s'y enracinait pour plus d'une saison, comme les lis miraculeux de la petite plage s'enracinent sur les grèves de l'île d'Ischia.

XXVII

Et quel œil assez privé de rayons, quel cœur assez éteint en naissant ne l'aurait pas aimée? Sa beauté semblait se développer du soir au matin avec son amour. Elle ne grandissait plus, mais elle s'accomplissait dans toutes ses grâces. Grâces, hier d'enfant, aujourd'hui de jeune fille éclose. Ses formes sveltes se transformaient à vue d'œil en contours plus suaves et plus arrondis par l'adolescence. Sa stature prenait de l'aplomb sans rien perdre de son élasticité. Ses beaux pieds nus ne foulaient plus si légèrement le sol de terre battue. Elle les traînait avec cette indolence et cette langueur que semble imprimer à tout le corps le poids des premières pensées amoureuses de la femme.

Ses cheveux repoussaient avec la séve forte et touffue des plantes marines sous les vagues tièdes du printemps. Je m'amusais souvent à en mesurer la croissance en les étirant roulés autour de mon doigt sur la taille galonnée de sa soubreveste verte. Sa peau blanchissait et se colorait à la fois des mêmes teintes dont la poudre rose du corail saupoudrait tous les jours le bout de ses doigts. Ses yeux grandissaient et s'ouvraient de jour en jour davantage comme pour embrasser un horizon qui lui aurait apparu tout à coup. C'était l'étonnement de la vie quand Galatée sent une première palpitation sous le marbre. Elle avait involontairement avec moi des pudeurs et des timidités d'attitude, de regards, de gestes, qu'elle n'avait jamais eues auparavant. Je m'en apercevais, et j'étais souvent tout muet et tout tremblant moi-même auprès d'elle. On aurait dit que nous étions deux coupables, et nous n'étions que deux enfants trop heureux.

Et cependant depuis quelque temps un fond de tristesse se cachait ou se révélait sous ce bonheur. Nous ne savions pas bien pourquoi; mais la destinée le savait, elle. C'était le sentiment de la brièveté du temps qui nous restait à passer ensemble.

XXVIII

Souvent Graziella, au lieu de reprendre joyeusement son ouvrage après avoir habillé et peigné ses petits frères, restait assise au pied du mur d'appui de la terrasse, à l'ombre des grosses feuilles d'un figuier qui montait d'en bas jusque sur le rebord du mur. Elle demeurait là immobile, le regard perdu, pendant des demi-journées entières. Quand sa grand'mère lui demandait si elle était malade, elle répondait qu'elle n'avait aucun mal, mais qu'elle était lasse avant d'avoir travaillé. Elle n'aimait pas qu'on l'interrogeât alors. Elle détournait le visage de tout le monde, excepté de moi. Moi, elle me regardait longtemps sans me rien dire. Quelquefois ses lèvres remuaient comme si elle avait parlé, mais elle balbutiait des mots que personne n'entendait. On voyait de petits frissons tantôt blancs, tantôt roses, courir sur la peau de ses joues et la rider comme la nappe d'eau dormante touchée par le premier pressentiment des vents du matin. Mais, quand je m'asseyais à côté d'elle, que je lui prenais la main, que je chatouillais légèrement les longs cils de ses yeux fermés avec l'aile de ma plume ou avec l'extrémité d'une tige du romarin, alors elle oubliait tout, elle se mettait à rire et à causer comme autrefois. Seulement elle semblait triste après avoir ri et badiné avec moi.

Je lui disais quelquefois : « Graziella, qu'est-ce que tu regardes donc ainsi là-bas, là-bas au bout de la mer, pendant des heures entières? Est-ce que tu y vois quelque chose que nous n'y voyons pas, nous? — J'y vois la France derrière des montagnes de glace, me répondait-elle. — Et qu'est-ce que tu vois donc de si beau en France? ajoutais-je. — J'y vois quelqu'un qui te ressemble, répliquait-elle, quelqu'un qui marche, marche, marche sur une longue route blanche qui ne finit pas. Il marche sans se retourner, toujours, toujours devant lui, et j'attends des heures entières, espérant toujours qu'il se retournera pour revenir sur ses pas. Mais il ne se retourne pas! » Et puis elle se mettait le visage dans son tablier, et j'avais beau l'appeler des noms les plus caressants, elle ne relevait plus son beau front.

Je rentrais alors bien triste moi-même dans ma chambre. J'essayais de lire pour me distraire, mais je voyais toujours sa figure entre mes yeux et la page. Il me semblait que les mots prenaient une voix et qu'ils soupiraient comme nos cœurs. Je finissais souvent aussi par pleurer tout seul, mais j'avais honte de ma mélancolie et je ne disais jamais à Graziella que j'avais pleuré. J'avais bien tort, une larme de moi lui aurait fait tant de bien!

XXIX

Je me souviens de la scène qui lui fit le plus de peine au cœur, et dont elle ne se remit jamais complétement.

Elle s'était depuis quelque temps liée d'amitié avec deux ou trois jeunes filles à peu près de son âge. Ces jeunes filles habitaient une des maisonnettes dans les jardins. Elles repassaient et raccommodaient les robes d'une maison d'éducation de jeunes Françaises. Le roi Murat avait établi cette maison à Naples pour les filles de ses ministres et de ses généraux. Ces jeunes Procitanes causaient souvent d'en bas, en faisant leur ouvrage, avec Graziella, qui les regardait par-dessus le mur d'appui de la terrasse. Elles lui montraient les belles dentelles, les belles soies, les beaux chapeaux, les beaux souliers, les rubans, les châles qu'elles apportaient ou qu'elles remportaient pour les jeunes élèves de ce couvent. C'étaient des cris d'étonnement et d'admiration qui ne finissaient pas. Quelquefois les petites ouvrières venaient prendre Graziella pour la conduire à la messe ou aux vêpres en musique dans la petite chapelle du Pausilippe. J'allais au-devant d'elles quand le jour tombait et que les tintements répétés de la cloche m'avertissaient que le prêtre allait donner la bénédiction. Nous revenions en folâtrant sur la grève de la mer, en nous avançant sur la trace de la lame quand elle se retirait, et en nous sauvant devant la vague quand elle revenait avec un bourrelet d'écume sous nos pieds. Dieu! que Graziella était jolie alors, quand, tremblant de mouiller ses belles pantoufles brodées de paillettes d'or, elle courait, les bras tendus en avant, vers moi, comme pour se réfugier sur mon cœur contre le flot jaloux de la retenir ou de lui lécher du moins les pieds!

XXX

Je voyais depuis quelque temps qu'elle me cachait je ne sais quoi de ses pensées. Elle avait des entretiens secrets avec ses jeunes amies les ouvrières. C'était comme un petit complot auquel on ne m'admettait pas.

Un soir, je lisais dans ma chambre, à la lueur d'une petite lampe de terre rouge. Ma porte sur la terrasse était ouverte pour laisser entrer la brise de mer. J'entendis du bruit, de longs chuchotements de jeunes filles, des rires étouffés, puis de petites plaintes, des mots d'humeur, puis de nouveaux éclats de voix interrompus par de longs silences dans la chambre de Graziella et des enfants. Je n'y fis pas grande attention d'abord.

Cependant l'affectation même qu'on mettait à étouffer les chuchotements et l'espèce de mystère qu'ils supposaient entre les jeunes filles excita ma curiosité. Je posai mon livre, je pris ma lampe de terre dans la main gauche, je l'abritai de la main droite contre les bouffées du vent pour qu'elle ne s'éteignît pas. Je traversai à pas muets la terrasse, en assourdissant mes pas sur les dalles. Je collai mon oreille contre la porte de Graziella. J'entendis un bruit de pas qui allaient et venaient dans la chambre, des froissements d'étoffes qu'on pliait et qu'on dépliait, le cliquetis des dés, des aiguilles, des ciseaux de femmes qui ajustaient des rubans, qui épinglaient des fichus, et ces babillages, ces bourdonnements de fraîches voix que j'avais souvent entendus dans la maison de ma mère quand mes sœurs s'habillaient pour le bal.

Il n'y avait point de fête au Pausilippe pour le lendemain. Graziella n'avait jamais songé à relever sa beauté par la toilette. Il n'y avait pas même un miroir dans sa chambre. Elle se regardait dans le seau d'eau du puits de la terrasse, ou plutôt elle ne se regardait que dans mes yeux.

Ma curiosité ne résista pas à ce mystère. Je poussai la porte du genou. La porte céda. Je parus, ma lampe à la main, sur le seuil.

Les jeunes ouvrières jetèrent un cri et s'échappèrent en volée d'oiseaux, se réfugiant, comme si on les avait surprises en crime, dans les coins de la chambre. Elles tenaient encore à la main les objets de conviction. L'une le fil, l'autre les ciseaux, celle-ci les fleurs, celle-là les rubans. Mais Graziella, placée au milieu de la chambre sur un petit escabeau de bois, et comme pétrifiée par mon apparition inattendue, n'avait pas pu s'échapper. Elle était rouge comme une grenade. Elle baissait les yeux, elle n'osait pas me regarder, à peine respirer. Tout le monde se taisait, dans l'attente de ce que j'allais dire. Je ne disais rien moi-même. J'étais absorbé dans la surprise et dans la contemplation muette de ce que je voyais.

Graziella avait dépouillé ses vêtements de lourde laine, sa soubreveste galonnée à la mode de Procida qui s'entr'ouvre sur la poitrine pour laisser la respiration à la jeune fille et la source de vie à l'enfant, ses pantoufles à paillettes d'or et au talon de bois dans lesquelles jouaient ordinairement ses pieds nus, les longues épingles à boule de cuivre qui enroulaient transversalement sur le sommet de sa tête ses cheveux noirs, comme une vergue enroule la voile sur la barque. Ses boucles d'oreilles larges comme des bracelets étaient jetées confusément sur son lit avec ses habits du matin.

A la place de ce pittoresque costume grec qui sied à la pauvreté comme à la richesse, qui laisse, par la robe tombante à mi-jambes, par l'échancrure du corsage et par l'entaille des manches, la liberté et la souplesse à toutes les formes du corps de la femme, les jeunes amies de Graziella l'avaient revêtue, à sa prière, des habits et des parures d'une demoiselle française à peu près de sa taille et de son âge dans le couvent. Elle avait une robe de soie moirée, une ceinture rose, un fichu blanc, une coiffe ornée de fleurs artificielles, des souliers de satin bleu, des bas à mailles de soie qui laissaient voir la couleur de chair sur les chevilles arrondies de ses pieds.

Elle restait dans ce costume sous lequel je venais de la surprendre aussi confondue que si elle eût été surprise dans sa nudité par un regard d'homme. Je la regardais moi-même sans pouvoir en détacher mes yeux, mais sans qu'un geste, une exclamation, un sourire, pussent lui révéler l'impression que j'éprouvais de son travestissement. Une larme m'était montée du cœur. J'avais tout de suite et trop bien compris la pensée de la pauvre enfant. Honteuse de la différence de condition entre elle et moi, elle avait voulu éprouver si un rapprochement dans le costume rapprocherait à mes yeux nos destinées. Elle avait tenté cette épreuve à mon insu, avec l'aide de ses amies, espérant m'apparaître tout à coup ainsi plus belle et plus de mon espèce qu'elle ne croyait l'être sous les simples habits de son île et de son état. Elle s'était trop trompée. Elle commençait à s'en apercevoir à mon silence. Sa figure prenait une expression d'impatience désespérée qui allait presque jusqu'aux larmes, et qui me révélait son dessein caché, son erreur et sa déception.

Elle était bien belle ainsi cependant. Sa pensée devait

l'embellir mille fois plus à mes yeux. Mais sa beauté ressemblait presque à une torture. C'était comme une figure de ces jeunes vierges du Corrége clouées au poteau sur le bûcher de leur martyre et se tordant dans leurs liens pour échapper aux regards qui profanent leur pudicité. Hélas! c'était un martyre aussi pour la pauvre Graziella. Mais ce n'était pas, comme on eût pu croire en la voyant, le martyre de sa vanité. C'était le martyre de son amour.

Les habillements de la jeune pensionnaire française du couvent dont on l'avait vêtue, coupés sans doute pour la taille maigre et pour les bras et les épaules grêles d'une enfant cloîtrée de treize à quatorze ans, s'étaient rencontrés trop étroits pour la stature découplée et pour les épaules arrondies et fortement nouées au corps de cette belle fille du soleil et de la mer. La robe éclatait de partout sur les épaules, sur le sein, autour de la ceinture, comme une écorce de sycomore qui se déchire sur les branches de l'arbre aux fortes séves du printemps. Les jeunes couturières avaient eu beau épingler çà et là la robe et le fichu, la nature avait rompu l'étoffe à chaque mouvement. On voyait en plusieurs endroits, à travers les déchirures de la soie, le nu du cou ou des bras éclater sous les reprises. La grosse toile de la chemise passait à travers les efforts de la robe et du fichu et contrastait par sa rudesse avec l'élégance de la soie. Les bras, mal contenus par une manche étroite et courte, sortaient comme le papillon rose de la chrysalide qu'il fait gonfler et crever. Ses pieds, accoutumés à être nus ou à s'emboîter dans de larges babouches grecques, tordaient le satin des souliers qui semblaient emprisonner la pauvre enfant dans des entraves de cordons noués comme des sandales autour de ses jambes. Ses cheveux, mal relevés et mal contenus par le réseau de dentelles et de fausses fleurs, soulevaient comme d'eux-mêmes tout cet édifice de coiffure et donnaient au visage charmant, qu'on avait voulu en vain défigurer ainsi, une expression d'effronterie dans la parure et de honte modeste dans la physionomie qui faisaient le plus étrange et le plus délicieux contraste.

Son attitude était aussi embarrassée que son visage. Elle n'osait faire un mouvement, de peur de laisser tomber les fleurs de son front ou de froisser son ajustement. Elle ne pouvait marcher, tant sa chaussure enclavait ses pieds et donnait de charmante gaucherie à ses pas. On eût dit l'Ève naïve de cette mer du soleil prise au piége de sa première coquetterie.

XXXI

Le silence dura un moment ainsi dans la chambre. A la fin, plus peiné que réjoui de cette profanation de la nature, je m'avançai vers elle en faisant des lèvres une moue un peu moqueuse, et en la regardant avec une légère expression de reproche et de douce raillerie, faisant semblant de la reconnaître avec peine sous cet attirail de toilette. « Comment, lui dis-je, c'est toi, Graziella? Oh! qui est-ce qui aurait jamais reconnu la belle *Procitane* dans cette poupée de Paris? Allons donc, continuai-je un peu rudement, n'as-tu pas honte de défigurer ainsi par un travestissement ce que Dieu a fait si charmant sous son costume naturel? Tu auras beau faire, va! tu ne seras jamais qu'une fille des vagues au pied marin et coiffée par les rayons de ton beau ciel. Il faut t'y résigner et en remercier Dieu. Ces plumes de l'oiseau de cage ne s'adapteront jamais bien à l'hirondelle de mer. »

Ce mot la perça jusqu'au cœur. Elle ne comprit pas ce qu'il y avait dans mon esprit de préférence passionnée et d'adoration pour l'hirondelle de mer. Elle crut que je la défiais de ressembler jamais à une beauté de ma race et de mon pays. Elle pensa que tous ses efforts pour se faire plus belle à cause de moi et pour tromper mes yeux sur son humble condition étaient perdus. Elle fondit tout à coup en pleurs, et, s'asseyant sur son lit, le visage caché dans ses doigts, elle pria, d'un ton boudeur, ses jeunes amies de venir la débarrasser de son odieuse parure. « Je savais bien, dit-elle en gémissant, que je n'étais qu'une pauvre Procitane. Mais je croyais qu'en changeant d'habits je ne te ferais pas tant de honte un jour si je te suivais dans ton pays. Je vois bien qu'il faut rester ce que je suis et mourir où je suis née. Mais tu n'aurais pas dû me le reprocher. »

A ces mots, elle arracha avec dépit les fleurs, le bonnet, le fichu, et, les jetant d'un geste de colère loin d'elle, elle les foula aux pieds en leur adressant des paroles de reproche, comme sa grand'mère avait fait aux planches de la barque après le naufrage. Puis, se précipitant vers moi, elle souffla la lampe dans ma main pour que je ne la visse pas plus longtemps dans ce costume qui m'avait déplu.

Je sentis que j'avais eu tort de badiner trop rudement avec elle, et que le badinage était sérieux. Je lui demandai pardon. Je lui dis que je ne l'avais grondée ainsi que parce que je la trouvais mille fois plus ravissante en Procitane qu'en Française. C'était vrai. Mais le coup était porté. Elle ne m'écoutait plus ; elle sanglotait.

Ses amies la déshabillèrent; je ne la revis plus que le lendemain. Elle avait repris ses habits d'insulaire. Mais ses yeux étaient rouges des larmes que ce badinage lui avait coûtées toute la nuit!

XXXII

Vers le même temps, elle commença à se défier des lettres que je recevais de France, soupçonnant bien que ces lettres me rappelaient. Elle n'osait pas me les dérober, tant elle était probe et incapable de tromper, même pour sa vie. Mais elle les retenait quelquefois neuf jours, et les attachait avec une de ses épingles dorées derrière l'image en papier de la madone suspendue au mur à côté de son lit. Elle pensait que la sainte Vierge, attendrie par beaucoup de neuvaines en faveur de notre amour, changerait miraculeusement le contenu des lettres, et transformerait les ordres de retour en invitations à rester près d'elle. Aucune de ces pieuses petites fraudes ne m'échappait, et toutes me la rendaient plus chère. Mais l'heure approchait.

XXXIII

Un soir des derniers jours du mois de mai, on frappa violemment à la porte. Toute la famille dormait. J'allai ouvrir. C'était mon ami V... « Je viens te chercher, me dit-il. Voici une lettre de ta mère. Tu n'y résisteras pas. Les chevaux sont commandés pour minuit. Il est onze heures. Partons, ou tu ne partiras jamais. Ta mère en mourra. Tu sais combien ta famille la rend responsable de toutes tes fautes. Elle s'est tant sacrifiée pour toi ; sacrifie-toi un moment pour elle. Je te jure que je reviendrai avec toi passer l'hiver et toute une autre longue année ici. Mais il faut faire acte de présence dans ta famille et d'obéissance aux ordres de ta mère. »

Je sentis que j'étais perdu.

« Attendez-moi là, » lui dis-je.

Je rentrai dans ma chambre, je jetai à la hâte mes vêtements dans ma valise. J'écrivis à Graziella, je lui dis tout ce que la tendresse pouvait exprimer d'un cœur de dix-huit ans et tout ce que la raison pouvait commander à un fils dévoué à sa mère. Je lui jurais, comme je me le jurais à moi-même, qu'avant que le quatrième mois fût écoulé je serais auprès d'elle et que je ne la quitterais presque plus. Je confiais l'incertitude de notre destinée future à la Providence et à l'amour. Je lui laissais ma bourse pour aider ses vieux parents pendant mon absence. La lettre fermée, je m'approchai à pas muets. Je me mis à genoux sur le seuil de la porte de sa chambre. Je baisai la pierre et le bois ; je glissai le billet dans la chambre par-dessous la porte. Je dévorai le sanglot intérieur qui m'étouffait.

Mon ami me passa la main sous le bras, me releva, et m'entraîna. A ce moment, Graziella, que ce bruit inusité avait alarmée sans doute, ouvrit la porte. La lune éclairait la terrasse. La pauvre enfant reconnut mon ami. Elle vit ma valise, qu'un domestique emportait sur ses épaules. Elle tendit les bras, jeta un cri de terreur et tomba inanimée sur la terrasse.

Nous nous élançâmes vers elle. Nous la reportâmes sans connaissance sur son lit. Toute la famille accourut.

On lui jeta de l'eau sur le visage. On l'appela de toutes les voix qui lui étaient les plus chères. Elle ne revint au sentiment qu'à ma voix. « Tu le vois, me dit mon ami, elle vit; le coup est porté. De plus longs adieux ne seraient que des contre-coups plus terribles. » Il décolla les deux bras glacés de la jeune fille de mon cou et m'arracha de la maison. Une heure après, nous roulions dans le silence et dans la nuit sur la route de Rome.

XXXIV

J'avais laissé plusieurs adresses à Graziella dans la lettre que je lui avais écrite. Je trouvai une première lettre d'elle à Milan. Elle me disait qu'elle était bien de corps, mais malade de cœur; que cependant elle se confiait à ma parole et m'attendrait avec sécurité vers le mois de novembre.

Arrivé à Lyon, j'en trouvai une seconde plus sereine encore et plus confiante. La lettre contenait quelques feuilles de l'œillet rouge qui croissait dans un vase de terre sur le petit mur d'appui de la terrasse, tout près de ma chambre, et dont elle plaçait une fleur dans ses cheveux le dimanche. Était-ce pour m'envoyer quelque chose qui l'eût touchée? Était-ce un tendre reproche déguisé sous un symbole et pour me rappeler qu'elle avait sacrifié ses cheveux pour moi?

Elle me disait qu'elle « avait eu la fièvre; que le cœur lui faisait mal; mais qu'elle allait mieux de jour en jour: qu'on l'avait envoyée, pour changer d'air et pour se remettre tout à fait, chez une de ses cousines, sœur de

Cecco, dans une maison du Vomero, colline élevée et saine qui domine Naples. »

Je restai ensuite plus de trois mois sans recevoir aucune lettre. Je pensais tous les jours à Graziella. Je devais repartir pour l'Italie au commencement du prochain hiver. Son image triste et charmante m'y apparaissait comme un regret, et quelquefois aussi comme un tendre reproche. J'étais à cet âge ingrat où la légèreté et l'imitation font une mauvaise honte au jeune homme de ses meilleurs sentiments; âge cruel où les plus beaux dons de Dieu, l'amour pur, les affections naïves, tombent sur le sable et sont emportés en fleur par le vent du monde. Cette vanité mauvaise et ironique de mes amis combattait souvent en moi la tendresse cachée et vivante au fond de mon cœur. J'aurais craint de rougir et de m'exposer aux railleries en avouant quel était le nom et la condition de l'objet de mes regrets et de mes tristesses. Graziella n'était pas oubliée, mais elle était voilée dans ma vie. Cet amour, qui enchantait mon cœur, humiliait mon respect humain. Son souvenir, que je nourrissais seulement en moi dans la solitude, dans le monde me poursuivait presque comme un remords. Combien je rougis aujourd'hui d'avoir rougi alors! et qu'un seul des rayons de joie, qu'une seule goutte des larmes de ses chastes yeux valait plus que tous ces regards, toutes ces agaceries et tous ces sourires auxquels j'étais prêt à sacrifier son image! Ah! l'homme trop jeune est incapable d'aimer! Il ne sait le prix de rien! Il ne connaît le vrai bonheur qu'après l'avoir perdu! Il y a plus de séve folle et d'ombre flottante dans les jeunes plants de la forêt; il y a plus de feu dans le vieux cœur du chêne.

L'amour vrai est le fruit mûr de la vie. A dix-huit ans, on ne le connaît pas, on l'imagine. Dans la nature végétale, quand le fruit vient, les feuilles tombent ; il en est peut-être ainsi dans la nature humaine. Je l'ai souvent pensé depuis que j'ai compté des cheveux blanchissants sur ma tête. Je me suis reproché de n'avoir pas connu alors le prix de cette fleur d'amour. Je n'étais que vanité. La vanité est le plus sot et le plus cruel des vices, car elle fait rougir du bonheur !...

XXXV

Un soir des premiers jours de novembre, on me remit, au retour d'un bal, un billet et un paquet qu'un voyageur venant de Naples avait apportés pour moi de la poste en changeant de chevaux à Mâcon. Le voyageur inconnu me disait que, chargé pour moi d'un message important, par un de ses amis, directeur d'une fabrique de corail de Naples, il s'acquittait en passant de sa commission ; mais que les nouvelles qu'il m'apportait étant tristes et funèbres, il ne demandait pas à me voir ; il me priait seulement de lui accuser réception du paquet à Paris.

J'ouvris en tremblant le paquet. Il renfermait, sous la première enveloppe, une dernière lettre de Graziella, qui ne contenait que ces mots : « Le docteur dit que je mourrai avant trois jours. Je veux te dire adieu avant de perdre mes forces. Oh ! si tu étais là, je vivrais ! Mais c'est la volonté de Dieu. Je te parlerai bientôt et toujours du haut du ciel. Aime mon âme ! Elle sera avec toi toute ta vie. Je te laisse mes cheveux, coupés une nuit pour toi. Consacre-les à Dieu dans une chapelle de ton pays, pour que quelque chose de moi soit auprès de toi ! »

XXXVI

Je restai anéanti, sa lettre dans les mains, jusqu'au jour. Ce n'est qu'alors que j'eus la force d'ouvrir la seconde enveloppe. Toute sa belle chevelure y était telle que la nuit où elle me l'avait montrée dans la cabane. Elle était encore mêlée avec quelques-unes des feuilles de bruyère qui s'y étaient attachées cette nuit-là. Je fis ce qu'elle avait ordonné dans son dernier vœu. Une ombre de sa mort se répandit dès ce jour-là sur mon visage et sur ma jeunesse.

Douze ans plus tard je revins à Naples. Je cherchai ses traces. Il n'y en avait plus ni à la Margellina ni à Procida. La petite maison sur la falaise de l'île était tombée en ruines. Elle n'offrait plus qu'un monceau de pierres grises au-dessus d'un cellier où les chevriers abritaient leurs chèvres pendant les pluies. Le temps efface vite sur la terre, mais il n'efface jamais les traces d'un premier amour dans le cœur qui l'a traversé.

Pauvre Graziella! Bien des jours ont passé depuis ces jours. J'ai aimé, j'ai été aimé. D'autres rayons de beauté et de tendresse ont illuminé ma sombre route. D'autres âmes se sont ouvertes à moi pour me révéler dans des cœurs de femmes les plus mystérieux trésors de beauté, de sainteté, de pureté que Dieu ait animés sur cette terre, afin de nous faire comprendre, pressentir et désirer le ciel. Mais rien n'a terni ta première apparition dans mon cœur. Plus j'ai vécu, plus je me suis rapproché de toi par la pensée. Ton souvenir est comme ces feux de la barque de ton père, que la distance dégage de toute fumée et qui brillent d'un éclat plus net dans l'éloignement. Je ne sais pas où dort ta dépouille mortelle, ni si quelqu'un te pleure encore dans ton pays ; mais ton véritable sépulcre est dans mon âme. C'est là que tu es recueillie et ensevelie tout entière. Ton nom ne me frappe jamais en vain. J'aime la langue où il est prononcé. Il y a toujours au fond de mon cœur une larme qui filtre goutte à goutte et qui tombe en secret sur ta mémoire pour la rafraîchir et pour l'embaumer en moi.

XXXVII

Un jour de l'année 1830, étant entré dans une église de Paris, mes regards, après avoir erré rapidement sur les objets d'art religieux suspendus aux murs, se sentirent tout à coup attirés et retenus par un tableau dont le sujet me frappa au cœur. Il représentait l'exhumation d'une vierge ; des lis fleurissaient à la place du cercueil. Ce tableau me rappela Graziella. Je me cachai sous l'ombre d'un pilier. Je songeai à Procida, et je pleurai longtemps.

Mes larmes se séchèrent ; mais les nuages qui avaient traversé ma pensée pendant cette tristesse d'une sépulture ne s'évanouirent pas. Je rentrai silencieux dans ma chambre. Je déroulai les souvenirs qui sont retracés dans cette longue note, et j'écrivis d'une seule haleine et en pleurant les vers intitulés le *Premier regret*. C'est la note, affaiblie par vingt ans de distance, d'un sentiment qui fit jaillir la première source de mon cœur. Mais on y sent encore l'émotion d'une fibre intime qui a été blessée et qui ne guérira jamais bien.

Voici ces strophes, baume d'une blessure, rosée d'un cœur, parfum d'une fleur sépulcrale. Il n'y manquait que le nom de Graziella. Je l'y encadrerais dans une strophe, s'il y avait ici-bas un cristal assez pur pour renfermer cette larme, ce souvenir, ce nom !

LE PREMIER REGRET

Sur la plage sonore où la mer de Sorrente
Déroule ses flots bleus au pied de l'oranger,
Il est, près du sentier, sous la haie odorante,
Une pierre petite, étroite, indifférente
    Aux pas distraits de l'étranger.

La giroflée y cache un seul nom sous ses gerbes,
Un nom que nul écho n'a jamais répété !
Quelquefois cependant le passant arrêté,
Lisant l'âge et la date en écartant les herbes,
Et sentant dans ses yeux quelques larmes courir,
Dit : « Elle avait seize ans ! c'est bien tôt pour mourir ! »

Mais pourquoi m'entraîner vers ces scènes passées ?
Laissons le vent gémir et le flot murmurer ;
Revenez, revenez, ô mes tristes pensées !
    Je veux rêver et non pleurer !

Dit : « Elle avait seize ans! » — Oui, seize ans! et cet âge
N'avait jamais brillé sur un front plus charmant!
Et jamais tout l'éclat de ce brûlant rivage
Ne s'était réfléchi dans un œil plus aimant!
Moi seul je la revois, telle que la pensée
Dans l'âme où rien ne meurt, vivante l'a laissée,
Vivante! comme à l'heure où, les yeux sur les miens,
Prolongeant sur la mer nos premiers entretiens,
Ses cheveux noirs livrés au vent qui les dénoue,
Et l'ombre de la voile errante sur sa joue,
Elle écoutait le chant du nocturne pêcheur,
De la brise embaumée aspirait la fraîcheur,
Me montrait dans le ciel la lune épanouie,
Comme une fleur des nuits dont l'ombre est réjouie,
Et l'écume argentée, et me disait : « Pourquoi
Tout brille-t-il ainsi dans les airs et dans moi?
Jamais ces champs d'azur semés de tant de flammes,
Jamais ces sables d'or où vont mourir les lames,
Ces monts dont les sommets tremblent au fond des cieux,
Ces golfes couronnés de bois silencieux,
Ces lueurs sur la côte et ces chants sur les vagues
N'avaient ému mes sens de voluptés si vagues!
Pourquoi, comme ce soir, n'ai-je jamais rêvé?
Un astre dans mon cœur s'est-il aussi levé?
Et toi, fils du matin, dis, à ces nuits si belles
Les nuits de ton pays sans moi ressemblaient-elles? »
Puis, regardant sa mère assise auprès de nous,
Posait pour s'endormir son front sur ses genoux.

Mais pourquoi m'entraîner vers ces scènes passées?
Laissons le vent gémir et le flot murmurer;
Revenez, revenez, ô mes tristes pensées!
    Je veux rêver et non pleurer!

Que son œil était pur et sa lèvre candide!
Que son ciel inondait son âme de clarté!
Le beau lac de Némi, qu'aucun souffle ne ride,
A moins de transparence et de limpidité!

Dans cette âme, avant elle, on voyait ses pensées,
Ses paupières jamais, sur ses beaux yeux baissées,
Ne voilaient son regard d'innocence rempli;
Nul souci sur ce front n'avait laissé son pli;
Tout folâtrait en elle : et ce jeune sourire,
Qui plus tard sur la bouche avec tristesse expire,
Sur sa lèvre entr'ouverte était toujours flottant,
Comme un pur arc-en-ciel sur un jour éclatant!
Nulle ombre ne voilait ce ravissant visage,
Ce rayon n'avait pas traversé de nuage!
Son pas insouciant, indécis, balancé,
Flottait comme un flot libre où le jour est bercé,
Ou courait pour courir; et sa voix argentine,
Écho limpide et pur de son âme enfantine,
Musique de cette âme où tout semblait chanter,
Égayait jusqu'à l'air qui l'entendait monter!

Mais pourquoi m'entraîner vers ces scènes passées?
Laissons le vent gémir et le flot murmurer;
Revenez, revenez, ô mes tristes pensées!
  Je veux rêver et non pleurer!

Mon image en son cœur se grava la première,
Comme dans l'œil qui s'ouvre, au matin, la lumière;
Elle ne regarda plus rien après ce jour;
De l'heure qu'elle aima l'univers fut amour!
Elle me confondait avec sa propre vie,
Voyait tout dans mon âme, et je faisais partie
De ce monde enchanté qui flottait sous ses yeux.
Du bonheur de la terre et de l'espoir des cieux.
Elle ne pensait plus au temps, à la distance;
L'heure seule absorbait toute son existence;
Avant moi cette vie était sans souvenir,
Un soir de ces beaux jours était tout l'avenir!
Elle se confiait à la douce nature
Qui souriait sur nous, à la prière pure
Qu'elle allait, le cœur plein de joie et non de pleurs,
A l'autel qu'elle aimait répandre avec ses fleurs;

Et sa main m'entraînait aux marches de son temple,
Et, comme un humble enfant, je suivais son exemple,
Et sa voix me disait tout bas : « Prie avec moi !
Car je ne comprends pas le ciel même sans toi ! »

Mais pourquoi m'entraîner vers ces scènes passées ?
Laissons le vent gémir et le flot murmurer ;
Revenez, revenez, ô mes tristes pensées !
    Je veux rêver et non pleurer !

Voyez dans son bassin l'eau d'une source vive
S'arrondir comme un lac sous son étroite rive,
Bleue et claire, à l'abri du vent qui va courir,
Et du rayon brûlant qui pourrait la tarir !
Un cygne blanc nageant sur la nappe limpide,
En y plongeant son cou, qu'enveloppe la ride,
Orne sans le ternir le liquide miroir,
Et s'y berce au milieu des étoiles du soir ;
Mais si, prenant son vol vers des sources nouvelles,
Il bat le flot tremblant de ses humides ailes,
Le ciel s'efface au sein de l'onde qui brunit,
La plume à grands flocons y tombe et la ternit,
Comme si le vautour, ennemi de sa race,
De sa mort sur les flots avait semé la trace ;
Et l'azur éclatant de ce lac enchanté
N'est plus qu'une onde obscure où le sable a monté !

Ainsi, quand je partis, tout trembla dans cette âme,
Le rayon s'éteignit, et sa mourante flamme
Remonta dans le ciel pour n'en plus revenir.
Elle n'attendit pas un second avenir ;
Elle ne languit pas de doute en espérance,
Et ne disputa pas sa vie à la souffrance ;
Elle but d'un seul trait le vase de douleur ;
Dans sa première larme elle noya son cœur !
Et, semblable à l'oiseau, moins pur et moins beau qu'elle,
Qui, le soir, pour dormir, met son cou sous son aile,

Elle s'enveloppa d'un muet désespoir,
Et s'endormit aussi, mais, hélas! loin du soir!

Mais pourquoi m'entraîner vers ces scènes passées?
Laissons le vent gémir et le flot murmurer;
Revenez, revenez, ô mes tristes pensées!
  Je veux rêver et non pleurer!

Elle a dormi quinze ans dans sa couche d'argile,
Et rien ne pleure plus sur son dernier asile,
Et le rapide oubli, second linceul des morts,
A couvert le sentier qui menait vers ces bords;
Nul ne visite plus cette pierre effacée,
Nul n'y songe et n'y prie!... excepté ma pensée,
Quand, remontant le flot de mes jours révolus,
Je demande à mon cœur tous ceux qui n'y sont plus,
Et que, les yeux flottants sur de chères empreintes,
Je pleure dans mon ciel tant d'étoiles éteintes!
Elle fut la première, et sa douce lueur
D'un jour pieux et tendre éclaire encor mon cœur!

Mais pourquoi m'entraîner vers ces scènes passées?
Laissons le vent gémir et le flot murmurer;
Revenez, revenez, ô mes tristes pensées!
  Je veux rêver et non pleurer!

Un arbuste épineux, à la pâle verdure,
Est le seul monument que lui fit la nature;
Battu des vents de mer, du soleil calciné,
Comme un regret funèbre au cœur enraciné,
Il vit dans le rocher sans lui donner d'ombrage;
La poudre du chemin y blanchit son feuillage;
Il rampe près de terre, où ses rameaux penchés
Par la dent des chevreaux sont toujours retranchés,
Une fleur, au printemps, comme un flocon de neige,
Y flotte un jour ou deux; mais le vent qui l'assiége
L'effeuille avant qu'elle ait répandu son odeur,
Comme la vie avant qu'elle ait charmé le cœur!

Un oiseau de tendresse et de mélancolie
S'y pose pour chanter sur le rameau qui plie!
Oh! dis, fleur que la mort fit si tôt se flétrir,
N'est-il pas une terre où tout doit refleurir?

Remontez, remontez à ces heures passées!
Vos tristes souvenirs m'aident à soupirer!
Allez où va mon âme! allez, ô mes pensées!
    Mon cœur est plein, je veux pleurer!

C'est ainsi que j'expiai par ces larmes écrites la dureté et l'ingratitude de mon cœur de dix-huit ans. Je ne puis jamais relire ces vers sans adorer cette fraîche image que rouleront éternellement pour moi les vagues transparentes et plaintives du golfe de Naples... et sans me haïr moi-même! Mais les âmes pardonnent là-haut. La sienne m'a pardonné. Pardonnez-moi aussi, vous!!! J'ai pleuré.

LIVRE ONZIÈME

I

En 1814, j'étais entré dans la maison militaire du roi Louis XVIII, comme tous les jeunes gens de mon âge dont les familles étaient attachées par souvenir à l'ancienne monarchie. Je faisais partie des corps de cette garde qui devait marcher contre Bonaparte à Nevers, puis à Fontainebleau, puis enfin défendre Paris avec la garde nationale et les jeunes gens des écoles enrôlés spontanément et par le seul enthousiasme de la liberté contre l'invasion des soldats de l'île d'Elbe.

On fait grimacer indignement l'histoire depuis quinze ans sur ce retour de Bonaparte soi-disant triomphal à Paris aux applaudissements de la France. C'est un mensonge convenu qui n'en est pas moins un grossier mensonge.

La vérité, c'est que la France étonnée et consternée fut conquise par un des souvenirs de gloire qui intimidèrent la nation, et qu'elle ne fut rien moins que soulevée par son amour et par son fanatisme pour l'empire. Ce fanatisme, alors, n'existait que dans les troupes, et encore dans les rangs subalternes seulement. La France était lasse de combats pour un homme ; elle avait salué dans Louis XVIII, non pas le roi de la contre-révolution, mais le roi d'une constitution libérale. Tout le mouvement interrompu de la révolution de 1789 recommençait pour nous depuis la chute de l'empire.

La France entière, la France qui pense et non pas la France qui crie, sentait parfaitement que le retour de Bonaparte amenait le retour du régime militaire et la tyrannie. Elle en avait effroi. Le 20 mars fut une conspiration armée et non un mouvement national. Le premier sentiment du peuple fut le soulèvement contre l'audace d'un homme qui pesait sur elle du poids d'un héros. S'il n'y eût point eu d'armée organisée en France pour voler sous les aigles de son empereur, jamais l'empereur ne fût arrivé jusqu'à Paris. L'armée enleva la nation, elle oublia la liberté pour un homme ; voilà la vérité. Cet homme était un grand général ; cet homme avait été quinze ans son chef ; cet homme était à ses yeux la gloire et l'empire ; voilà son excuse, s'il y a des excuses contre une défection à la liberté. Ce fut la première fois de ma vie que je sentis dans mon âme un profond découragement des hommes. Je vis à huit jours de distance une France prête à se lever en masse contre Bonaparte et une autre France prosternée aux pieds de Bonaparte. Je savais bien que la soumission n'était pas volontaire, et que la prosternation n'était pas sincère ; je compris que les plus grandes nations n'étaient pas toujours héroïques, et que les peuples aussi passaient sous le joug.

De ce jour je désespérai de la toute-puissance de l'opinion, et je crus *plus quod decet* à la puissance des baïonnettes. Ce fut mon premier désillusionnement politique. Le 20 mars et la mobilité d'une nation pliant devant quelques régiments me sont restés comme un poids sur le cœur.

L'histoire a déguisé la sujétion sous un feint enthousiasme. Mais il y a une histoire plus vraie que celle qu'on écrit pour flatter son siècle ; celle-là parlera un autre langage que les thuriféraires du grand peuple et du grand soldat. L'empire aura son Tacite, et la liberté sera vengée. En attendant, laissons mentir en paix cette histoire sans conscience, ces annalistes d'état-major et de caserne qui suivent l'armée comme on suivait les cours, qui dépravent le jugement du peuple en justifiant toujours la fortune, en adorant toujours l'épée, et qui ont dans l'âme un tel besoin de servitude, que, ne pouvant plus adorer le tyran, ils adorent du moins la mémoire de la tyrannie !...

II

Nous quittâmes Paris la nuit qui précéda l'entrée de Bonaparte dans Paris. Nous laissâmes la capitale dans l'agitation. Dans toutes les rues, sur tous les boulevards, dans tous les faubourgs, dans tous les villages où nous passions, le peuple se pressait sur nos pas pour nous couvrir de ses bénédictions et de ses vœux. Les citoyens sortaient de leurs portes et nous présentaient en pleurant du pain et du vin. Ils serraient nos mains dans les leurs ;

ils éclataient en malédictions contre les prétoriens qui venaient renverser les institutions et la paix à peine reconquises. Voilà ce que j'ai vu et entendu depuis la place Louis XV, d'où nous partîmes, jusqu'à la frontière belge, où nous nous arrêtâmes.

Et ce n'étaient pas seulement les royalistes, les partisans de la maison de Bourbon, qui parlaient ainsi, c'étaient surtout les libéraux, les amis de la révolution et de la liberté.

Nous arrivâmes au milieu de ce concert d'imprécations et de larmes jusqu'à Béthune, petite ville fortifiée de nos frontières du Nord, à deux lieues de la Belgique. Le maréchal Marmont nous commandait. Le comte d'Artois et le duc de Berri, son fils, marchaient avec nous. Le roi s'était séparé de nous à Arras et avait pris la route de Lille. Il ne passa que quelques heures à Lille, où les dispositions de la garnison menaçant sa sûreté. il se réfugia en Belgique.

A cette nouvelle, le comte d'Artois, le maréchal Marmont et les grenadiers à cheval de la garde royale sortirent de Béthune pour suivre le roi hors de France. Quelques compagnies de gardes du corps, de chevau-légers et de mousquetaires restèrent dans la ville pour la défendre. Le soir on nous réunit sur la place d'armes ; on nous lut une proclamation des princes qui nous remerciaient de notre fidélité ; ils nous adressaient leurs adieux et nous disaient que, dégagés désormais de notre serment envers eux, nous étions libres de rentrer dans nos familles ou de suivre le roi sur la terre étrangère.

Des groupes se formèrent de toutes parts à cette lecture. Nous délibérâmes sur le parti le plus honorable et le plus patriotique à prendre dans cet abandon où l'on nous laissait. Les uns opinaient à suivre le roi, les autres à rentrer dans les rangs de la nation et à attendre là les occasions de servir utilement notre cause trahie par la fortune, mais non par le droit. Les voix les plus passionnées et les plus nombreuses proposaient de porter notre drapeau en Belgique et d'attacher notre fortune aux pas du roi que nous avions juré de défendre. On parlait avec animation et avec cette éloquence militaire qui déroule les plis du drapeau et qui accompagne les paroles du geste et du retentissement du sabre. Ce fut la première fois que je parlai au public. Aimé de beaucoup de mes camarades et honoré, malgré mon extrême jeunesse, d'une certaine autorité parmi eux, je montai, à la prière de quelques-uns de mes amis, sur le moyeu de la roue d'un caisson, et je répondis à un mousquetaire qui avait fortement et brillamment remué les esprits en parlant en faveur de l'émigration.

J'étais aussi ennemi de Bonaparte et aussi dévoué à une restauration libérale que qui que ce fût dans l'armée; mais je sortais d'une famille qui ne s'était jamais détachée du pays et qui croyait aux droits de la patrie comme nos aïeux croyaient au droit du trône. Mon père et ses frères appartenaient à cette génération de la noblesse française vivant dans les provinces et dans les camps, loin des cours, en détestant les abus, en méprisant la corruption, amis de Mirabeau et des premiers constitutionnels, ennemis des crimes de la révolution, partisans constants et modérés de ses principes. Aucun d'eux n'avait émigré. Coblentz leur répugnait comme une folie et comme une faute. Ils avaient préféré le rôle de victimes de la révolution au rôle d'auxiliaires des ennemis de leur pays. J'avais été nourri dans ces idées; elles avaient coulé dans mes veines : la politique est dans le sang.

J'exprimai ces idées avec loyauté et avec énergie. Je les appuyai de quelques considérations hardies de nature à faire impression sur les esprits en suspens.

Je dis que la cause de la liberté et la cause des Bourbons étaient heureusement réunies en France depuis que Louis XVIII avait donné à la France le gouvernement représentatif ; que c'était notre force d'être associés de cœur avec les libéraux et avec les républicains ; que la même haine nous animait contre Bonaparte, que l'usurpateur de tous les droits du peuple ne pouvait pas gouverner désormais sans donner lui-même une ombre de constitution libérale à la nation ; que cette constitution impliquerait nécessairement la liberté de la parole et la liberté de la presse ; que si les républicains et les royalistes réunis se servaient à la fois et ensemble de ces armes de l'opinion contre Bonaparte, son règne serait court et sa chute définitive, mais que si les royalistes émigraient et livraient les républicains à l'armée, toute résistance à la tyrannie serait promptement étouffée, ou dans le sang des libéraux, ou dans les cachots des prisons de l'État ; que les hommes de la liberté étaient les ennemis de l'émigration ; que, disposés à s'allier aujourd'hui avec nous sur le terrain des libertés constitutionnelles et d'une restauration de 89, ils s'en sépareraient à l'instant où ils nous verraient sur le sol étranger et sous un autre drapeau que celui de l'indépendance du pays ; qu'ainsi notre devoir envers la patrie, notre devoir envers nos familles, comme la saine politique et la fidélité utile, nous défendaient de suivre le roi hors du territoire ; que les pas que nous avions faits jusque-là pour le suivre étaient les pas de la discipline et de la fidélité, qui ne laisseraient dans notre vie que des traces d'honneur, mais qu'un pas de plus nous dénationaliserait et ne nous laisserait que des regrets et peut-être un jour des remords ; qu'ainsi je ne passerais pas la frontière, et que, sans vouloir blâmer le sentiment opposé dans mes camarades, j'engageais ceux qui pensaient comme moi à se ranger de mon côté.

Ces paroles firent une vive impression, et la masse se prononça contre l'émigration. Ceux qui persistèrent à suivre les princes montèrent à cheval et sortirent de la ville. Nous nous enfermâmes dans Béthune déjà cerné par les troupes que l'empereur avait envoyées de Paris pour observer la retraite du roi. Réduits par l'absence de chefs et par le défaut de commandement à nous commander nous-mêmes, nous établîmes des postes peu nombreux aux principales portes, et nous fîmes des patrouilles de jour et de nuit sur les remparts. Je couchai trois jours et trois nuits au corps de garde de la porte de Lille, avec un excellent ami nommé Vaugelas, distingué depuis dans la magistrature et dans la politique. Nous capitulâmes le quatrième jour. Licenciés par le roi, nous fûmes licenciés de nouveau par le général bonapartiste qui entra dans Béthune. On nous laissa libres de rentrer individuellement dans nos familles. Paris seul nous fut interdit.

J'y rentrai néanmoins à la faveur d'un habit de ville et d'un cabriolet que je me fis envoyer à Saint-Denis. J'y passai quelques jours pour étudier l'esprit public et pour juger par mes propres yeux des dispositions de la jeunesse et du peuple. Je vis l'empereur passer une revue sur le Carrousel. Il fallait le prisme de la gloire et l'illusion du fanatisme pour voir dans sa personne, à cette époque, l'idéal de beauté intellectuelle de royauté innée dont le marbre et le bronze ont depuis flatté son image afin de le faire adorer. Son œil enfoncé se promenait avec inquiétude sur les troupes et sur le peuple. Sa bouche souriait mécaniquement à la foule pendant que sa pensée était visiblement ailleurs. Un certain air de doute et d'hésitation se trahissait dans tous ses mouvements. On voyait que le terrain n'était pas solide sous ses pieds, et qu'il tâtonnait sur le trône avec sa fortune. Il ne savait pas bien si son entrée à Paris était un succès ou un piége de son étoile. Les troupes, en défilant devant lui, criaient : *Vive l'empereur !* avec l'accent concentré du désespoir. Le peuple des faubourgs proférait les mêmes clameurs d'un ton plus menaçant qu'enthousiaste. Les spectateurs se taisaient et échangeaient des paroles à voix basse et des regards d'intelligence. On voyait facilement que la haine convoitait et épiait une chute au milieu de l'appareil de sa force et de son triomphe. La police interrogeait les physionomies. Les cris de liberté se mêlaient aux cris d'adulation et de servitude. Cela ressemblait plus à un empereur dans une scène du Bas-Empire qu'au héros de l'Égypte et du consulat. C'était le 18 brumaire qui se vengeait.

Je sortis de Paris, ce grand et héroïque suborneur de la révolution, avec toute mon énergie et avec le pressentiment de la liberté future.

III

Rentré dans ma famille, les décrets impériaux de nouvelles levées de troupes se succédèrent et vinrent troubler la sécurité de mon père. Il fallait ou rentrer dans les rangs des jeunes soldats mobilisés pour l'armée, ou acheter un homme qui m'y remplaçât au service de l'empire. Je ne voulus ni l'un ni l'autre. Je déclarai à mon père que j'aimerais mieux mourir fusillé par les ordres de Bonaparte que de donner une goutte de mon sang ou une goutte du sang d'un autre au service et au maintien de ce que j'appelais la tyrannie. Je sentais que cette résolution, hautement et fermement proclamée par le fils, pourrait compromettre le père si on l'en rendait responsable, et je résolus de m'éloigner.

La Suisse était neutre. Je pris quelques louis dans la bourse de ma mère, et je partis une nuit, sans passe-port, pour les Alpes.

IV

Mon grand-père avait possédé de grands biens dans la Franche-Comté, entre Saint-Claude et la frontière du pays de Vaud. Ces biens ne nous appartenaient plus, mais ils avaient été acquis par d'anciens agents de ma famille, à qui mon nom ne serait pas inconnu. Je parvins, sans être arrêté, jusqu'à leur demeure, au pied des forêts de sapins qui touchent aux deux territoires de Suisse et de France. Ils me reçurent comme le petit-fils de l'ancien propriétaire de ces forêts. Ils me cachèrent quelques jours chez eux. J'y laissai mes habits de ville. J'empruntai d'un des fils de la maison une veste de toile, comme les paysans de la Franche-Comté en portent, et, un fusil sur l'épaule, je passai en Suisse au milieu des vedettes et des douaniers, qui me prirent pour un chasseur des environs. Arrivé sur le sommet de Saint-Cergue, d'où le regard embrasse le lac de Genève et la ceinture de montagnes gigantesques qui l'entourent, je baisai avec enthousiasme cette terre de la liberté. Je me souvins que, quatre ans auparavant, venant de Milan à Lausanne, le même enthousiasme m'avait saisi en lisant sur un écusson en pierre de la route, entre Villeneuve et Vevay, ces deux mots magiques : *Liberté, égalité!*

Un vieillard de Lausanne, qui voyageait dans la même voiture que moi, témoin de l'émotion que soulevait dans mon âme ce symbole des institutions républicaines au milieu de l'asservissement de l'empire, voulut que je descendisse dans sa maison et me retint, quoique inconnu, plusieurs jours dans sa famille. Les hommes se reconnaissent aux sentiments autant qu'aux noms. Les idées généreuses sont une parenté entre les étrangers. La liberté a sa fraternité comme la famille.

V

Je n'avais ni lettres, ni crédit, ni recommandation, ni papiers qui pussent m'ouvrir l'accès d'une seule maison en Suisse. La police fédérale pouvait me prendre pour un des nombreux espions que l'empereur envoyait dans les cantons pour soulever l'opinion en sa faveur et révolutionner le pays contre les faibles restes de l'aristocratie de Berne. Il fallait trouver à tâtons une famille qui répondît de moi. J'entrai à Saint-Cergue dans la maison d'un des guides qui conduisaient les étrangers de France en Suisse par les sentiers de la montagne. Je lui demandai l'hospitalité pour la nuit. Dans le cours de la conversation, après le souper, je m'informai de cet homme quelles étaient les principales familles du pays de Vaud avec lesquelles il avait des relations et où il conduisait le plus fréquemment des voyageurs. Il me nomma madame de Staël, dont les nombreux et illustres amis prenaient souvent asile chez lui en passant et en repassant la frontière. On sait que Coppet était le refuge de tous les amis de la liberté qui n'avaient pour protecteur depuis dix ans que le génie d'une femme. Il me nomma aussi le baron de Vincy, ancien officier supérieur suisse au service de la France. Il me montra son château, qui blanchissait à quelques lieues de là au pied des montagnes. Il m'en indiqua la route, et je résolus de m'y présenter.

VI

Le lendemain, je descendis au point du jour vers le lac du côté de Nyons. C'était au mois de mai; le ciel était pur, les eaux du lac resplendissantes et tachées çà et là de quelques voiles blanches. L'ombre des montagnes s'y peignait du côté de Meilleraie avec leurs rochers, leurs forêts et leurs neiges. Je m'enivrais de ces aspects alpestres, que je n'avais fait qu'entrevoir une première fois quelques années auparavant. Je m'arrêtais à tous les tournants de la rampe, je m'asseyais auprès de toutes les sources, à l'ombre des plus beaux châtaigniers, pour m'incorporer, pour ainsi dire, cette splendide nature par les yeux. J'hésitais involontairement, d'ailleurs, à me présenter au château de Vincy. Je n'étais pas fâché de retarder l'heure d'une démarche qui m'embarrassait.

VII

Enfin j'arrivai à la grille du château ; il était plus de midi. Je demandai, avec une timidité que déguisait mal ma feinte assurance, si M. le baron de Vincy était chez lui. On me répondit qu'il y était ; je fus introduit. Malgré ma veste de paysan des montagnes, ma figure contrastait tellement avec mon costume, que M. de Vincy me fit asseoir et me demanda poliment ce qui m'amenait. Je le lui dis ; il m'écouta avec bonté, prit ensuite quelques informations pour s'assurer que je n'étais pas un aventurier, en parut satisfait, écrivit une lettre pour un magistrat de Berne et me la remit. Je sortis en lui exprimant avec sensibilité ma reconnaissance.

Au moment où j'allais le quitter sur le perron de la cour, deux femmes descendaient l'escalier et parurent dans le vestibule.

L'une d'elles était madame la baronne de Vincy. C'était une femme d'environ quarante ans, d'une taille élevée, d'un port majestueux, d'une figure douce et calme, voilée de tristesse comme les traits de la Niobé antique. L'autre était une jeune fille de quinze à seize ans, beaucoup plus petite que sa mère et dont la physionomie méditative indiquait une plante du Nord croissant à l'ombre d'un climat froid et peut-être aussi de quelque tristesse domestique. Elles s'arrêtèrent toutes deux pour écouter en passant les derniers mots de ma conversation avec M. de Vincy. Elles me regardèrent avec une attention mêlée de bonté et restèrent quelque temps sur le perron à me voir partir. Il y avait de l'indécision et du regret dans leur attitude.

Je m'éloignai du château, et j'étais déjà dans les rues du village quand un domestique accourut derrière moi et me pria, de la part de madame de Vincy, de vouloir bien revenir sur mes pas. Je le suivis. Je trouvai la famille, composée de M. de Vincy, de sa femme et d'un fils de dix ou douze ans, qui m'attendait encore sur le perron. « Un regret nous a saisis, me dit d'une voix sensible et toute maternelle madame de Vincy : nous avons craint qu'étranger dans nos montagnes et fatigué d'une longue route à pied, vous ne trouviez pas dans le village une auberge où vous puissiez vous rafraîchir et vous reposer. Nous vous prions de prendre notre maison pour votre halte, de vouloir bien dîner avec nous. Nous allons nous mettre à table. Vous aurez tout le temps nécessaire pour vous rendre à Roll dans la soirée. » Je refusai quelque temps en m'excusant sur mon costume qui me rendait indigne de m'asseoir à leur table. On insista, et je cédai.

Pendant le dîner, qui était simple et sobre, dans une salle où tout attestait la splendeur évanouie d'un maison déchue de sa fortune, M. et madame de Vincy s'entretinrent avec moi de manière à bien se convaincre que j'étais en effet ce que je disais être. Le nom de ma famille leur était inconnu ; mais je voyais à Paris plusieurs personnes de leur connaissance. Les détails que je donnai dans la conversation sur ces personnes étaient de nature à prouver que je vivais en bonne compagnie. Mon antipathie instinctive contre Bonaparte était aussi une prévention favorable pour moi. Je vis, avant la fin du dîner, qu'il ne restait pas dans la famille le moindre soupçon sur mon compte. La loyauté de mon regard, la candeur de mon front, la simplicité de mes réponses, aidaient sans doute à la conviction. Après le dîner, je remerciai madame de Vincy, je pris mon bâton et je voulus partir. Ces dames voulurent m'accompagner en se promenant jusqu'à une certaine distance pour me mettre dans le chemin de Roll. Elles firent environ une demi-lieue à travers les vignes et les bois avec moi. Le jour baissait, nous nous séparâmes.

Mais à peine avais-je fait quelques pas que je m'entendis rappeler de nouveau. Je revins : « Tenez, monsieur, me dit madame de Vincy, il est inutile de vous éprouver plus longtemps et de nous affliger nous-mêmes en vous abandonnant ainsi aux hasards des aventures, seul et dans un pays étranger. Vous nous intéressez ; vous semblez vous plaire avec nous ; ne nous quittons pas. Je me mets en idée à la place de votre mère. J'ai moi-même un fils de votre âge qui combat en ce moment dans les rangs de l'armée hollandaise, et qui est peut-être blessé, prisonnier, errant comme vous ; il me semble qu'en vous abritant je lui prépare pour lui-même un abri semblable dans la maison d'autrui. Revenez avec nous. Nous sommes ruinés, et la table est frugale, mais nous n'en rougissons pas. Un hôte de plus ne porte pas malheur à une pauvre maison. Vous vous en contenterez et vous resterez jusqu'à ce que les événements de l'Europe s'expliquent, et que l'on voie clair au delà de nos montagnes. »

Je fus profondément attendri de tant de bonté. Je rentrai au château comme si j'avais été de la famille. On me donna une chambre haute d'où mon regard plongeait sur le lac, des livres pour occuper mes heures. Au bout de très-peu de jours, mesdames de Vincy ne faisaient plus attention à moi. J'étais comme le fils de l'une, comme le frère de l'autre. Je les accompagnais tous les soirs dans de longues promenades à pied sur les montagnes, ou en barque sur le lac. J'avais envoyé acheter un habit et un peu de linge à Genève. On me présenta chez quelques amis dans les environs. Comme ces dames me voyaient souvent écrire ou crayonner, elles me demandèrent quelques confidences de mes rêveries. Je leur lus une ode à la liberté de l'Europe et quelques stances sur les Alpes, qui leur parurent supérieures à l'idée qu'elles se faisaient sans doute des talents d'un si jeune hôte. Elles me prièrent de les relire à M. de Vincy, qui m'embrassa d'attendrissement aux accents d'indépendance pour sa patrie et aux imprécations contre la tyrannie de l'empire. Il ne voulait pas croire que ces vers fussent de moi. Je fus obligé, pour le convaincre, d'en écrire quelques strophes de plus sous ses yeux et sur des idées données par lui.

De ce jour, l'indulgence de cette noble famille s'augmenta beaucoup pour moi, mais non ses bontés. Je vivais aimé et heureux dans cette maison patriarcale, où la piété, la vie cachée et la charité de mes hôtes me rappelaient la maison de ma mère. Nous passions les soirées sur une longue et large terrasse qui s'étend au pied du château, et d'où l'on domine le bassin du lac, à causer des événements du temps, et à contempler les scènes calmes et splendides où la lune promenait ses lueurs au-dessus des eaux et des neiges.

VIII

On apercevait de là les cimes des arbres du parc et les toits des pavillons du château de Coppet qu'habitait alors, sous les traits d'une femme, le génie qui éblouissait le plus ma jeunesse. « Puisque vous cultivez tant votre esprit, me dit un soir madame de Vincy, vous devez être un des admirateurs de notre voisine, madame de Staël? » J'avouai avec chaleur ma passion pour l'auteur de *Corinne*. Je vis que l'émotion de mon âme et l'enthousiasme de mon admiration inspiraient un pli de dédain aux lèvres de M. de Vincy et faisaient un peu de peine à sa femme. « Je voudrais pouvoir vous conduire chez votre héroïne, me dit-elle ; je connais beaucoup madame de Staël. J'aime son caractère. Je rends justice à sa bonté et à sa bienfaisance. Mais nous ne la voyons plus. Ses opinions et les nôtres nous séparent. Elle est fille de la révolution par M. Necker. Nous sommes de la religion du passé. Nous ne pouvons pas plus communier ensemble que la démocratie et l'aristocratie. Bien qu'en ce moment nous soyons unis par la haine commune contre Bonaparte, nous ne devons pas nous voir, car cette haine n'a pas le même principe. Nous détestons en lui la révolution qui nous a précipités de notre rang et de notre souveraineté à Berne. Elle déteste en lui la contre-révolution. Nous ne nous entendrions pas. Quant à vous, c'est différent. Madame de Staël est une gloire neutre qui brille sur tous les partis et qui doit fasciner un cœur de vingt ans. Vous devez désirer de la voir. Cependant vous nous feriez quelque peine si vous alliez chez elle pendant que vous êtes chez nous. Nos amis ne comprendraient pas ces relations indirectes entre deux châteaux habités par deux esprits différents. »

IX

Je compris ces motifs, je ne cherchai point à les réfuter ; mon extrême timidité d'ailleurs devant la femme et devant le génie ne me laissait pas envisager sans terreur une présentation à madame de Staël. Apercevoir et adorer de loin un éclair de gloire sous ses traits, c'était assez pour moi. J'eus ce bonheur.

J'appris, quelques jours après cet entretien, que madame de Staël, accompagnée de madame Récamier, qui se trouvait alors à Coppet, allait souvent se promener le soir en calèche sur la route de Lausanne. Je m'informai de l'heure habituelle de ces promenades. Elles variaient selon les circonstances. Je résolus donc de passer une journée entière sur la route, de peur de manquer l'occasion. Je pris le prétexte d'une course sur le Jura. Je sortis dès le matin, emportant un peu de pain et un volume de *Corinne*, et je me mis en embuscade sous un buisson, assis sur la douve, les pieds dans le fossé de la grande route.

Les heures s'écoulèrent. Des centaines de voitures passèrent sur le grand chemin sans qu'aucune d'elles renfermât de femmes sur le visage desquelles je pusse lire les noms de madame de Staël et de madame Récamier. J'allais me retirer triste et chagrin quand un nuage de poussière s'éleva à ma droite sur la route du côté de Coppet. C'étaient deux calèches découvertes attelées de chevaux magnifiques, et qui roulaient vers Lausanne. Madame de Staël et madame Récamier passèrent devant moi avec la rapidité de l'éclair. A peine eus-je le temps d'apercevoir à travers la poussière des roues une femme aux yeux noirs qui parlait en gesticulant à une autre femme dont la figure aurait pu servir de type à la seule vraie beauté, la beauté qui charme et qui entraîne. Quatre autres femmes jeunes et belles aussi suivaient dans la seconde voiture. Aucune d'elles ne fit attention à moi. Je suivis longtemps des yeux la trace fuyante des voitures. J'aurais bien voulu suspendre la course des chevaux, mais madame de Staël était bien loin de se douter que l'admiration la plus passionnée s'élevait vers elle des bords poudreux du fossé. Il ne me resta de sa personne qu'une image indécise et confuse qui ne fixa rien dans mon admiration.

La figure ravissante de madame Récamier s'y grava davantage. L'impression du génie s'oublie; l'impression de l'attrait est impérissable. Le beauté a un éclair qui foudroie. Celle de madame Récamier n'était si puissante et si achevée que parce qu'elle était l'enveloppe modelée sur son intelligence et sur son âme. Ce n'était pas son visage seulement qui était beau, c'était elle qui était belle. Cette beauté, qui était alors du roman, sera un jour de l'histoire. Aussi rayonnante qu'Aspasie, mais Aspasie pure et chrétienne, elle fut l'objet du culte d'un plus grand génie que Périclès. Je ne connus donc jamais madame de Staël, mais plus tard je la reconnus dans sa fille, madame la duchesse de Broglie. C'était peut-être ainsi qu'il fallait la connaître pour la contempler sous sa plus sublime incarnation.

Dans madame de Broglie, toute cette passion était devenue beauté, tout ce feu était devenu chaleur, tout ce génie était devenu vertu. Mourir en laissant une telle trace de soi au monde, c'était, pour madame de Staël, une apothéose vivante que le ciel devait à sa gloire. Ce fut en 1819 que je vis pour la première fois madame la duchesse de Broglie. Elle m'honora, jusqu'à sa mort, de bontés dont le souvenir me sera toujours saint. J'ai consacré à sa mémoire vénérée quelques-uns des derniers vers que j'ai écrits. La poésie, à une certaine époque de la vie, n'est plus qu'un vase funéraire qui sert à brûler quelques parfums pour embaumer de saintes mémoires. Celle de madame de Broglie n'en avait pas besoin. Elle est à elle-même son parfum. Elle s'embaume de sa propre vertu.

X

Cependant je commençais à sentir une certaine pudeur de rester si longtemps à charge dans une maison où j'étais étranger et inconnu. Je craignais que ma présence trop prolongée ne fût indiscrète et n'imposât même à M. et à madame de Vincy quelque gêne. La fortune de cette respectable famille ne paraissait pas correspondre alors à la générosité de son cœur. Je m'en apercevais malgré la noblesse de leurs procédés. Je ne voulais pas ajouter, par la dépense de plus dont j'étais l'occasion, à ces embarras de fortune et à ces tiraillements d'existence, dont je connaissais trop les symptômes dans ma propre famille pour ne pas les discerner chez les autres. Je les voyais souffrir et je souffrais pour eux. C'étaient des cœurs de roi aux prises avec les nécessités de la pauvreté. Le ciel leur aurait dû la fortune de leurs grands cœurs.

XI

Je pris le prétexte d'un voyage dans les montagnes méridionales de la Suisse. Je quittai le château, non sans tristesse dans les yeux de mes hôtes et dans les miens. Je me retournai souvent pour le regretter et pour le bénir des yeux. Je parcourus seul, à pied, et dans le costume d'un ouvrier qui voyage, les plus belles et les plus sauvages parties de l'Helvétie. Après trois semaines de cette vie errante, je revins au bord du lac de Genève, et je m'arrêtai dans la partie de la côte qui fait face au pays de Vaud, et que J.-J. Rousseau a si justement préférée au reste de ses bords. Je me mis en pension, pour quelques sous par jour, chez un batelier du Chablais, dont la maison un peu isolée tenait à un petit village. Le métier de cet homme était de passer une ou deux fois par semaine les paysans d'une rive à l'autre rive, de pêcher dans le lac et de cultiver un peu de champs. Il avait pour toute famille une fille de vingt-cinq ans qui tenait son ménage, et qui donnait à manger aux pêcheurs et aux passants. A environ trois cents pas de la maison habitée par ce brave homme et par sa fille, il y avait une autre maison inhabitée qui leur appartenait aussi, et qui servait seulement de temps en temps à loger quelques voyageurs ou quelques douaniers en observation.

La maison ne contenait qu'une chambre au-dessus d'une cave. Je la louai. Elle était située dans un terrain plat, à la lisière d'une longue forêt de châtaigniers, et bâtie sur la grève même du lac, dont les flots bruissaient contre le mur. Ma chambre avait pour tout meuble un lit sans matelas, sur lequel on étendait du foin ou de la paille, des draps, une couverture, une chaise et un banc. L'appui de la fenêtre me servait de table à écrire. Je m'y installai.

J'allais deux fois par jour, le matin et le soir, prendre mes repas au village chez le batelier et avec lui. Du pain bis, des œufs, du poisson frit, du vin acide et âpre du pays, composaient pour nous ce repas. Le batelier était honnête, sa fille était obligeante et attentive. Après quelques jours de vie en commun, nous étions amis. J'envoyais le batelier chercher une fois la semaine des livres et des nouvelles au cabinet littéraire de Lausanne ou de Nyons. J'avais de l'encre, des crayons, du papier. Je passais les journées de pluie à lire et à écrire dans ma chambre, les journées de soleil à suivre sur la grève les longues sinuosités des bords du lac ou les sentiers inconnus dans les bois de châtaigniers. Le soir, je restais longtemps après souper à user les heures de l'obscurité dans la maison du batelier, causant avec lui, avec sa fille, quelquefois avec l'instituteur et le curé du village, qui s'attardaient auprès de nous. Rentré dans ma chambre, j'y retrouvais avant le sommeil le murmure assoupissant du lac qui roulait et reprenait les cailloux à chaque lame.

Ma chambre était si près de l'eau que, les jours de tempête, les vagues, en se brisant, jetaient leur écume jusque sur ma fenêtre. Je n'ai jamais tant étudié les murmures, les plaintes, les colères, les tortures, les gémissements et les ondulations des eaux que pendant ces nuits et ces jours passés ainsi tout seul dans la société monotone d'un lac. J'aurais fait le poëme des eaux sans en omettre la moindre note. Jamais non plus je n'ai tant joui de la solitude, ce linceul volontaire de l'homme où il s'enveloppe pour mourir voluptueusement à la terre. Je voyais le matin briller de loin au soleil, à sept lieues de moi, sur la rive opposée, le large et blanc château de Vincy; j'aurais pu y retourner si j'avais voulu abuser encore de la touchante hospitalité de ses maîtres. Je me contentai d'écrire une lettre de remercîment à mes hôtes, en les informant de ma nouvelle demeure.

XII

Toutes les communications avec la France s'étaient fermées à cause de la guerre. Je ne savais pas si j'y rentrerais jamais. J'étais fermement résolu à ne jamais y rentrer pour subir l'oppression de pensée et l'asphyxie politique dans lesquelles je me sentais étouffer par la brutalité de l'empire. Je vivais de rien. Cependant mon voyage en Suisse avait un peu allégé le poids de ma ceinture de cuir, qui ne contenait que vingt-cinq louis à mon départ de France. Je songeais sérieusement au parti que je pouvais tirer de ma jeunesse et de mes études si je renonçais à mon pays. Je m'arrêtai à l'idée d'entrer pour quelque temps comme maître de langue ou comme instituteur dans une famille russe, de passer ensuite en Crimée, en Circassie, et de là en Perse, pour y chercher le climat d'Orient, sa poésie, ses combats, ses aventures et ses fortunes merveilleuses, que l'imagination de vingt ans entrevoit toujours dans le mystère et dans le lointain. Ce fut sous l'empire de ces impressions que j'écrivis cette romance, qui n'a jamais été insérée dans mes œuvres:

L'HIRONDELLE

A MADEMOISELLE DE VINCY

Pourquoi me fuir, passagère hirondelle ?
Viens reposer ton aile auprès de moi.
Pourquoi me fuir ? c'est un cœur qui t'appelle.
Ne suis-je pas voyageur comme toi ?

Dans ce désert le destin nous rassemble.
Va, ne crains pas d'y nicher près de moi.
Si tu gémis, nous gémirons ensemble.
Ne suis-je pas isolé comme toi ?

Peut-être, hélas ! du toit qui t'a vu naître,
Un sort cruel te chasse ainsi que moi ;
Viens t'abriter au mur de ma fenêtre.
Ne suis-je pas exilé comme toi ?

As-tu besoin de laine pour la couche
De tes petits frissonnant près de moi ?
J'échaufferai leur duvet sous ma bouche.
N'ai-je pas vu ma mère comme toi ?

Vois-tu là-bas, sur la rive de France,
Ce seuil aimé qui s'est ouvert pour moi ?
Va! portes-y le rameau d'espérance.
Ne suis-je pas son oiseau comme toi ?

Ne me plains pas ! Ah ! si la tyrannie
De mon pays ferme le seuil pour moi,
Pour retrouver la liberté bannie,
N'avons-nous pas notre ciel comme toi ?

J'adressai cette romance, par le batelier, à mademoiselle de Vincy. Ce fut mon adieu à mes hôtes.

Noble et hospitalière famille! Le souvenir de ses bontés ne m'a jamais quitté depuis. J'ai toujours regretté de n'avoir pu lui rendre, dans la personne de quelques-uns de ses membres, ce que j'en ai reçu de services, d'abondance de cœur et de fraternité! Le père et la mère sont morts avant que la fortune soit revenue consoler et relever leur maison. Maintenant elle est redevenue, dit-on, riche et prospère. Que Dieu bénisse dans les enfants la mémoire de la mère et du père!

Je n'ai jamais repassé sur la route de Genève à Lausanne sans lever les yeux sur le château de Vincy et sans recueillir ma pensée dans un souvenir et dans un regret. Il fut pendant quelques semaines, pour moi, comme une maison paternelle. Quelque chose du sentiment qu'on porte au toit de sa famille s'y attache pour mon cœur. De toutes les plantes dont on pare aujourd'hui les jardins et le seuil de ce château, la plus vivace et la plus durable, c'est la reconnaissance du poëte pour le seuil de l'hospitalité.

XIII

. . . .
. . . .

Je revins, après la rentrée des Bourbons, reprendre à Paris mon service militaire dans la garde du roi. C'est alors que je me retrouvai avec un de mes amis d'enfance qui était aussi entré dans les gardes du corps. Il s'appelait le comte Aymon de Virieu. On l'a déjà entrevu en

Italie avec moi. Il fut le premier et le meilleur de mes amis, ou plutôt ce nom banal d'amitié rend imparfaitement la nature du sentiment qui nous lia dès l'enfance. C'était quelque chose comme les liens du sang ou comme la parenté de l'âme. Je fus son frère et il fut le mien. En le perdant, j'ai perdu la moitié de ma propre vie. Ma pensée ne retentissait pas moins en lui qu'en moi-même. Le jour de sa mort, il s'est fait un grand silence autour de moi. Il m'a semblé que l'écho vivant de tous les battements de mon cœur était mort avec lui. Je me sens encore, je ne m'entends plus.

XIV

Aymon de Virieu était fils du comte de Virieu, un des hommes éminents du parti constitutionnel de l'Assemblée constituante, ami de Mounier, de Tolendal, de Clermont-Tonnerre et de tous ces hommes de bien, mais d'illusion, qui voulaient réformer la monarchie sans l'ébranler. On ne réforme que ce qu'on domine. Quand ils eurent mis le trône dans la main d'une assemblée, ils ne purent l'en arracher qu'en morceaux. Aussi le repentir ne tarda-t-il pas à les saisir, et ils se tournèrent, avant qu'elle fût achevée, contre la révolution qu'ils avaient faite. Les uns émigrèrent, les autres s'appelèrent les monarchistes et essayèrent de former ces partis intermédiaires qui sont écrasés entre les deux camps. Les plus hardis comprirent les chances de l'anarchie et en profitèrent pour soulever les provinces contre la Convention.

Du nombre de ces derniers fut le comte de Virieu. En

quittant la tribune, il prit les armes. Lyon s'insurgeait contre la tyrannie. Il vit dans cette insurrection toute municipale quelque chance d'entraîner cette ville et le Midi dans un mouvement involontaire de royalisme et de restauration monarchique. Il y accourut. On lui donna le commandement de la cavalerie lyonnaise pendant le siége de cette ville par l'armée républicaine. Dans la nuit qui précéda la reddition de la place, il se mit à la tête de la cavalerie et tenta de se faire jour à travers les troupes de la Convention. Il y réussit; mais, en sauvant une partie de ses compagnons de fuite, il fut tué lui-même à quelques lieues de Lyon. On ne put retrouver son corps. Il n'a reparu de lui que son nom, qui est resté gravé dans nos annales parmi les fondateurs de notre révolution.

XV

Après sa mort, sa veuve, restée dans les murs de Lyon avec son fils, n'échappa que par la fuite à l'échafaud. Vêtue en mendiante, elle erra dans les montagnes du Dauphiné. Elle y confia son enfant à une paysanne dévouée et fidèle, qui éleva le fils du proscrit parmi les siens. Madame de Virieu passa la frontière et vécut du travail de ses mains en Allemagne, espérant toujours le retour de son mari, dont la mort ne lui était pas connue. C'était une femme d'un caractère héroïque et que son extrême piété tournait au mysticisme religieux le plus tendre et le plus exalté. Son amour pour la mémoire de son mari allait jusqu'à la vision extatique. Sa longue vie depuis le jour où elle le perdit jusqu'à sa mort n'a été qu'une larme, une espérance et une invocation. Rentrée en France, ayant retrouvé son fils et ses filles, recueillant çà et là quelques débris de sa fortune considérable, elle s'était enfermée dans une terre du Dauphiné ; elle y menait une vie toute monastique, vivifiée seulement par ses bonnes œuvres et par sa tendresse pour ses enfants. Les jésuites, sous le nom de Pères de la Foi, venaient de fonder un collége sur les frontières de la France et de la Savoie, à Belley. Ce collége grandissait de renommée au milieu de tous les débris d'institutions enseignantes dispersées par la révolution. Il contrastait heureusement aussi avec cette éducation au tambour des lycées impériaux, où Bonaparte, empereur, voulait mettre la pensée de toute la France en uniforme et faire un peuple de soldats au lieu d'un peuple de citoyens. Les familles nobles, ennemies de l'empire, les familles religieuses de la bourgeoisie, envoyaient de France, de Savoie, d'Allemagne et d'Italie leurs fils dans cette institution naissante. Trois cents jeunes gens de tous les pays y recevaient une éducation à la fois pieuse et libérale. Je ne suis pas partisan en général de l'éducation du siècle par le clergé ; je déteste la théocratie, parce qu'elle revendique la tyrannie au nom du Dieu de liberté et qu'elle la perpétue en la sacrant. Je redoute pour l'esprit humain l'influence du sacerdoce dans les gouvernements ; mais aucune de ces considérations ne m'empêchera de reconnaître et de proclamer la vérité. On ne me fera jamais nier le bien où il est.

Tant que l'esprit du siècle ne deviendra pas une foi religieuse qui dévore à son tour les âmes, les établissements laïques lutteront inégalement avec les établissements du sacerdoce. Il faut que l'État devienne une religion aussi. S'il n'est qu'une administration morte, il est vaincu. Il n'y a pas de budget qui vaille un grain de foi pour acheter les âmes.

Madame de Virieu se hâta de placer son fils dans le collége de Belley. Ma mère m'y amena. Nous nous y rencontrâmes. Nos deux caractères avaient en apparence peu d'analogie. Il était gai, j'étais triste ; turbulent, j'étair calme ; railleur, j'étais sérieux ; sceptique, j'étais pieux. Mais il avait un cœur très-tendre sous son apparente rudesse, et un esprit supérieur qui aspirait pour ainsi dire de haut toute chose sans avoir la peine de rien regarder. Je ne le recherchai pas ; ce fut lui qui me rechercha longtemps sans se rebuter de mon peu de goût pour son étourderie spirituelle et de mon peu d'empressement à répondre à son amitié.

Cependant, à mesure que nous grandissions et que nos deux intelligences s'élevaient un peu au-dessus de la foule de nos camarades, notre intimité s'accrut davantage. Il s'établit entre lui et moi une espèce de confidence d'esprit par-dessus la tête de nos condisciples et même de nos professeurs. Il n'avait que moi pour l'entendre. Cet isolement du vulgaire nous jeta davantage dans l'entretien l'un de l'autre. Se bien comprendre, c'est presque s'aimer. Notre amitié un peu froide fut donc longtemps d'esprit avant d'être de cœur. Ce ne fut qu'après être sortis du collége, et en nous retrouvant plus tard dans l'âge des passions et des attendrissements, que nous nous aimâmes d'une complète et sensible affection.

A cette époque, Virieu, plus âgé que moi de quelques années, touchait à l'adolescence. C'était une tête blonde et bouclée du Nord avec un front proéminent et sculpté à grandes bosses comme par le pouce de Michel-Ange. On y lisait plus de puissances diverses que de régularité et d'harmonie dans ces nombreuses facultés. Ses yeux étaient bleus, mais aussi brillants que des yeux noirs. C'était là qu'étaient reflétés toute la grâce et tout le rayonnement de son âme. Le reste de sa figure était de la force mêlée d'un peu de rudesse. Le regard tremblait comme de la lumière dans l'eau. Son nez, comme celui de Socrate, était relevé et renflé aux narines par les muscles fins de l'ironie. Sa bouche, trop ouverte, était celle de l'orateur qui lance la parole plutôt que celle du philosophe qui la médite.

Il avait dans l'attitude, dans le geste, dans le mot, un certain dédain de la foule et un sentiment intérieur de supériorité de race et de fierté de naissance qui rappelait ces habitudes de familles nobles où l'on regarde du haut en bas. Son esprit était si vaste, si plein, si disponible, qu'il était pour ainsi dire débordant et embarrassé du trop grand nombre de ses aptitudes, stérilisé par l'excès même de fécondité, comme ces hommes à qui une imagination trop active fournit trop de mots à la fois sur les lèvres, et qui, par excès même de paroles, finissent par balbutier.

Il balbutiait en effet et bégayait dans son enfance. Sa parole ne devint calme et claire que quand le bouillonnement de la jeunesse fut apaisé. Bien qu'il fût presque toujours le dernier dans toutes les classes, ses camarades et ses maîtres le regardaient d'un commun accord comme le premier. Il était entendu qu'il l'aurait été s'il l'avait voulu ; mais son esprit était rarement où on voulait le conduire ; il était aux mathématiques quand nous étions au latin, à l'histoire quand nous expliquions les poëtes, aux poëtes quand il s'agissait des philosophes. On lui passait tout cela. Il arrivait autrement, mais il arrivait toujours, seulement il n'arrivait pas à l'heure. Son esprit était à libre allure ; il ne pouvait marcher dans l'ornière de personne ; il se traçait là sienne au gré de ses caprices ; il était né pour les solitudes de l'esprit.

XVI

S'il étudiait moins que nous, il pensait beaucoup plus. Son guide était Montaigne, de qui sa mère descendait. Ce génie *amuseur* et *douteur* avait passé en partie avec le sang dans ce jeune homme. Le livre de Montaigne était son *vade mecum*. Dès l'âge de douze ans, il savait par cœur presque tous les chapitres de cette encyclopédie du scepticisme. Il me les récitait sans cesse. Je combattais de toutes mes forces ce goût exclusif pour Montaigne. Ce doute qui se complaît à douter me paraissait infernal. L'homme est né pour croire ou pour mourir. Montaigne ne peut produire que la stérilité dans l'esprit qui le goûte. Ne rien croire, c'est ne rien faire.

Le cynisme aussi des expressions de Montaigne heurtait et froissait la délicatesse de ma sensibilité. La saleté des mots est une souillure de l'âme. Un mot obscène faisait sur mon esprit la même impression qu'une odeur infecte sur mon odorat. Je n'aimais de Montaigne que cette nudité charmante du style qui dévoile les formes gracieuses de l'esprit et laisse voir jusqu'aux palpitations du cœur sous l'épiderme de l'homme. Mais sa philosophie me faisait pitié. Ce n'est pas la philosophie du pourceau, car il pense. Ce n'est pas la philosophie de l'homme, car il ne conclut rien. Mais c'est la philosophie de l'enfant qui joue avec tout.

Or, ce monde n'est pas un enfantillage. L'œuvre de

Dieu vaut bien qu'on la prenne au sérieux, et la nature humaine est assez noble et assez malheureuse pour que, si on ne la prend pas en respect, on la prenne au moins en pitié. La plaisanterie en pareille matière n'est pas seulement cruelle, elle est une impiété.

XVII

Voilà ce que je disais dès lors à Virieu, et ce que plus tard il s'est dit mieux que moi, quand les notes graves de la passion et du malheur résonnèrent enfin dans son âme. Il creusait trop la pensée pour ne pas arriver au fond, c'est-à-dire à Dieu.

Quelques années après nos études finies, nous nous trouvâmes à Chambéry ; je m'y arrêtai un jour ou deux pour le voir en allant pour la première fois en Italie. Notre amitié se renoua avec plus de connaissance de nous-mêmes et avec une mutuelle inclination d'esprit plus prononcée que jamais. Trois ans de séparation nous avaient appris à nous regretter. Nous nous jurâmes une fraternité sérieuse et inaltérable. Nous nous sommes tenu parole. Depuis ce jour nous ne nous sommes plus quittés de cœur et d'esprit.

XVIII

Nous avons vécu à deux. Il vint me rejoindre à Rome six mois après. Nous voyageâmes longtemps ensemble ; nous achevâmes l'un à l'autre notre éducation : ce qui manquait à l'un, l'autre le lui donnait. Dans cet échange quotidien de nos facultés, il apportait l'idée, moi le sentiment ; la critique, moi l'inspiration ; la science, moi l'imagination. Il n'écrivait jamais rien ; il était comme ces esprits délicats qui ne se satisfont jamais de leur œuvre et qui préfèrent la garder éternellement à l'état de conception dans leur sein plutôt que de la produire imparfaite et de profaner leur idéal en le manifestant. Ce sont les plus grands esprits. Ils désespèrent d'atteindre jamais par la parole, par l'art et par l'action à la grandeur de leurs pensées. Ils vivent stériles ; mais ce n'est pas par impuissance : c'est par excès de force et par la passion maladive de la perfection. Ces hommes sont les vierges de l'esprit. Ils n'épousent que leur idéal et meurent sans rien laisser d'eux à la terre. C'est ainsi que Virieu est mort en emportant un génie inconnu avec lui.

XIX

Rentrés en France, nous ne nous quittâmes presque plus. A Paris, nous habitions ensemble. L'été, j'allais passer des mois entiers au sein de sa famille, dans la solitude de sa demeure en Dauphiné, entre sa mère, toute consacrée à Dieu, et sa plus jeune sœur, toute consacrée à sa mère et à lui. Cette sœur (son nom était Stéphanie), quoique jeune, riche et charmante, avait dès lors renoncé au monde et au mariage pour se dévouer tout entière à sa famille et à la peinture, dont elle avait le génie. Elle était le Greuze des femmes.

Nous passions les longues journées de l'automne à lui

faire des lectures pendant qu'elle peignait, ou à concevoir pour elle des sujets de tableaux auxquels la rapide improvisation de son crayon donnait à l'instant la forme et la vie. Elle adorait son frère et elle s'intéressait à moi à cause de lui. Madame de Virieu, assise dans un grand fauteuil, au coin de la cheminée, silencieuse et recueillie dans la tristesse et dans la prière intérieure, présidait ces studieuses soirées de famille ; elle jetait de temps en temps un regard tendre et un sourire distrait de notre côté, comme pour nous dire : « Je ne participe à une joie de la terre que par vous. »

La vie calme et innocente de cette sainte maison me rafraîchissait et me reposait le cœur, presque toujours agité ou fatigué de passions. C'était le recueillement de mes jeunes années.

Au moment de la chute de l'empire, que Virieu et tous les jeunes gens de ce temps ne détestaient pas moins que moi, nous entrâmes ensemble dans la maison militaire du roi. Nous en sortîmes ensemble quand cette garde fut licenciée. Nous entrâmes ensemble dans la carrière diplomatique. Il suivit le duc de Richelieu en Allemagne. Il fut attaché à l'ambassade du duc de Luxembourg au Brésil. Il accompagna M. de la Ferronnays au congrès de Vérone. Il fut secrétaire de la légation à Turin et à Munich. Des peines secrètes altérèrent sa santé. Il quitta la diplomatie et rentra dans sa famille. Ces absences, que nous remplissions d'une correspondance de tous les jours, n'avaient relâché en rien les liens de notre amitié. Nous nous entendions de plus loin, voilà tout. Notre bourse était commune comme l'étaient nos pensées. Combien de fois n'a-t-il pas comblé de sa fortune les insuffisances et les désastres de la mienne ? Il ne savait pas si je le rembourserais jamais, il ne s'en inquiétait pas. Il aurait dépensé son âme pour moi sans compter avec sa propre vie. Comment aurait-il compté avec sa fortune?

Moi-même je ne lui faisais pas l'affront d'être reconnaissant. Ma reconnaissance, c'était de ne pas compter et de ne rien séparer entre nous. Combien n'y a-t-il pas à lui dans ce qui est aujourd'hui à moi? Esprit, âme, cœur, fortune, Dieu seul pourrait dire : « Ceci est de l'un, ceci est de l'autre. » Les hommes ainsi unis devraient pouvoir confondre leur mémoire de même qu'ils ont confondu leur vie, et s'appeler du même nom dans la postérité comme un être collectif. Cela serait à la fois plus vrai et plus doux. Pourquoi deux noms où il n'y eut, en réalité, qu'un seul homme?

XX

Il épousa, quelques années après, une jeune personne dont la grâce modeste, la vertu et l'attachement passionnés ensevelirent pour jamais sa vie dans l'obscurité d'une félicité domestique. Son esprit si supérieur ne faiblit pas, mais il s'abattit du nuage sur le sol. Son âme, autrefois curieuse et sceptique, crut avoir trouvé la vérité dans le bonheur et le repos, dans la foi de sa mère. Il se renferma dans l'amour de sa femme et de ses enfants. Il borna sa vie et n'en franchit plus la borne. Son cœur ne sortait de cette enceinte de famille que par l'amitié pour moi, qui s'était conservée en lui tout entière. Du bord où il s'était assis, il me regardait marcher, monter ou tomber. Il croyait plus au passé qu'à l'avenir, comme tous les hommes fatigués du temps. Il s'intéressait peu aux agitations présentes du monde politique. Il ne les regardait que de côté. Il aimait toujours la liberté, mais il ne l'attendait que de Dieu, comme il ne voyait de stabilité que dans la foi. Le mysticisme de sa mère jetait ses consolantes illusions sur sa piété.

Il m'écrivait souvent sur les affaires du temps. Ses lettres étaient tristes et graves, comme la voix d'un homme qui parle du fond du sanctuaire à ceux qui sont sur la place publique. Une fois, je fus quinze jours sans recevoir de ses lettres. J'en reçus une de sa sœur qui m'apprenait sa fin. Il était mort dans les bras de sa femme en bénissant ses fils et en me nommant parmi ceux qu'il regrettait de laisser sur la terre et qu'il désirait de retrouver ailleurs. La religion avait immortalisé d'avance son dernier soupir. Sceptique en commençant le chemin, à mesure qu'il avait avancé dans la vie il avait vu plus clair. A l'extrémité de la route il ne doutait plus. Il touchait à Dieu!

Je perdis en lui le témoin vivant de toute la première moitié de ma vie. Je sentis que la mort déchirait la plus chère page de mon histoire ; elle est ensevelie avec lui.

XXI

Ce fut en Dauphiné, dans les ruines du vieux château de sa famille, appelé Pupetières, que j'écrivis pour lui la méditation poétique intitulée *le Vallon*. Ces vers rappellent le site et les sentiments que cette solitude, ces bois et ces eaux faisaient alors murmurer en nous. Si l'on écrivait le murmure des bois et des eaux, on aurait mieux que ces faibles strophes. L'âme du poëte est une eau courante qui écrit ses murmures et qui les chante ; mais nous les écrivons avec les notes de l'homme, et la nature avec les notes de Dieu.

Après avoir quitté définitivement le service, je rentrai dans la maison paternelle, et je repris mes voyages. Ils me portaient souvent vers les Alpes. C'est ici le lieu de parler d'un homme qui m'y attirait le plus. Cet homme était le baron Louis de Vignet. Il est mort, il y a peu d'années, ambassadeur de Sardaigne à Naples. Sa tombe renferme une des plus chères reliques de la vie de mon cœur. Que peut l'homme pour l'homme qui n'est plus? Rien qu'une froide épitaphe. La pierre garde la mémoire plus longtemps que le cœur; c'est pour cela qu'on grave un nom et un mot sur un sépulcre. Mais quand la génération est éteinte, les hommes qui passent ne comprennent plus ni le mot ni le nom. Il faut donc les expliquer.

Louis de Vignet, que je connus au collége, était fils d'un sénateur de Chambéry, et neveu par sa mère du comte Joseph de Maistre, le philosophe, et du comte Xavier de Maistre, le Sterne du siècle, mais le Sterne plus sensible et plus naturel que l'écrivain anglais.

Louis de Vignet et moi nous étions, au collége des jésuites, les deux enfants rivaux qui se disputaient toutes les palmes que l'orgueil imprudent des maîtres se plaisait à présenter à l'émulation de leurs condisciples. Plus âgé que moi de quelques années, d'une pensée plus mûre, d'une volonté plus forte à son œuvre, il l'emportait souvent. Je n'étais point jaloux ; la nature ne m'avait pas fait envieux. Quant à lui, il paraissait peu satisfait de la victoire et humilié des défaites. C'étaient l'Italien et le Français aux prises. Nos deux natures présentaient dans le visage comme dans le caractère le contraste de ces deux types nationaux. Vignet était un grand jeune homme maigre, un peu voûté, penchant sur sa poitrine un front couvert de cheveux noirs. Son teint était pâle et un peu cuivré ; son œil enfoncé se cachait sous de longs cils ; son nez aquilin et effilé était sculpté avec une admirable finesse. Ses lèvres minces se desserraient rarement. Une expression habituelle d'amertume et de dédain déprimait légèrement les coins de sa bouche. Son menton était coupé à angles droits, comme la tête du cheval arabe. L'ovale de sa figure était allongé, flexible et gracieux. Il parlait peu. Il se promenait seul. Il se sentait par l'âge et par l'énergie du caractère au-dessus de nous. Ses camarades ne l'aimaient pas. Ses maîtres le craignaient. Il y avait du mécontent dans son silence et du conspirateur dans sa solitude.

Il ne dissimulait pas son mépris pour les exercices religieux auxquels on nous assujettissait. Il se vantait de son incrédulité et presque de son athéisme. Je me sentais de l'admiration pour son talent, de la compassion pour son isolement, mais peu de penchant pour sa personne. Il y avait dans son regard quelque chose du *Faust* allemand qui fascinait la pensée comme une énigme, arrachait l'admiration, mais qui repoussait l'intimité.

Aucun des hommes que j'ai connus n'avait reçu de la nature de si puissantes facultés. Son esprit était un instrument aiguisé et fort dont sa volonté se servait à tout sans que rien résistât. Il avait le don naturel du style, comme si sa plume eût suivi le calque des plus grands écrivains. Il était naturellement antique dans le discours, poëte harmonieux et sensible dans les vers, philosophe hardi et dominateur avant l'âge de la pensée. Nous pâlissions tous devant lui dans nos compositions. Seulement il péchait par excès de réminiscences et par un peu d'apprêt. Le naturel et l'improvisation plus vraie me donnaient quelquefois l'avantage. Je ne le dépassais que par l'absence de quelques défauts, mais j'étais loin de me prévaloir de ces victoires, et je sentais plus que personne sa supériorité d'âge, de travail et de talent.

XXII

Il sortit de ses études trois ans avant moi. Il laissa un nom parmi nous comme cette trace qu'un homme supérieur laisse en traversant une foule et qui ne se referme que longtemps après. Nous en parlions avec une admiration mêlée d'un peu de terreur. Nous le croyions appelé à quelque haute mais sinistre vocation. Nous en attendions je ne sais quoi de grand. C'était comme le pressentiment d'une destinée. Nous apprîmes qu'il faisait ses études de droit à l'école de Grenoble ; que là, comme ailleurs, il était admiré mais peu aimé ; qu'il vivait dans un fier dédain de la foule ; qu'il ne donnait dans aucune des sottes vanités de la jeunesse de ces écoles ; qu'il se faisait même une gloire stoïque de sa pauvreté, comme Machiavel enfant, et qu'on le rencontrait souvent dans la rue en plein jour portant lui-même ses souliers percés à raccommoder à l'échoppe voisine, ou mangeant fièrement son morceau de pain, un livre sous le bras. Cette fierté de sobriété et de mâle indépendance bravait le mépris de ses camarades et dénotait une âme plus forte que leur raillerie. Mais on ne le raillait pas, on le respectait, et les preuves qu'il donnait dans l'occasion de ses talents comme légiste et comme orateur le plaçaient déjà très-haut dans l'opinion de la ville.

Il y avait six ans que nous nous étions séparés, quand

le hasard nous réunit à Chambéry, où je passais quelques jours en revenant d'une course dans les Alpes. J'étais alors dans toute l'ébullition de mes plus vertes et de mes plus âpres années. Il n'y avait ni assez d'air dans le ciel, ni assez de feu dans le soleil, ni assez d'espace sur la terre pour le besoin d'aspiration, d'agitation et de combustion qui me dévorait. J'étais une fièvre vivante; j'en avais le délire et l'inquiétude dans tous les membres. Les habitudes régulières de mes années d'étude et la douce piété de ma mère et de nos maîtres étaient loin de moi. Mes amitiés se profanaient au hasard comme mes sentiments. J'étais lié avec ce qu'il y avait de plus évaporé et de plus turbulent sous des formes heureuses, dans la jeunesse de mon pays et de mon époque. J'allais aux égarements par toutes les pentes, et cependant ces égarements me répugnaient. Ils n'étaient que d'imitation et non de nature. Quand j'étais seul, la solitude me purifiait.

C'est dans ces dispositions que je rencontrai Vignet. J'eus peine à le reconnaître. Jamais si peu d'années n'avaient opéré un changement si complet dans une physionomie. Je vis un jeune homme au maintien modeste, à la démarche lente et pensive, au timbre de parole sonore et caressant, à la figure reposée et harmonieuse, voilée seulement d'une ombre de mélancolie. Il vint à moi plutôt comme un père à son enfant que comme un jeune homme à son camarade. Il m'embrassa avec attendrissement. Il s'accusa de mauvaises jalousies que nos rivalités de succès dans les lettres lui avaient autrefois inspirées; il me dit qu'il ne lui en restait dans l'âme que la honte, le repentir et le désir passionné de se lier pour la vie avec moi d'une indissoluble amitié. Ses traits, ses gestes, la limpidité de ses yeux bleus, correspondaient à ses paroles. Mon cœur s'ouvrit pour accueillir les épanchements du sien. Je sentais que cet homme grave, austère et tendre, retrempé dans la retraite au fond des montagnes, ayant eu la force de se mettre à part du courant de sottises et de légèretés qui nous entraînait, original dans le bien, tandis que nous nous efforcions d'être de misérables copistes dans le mal, valait mieux que mes amis de plaisirs.

XXIII

Une onction charmante coulait de ses lèvres. Il me raconta son changement d'esprit en montant le matin, au lever du soleil, le petit vallon de châtaigniers qui conduit aux Charmettes, ce berceau fleuri du premier amour et du premier génie de Jean-Jacques Rousseau. Il y avait en ce moment dans Vignet, dans sa taille élancée mais affaissée sur elle-même, dans sa tête inclinée en avant, dans les boucles de ses cheveux noirs sortant de son chapeau par derrière et contrastant avec la pâleur de ses joues creuses, dans sa démarche lente et recueillie, et jusque dans son habit noir, étroit, râpé, boutonné sur sa poitrine, enfin dans le son tendre mais un peu découragé de sa voix, une parfaite ressemblance avec l'image que je m'étais faite du *Vicaire savoyard*, cette pittoresque création de Rousseau, ce Platon des montagnes dont le cap Sunium était un pauvre village du Chablais.

XXIV

Le père de Vignet était pauvre ; la révolution lui avait enlevé la dignité et les appointements de sénateur. Il s'était retiré dans le seul petit domaine qu'il possédât, à une lieue de Chambéry, auprès d'un joli village appelé Servolex. Il y était mort quelques années après, pendant que son fils était au collége avec moi.

La mère de mon ami, femme adorable et adorée de ses enfants, avait vendu, année par année, quelque champs de l'héritage pour achever l'éducation de ses deux fils et d'une fille. L'aîné de ses fils, que je ne connaissais pas, vivait à Genève et y étudiait l'administration. La pauvre mère vivait seule avec sa fille à Servolex, dans ce dernier débris des biens de la famille. Elle était tombée en maladie de langueur, par suite du découragement de ses espérances, de la décadence de sa maison et de la mort de son mari. Se sentant mourir elle-même, elle avait rappelé son fils Louis de Grenoble, pour la suppléer dans l'administration du petit bien et pour être le protecteur de sa sœur.

XXV

Vignet était accouru. La vue de sa mère mourante l'avait bouleversé. Une seule passion, sa tendresse filiale pour cette sainte femme, avait éteint en lui toutes les autres. Son orgueil avait été noyé dans ses larmes.

L'exemple de cette résignation calme et sereine à la mort que lui donnait tous les jours sa mère l'avait lui-même résigné à la vie. La piété n'avait pas persuadé, mais elle avait attendri son âme. Ce Dieu qu'il ne voyait pas encore, il le sentait et l'entendait en lui. Il avait prié pour la première fois et des milliers de fois au pied de ce lit de souffrance et de paix. Il s'était fait de la religion de sa mère pour prier dans la même langue. Elle avait langui deux ans, elle avait expiré en lui léguant pour tout héritage sa religion. Il lui avait juré, à l'heure où les paroles sont sacrées, d'accepter ce legs de son âme. Il tenait son serment. Sa religion c'était sa mère ; sa conviction c'était sa promesse ; sa foi c'était son souvenir.

XXVI

Cependant ces deux années d'études tronquées et de carrière interrompue avaient bouleversé tout son avenir. Son ambition était ensevelie sous la pierre du tombeau de sa mère, dans le cimetière de Servolex. Sa santé s'était altérée par l'isolement et par la tristesse. Ses nerfs, tendus trop jeunes par la pensée et par la douleur, s'étaient brisés. Une mélancolie sereine, mais profonde et incurable, assombrissait tout l'horizon pour lui. Les hommes et leurs pensées courtes comme eux lui faisaient pitié. Rien ne valait la peine de rien.

Il avait renoncé résolûment à toute carrière. Il avait pris le parti de vivre seul avec sa sœur, jeune personne digne de lui, dans leur pauvre domaine de Servolex. Il possédait à peu près trente mille francs en vignes, en bois et en terres autour de la maison, dont le revenu suffisait à sa vie frugale et à ses désirs retranchés. Des livres, la prière, quelques occupations littéraires remplissaient ses jours. Peut-être aimait-il au fond de l'âme une jeune personne de sa famille, orpheline et pauvre comme lui, et qui était souvent la compagne de sa sœur? Mais cet amour, s'il existait, ne se trahissait jamais que par la constance d'un culte silencieux. Il croyait trop peu à sa fortune pour y associer une pauvre fille. Il ne manquait à son cœur qu'un ami. Il s'offrait à être le mien.

Bien souvent, depuis six ans, il avait pensé à moi comme au seul cœur auquel il voulût attacher le sien. Il n'avait pas osé m'écrire. Il savait que son caractère acide alors et sauvage avait laissé à ses camarades de l'éloignement pour lui. Il savait aussi que j'étais plongé, avec des amis de circonstance, dans toutes les légèretés de la vie du monde. Il le déplorait pour moi. Je n'étais pas de cette chair dont le monde fait ses jouets et ses idoles. J'avais une âme qui surnageait sur ce cloaque de vanités et de vices. Cette âme devait aspirer en haut et non en bas. Ma mère était pieuse comme la sienne. Elle devait souffrir de l'air vicié où je vivais. Plus âgé que moi par les années, mais surtout par le malheur, qui compte les années par jour, il m'offrait une affection plus sainte et plus vraie que celle des jeunes compagnons de mes égarements. Il se dévouait à moi comme un frère.

XXVII

Je sentais la vérité et surtout l'accent de ses paroles, et j'en étais touché. Nous entrâmes, en causant ainsi, dans la maison déserte des Charmettes, qu'une pauvre femme nous ouvrit, comme si les maîtres, absents d'hier, avaient dû rentrer le soir. L'image charmante de madame de Warens et de Jean-Jacques Rousseau enfant peuplaient pour nous les trois petites chambres du rez-de-chaussée. Nous cherchions la place où ils s'asseyaient. Nous parcourûmes l'étroit jardin, nous nous assîmes au bout de l'allée, sous la petite tonnelle de chèvrefeuille et de vigne vierge où se fit le premier aveu d'un pur amour, depuis si profané. Vignet, quoique chrétien par la volonté, avait dans le cœur le même enthousiasme que moi pour Jean-Jacques Rousseau, ce seul écrivain du dix-huitième siècle dont le génie fût une âme. Nous passâmes une partie du jour dans ce jardin inondé de parfums et de soleil, comme si les plantes et les arbres se fussent réjouis de recevoir des hôtes dignes d'aimer leurs anciens maîtres. Nous n'en redescendîmes qu'au coucher du soleil, et nous redescendîmes ainsi.

Je sentais combien ce jeune homme, né près du berceau de Rousseau, inspiré comme lui, pauvre et malheureux comme lui, mais plus pur et plus religieux que lui, était au-dessus de ceux que j'appelais mes amis, et que je devais aux Charmettes bien autre chose qu'un vain souvenir de grand homme, l'amitié d'un homme de bien. Mon cœur ne demandait qu'à admirer.

XXVIII

Vignet m'emmena dans sa maison de Servolex et me présenta à sa famille. Deux des oncles de sa mère vivaient alors à Chambéry ou dans les environs de Servolex. Ils étaient les frères du comte Joseph et du comte

Xavier de Maistre, qui résidaient en Russie. L'un était colonel en retraite, l'autre chanoine et bientôt évêque d'Aoste, en Savoie. Ces deux hommes étaient dignes du beau nom que le génie divers de leurs frères a fait depuis à leur maison. Ils avaient, en outre, le génie de la bonté. Leur conversation étincelait de cette lueur de gaieté douce, dont le rire ne coûte rien à la bienveillance. La nature avait fait à cette famille le don de grâce. C'était la finesse italienne sous la naïveté du montagnard de la Savoie. Leurs principes étaient austères, leur indulgence excusait tout. Longtemps ballottés par les événements de la révolution, émigrés, jetés d'un bord à l'autre, ils étaient comme ces rudes pierres de leurs montagnes que les avalanches ont roulées dans le torrent, que le torrent a limées et polies pendant des siècles, qui sont devenues luisantes et douces au toucher, mais qui n'en restent pas moins pierres sous la surface qui les adoucit.

XXIX

Mêlés à des événements et à des hommes divers, ils savaient tout le siècle par cœur. Le côté plaisant et ironique des choses leur apparaissait toujours avant tout. Ils ne prenaient au sérieux que l'honneur et Dieu. Tout le reste était pour eux du domaine de la comédie humaine. Ils se moquaient de la pièce, mais ils avaient de la pitié pour les acteurs.

Le chanoine surtout était l'esprit le plus excentrique et le plus original que j'aie jamais connu. Il écrivait le matin des sermons dont il nous lisait des fragments le soir, et il faisait un recueil de toutes les anecdotes bouffonnes, mais chastes, qu'il avait pu récolter dans sa tournée : une espèce de dictionnaire de la gaieté ou d'encyclopédie du rire à l'usage de la famille et des voisins. Mais ce rire était celui d'un ange et d'un saint. Il ne devait coûter ni rougeur au front, ni larmes aux victimes. C'était le côté plaisant de la nature, mais jamais le mauvais côté. Il était très-lié avec madame de Staël, dont il n'aimait pas les principes, dont il plaisantait l'enthousiasme, mais dont il adorait la bonté. Leur correspondance était fréquente et bizarre. C'était l'agacerie charmante de l'esprit et du génie. C'était la religion gracieuse et tolérante jetant un peu de poussière aux ailes de la philosophie, mais sans vouloir les souiller. C'était le badinage courtois de la poésie et de la prose. Elles se faisaient briller en luttant. Je passai des journées délicieuses dans cette intimité de famille.

Ce fut à une autre époque que j'y connus le comte Joseph de Maistre, le frère aîné de tous ces frères, le Lévi de cette tribu. J'entendis de sa bouche la lecture des *Soirées de Saint-Pétersbourg* avant leur publication. Les amis et les ennemis de sa philosophie connaissaient également peu l'homme sous l'écrivain.

Le comte de Maistre était un homme de grande taille, d'une belle et mâle figure militaire, d'un front haut et découvert, où flottaient seulement, comme les débris d'une couronne, quelques belles mèches de cheveux argentés. Son œil était vif, pur, franc. Sa bouche avait l'expression habituelle de fine plaisanterie qui caractérisait toute la famille; il avait dans l'attitude la dignité de son rang, de sa pensée, de son âge. Il eût été impossible de le voir sans s'arrêter et sans soupçonner qu'on passait devant quelque chose de grand.

Sorti jeune de ses montagnes, il avait d'abord vécu à Turin, puis les secousses l'avaient jeté en Sardaigne, puis en Russie, sans avoir passé par la France, ni par l'Angleterre, ni par l'Allemagne. Il avait été dépaysé moralement dès sa jeunesse. Il ne savait rien que par les livres, et il en avait lu très-peu. De là sa merveilleuse excentricité de pensée et de style. C'était une âme brute, mais une grande âme; une intelligence peu policée, mais une vaste intelligence; un style rude, mais un fort style. Livré ainsi à lui-même, toute sa philosophie n'était que la théorie de ses instincts religieux. Les passions saintes de son esprit étaient passées chez lui à l'état de foi. Il s'était fait des dogmes de ses préventions. C'était là tout le philosophe. L'écrivain était bien supérieur en lui au penseur, mais l'homme était très-supérieur encore au penseur et à l'écrivain. Sa foi, à laquelle il donnait trop souvent le vêtement du sophisme et l'attitude du paradoxe qui défie la raison, était sincère, sublime, féconde dans sa vie. C'était une vertu antique ou plutôt une vertu rude et à grands traits de l'Ancien Testament, tel que ce Moïse de Michel-Ange, dont les membres ont encore l'empreinte du ciseau qui les a ébauchés. Sous les formes de l'homme, on sent encore le rocher. Ainsi ce génie n'était que dégrossi, mais il était à grandes proportions. Voilà pourquoi M. de Maistre est populaire. Plus harmonieux et plus parfait, il plairait moins à la foule, qui ne regarde jamais de près. C'est un Bossuet alpestre.

LIVRE DOUZIÈME

I

Cette société me fut très-utile. Elle dépaysa mon esprit de cette philosophie de corps de garde et de cette littérature efféminée qu'on respirait alors en France. Elle me montra des hommes de la nature au lieu de ces copies effacées qui formaient alors le monde pensant à Paris. Elle me transplanta dans un monde original, excentrique, nouveau, dont le type m'avait été inconnu jusque-là. C'était non-seulement la société du génie alpestre dans une vallée de la Savoie, c'était aussi la société de la jeunesse, de la grâce et de la beauté; car autour de ces troncs d'arbres séculaires de la famille de Maistre et de Vignet, il y avait des rejetons pleins de séve, des génies en espérance, des âmes en fleur. J'y étais accueilli comme le fils ou le frère de tous les membres de cette étonnante et charmante famille.

Le temps, la mort, les patries différentes, les opinions et les philosophies opposées nous ont séparés depuis. Mais je vivrais un siècle, que je n'oublierais jamais les journées dignes des entretiens de Boccace à la campagne, pendant la peste à Florence, que nous passions pendant tout un été dans la maison de Bissy, chez le colonel de Maistre, ou dans le petit castel de Servolex, chez mon ami Louis de Vignet.

Le salon était en plein champ. Tantôt un bois de jeunes sapins sur les dernières croupes vertes du mont du Chat, d'où l'on domine la vallée vraiment arcadienne de Chambéry et son lac à gauche. Tantôt une allée de hautes charmilles du fond du jardin de Servolex, allée élevée en terrasse sur un vallon noyé de feuillages et de hautes vignes entrelacées aux noyers. Le soleil arpentait silencieusement le pan du ciel de lapis entre le mont du Chat et les premières Alpes de Nivoley. L'ombre se rétrécissait ou s'élargissait aux pieds des arbres. Le comte de Maistre, tête de Platon gaulois, dessinait en rêvant des figures sur le sable, du bout de son bâton cueilli sur le Caucase. Il racontait ses longs exils et ses fortunes diverses à ses frères attentifs et respectueux devant lui. L'aînée de ses filles, pensive, silencieuse et recueillie, jouait non loin de là sur le piano des airs mélancoliques de la Scythie. Les fenêtres du salon ouvertes laissaient arriver les notes interrompues par le vent jusqu'à nous. Le chanoine de Maistre, figure socratique adoucie et sanctifiée par le génie chrétien, lisait son bréviaire dans une allée écartée du jardin. Il jetait de temps en temps involontairement vers nous un regard de distraction et de regret. On voyait qu'il était pressé de finir le psaume pour venir se mêler à l'entretien qui courait sans lui.

II

La plus jeune des filles du comte de Maistre, qui n'avait alors que dix-sept ou dix-huit ans, portait sur son front, dans ses yeux, sur ses lèvres, les rayons du génie de son père. C'était une fille du Sinaï, toute resplendissante des lueurs du buisson sacré, tout inspirée des doctrines théocratiques de la famille. Elle copiait les écrits de son père; elle écrivait, dit-on, elle-même des pages que sa modestie seule empêchait d'éclater d'un talent naturel à sa maison. C'était une Corinne chrétienne à quelques lieues au bord d'un autre lac de la Corinne philosophe et révolutionnaire de Coppet. Je n'ai jamais rien lu de cette jeune fille, mais son éloquence était virile, nerveuse et accentuée comme sa voix. L'inspiration religieuse ou politique dont elle était involontairement saisie la soulevait par moments du banc de gazon où elle était assise près de nous. Elle marchait en parlant sans s'apercevoir qu'elle marchait. Ses pieds semblaient ne pas toucher la terre, comme ceux des fantômes ou des sibylles qui sortent du sol enchanté. Elle avait des pages de paroles alors emportées par le vent qui auraient été dignes des premiers penseurs et des premiers écrivains du siècle. Nous pâlissions en l'écoutant. Le nom de son père a lui sur elle depuis. La fortune inattendue est venue la chercher dans sa modeste obscurité. Je ne sais ce qu'elle aura fait de son génie, arme pour un homme, fardeau pour une femme. Je crois qu'elle l'aura changé en vertus, comme ses richesses en bienfaits.

III

Louis de Vignet, sa sœur, aussi spirituelle que lui, et moi, nous admirions en silence ces éruptions de grâce, de feu et de foi. La théocratie, prêchée sous un si beau ciel par une si belle bouche, dans une si belle langue, par une jeune fille qui ressemblait aux filles d'un prophète, avait en ce temps-là un grand charme pour mon imagination. Ce serait si beau, si le royaume de Dieu n'avait pas des hommes pour ministres! Plus tard, il me fallut reconnaître que le royaume de Dieu ne pouvait être que cette révélation éternelle dont le Verbe est le code et dont les siècles sont les ministres. Je revins vite à la liberté qui laisse penser et parler tous les verbes dans tous les hommes.

IV

Mon ami nous récitait des vers suaves et mélancoliques qu'il allait recueillir un à un dans les bruyères de ses montagnes et qu'il ne publia jamais, de peur de leur enlever cette fleur que le plein air enlève à l'âme comme aux pêches et aux raisins des espaliers. Je commençais aussi alors à en balbutier quelques-uns. Je les récitais en rougissant devant le comte de Maistre et ses filles. « Ce jeune Français, disait M. de Maistre à son neveu, a une belle langue pour instrument de ses idées. Nous verrons ce qu'il en fera quand l'âge des idées sera venu. Que ces

Français sont heureux! ajoutait-il avec impatience. Ah! si j'étais né à Paris! Mais je n'ai jamais vu Paris. Je n'ai pour langue que le jargon de notre Savoie! »

Il ne savait pas encore que l'homme c'est la langue; et que ce jargon serait une grande éloquence; que plus les langues sont maniées, plus elles s'effacent, et que le français se retremperait à Servolex dans son génie, comme il s'était retrempé aux Charmettes dans l'ignorance de Jean-Jacques Rousseau.

Plus tard, le neveu du comte de Maistre épousa une de mes plus charmantes sœurs. Elle eut ses jours courts de maternité dans ce même Servolex où nous rêvions alors ensemble; et bientôt après elle y eut son tombeau.

V

Ici manquent les notes d'environ deux années pendant lesquelles je n'écrivis pas. J'étais rentré ensuite, à la voix de ma mère, dans la maison paternelle presque ruinée par des revers inattendus. . . . .
. . . .
. . . .

VI

..... Je vivais alors (si cela peut s'appeler vivre) dans des espèces de limbes moitié ténèbres, moitié lumière, qui ne prêtaient à mon âme, à mes sentiments et à mes pensées qu'un demi-jour froid et triste comme un crépuscule d'hiver. Avant d'avoir vécu, j'étais lassé de vivre. Je me retirais, pour ainsi dire, de l'existence dans un recueillement désenchanté, et dans cette solitude du cœur que l'homme se fait quelquefois à lui-même en coupant tous ses rapports avec le monde et en se séparant de toute participation au mouvement qui l'agite. Sorte de vieillesse anticipée et volontaire dans laquelle on se réfugie avant les années, mais vieillesse fausse et feinte qui couve sous son apparente froideur des jeunesses plus chaudes et plus orageuses que celles qu'on a déjà traversées.

Toute la famille était absente. Le père chez un de mes oncles, à la chasse dans les forêts de Bourgogne. La mère en voyage. Les sœurs dispersées ou au couvent. Je passai tout un long été entièrement seul, enfermé avec une vieille servante, mon cheval et mon chien, dans la maison de mon père, à Milly. Ce hameau bâti en pierres grises, au pied d'une montagne tapissée de buis, avec son clocher en pyramide, dont les assises semblent calcinées par le soleil, ses sentiers roides, rocailleux, tortueux, bordés de masures et de fumier, et ses maisons couvertes en laves noircies par les ondées, où végètent des mousses carbonnées comme la suie, rappelle tout à fait un village de Calabre ou d'Espagne.

Cette aridité, cette pauvreté, cette calcination, cette privation d'eau, d'ombre, de vie végétale, me plaisaient. Il me semblait que cette nature était ainsi mieux en rapport avec mon âme. J'étais moi-même un cep de cette colline, un chevreau de ce rocher, un bois sans fleur de ces buissons. Ce silence inusité de la maison paternelle, cette solitude du jardin, ces chambres vides, me rappelaient un tombeau. Cette idée d'un sépulcre ne messeyait pas à mon imagination. Je me sentais ou je voulais me sentir mort. J'aimais ce linceul de pierre dans lequel j'étais volontairement enveloppé. Les seuls bruits de la vie qui pénétrassent dans la maison étaient lointains et monotones comme les bruits des champs. Ils sont restés depuis dans mon oreille.

Je crois entendre encore les coups cadencés des fléaux qui battaient la moisson, au soleil, sur l'aire de glaise durcie de la cour; les bêlements des chèvres sur la montagne; les voix d'enfants jouant dans le chemin au milieu du jour; les sabots des vignerons revenant le soir de l'ouvrage; le rouet des pauvres fileuses assises sur le seuil de leurs portes, ou les grincements aigus et stridents de la cigale qui ressemblaient à un cri arraché par la brûlure des rayons du midi dans la vapeur embrasée qui s'exhalait des carrés du jardin.

Les mois se passaient à lire, à rêver, à errer nonchalamment tout le jour, de ma chambre haute au salon désert; du salon à l'étable, où je me couchais avec le chien sur la litière fraîche que je faisais moi-même à mon cheval oisif; de l'étable au jardin, où j'arrosais quelques planches de laitue ou de petits pois; du jardin sur la montagne pelée qui le domine, où je me cachais parmi les plantes de buis, seul feuillage qui résiste par son amertume à la dent des chèvres. De là, je regardais au loin les cimes de neige dentelées des Alpes, qui me semblaient et qui me semblent encore le rideau d'une terre trop splendide pour des hommes. J'écoutais avec des délices de recueillement et de tristesse les tintements mélancoliques des clochettes de ces troupeaux qui ne demandent pour tout bonheur à la terre qu'un peu d'herbe à brouter sur ses flancs.

J'aurais écrit des volumes si j'avais noté les intarissables impressions, frissons de cœur, pensées, joies intérieures ou mélancoliques qui traversaient mes sens ou mon âme pendant ce long été dans le désert. Je n'écrivais rien; je laissais passer toutes ces sensations et toutes ces modulations en moi-même, comme les brises sur les herbes de la montagne, sans s'inquiéter des vagues soupirs qu'elles leur font rendre, ni des parfums évaporés qu'elles leur enlèvent en passant.

Les soupirs et les parfums de mon cœur juvénile ne me paraissaient pas mériter d'être recueillis. J'en étais même arrivé à ce point de découragement et de sécheresse que je jouissais avec une sorte d'amertume de la sensation de vivre, de penser, de sentir en vain; comme ces fleurs qui croissent dans les sites inaccessibles des Alpes, qui végètent sans qu'aucun regard les voie fleurir, et qui semblent accuser la nature de n'avoir ni plan ni pitié dans ses créations.

VII

Une circonstance me confirmait encore dans ces découragements de cœur et dans ces mépris pour le monde. C'était la société et les entretiens avec un autre solitaire aussi sensible, plus âgé et plus malheureux que moi. Cette société était la seule diversion que j'eusse quelquefois à mon isolement. D'abord rencontre, puis habitude, cette fréquentation se changeait de jour en jour davantage en amitié. Le hasard semblait avoir rapproché deux hommes d'âge et de condition différents, mais qui se ressemblaient par la sensibilité, par le caractère et par la conformité de tristesse, de solitude d'âme et de découragement du bonheur. L'un de ces hommes, c'était moi; l'autre, c'était le pauvre curé du village de Bussières, paroisse dont Milly relevait et n'était qu'un hameau.

J'ai parlé, dans le récit des premières impressions de mon enfance, d'un jeune vicaire qui apprenait le catéchisme et le latin aux enfants du village, chez le vieux curé de Bussières, et qui, répugnant par sa nature et par son âge à cette pédagogie puérile à laquelle il était condamné, laissait là avec dégoût le livre et la férule, et, prenant ses chiens en laisse et son fusil sur l'épaule, s'échappait du presbytère avant que l'aiguille eût marqué l'heure de la fin de la leçon, et allait achever la journée dans les champs et dans les bois de nos montagnes. J'ai dit qu'il se nommait l'abbé Dumont; que le presbytère paraissait être pour lui plutôt une maison paternelle qu'un vicariat de village; que sa mère âgée, mais encore belle et gracieuse, gouvernait la cure de temps immémorial; qu'il y avait quelque parenté mal définie entre le vieux curé et le jeune vicaire; que cette parenté lointaine donnait à celui-ci l'attitude d'un fils plus que d'un commensal dans la maison.

Enfin, j'ai raconté comment l'évêque de Mâcon, homme de mœurs faciles et raffinées autant qu'homme de lettres et d'étude, avait pris dans son palais le jeune adolescent, et l'avait fait élever dans toutes les habitudes, dans toutes les libertés et dans toutes les élégances de la société très-mondaine dont son palais épiscopal était le centre avant la révolution. La révolution avait dispersé cette société, confisqué le palais, emprisonné l'évêque et renvoyé le jeune secrétaire du sein de ce luxe et de ces délices dans le pauvre presbytère de Bussières. Le vieux curé était mort. Le jeune homme s'était fait prêtre; la cure avait passé comme un héritage au jeune ecclésiastique.

L'abbé Dumont avait alors trente-huit ans. Sa taille était élevée, ses membres souples, son attitude martiale, son costume laïque, leste, soigné, comme s'il eût voulu, sans manquer tout à fait aux convenances, se rapprocher néanmoins le plus possible de l'habit de l'homme du monde, et faire oublier aux autres et à lui-même un état qui lui avait été imposé tard.

Son visage avait une expression d'énergie, de fierté, de virilité, qu'adoucissait seulement une teinte de tristesse douce, habituellement répandue sur sa physionomie. On y sentait une nature forte, enchaînée sous un habit par quelques liens secrets qui l'empêchent de se mouvoir et d'éclater. Le contour des joues était pâle comme une passion contenue; la bouche fine et délicate; le nez droit, modelé avec une extrême pureté de lignes, renflé et palpitant vers les narines, ferme, étroit et musculeux vers le haut, où il se lie au front et sépare les yeux. Les yeux étaient d'une couleur bleu de mer mêlé de teintes grises comme une vague à l'ombre; les regards étaient profonds et un peu énigmatiques, comme une confidence qui ne s'achève pas; ils étaient enfoncés sous l'arcade proéminente d'un front droit, élevé, large, poli par la pensée. Ses cheveux noirs, déjà un peu éclaircis par la fin de sa jeunesse, étaient ramenés sur ses tempes en mèches lisses, luisantes, collées à la peau, dont elles relevaient la blancheur. Ils ne laissaient apercevoir aucune trace de tonsure. Leur finesse et la moiteur habituelle de la peau leur donnaient au sommet du front et vers les tempes quelques inflexions à peine perceptibles, comme celle de l'acanthe autour d'un chapiteau de marbre.

Tel était l'extérieur de l'homme avec lequel, malgré la distance des années, la solitude, le voisinage, la conformité de nature, l'attrait réciproque, et enfin la tristesse même de nos deux existences allaient insensiblement me faire nouer une véritable et durable amitié.

Cette amitié s'est cimentée depuis par les années; elle a duré jusqu'à sa mort, et maintenant, quand je passe par le village de Bussières, mon cheval, habitué à ce détour, quitte le grand chemin vers une petite croix, monte un sentier rocailleux qui passe derrière l'église, sous les fenêtres de l'ancien presbytère, et s'arrête un moment de lui-même auprès du mur d'appui du cimetière. On voit par-dessus ce mur la pierre funéraire que j'ai posée sur le corps de mon ami. J'y ai fait écrire en lettres creuses, pour toute épitaphe, son nom à côté du mien. J'y donne, un moment en silence, tout ce que les vivants peuvent donner aux morts : une pensée... une prière... une espérance de se retrouver ailleurs!...

VIII

Nous nous liâmes naturellement et sans le prévoir. Il n'avait que moi avec qui il pût s'entretenir, dans ce désert d'hommes, des idées, des livres, des choses de l'âme qu'il avait cultivées avec amour dans sa jeunesse et dans le palais de l'évêque de Mâcon. Il les cultivait solitairement encore dans l'isolement où il était confiné. Je n'avais que lui avec qui je pusse épancher moi-même mon âme débordante d'impressions et de mélancolie.

Nos rencontres étaient fréquentes : le dimanche à l'église; les autres jours dans les sentiers du village, dans les buis ou dans les genêts de la montagne. J'entendais de ma fenêtre l'appel de ses chiens courants.

A force de nous rencontrer ainsi à toute heure, nous finîmes par avoir besoin l'un de l'autre. Il comprit qu'il y avait dans l'âme de ce jeune homme des germes intéressants à regarder éclore et se développer. Je compris qu'il y avait dans cet homme mûr et fatigué de vivre une destinée âpre et trompée, comme était la mienne en ce moment; une âme malade mais forte, auprès de laquelle mon âme se vengerait de ses propres malheurs en s'attachant du moins à un autre malheureux.

Je lui prêtais des livres. J'allais toutes les semaines les louer dans un cabinet de lecture à Mâcon, et je les rapportais à Milly dans la valise de mon cheval. Il me prêtait, lui, les vieux volumes d'histoire de l'Église et de littérature sacrée qu'il avait trouvés dans la bibliothèque de l'évêque de Mâcon. Il avait eu ce legs dans son testament. Nous nous entretenions de nos lectures. Nous nous apercevions ainsi, par la conformité habituelle de nos impressions sur les mêmes ouvrages, de la consonnance de nos esprits et de nos cœurs. Chaque jour, chaque livre, chaque entretien, amenaient une découverte et comme une intimité involontaire de plus entre nous. On s'attache par ce qu'on découvre de semblable à soi dans ceux qu'on étudie. L'amour et l'amitié ne sont au fond que l'image d'un être réciproquement entrevue et doublée dans le cœur d'un autre être. Quand ces deux images se confondent tellement que les deux n'en font plus qu'une, l'amitié ou l'amour sont complets. Notre amitié s'achevait ainsi tous les jours.

IX

Bientôt nous ne nous contentâmes plus de ces rencontres fortuites dans les chemins des deux hameaux. Il vint chez moi, j'allai chez lui. Il n'y avait entre sa maison et celle de mon père qu'une colline peu élevée à monter et à descendre. Au bas de cette colline, cultivée en vignes rampantes, on trouvait une fontaine sous des saules et un sentier creux entre deux haies qui traversait des prés.

Au bout de ces prés, une petite porte fermée par un verrou donnait accès dans un jardin potager entouré de murs tapissés d'espaliers. A l'extrémité de ce jardin, une maison basse et longue avec une galerie extérieure dont le toit portait sur des piliers de bois. Une petite cour entourée d'un hangar, d'un four et d'un bûcher. Sur le mur d'appui de la galerie, deux beaux chiens couchés et hurlant quand on ouvrait la porte. Quelques pots de réséda et des fleurs rares sur le palier. Quelques poules dans la cour, quelques pigeons sur le toit. C'était le presbytère.

Du côté opposé au jardin, la maison donnait sur le cimetière, vert comme un pré mal nivelé autour de l'église. Par-dessus le cimetière, le regard s'étendait par une échappée de vue sur des flancs de montagnes incultes entrecoupées de hauts châtaigniers. L'œil glissait ensuite obliquement sur une sombre et noire vallée qui se perdait l'été dans la vapeur chaude du soleil, l'hiver dans la fumée du brouillard ou des eaux. Le son de la cloche qui tintait, aux trois parties du jour, aux baptêmes et aux sépultures, les pas des paysans revenant de l'ouvrage, les vagissements d'enfants qui pleuraient à midi et le soir pour appeler les mères attardées sur les portes des chaumières, étaient les seuls bruits qui pénétrassent du dehors dans cette maison. Au dedans on n'entendait que le petit tracas que faisait la mère du curé et sa jeune nièce en épluchant les herbes pour la soupe ou en étendant le linge sur la galerie.

X

Bientôt je fus un hôte de plus de cette humble maison, un convive de plus à cette pauvre table. J'y descendais presque tous les soirs au soleil couchant. Quand j'avais quitté l'ombre des deux ou trois charmilles du jardin de Milly, sous l'abri desquelles j'avais passé la chaleur des jours du mois d'août; quand j'avais fermé mes livres, caressé et pansé avec soin mon cheval et ôté du dous ses sabots luisants la fraîche litière de la nuit, je montais à pas lents la colline, je me glissais comme une ombre du soir de plus parmi les dernières ombres que les saules jetaient sur les prés. J'ouvrais la petite porte du jardin de la cure de Bussières. Les chiens qui me connaissaient n'aboyaient plus. Ils semblaient m'attendre à heure fixe sur le seuil. Ils me flairaient avec des battements de queue, des frissons de poil et des bonds de joie. Ils couraient devant moi comme pour avertir la maison de l'arrivée du jeune ami. Le sourire indulgent de la vieille mère du curé, la rougeur de sa nièce, me montraient ces bons visages d'hôtes qui sont les meilleurs saluts et les meilleurs compliments de l'hospitalité.

XI

Je trouvais ordinairement l'abbé Dumont occupé à émonder ses treilles, à sarcler ses laitues ou à écheniller ses arbres. Je prenais l'arrosoir des mains de la mère, j'aidais la nièce à tirer la longue corde du puits. Nous travaillions tous les quatre au jardin tant qu'il restait une lueur de jour dans le ciel. Nous rentrions alors dans la chambre du curé. Les murs en étaient nus et crépis seulement de chaux blanche éraillée par les clous qu'il y avait fichés pour suspendre ses fusils, ses couteaux de chasse, ses vestes, ses fournimenls et quelques gravures encadrées de sapin représentant la captivité de Louis XVI et de sa famille au Temple. Car l'abbé Dumont, je l'ai déjà dit, par une contradiction très-fréquente dans les hommes de ce temps-là, était royaliste bien qu'il fût démocrate, et contre-révolutionnaire de sentiment bien qu'il détestât l'ancien régime et qu'il partageât toutes les doctrines et toutes les aspirations de la révolution.

On ne voyait, du reste, sur ces murs ou sur la cheminée aucun attribut de son ministère : ni bréviaire, ni crucifix, ni images de saint ou de sainte, ni vêtements sacrés. Il reléguait tout cela dans sa sacristie, aux soins de son sonneur de cloches. Il ne voulait pas que rien de son église le suivît dans sa maison et lui rappelât sa servitude et ses liens. Rien ne faisait souvenir qu'il était curé de village, si ce n'est une petite table boiteuse reléguée dans un coin de la chambre, sur laquelle on voyait un registre des naissances et des décès, et des boîtes de dragées cerclées de rubans bleus ou roses, que l'on donne, aux fiançailles et aux baptêmes, au ministre de ces saintes cérémonies.

A la nuit tombante, il allumait une chandelle de suif ou un reste de cierge de cire jaune rejeté des candélabres de l'autel. Après quelques moments de lecture ou de causerie, la nièce mettait la nappe sur cette table débarrassée de l'encre, des livres et des papiers. On apportait le souper.

C'était ordinairement du pain bis et noir mêlé de seigle et de son. Quelques œufs des poules de la basse-cour frits dans la poêle et assaisonnés d'un filet de vinaigre. De la salade ou des asperges du jardin. Des escargots ramassés à la rosée sur les feuilles de vigne et cuits lentement dans une casserole, sous la cendre. De la courge gratinée mise au four dans un plat de terre, les jours où l'on cuisait le pain, et de temps en temps ces poules vieilles, maigres et jaunes que les pauvres jeunes femmes des montagnes apportent en cadeaux aux curés les jours de relevailles, en mémoire des colombes que les femmes de Judée apportaient au temple dans les mêmes occasions. Enfin quelques lièvres ou quelques perdrix, récolte de la chasse du matin. On y servait rarement d'autres mets. La pauvreté de la maison ne permettait pas à la mère d'aller au marché. Ce frugal repas etait arrosé de vin rouge ou blanc du pays; les vignerons le donnent au sacristain, qui va quêter, de pressoir en pressoir, au moment des vendanges. Le repas se terminait par quelques fruits des espaliers dans la saison et par de petits fromages de chèvre blancs, frais, saupoudrés de sel gris, qui donnent soif, et qui font trouver le vin bon aux sobres paysans de nos vallées.

L'abbé Dumont, bien qu'il n'eût pas la moindre sensualité de table, ne dédaignait pas, pour soulager sa vieille mère et pour former sa nièce, d'aller lui-même quelquefois surveiller le pain au four, le rôti à la broche, les œufs ou les légumes sur le feu, et d'assaisonner de sa main les mets simples ou étranges que nous mangions ensemble, en nous égayant sur l'art du maître d'hôtel. C'est ainsi que j'appris moi-même à accommoder de mes propres mains ces aliments journaliers du pauvre habitant de la campagne, et à trouver du plaisir et une certaine dignité paysanesque dans ces travaux domestiques du ménage, qui dispensent l'homme de la servitude de ses besoins, et qui l'accoutument à redouter moins l'indigence ou la médiocrité.

XII

Après le souper, nous nous entretenions, tantôt les coudes sur la nappe, tantôt au clair de lune sur la galerie, de ces sujets qui reviennent éternellement, comme des hasards inévitables, dans la conversation de deux solitaires sans autre affaire que leurs idées : le sort de l'homme sur la terre, la vanité de ses ambitions, l'injustice du sort envers le talent et la vertu, la mobilité et l'incertitude des opinions humaines, les religions, les philosophies, les littératures des différents âges et des différents peuples, la préférence à donner à tel grand homme sur tel autre, la supériorité de tel orateur ou de tel écrivain sur les orateurs et les écrivains ses émules, la grandeur de l'esprit humain dans certains hommes, la petitesse dans certains autres; puis des lectures de passages de tel ou tel écrivain pour justifier nos jugements ou motiver nos préférences; des fragments de

Platon, de Cicéron, de Sénèque, de Fénelon, de Bossuet, de Voltaire, de Rousseau, livres étalés tour à tour sur la table, ouverts, fermés, rouverts, confrontés, discutés, admirés ou écartés, comme des cartes de ce grand jeu de l'âme que le génie de l'homme joue avec l'énigme de la nature depuis le commencement jusqu'à la fin des siècles.

XIII

Quelquefois, mais rarement, de beaux vers des poëtes anciens récités par moi dans leur langue, sous ce même toit où j'avais appris à épeler les premiers mots de grec et de latin. Mais les vers tenaient peu de place dans ces citations et dans ces entretiens. L'abbé Dumont, ainsi que plusieurs des hommes supérieurs que j'ai le plus connus et le plus aimés dans ma vie, ne les goûtait pas. De la parole écrite, il n'appréciait que le sens et très-peu la musique. Il n'était pas doué de cette espèce de matérialité intellectuelle qui associe, dans le poëte, une sensation harmonieuse à une idée ou à un sentiment, et qui lui donne aussi une double prise sur l'homme par l'oreille et par l'esprit.

Il lui semblait, et il m'a souvent semblé plus tard à moi-même, qu'il y avait en effet une sorte de puérilité humiliante pour la raison dans cette cadence étudiée du rhythme et dans cette consonnance mécanique de la rime qui ne s'adressent qu'à l'oreille de l'homme et qui associent une volupté purement sensuelle à la grandeur morale d'une pensée ou à l'énergie virile d'un sentiment. Les vers lui paraissaient la langue de l'enfance des peuples, la prose la langue de leur maturité. Je crois maintenant qu'il sentait juste. La poésie n'est pas dans cette vaine sonorité des vers ; elle est dans l'idée, dans le sentiment et dans l'image, cette *trinité* de la parole, qui la change en *Verbe* humain. Les versificateurs diront que je blasphème, les vrais poëtes sentiront que j'ai raison. Changer la parole en musique, ce n'est pas la perfectionner, c'est la matérialiser. Le mot simple, juste et fort pour exprimer la pensée pure ou le sentiment nu, sans songer au son pas plus qu'à la forme matérielle du mot, voilà le style, voilà l'expression, voilà le verbe. Le reste est volupté, mais enfantillage : *Nugæ canores*. Si vous en doutez, associez en idée Platon à Rossini dans un même homme. Qu'aurez-vous fait? Vous aurez grandi Rossini, sans doute, mais vous aurez diminué Platon.

XIV

Je ne contestais alors ni je n'approuvais cette répugnance instinctive de certains hommes de pensée mâle aux séductions sonores de la pensée versifiée. J'aimais les vers sans théorie, comme on aime une couleur, un son, un parfum dans la nature. J'en lisais beaucoup, je n'en écrivais pas.

De ces sujets littéraires, nous arrivions toujours, par une déviation naturelle, aux questions suprêmes de politique, de philosophie et de religion. Nourris l'un et l'autre de la moelle de l'antiquité grecque et romaine, nous adorions la liberté comme un mot sonore avant de l'adorer comme une chose sainte et comme la propriété morale dans l'homme libre.

Nous détestions l'empire et ce régime plagiaire de la monarchie; nous déplorions qu'un héros comme Bonaparte ne fût pas en même temps un complet grand homme et ne fît servir les forces matérielles de la révolution tombées de lassitude dans sa main qu'à reforger les vieilles chaînes de despotisme, de fausse aristocratie et de préjugés que la révolution avait brisées. L'abbé Dumont, quoiqu'il eût le jacobinisme en horreur, conservait de la république une certaine verdeur âpre mais savoureuse sur les lèvres et dans le cœur. Il me la communiquait sans y penser. Mon âme jeune, pure de viles ambitions, indépendante comme la solitude, aigrie par la compression du sort, qui semblait s'obstiner à me fermer le monde, était prédisposée à cette austérité d'opinion qui console des torts de la fortune en la faisant mépriser dans ceux qu'elle favorise, et qui aspire au gouvernement de la seule vertu. La restauration, qui nous avait enivrés l'un et l'autre d'espérances, commençait à les décevoir. Elle laissait penser, du moins, lire, écrire, discuter. Elle avait le bruit intestin des gouvernements libres et les orages de l'opinion. Mais l'adoration superstitieuse du passé, soufflée par des courtisans incrédules à un peuple vieilli de deux siècles en vingt-cinq ans, nous désenchantait. Nous ne murmurions pas, de peur de nous confondre avec les partisans de l'empire; mais nous gémissions tout bas et nous remontions ou nous descendions les siècles pour y retrouver des gouvernements dignes de l'humanité. Hélas! où sont-ils?...

Quant à la religion, le fanatisme qu'on s'efforçait alors de raviver sous ce nom par les cérémonies, les processions, les prédications, les congrégations moins religieuses que dynastiques, nous semblaient un misérable travestissement d'un parti politique voulant se consacrer aux yeux du peuple par l'affectation d'une foi dont il ne prenait que l'habit. Il était aisé de voir que l'abbé Dumont était philosophe comme le siècle où il été né. Les mystères du christianisme, qu'il accomplissait par honneur et par conformité avec son état, ne lui semblaient guère qu'un *rituel* sans conséquence, un code de morale illustré de dogmes symboliques et de pratiques traditionnelles qui n'empiétaient en rien sur son indépendance d'esprit et sur sa raison. C'était la langue du sanctuaire dans laquelle il parlait de Dieu à un peuple enfant, disait-il. Mais, rentré chez lui, il en parlait dans la langue de Platon, de Cicéron et de Rousseau.

XV

Cependant, bien que son esprit fût incrédule, son âme, amollie par l'infortune, était pieuse. Son souverain bonheur eût été de pouvoir donner à cette piété vague la forme et la réalité d'une foi précise. Il s'efforçait de courber son intelligence sous le joug du catholicisme et sous les dogmes de son état. Il lisait avec obstination le *Génie du christianisme*, par M. de Chateaubriand, les écrits de M. de Bonald, ceux de M. de Lamennais, de M. Frayssinous, du cardinal de Beausset, tous ces oracles plus ou moins éloquents sortis tout à coup, à cette époque, des ruines du christianisme. Mais son esprit sceptique, rebelle à la logique de ces écrivains, admirait leur génie plus qu'il n'adoptait leurs dogmes. Il s'attendrissait, il s'exaltait, il priait avec leur style, mais il ne croyait pas avec leur foi.

Quant à moi, plus jeune, plus sensible et plus tendre

d'années que lui, je me prêtais davantage à ces séductions de la religion de mon enfance et de ma mère. La piété me revenait dans la solitude; elle m'a toujours amélioré, comme si la pensée de l'homme isolé du monde était sa meilleure conseillère. Je ne croyais pas de l'esprit, mais je voulais croire du cœur. Le vide qu'avait creusé dans mon âme ma foi d'enfant, en s'évaporant dans les dissipations de ces années de repentir et de tristesse, me semblait délicieusement comblé par ce sentiment d'amour divin qui se réchauffait sous la cendre de mes premiers égarements, et qui me purifiait en me consolant. La poésie et la tendresse de la religion étaient pour moi comme ces deux saintes femmes assises sur le sépulcre du Sauveur des hommes et à qui les anges disaient en vain : « Il n'est plus là. »

XVI

Je m'obstinais à retrouver la croyance de ma jeunesse où j'avais eu celle de mon enfance. J'aimais le recueillement et l'ombre de ces petites églises de campagne où le peuple se rassemble et s'agenouille, pour se consoler, aux pieds d'un Dieu de chair et de sang comme lui. L'incommensurable espace entre l'homme et le Dieu sans forme, sans nom et sans ombre, me semblait comblé par ce mystère d'incarnation. Si je ne l'admettais pas tout à fait comme vérité, je l'adorais comme poëme merveilleux de l'âme. Je l'embellissais de tous les prestiges de mon imagination. Je l'embaumais de tous mes désirs. Je le colorais de toutes les teintes de ma pensée et de mon enthousiasme. Je subordonnais ma raison rebelle à cette volonté ardente de croire, afin de pouvoir aimer et prier. J'écartais violemment les ombres, les doutes, les répugnances d'esprit. Je parvenais à me faire à demi les illusions dont j'avais soif et, pour bien vous rendre l'état de mon âme à cette époque, si je n'adorais pas encore le Dieu de ma mère comme mon Dieu, je l'emportais du moins sur mon cœur comme mon idole.

XVII

Quand les paroles commençaient à tarir sur nos lèvres et que le sommeil nous gagnait, je reprenais mon fusil, je sifflais mon chien ; l'abbé Dumont m'accompagnait jusqu'au bout des prés qui terminent le vallon de Bussières ; nous nous serrions la main. Je gravissais silencieusement la colline pierreuse, tantôt à la lueur des belles lunes d'été, tantôt à travers les humides ombres de la nuit, épaissies encore par les brouillards du commencement de l'automne.

Je trouvais la vieille servante qui filait, en m'attendant, sa quenouille, à la clarté de la lampe de cuivre suspendue dans la cuisine. Je me couchais. Je m'endormais et je m'éveillais le lendemain, au bruit du vol des hirondelles des prés qui entraient librement dans ma chambre, à travers les vitres cassées, pour recommencer la même journée que la veille.

Ce qui m'attachait de plus en plus au pauvre curé de Bussières, c'était le nuage de mélancolie mal résignée qui attristait sa physionomie. Cette ombre amortissait dans son regard les derniers feux de la jeunesse, elle donnait à ses paroles et à sa voix une certaine langueur découragée toute concordante à mes propres langueurs d'esprit. On sentait un mystère douloureux et contenu sous ses épanchements. On voyait qu'il ne disait pas tout, et qu'un dernier secret s'arrêtait sur ses lèvres.

Ce mystère, je ne cherchais point à le lui arracher, il ne me l'aurait jamais confié lui-même. Entre un aveu de cette nature et l'amitié la plus intime avec un jeune homme de mon âge, il y avait les convenances sacrées de son caractère sacerdotal. Mais les chuchotements des femmes du village commencèrent à m'en révéler confusément quelque rumeur, et plus tard je connus ce mystère de tristesse dans tous ses détails. Le voici :

A l'époque où l'évêque de Mâcon avait été chassé de son palais par la persécution contre le clergé et emprisonné, l'abbé Dumont n'était qu'un jeune et beau secrétaire ; il rentra chez le vieux curé de Bussières, qui avait prêté serment à la constitution. Il se répandit dans le monde, se mêla, avec l'ascendant de sa figure, de son courage et de son esprit, aux différents mouvements d'opinion qui agitaient la jeunesse de Mâcon et de Lyon à la chute de la monarchie et au commencement de la république. Il se fit remarquer surtout par son antipathie et par son audace contre les jacobins. Poursuivi comme royaliste sous la terreur, il finit par s'enrôler dans ces bandes occultes de jeunes gens royalistes qui se ramifiaient et se donnaient la main depuis les Cévennes jusqu'aux campagnes de Lyon.

Intrépide et aventureux, il se lia, par la conformité des opinions et par le hasard des rencontres, des combats et des dangers de la guerre civile, avec le fils d'un vieux gentilhomme du Forez. Le château de cette famille était situé dans une vallée sauvage, sur un mamelon escarpé. Il servait de foyer aux conspirations et de quartier général à la jeunesse royaliste de ces contrées. Le vieux seigneur avait perdu sa femme au commencement de la révolution. En mourant, elle avait laissé quatre filles à peine sorties de l'adolescence. Elevées sans mère et sans gouvernante dans le château d'un vieux chasseur, soldat, d'une nature bizarre, d'un esprit inculte et illettré, ces jeunes filles n'avaient de leur sexe que l'extrême beauté, la naïveté et la grâce avec toute la vivacité d'impressions et toute l'imprudence de leur âge.

Leur père, dès leurs premières années, les avait accoutumées à lui tenir compagnie à table, au milieu de ses convives de toute sorte, à monter à cheval, à porter le fusil, à le suivre dans ses parties de chasse, qui faisaient la principale occupation de sa vie. On comprend qu'une si charmante cour, toujours en chasse, en festins, en fêtes ou en guerre autour d'un tel père, devait attirer naturellement la jeunesse, le courage et l'amour dans le château de ***.

Le jeune Dumont, en costume de guerre et de chasse, beau, leste, adroit, éloquent, bienvenu du père, ami du frère, agréable aux jeunes filles par l'élégance de ses manières et de son esprit, devint le plus assidu commensal du château. Il faisait, pour ainsi dire, partie de la famille, et fut pour les jeunes filles comme un frère de plus. Il avait sa chambre dans une tourelle haute du donjon qui dominait la contrée et d'où l'on apercevait de loin une longue étendue de la seule route qui conduisît au château. Chargé de signaler l'approche des gendarmes ou des patrouilles de garde nationale, il veillait à la sûreté des portes et tenait en ordre l'arsenal toujours garni de fusils et de pistolets chargés, et même de deux couleuvrines sur leurs affûts, dont le comte de *** était résolu à foudroyer les républicains, s'ils se hasardaient jusque dans ses gorges.

Le temps se passait à recevoir et à expédier des messagers déguisés qui liaient l'esprit contre-révolutionnaire de ces montagnes avec les émigrés de Savoie et les conspirateurs de Lyon ; à courir les bois à pied ou à cheval dans des chasses incessantes ; à s'exercer au maniement des armes ; à défier de loin les jacobins des villes voisines qui dénonçaient perpétuellement ce *repaire* d'aristocrates, mais qui n'osaient le disperser ; à veiller, à jouer et à danser avec la jeunesse des châteaux voisins attirée par le double charme de l'opinion, des aventures et du plaisir.

Bien que les jeunes personnes fussent mêlées à tout ce tumulte et abandonnées à leur seule prudence, il y avait entre elles et leurs hôtes des goûts, des préférences, des attraits mutuels ; mais il n'y avait aucun désordre ni aucune licence de mœurs. Le souvenir de leur mère et leur propre péril semblaient les garder mieux que ne l'eût fait la surveillance la plus rigide. Elles étaient naïves, mais innocentes ; semblables en cela aux jeunes filles des paysans, leurs vassaux, sans ombrage, sans pruderie, mais non sans vigilance sur elles-mêmes et sans dignité de sexe et d'instincts.

Les deux aînées s'étaient attachées et fiancées à deux jeunes gentilshommes du Midi, la troisième attendait impatiemment que les couvents fussent rouverts pour se consacrer toute à Dieu, sa seule pensée. Calme au milieu de cette agitation, froide dans ce foyer d'amour et d'enthousiasme, elle gouvernait la maison de son père comme une matrone de vingt ans. La quatrième touchait à peine à sa seizième année. Elle était la favorite de son père et de ses sœurs.

L'admiration qu'on avait pour elle comme jeune fille était mêlée de cette complaisance enjouée qu'on a pour l'enfance. Sa beauté, plus attrayante encore qu'éblouissante, était l'épanouissement d'une âme aimante qui se laisse regarder et respirer jusqu'au fond par la physionomie, par les yeux et par le sourire. Plus on y plongeait, plus on y découvrait de tendresse, d'innocence et de bonté. Par l'impression qu'elle faisait sur moi, en la voyant bien des années après, et quand la poussière de la vie et ses larmes avaient sans doute enlevé à ce visage la fraîcheur et le duvet de l'adolescence, on pouvait recomposer cette ravissante réminiscence de seize ans.

Ce n'était ni la langueur d'une fille pâle du Nord, ni le rayonnement brûlant d'une fille du Midi, ni la mélancolie d'une Anglaise, ni la noblesse d'une Italienne; ses traits plus gracieux que purs, sa bouche avenante, son nez relevé, ses yeux châtains comme ses cheveux, rappelaient plutôt la fiancée de village un peu hâlée par le soleil et par le regard des jeunes gens, quand elle a revêtu ses habits de noce et qu'elle répand autour d'elle en entrant à l'église un frisson qui charme mais qui n'intimide pas.

Elle s'attacha sans y penser à ce jeune aventurier, ami de son frère, plus rapproché d'elle par les années que les autres étrangers qui fréquentaient le château. La qualité de royaliste donnait alors à ceux qui combattaient et souffraient pour la même opinion une certaine familiarité sans ombrage dans les maisons nobles où on les recueillait comme des compagnons d'armes.

Le jeune homme était lettré. A ce titre, il était chargé par le père de donner des leçons de lecture, d'écriture, de religion à la jeune fille. Elle le considérait comme un second frère un peu plus avancé qu'elle dans la vie.

C'était lui qui répondait d'elle dans les courses périlleuses qu'elle faisait avec son père et ses sœurs à la chasse des sangliers dans les montagnes; c'était lui qui ajustait les rênes, qui resserrait les sangles de son cheval, qui chargeait son fusil, qui le portait en bandoulière derrière son dos, qui l'aidait à franchir les ravins et les torrents, qui lui rapportait, du milieu des halliers, le gibier qu'elle avait tiré, qui l'enveloppait de son manteau sous la pluie ou sous la neige. Une si fréquente et si complète intimité entre un jeune homme ardent et sensible et une jeune fille dont l'enfance se changeait tous les jours, quoique insensiblement, en adolescence et en attraits, ne pouvait manquer de se convertir, à leur insu, en un premier et involontaire attachement. Il n'y a pas de piége plus dangereux pour deux cœurs purs que celui qui est préparé par l'habitude et voilé par l'innocence. Ils y étaient déjà tombés l'un et l'autre avant qu'aucun d'eux le soupçonnât. Le temps et les circonstances ne devaient pas tarder à le leur dévoiler.

Le comité révolutionnaire de la ville de *** était instruit des trames qui s'ourdissaient impunément au château de ***. Ce comité s'indignait de la lâcheté ou de la complicité des municipalités voisines qui n'osaient ou ne pouvaient disperser ce nid de conspirateurs. Il résolut d'étouffer ce foyer de contre-révolution qui menaçait d'incendier le pays. Il forma secrètement une colonne mobile de gendarmes, de troupes légères et de gardes nationaux. Il la fit marcher toute la nuit pour arriver, avant le jour, sous les murs et surprendre les habitants.

Le château, cerné de toutes parts pendant le sommeil de la famille, n'offrait plus de moyens d'évasion. Le commandant somma le comte de *** d'ouvrir les portes. Il fut contraint d'obéir. Des mandats d'arrêt étaient dressés d'avance contre le comte et tous les membres majeurs de sa famille, même contre les femmes. Il fallut se constituer prisonniers. Le vieux seigneur, son frère, son fils, ses hôtes, ses domestiques et ses trois filles aînées furent jetés sur des charrettes pour être conduits dans les prisons de Lyon. Les armoiries, les armes et les deux canons enlacés de branches de chêne, suivaient comme des trophées la charrette des prisonniers. De toute cette maison, libre et tranquille la veille, il ne manquait à la captivité que l'hôte habituel et la plus jeune des filles du château.

Éveillé dans sa tour par le bruit des armes et par le piétinement des chevaux dans la première cour, le jeune homme s'était hâté de se vêtir, de s'armer et de descendre dans la salle d'armes pour disputer chèrement sa vie en défendant celle de ses hôtes et de ses amis. Il était trop tard. Toutes les portes du château étaient occupées par des gardes nationaux. Le commandant de la colonne était déjà, avec les gendarmes, dans la chambre du comte, occupé à poser les scellés sur ses papiers. Le jeune homme rencontra sur l'escalier les jeunes filles qui descendaient à peine vêtues pour rejoindre leur père et pour s'associer à son sort. « Sauvez notre sœur, lui dirent à la hâte les trois plus âgées; nous, nous voulons suivre notre père et nos fiancés partout, dans les cachots ou à la mort; mais elle, elle est une enfant, elle n'a pas le droit de disposer de sa vie; dérobez-la aux scélérats qui gardent les portes. Voilà de l'or! Vous la trouverez dans notre chambre, où nous l'avons vêtue de ses habits d'homme. Vous connaissez les passages secrets. Dieu veillera sur vous. Vous la conduirez dans les Cévennes, chez notre vieille tante, seule parente qui lui reste au monde; elle la recevra comme une autre mère. Adieu. »

L'étranger fit ce qui lui était ordonné, heureux de recevoir un pareil dépôt et des instructions si conformes à sa propre inclination.

XVIII

Il y avait au château de ***, comme dans presque toutes les maisons fortes du moyen âge, un passage souterrain qui partait des caves sous la grande tour, qui traversait la terrasse et qui, aboutissant à une poterne, descendait par quatre ou cinq cents marches d'escalier obscur jusqu'au pied du mamelon sur lequel était bâti le château. Là une grille de fer, semblable au soupirail d'un cachot, s'ouvrait dans une fente du roc sur les vastes prairies entourées de bois qui formaient le bassin de la rivière et de la vallée.

L'existence de cette porte, qui ne s'ouvrait jamais, était ignorée des républicains. Les seuls habitants du château savaient où la clef en était déposée, pour des circonstances extrêmes. Le jeune homme s'en saisit, remonta dans la chambre de la jeune fille, l'entraîna tout en larmes à travers ces ténèbres, ouvrit le soupirail, et, se glissant inaperçu de saule en saule dans le lit du torrent, parvint à gagner les bois avec son dépôt.

Une fois dans les sentiers de ces forêts connues, armé de deux fusils, le sien et celui de sa compagne, pourvu d'or et de munitions, il ne craignait plus rien des hommes. Dévoué comme un esclave, attentif comme un père, il conduisit en peu de jours, à travers champs, de bois en bois, et de chemins en chemins, la jeune fille, qui passait pour son jeune frère, jusqu'aux environs de la petite ville qu'habitait la tante de mademoiselle ***.

Le costume de chasseur le sauvait des explications à donner sur le soin qu'il prenait d'éviter les routes frayées et les villages. D'ailleurs la connivence des paysans royalistes et religieux de ces montagnes les avait accoutumés à respecter le secret de ces fuites et de ces travestissements fréquents dans le pays.

Cependant, avant d'entrer dans la petite ville de ***, où la surveillance devait être plus éveillée, il crut devoir prévenir la tante de mademoiselle de *** de l'approche de sa jeune parente, et lui demander sous quel nom, sous quelle apparence et à quelle heure il devait l'introduire dans sa maison.

Il envoya à la ville un enfant chargé d'un billet pour cette dame. Après quelques heures d'attente, pendant lesquelles sa jeune compagne n'avait cessé de pleurer à l'idée d'une séparation si prochaine, il vit revenir l'enfant avec le billet. La tante elle-même venait d'être arrêtée, conduite par les gendarmes à Nîmes. La maison était scellée ; ce seul asile de la pauvre enfant se fermait au terme du voyage devant ses pas. Ce coup frappa plus qu'il n'affligea au fond de l'âme les deux fugitifs. La pensée d'une séparation prochaine et éternelle les consternait plus qu'ils n'osaient se l'avouer à eux-mêmes. La fatalité les réunissait. Tout en l'accusant, ils ne pouvaient s'empêcher de l'adorer.

XIX

Ils délibérèrent un moment sur le parti qu'ils avaient à prendre. Ils s'arrêtèrent naturellement, et sans se concerter, sur celui qui les séparerait le plus tard possible. Le jeune proscrit ne pouvait pas reparaître dans la maison du curé de Bussières sans être arrêté à l'instant et sans perdre son bienfaiteur ; la jeune fille n'avait plus un seul asile chez les parents de son père dans le Forez qui ne fût fermé par la terreur et dont les habitants ne fussent eux-mêmes proscrits. Ils résolurent de se rapprocher du château de ***, et de demander asile dans les montagnes voisines aux chaumières de quelques paysans hospitaliers attachés à leur ancien seigneur.

Ils revinrent à lentes journées sur leurs pas. Ils frappèrent de nuit à la porte d'une pauvre femme, veuve d'un sabotier, qui avait été la nourrice de la jeune fille, et dont la tendresse, la reconnaissance et le dévouement garantissaient la fidélité. La chaumière isolée, assise sur un des derniers plateaux des plus hautes montagnes dans une clairière au milieu des bois de hêtres, était inaccessible à toute autre visite qu'à celle des bûcherons ou des chasseurs des hameaux voisins. Petite, basse, encaissée dans un pli de ravin, couverte en chaume verdi de mousse, qui descendait presque jusqu'au sol, et dont la couleur se confondait avec celle des steppes, on la distinguait à peine d'en bas des rochers gris auxquels le pauvre sabotier l'avait adossée. Une petite colonne de fumée bleuâtre qu'on voyait s'élever le matin et le soir parmi les troncs blancs des hêtres indiquait seule une habitation humaine, ou le feu de bois vert sous la cabane nomade du charbonnier.

XX

Cette hutte ne contenait, dans ses murailles salies par la pluie et bâties en pierres angulaires de granit sombre et d'ardoise noire, qu'une petite chambre où couchaient la pauvre femme et ses enfants. Le foyer de genêt y fumait sur une large pierre brute. A côté, une étable un peu plus longue que la chambre, séparée du toit par un plancher à claire-voie en branches tressées pour serrer l'herbe et la paille de l'hiver. Une ânesse, deux chèvres et quelques brebis y rentraient le soir du pâturage sous la garde des petits enfants.

La nourrice, instruite depuis longtemps de la catastrophe du château, de l'emprisonnement du comte et de la disparition de la jeune demoiselle qu'elle avait tant aimée, fondit en larmes en la reconnaissant sous le costume de chasseur. Elle lui donna son lit dans la chambre unique, s'arrangea pour elle-même une couche de genêts aux pieds de sa maîtresse, porta les lits des petits enfants dans l'étable chaude de l'haleine du troupeau, et donna à l'étranger quelques toisons de laine non encore filées pour se garantir du froid dans le fenil.

Ces soins pris, elle partit avant le jour pour aller acheter, dans le bourg le plus éloigné de la montagne, du pain blanc, du vin, du fromage et des poules pour la nourriture de ses hôtes. Elle prit la précaution d'acheter ces provisions dans plusieurs villages, de peur d'éveiller des soupçons par une dépense disproportionnée à ses habitudes et à sa pauvreté. Avant midi, elle avait gravi de nouveau sa montagne, déposé ses besaces sur le plancher, étalé sur la nappe le repas des étrangers.

La nourrice avait défendu à ses enfants de s'éloigner à une certaine distance de la chaumière et de parler aux bergers des deux chasseurs qui apportaient l'aisance, la joie et la bénédiction de Dieu dans la maison. Les enfants, fiers de savoir et de garder un mystère, lui obéirent fidèlement. Nul ne se douta dans la contrée que la pauvre maison du sabotier, ensevelie l'été dans les feuiles, l'hiver dans les brouillards et dans les neiges, renfermait un monde intérieur de bonheur, d'amour et de fidélité. Si je raconte ainsi cette chaumière, c'est que je l'ai vue, à une autre époque de ma vie, dans un voyage que je fis dans le Midi.

Nul ne peut inventer ni décrire ce qui se passa dans le cœur de cette jeune fille et de ce jeune homme ainsi rapprochés par la solitude, par la nécessité et par l'attrait mutuel pendant toute une longue année de terreur au dehors, année trop courte peut-être d'entretiens, de confidences et de mutuel attachement au dedans. Il n'en transpira rien plus loin que les murs de l'étroite chaumière, les lilas du jardin, le lit du torrent, les hêtres de la forêt. La vie des deux jeunes reclus ne se répandit jamais au delà. Ils ne sortaient ensemble qu'à la nuit, leur fusil chargé sous le bras, pour aller, en évitant toujours les sentiers battus, exercer leurs membres fatigués de repos dans de longues courses nocturnes, respirer librement l'air parfumé des senteurs des genêts, cueillir les fleurs alpestres à la lueur de la lune d'été, ou s'asseoir l'un à côté de l'autre sur les gradins mousseux d'un rocher concave d'où le regard plongeait sur la vallée de ***, sur le château désert, d'où ne sortait plus ni lumière ni fumée, et sur le vaste horizon bleu semblable à la mer qui s'étendait de là par-dessus le bassin du Rhône jusqu'aux neiges des Alpes d'Italie.

XXI

Qui peut les accuser sans accuser plutôt leur destinée? Qui peut dire à quelle limite indécise entre le respect et l'adoration, entre la confiance et l'abandon, entre l'entraînement et la faiblesse, entre la vertu et l'amour, s'arrêta, dans ses recueillements forcés, le sentiment de ces deux enfants l'un pour l'autre? Il y faudrait l'œil de Dieu lui-même. Celui des hommes se trouble, s'éblouit et s'humecte devant le mystère d'une telle situation! S'il y eut faute, il ne peut la voir qu'à travers des larmes, et en condamnant il lave et il absout. Le monde fermé, le ciel ouvert, la pression de la proscription pesant sur leurs cœurs et les refoulant malgré eux l'un contre l'autre, les âges semblables, les costumes pareils, les impressions communes, l'innocence ou l'ignorance égale du danger, la différence des conditions oubliée ou effacée dans cet isolement complet, l'incertitude si la société avec ses convenances et ses rangs se rouvrirait jamais pour eux, la hâte de savourer la liberté menacée à toute heure dont ils jouissaient comme d'un bien dérobé, la brièveté de la vie dans un temps où nul n'avait de lendemain, ces ténèbres de la nuit qui rendent tout plus intime ; ces lueurs de la lune et des étoiles qui enivrent les yeux et qui égarent le cœur ; le resserrement de leur captivité dans la maison de la nourrice, qui ne laissait aucune diversion possible à leurs pensées, aucune interruption à leurs entretiens; enfin ce point élevé, étroit et comme inaccessible de l'espace, devenu pour eux l'univers tout entier, et qui leur paraissait une île aérienne suspendue au-dessus de cette terre qu'ils voyaient de loin sous leurs pieds, au-dessous de ce ciel qu'ils voyaient de si près sur leurs têtes, tout concourait à les précipiter, à les enserrer dans une étreinte morale par tous les liens de leur âme ; à leur faire chercher uniquement dans le cœur l'un de l'autre cette vie qui s'était rétrécie et comme anéantie autour d'eux. Vie doublée ainsi au moment où ils étaient menacés de la perdre, qui n'avait que la solitude pour scène et que la contemplation pour aliment.

XXII

Furent-ils assez prudents pour prévoir si jeunes les dangers de ces éternelles séductions de leur solitude? Furent-ils assez forts pour y résister en les éprouvant? S'aimèrent-ils comme un frère et comme une sœur? Se promirent-ils de plus tendres noms? Qui peut le dire? Je les ai connus intimement tous les deux. Ni l'un ni l'autre n'avouèrent jamais rien sur cette année aventureuse. Seulement, quand ils se rencontraient de longues années après, ils évitaient de se regarder devant le monde. Une ombre subite mêlée de rougeur et de pâleur se répandait sur leur visage, comme si le fantôme du temps invisible pour nous eût passé devant eux en leur jetant ses reflets magiques. Était-ce tendresse mal éteinte? passion rallumée par un souffle sous la cendre? indifférence agitée de souvenir? regrets ou remords? Qui peut lire dans deux cœurs fermés des caractères effacés par des torrents de larmes et qui ne revivent que sous l'œil de Dieu?

XXIII

Plus d'une année se passa ainsi. Puis la terreur s'adoucit dans la contrée. Les prisons se rouvrirent. Le vieux comte rentra dans son château délabré avec ses trois filles. La nourrice vint ramener la plus jeune dans les bras de son père. L'étranger quitta le dernier ces montagnes.

Il revint triste et mûri de vingt ans en quelques mois dans le presbytère de Bussières. Il menait de plus en plus la vie d'un chasseur avec mon père et les gentilshommes du pays. Seulement il s'absentait quelquefois plusieurs jours pour des courses lointaines dont on ne savait pas le but. Il disait, à son retour, que ses chiens l'avaient entraîné sur les traces des chevreuils, et qu'il avait été obligé de les suivre pour les ramener. Rien ne paraissait changé non plus, disait-on, au château de ***, dans l'autre province, si ce n'est que l'hôte disparu n'y venait plus comme autrefois. On continuait à y mener la même vie de chasse, de festins et d'hospitalité banale qu'on y avait menée pendant la révolution.

XXIV

Quant à la pauvre nourrice, elle habitait toujours la chaumière isolée dans la montagne. Elle élevait un orphelin avec ses propres enfants. Cet enfant avait du linge un peu plus fin que le linge de chanvre de ces montagnes. On lui voyait entre les mains des jouets qui paraissaient avoir été achetés à la ville. Quand on demandait à la pauvre femme pourquoi cette différence et à qui appartenait cet orphelin, elle répondait qu'elle l'avait trouvé un matin, sous le bois de hêtres, au bord de la source, en allant puiser l'eau du jour, et qu'un colporteur de ces montagnes lui apportait de temps en temps du linge blanc et des jouets d'ivoire et de corail. Cette charité l'avait enrichie. J'ai connu cet orphelin. Enfant de la proscription, il en avait la tristesse dans l'âme et sur les traits.

Cinq ou six ans après, la dernière des filles du comte fut mariée à un vieillard, le plus doux, le plus indulgent des pères pour la jeune fille. Elle se consacra à ses jours avancés. Il l'emmena pour toujours dans une petite ville du Midi, qu'il habitait. Son jeune compagnon d'exil, qui avait hésité jusque-là entre le monde et l'Église, sentit finir tout à coup ses irrésolutions en apprenant le mariage de la jeune fille. Il ne vit plus rien dans la vie à regretter. Il y renonça sans peine. Il entra dans un séminaire sans regarder derrière lui. Puis il alla se renfermer quelque temps chez l'évêque de Mâcon, son ancien patron, sorti alors des cachots, et achevant sa vie pauvre et infirme dans la maison d'un de ses fidèles serviteurs, à quelques pas de son ancien palais épiscopal. L'évêque lui donna les ordres sacrés. Il revint exercer les modestes fonctions de vicaire à Bussières. Il les avait continuées, comme je l'ai dit, jusqu'à la mort du vieux curé auquel il avait succédé.

XXV

Tel était le fond caché de la vie de cet homme que le hasard semblait avoir placé à côté de ma propre vie comme une consonnance triste et tendre au désenchantement précoce de ma jeunesse. Un sourire amer et résigné sur un abîme de sensibilité souffrante, de souvenirs cuisants, de fautes chères, d'amour mal éteint et de larmes contenues; c'est la transparence de toutes ces choses dans son attitude, dans sa physionomie, dans son silence et dans son accent qui m'attachait sans doute si naturellement à lui. Heureux et sage, je ne l'aurais pas tant aimé. Il y a de la pitié dans nos amitiés. Le malheur est un attrait pour certaines âmes. Le ciment de nos cœurs est pétri de larmes, et presque toutes nos affections profondes commencent par un attendrissement!

XXVI

Ainsi se passsa pour moi cet été de solitude et de sécheresse d'âme. La compression de ma vie morale dans cette aridité et dans cet isolement, l'intensité de ma pensée creusant sans cesse en moi le vide de mon existence, les palpitations de mon cœur brûlant sans aliment réel et se révoltant contre les dures privations d'air, de lumière et d'amour dont j'étais altéré, finirent par me mutiler, par me consumer jusque dans mon corps, et par me donner des langueurs, des spasmes, des abattements, des dégoûts de vivre, des envies de mourir que je pris pour des maladies du corps et qui n'étaient que la maladie de mon âme.

Le médecin de la famille, qui arrêtait quelquefois son cheval à ma porte en parcourant les villages, en fut alarmé. Il était bon, sensible, intelligent. Il s'appelait Pascal. Il m'aimait comme une plante qu'il avait soignée dans sa belle enfance. Il m'ordonna d'aller aux bains d'Aix en Savoie, bien que la saison des bains fût déjà passée et que le mois d'octobre eût donné aux vallées leurs premiers brouillards, et à l'air ses premiers frissons. Mais ce qu'il voulait pour moi de son ordonnance, c'était moins les bains que la diversion, la secousse morale, le déplacement. Hélas! il ne fut que trop inspiré et trop obéi!

J'empruntai vingt-cinq louis d'un vieil ami de mon père, pauvre et aimable vieillard nommé M. Blondel, qui aimait la jeunesse parce qu'il avait lui-même la bonté, cette éternelle séve, cette inépuisable jeunesse du cœur. Je mis mon cheval en liberté avec les bœufs qu'on engraisse dans les prés de Saint-Point, et je partis. Je partis sans aucun de ces vagues empressements, de ces aspirations, de ces joies, que j'avais éprouvés en partant pour d'autres excursions, mais morne, silencieux, emportant avec moi ma solitude volontaire, et comme avec le pressentiment que je devais laisser quelque chose de moi dans ce voyage, et qu'au retour je ne rapporterais pas mon cœur.

Voici des lignes que j'écrivais à cette époque, lignes retrouvées sur les marges d'un Tacite :

XXVII

(Écrite en route sous un arbre, dans la vallée des Échelles, à Chambéry.)

J'entre aujourd'hui dans ma vingt et unième année, et je suis fatigué comme si j'en avais vécu cent. Je ne croyais pas que ce fût une chose si difficile que de vivre. Voyons! pourquoi est-ce si difficile? Un morceau de pain, une goutte d'eau de cette source, y suffisent. Mes organes sont sains. Mes membres sont lestes. Je respire librement un air embaumé de vie végétale. J'ai un ciel éblouissant sur ma tête; une décoration naturelle, sublime, devant les yeux; ce torrent tout écumant de la joie de courir à ma gauche; cette cascade toute glorieuse d'entraîner ses arcs-en-ciel dans sa chute; ces rochers qui trempent leurs mousses et leurs fleurs dans la salutaire humidité des eaux, comme ces bouquets qui ne se flétrissent pas dans le vase; là-haut, ces chalets suspendus aux corniches de la montagne comme des nids d'hirondelles au rebord du toit céleste; ces troupeaux qui paissent dans l'herbe grasse qui les noie jusqu'aux jarrets; ces bergers assis sur les caps avancés de la vallée qui regardent immobiles couler le torrent et le jour; ces paysans et ces jeunes filles qui passent sur la route en habits de fête et qui, aux sons de la cloche lointaine, pressent un peu le pas pour arriver à temps à la porte de la maison de prière; tout cela n'est-il pas image de contentement et de vie? Ces physionomies ont-elles le pli pensif et la concentration de la mienne? Non. Elles répandent un jour sans ombre sur leurs traits. On voit jusqu'au fond et on ne voit que des âmes limpides. Si je regardais au fond de moi-même, il me faudrait des heures entières pour démêler tout ce qui s'agite en moi...

Et cependant je n'ai plus aucune passion ici-bas ; mais le cœur n'est jamais si lourd que quand il est vide. Pourquoi? C'est qu'il se remplit d'ennuis. Oh! oui, j'ai une passion, la plus terrible, la plus pesante, la plus rongeuse de toutes... l'ennui!

J'ai été un insensé. J'ai rencontré le bonheur et je ne l'ai pas reconnu! ou plutôt je ne l'ai reconnu qu'après qu'il était hors de portée? Je n'en ai pas voulu. Je l'ai méprisé. La mort l'a pris pour elle. O Graziella! Graziella!... pourquoi t'ai-je abandonnée?... Les seuls jours délicieux de ma vie sont ceux que j'ai vécu près de toi, dans la pauvre maison de ton père, avec ton jeune frère et ta vieille grand'mère, comme un enfant de la famille! Pourquoi n'y suis-je pas resté? Pourquoi n'ai-je pas compris d'abord que tu m'aimais? Et, quand je t'ai comprise, pourquoi ne t'ai-je pas aimée assez moi-même pour te préférer à tout, pour ne plus rougir de toi, pour me faire pêcheur avec ton père, et pour oublier, dans cette simple vie et dans tes bras, mon nom, mon pays, mon éducation, et tout le vêtement de chaînes dont on a habillé mon âme, et qui l'entrave à chaque pas quand elle veut rentrer dans la nature?

A présent, c'est trop tard!... Tu n'as plus rien à me donner qu'un éternel remords de t'avoir quittée!... et moi rien à te donner que ces larmes qui me remontent aux yeux quand je pense à toi, larmes dont je cache la source et l'objet, de peur qu'on ne dise : « Il pleure la fille d'un pauvre vendeur de poisson, qui ne portait pas même de souliers tous les jours, qui séchait les figues de son île sur des claies d'osier, au soleil, sans autre coiffure que ses cheveux, et qui gagnait son pain en frottant le corail contre la meule, à deux grains par jour ?... Quelle amante pour un jeune homme qui a traduit Tibulle et qui a lu Dorat et Parny !... »

Vanité ! vanité ! tu perds les cœurs ! tu renverses la nature. Il n'y a pas assez de blasphèmes sur mes lèvres contre toi !...

Mon bonheur, pourtant, mon amour était là. Oh ! si un soupir plus triste que le gémissement des eaux dans cet abîme, plus ardent que ce rayon répercuté vers le ciel par ce rocher rouge de feu, pouvait te ranimer !... J'irais, je laverais tes beaux pieds nus de mes larmes... tu me pardonnerais... Je serais fier de mon abaissement pour toi aux yeux du monde !...

Je te revois comme si trois ans d'oubli et l'épaisseur du cercueil et du gazon de ta tombe n'étaient pas entre nous !... Tu es là ! une robe grise de grosse laine, mêlée de rudes poils de chèvre, serre ta taille d'enfant et tombe à plis lourds jusqu'à la cheville arrondie de tes jambes nues. Elle est nouée autour de ta poitrine par un simple cordon de fil noir. Tes cheveux noués derrière la tête sont entrelacés de deux ou trois œillets, fleurs rouges flétries de la veille. Tu es assise sur la terrasse pavée en ciment au bord de la mer où sèche le linge, où couvent les poules, où rampe le lézard, entre deux ou trois pots de réséda et de romarin. La poussière rouge du corail que tu as poli hier jonche le seuil de ta porte à côté de la mienne. Une petite table boiteuse est devant toi. Je suis debout derrière. Je te tiens la main pour guider tes doigts sur le papier et pour t'apprendre à former tes lettres. Tu t'appliques avec une contention d'esprit et une charmante gaucherie d'attitude qui couchent ta joue presque sur la table. Puis tout à coup tu te mets à pleurer d'impatience et de honte, en voyant que la lettre que tu as copiée est si loin du modèle. Je te gronde, je t'encourage, tu reprends la plume. Cette fois c'est mieux. Tu retournes ton visage rougi de joie de mon côté, comme pour chercher ta récompense dans un regard de satisfaction de ton maître ! Je roule négligemment une tresse de tes noirs cheveux sur mon doigt, comme un anneau vivant ! des cheveux du lierre qui tient encore à la branche !... Tu me dis : « Es-tu content ? pourrai-je bientôt écrire ton nom ? » Et, la leçon finie, tu te remets à l'ouvrage, sur ton établi, à l'ombre. Moi, je me remets à lire à tes pieds. — Et les soirées d'hiver, quand la lueur vive et rose des noyaux d'olive allumés dans le brasier que tu soufflais se réverbérait sur ton cou et sur ton visage, et te faisait ressembler à la Fornarina ! Et dans les beaux jours de Procida, quand tu t'avançais les jambes nues dans l'écume pour ramasser les fruits de mer ! Et quand tu rêvais, la joue dans ta main, en me regardant, et que je croyais que tu pensais à la mort de ta mère, tant ton visage devenait triste ! et la nuit où je te quittai morte et blanche sur ton lit comme une statue de marbre, et où je compris enfin qu'une pensée t'avait tuée... et que cette pensée c'était moi !... Ah ! je ne veux plus d'autre image devant les yeux jusqu'à la mort ! il y a une tombe dans mon passé, il y a une petite croix sur mon cœur. Je ne la laisserai jamais arracher, mais j'y entrelacerai les plus chastes fleurs du souvenir !

. . . .
. . . .

La note s'arrête là. Le reste du livre contient des ébauches de vers et des comptes d'auberge sur la route de Chambéry.

XXVIII

Au moment où j'écrivais ces tristes lignes sur mon genou, au bord de la route, une calèche de poste a passé au galop venant de France. Il y avait dans la voiture trois jeunes gens et une jeune femme. Ils m'ont regardé avec un regard de surprise et d'ironie : « Oh! voyez donc, s'est écriée la jeune femme en souriant, voilà sans doute le poëte de cette nature! Oh! le beau poëte, s'il n'était pas si poudreux! » Monde odieux, tu me poursuivras donc partout avec tes visions légères? Je me suis déplacé pour ne pas être en vue. J'ai été m'asseoir plus loin du bord de la route, sous une touffe de buis d'où je ne voyais plus la cascade, mais d'où je l'entendais, et j'ai continué à écrire.

Je ne me sens un peu de rosée dans le cœur que quand je suis bien seul avec la nature. Tout ce qui traverse seulement cette solitude trouble ou interrompt cet entretien muet entre le génie de la solitude, qui est Dieu, et moi. La langue que parle la nature à mon âme est une langue à voix basse. Le moindre bruit empêche d'entendre. Dans ce sanctuaire où l'on se recueille pour rêver, méditer, prier, on n'aime pas à entendre derrière soi un pas étranger. J'étais dans une de ces heures de mélancolie fréquentes alors, rares aujourd'hui, pendant lesquelles j'écoutais battre mon propre cœur, où je collais l'oreille à terre pour entendre sous le sol, dans les bois, dans les eaux, dans les feuilles, dans le vol des nuées, dans la rotation lointaine des astres, les murmures de la création, les rouages de l'œuvre infinie, et, pour ainsi dire, les bruits de Dieu.

XXIX

Je me réfugiai donc, avec une certaine colère intérieure, contre ces éclats de rire importuns, hors de consonnance, qui m'avaient distrait. Je m'enfouis derrière un gros rocher détaché de la montagne et près de la gouttière immense et ruisselante par où le torrent pleuvait perpendiculairement dans la vallée. Son bruit monotone m'assourdissait, sa poudre, en rejaillissant, formait sur mon lit de gazon un brouillard transpercé de soleil qui s'agitait sans cesse comme les plis de gaze d'un rideau roulé et déroulé par le vent. Je repris ma conversation intérieure. Je m'abîmai dans ma tristesse. Je revins sur tous mes pas dans ma courte vie. Je me demandai si c'était la peine d'avoir vécu, et s'il ne vaudrait pas mieux être une des gouttes lumineuses de cette poussière humide évaporée en une seconde à ce soleil, et se perdant sans sentiment dans l'éther, qu'une âme d'homme se sentant vivre, languir, souffrir et mourir pendant des années et des années, et finissant par s'évaporer de même dans je ne sais quel océan de l'être, qui doit être plein de gémissements s'il recueille toutes les douleurs de la terre et toutes les agonies de l'être sentant.

« Je n'ai fait que quelques pas, me disais-je, et j'en ai assez! Mon activité d'esprit se dévore elle-même faute d'aliment. Je sens en moi assez de force pour soulever ces montagnes, et ma destinée ne me donne pas une paille à soulever! Le travail me distrairait, et je n'ai rien à faire! Toutes les portes de la vie se ferment devant moi. Il semble que mon sort soit d'être un exilé de la vie active, vivant sur la terre des autres, et n'étant chez soi nulle part que dans le désert et dans la contemplation ! »

A défaut de mes forces intellectuelles appliquées à quelque emploi utile et glorieux de ma vie, j'aurais voulu du moins employer la puissance d'attachement et d'amour qui me serre le cœur jusqu'à l'étouffer, faute de pouvoir serrer un autre être contre ce cœur. Cela même m'est enlevé. Je suis seul dans le monde des sentiments comme dans le monde de l'intelligence et de l'action. Quand j'ai rencontré Graziella, il était trop tôt : mon cœur était trop vert pour aimer. Plus tard les cœurs des femmes que j'ai entrevues étaient des vases dont les parfums naturels s'étaient évaporés et qui n'étaient plus remplis que des vanités, des légèretés ou des voluptés, des faussetés de l'amour du monde, cette lie de l'âme dont j'ai été bien vite dégoûté. Maintenant personne ne m'aime, et je n'aime personne ; je suis sur la terre comme si je n'y étais pas ; ce rocher s'écroulerait sur moi, cette langue fulminante d'eau m'emporterait avec elle et me pulvériserait au fond de ce gouffre, que personne, excepté ma mère, ne s'apercevrait qu'un être manque à son cœur. « Eh quoi ! poursuivais-je intérieurement, n'y a-t-il donc pas sur la terre une seconde Graziella, dans quelque rang qu'elle soit née ? N'y a-t-il pas une âme jeune, pure, aimante, dans laquelle la mienne se fondrait et qui se perdrait dans la mienne, et qui compléterait en moi, comme je compléterais en elle, cet être imparfait, errant et gémissant tant qu'il est seul, fixé, consolé, heureux dès qu'il a échangé son cœur vide contre un autre cœur ? »

Et je sentais si douloureusement l'ennui de cette solitude de l'âme, ce désert de l'indifférence, cette sécheresse de la vie, que j'aurais voulu mourir tout de suite pour retrouver l'ombre de Graziella, puisque je ne pouvais retrouver sa ressemblance dans aucune des femmes étourdies, légères, évaporées que j'avais rencontrées depuis.

XXX

Pendant que, le front dans mes mains, je me noyais ainsi dans ce deuil de ma propre sensibilité sans objet, je fus distrait de ma rêverie par l'harmonieux grincement de cordes d'un de ces instruments champêtres que les jeunes Savoyards fabriquent dans les soirées d'hiver de leurs montagnes et qu'ils emportent avec eux dans leurs longs exils en France et en Piémont, pour se rappeler, par quelques airs rustiques, par quelques *ranz des vaches*, les images de leur pauvre patrie. Ils appellent ces instruments des *vielles*, parce qu'ils jasent plus qu'ils ne chantent et que les refrains s'en prolongent en s'affaiblissant, en détonnant, et chevrotent comme les voix des femmes âgées dans les veillées de village.

Je me tournai du côté d'où partaient ces sons très-rapprochés. Je vis, sans pouvoir être vu, à quelques pas de moi, un groupe qui n'est jamais depuis sorti de ma mémoire, dont j'ai reproduit depuis une partie dans le poëme de *Jocelyn*, et que le pinceau de Greuze aurait pris pour sujet d'un de ses plus naïfs et de ses plus touchants tableaux.

XXXI

Sur un morceau de pelouse abrité de la route et de la cascade, entre deux rochers que surmontaient deux ou trois aulnes, un enfant de douze à treize ans, un jeune homme de vingt ans, une jeune fille de dix-huit ans, étaient assis au soleil. L'enfant jouait avec un petit chien blanc des montagnes, au poil long, aux oreilles droites et triangulaires, chiens qui dénichent les marmottes dans la neige des Alpes. Il s'amusait à lui passer au cou et à lui reprendre tour à tour son collier de cuir, dont il faisait sonner les grelots en élevant le collier d'une main, pendant que le chien se dressait sur ses pattes de derrière pour rattraper son ornement.

Le jeune homme était vêtu d'une longue veste neuve de gros drap blanc à long poil. Il avait de hautes guêtres de même étoffe qui montaient jusqu'au-dessus du genou et qui dessinaient les muscles des jambes. Ses souliers étaient neufs aussi et montraient sous la semelle de gros clous luisants à tête de diamant, dont la marche n'avait pas encore usé les cônes. Un long bâton ferré reposait entre ses jambes; il le tenait entre ses mains et s'appuyait le menton sur la boule du bâton, qui paraissait d'ivoire ou de corne. Un sac, garni de deux courroies de cuir blanc pour y passer les bras et se replier sous l'aisselle, était jeté à terre à quelques pas de lui. Sa figure était belle, pensive, calme, un peu triste comme ces belles physionomies de bœufs ruminants qu'on voit couchés dans les gras herbages du Jura, autour des chalets. Deux longues mèches de cheveux d'un blond jaunâtre, coupés carrément à l'extrémité, lui tombaient le long des joues, des deux côtés du visage. Il regardait le fer de son bâton, et semblait absorbé dans une pensée muette.

XXXII.

La jeune fille était grande, svelte, élancée, d'une stature un peu moins forte que celle des femmes de cet âge parmi les paysannes des plaines. Il y avait dans le cou, dans le port de sa tête, dans l'attache des bras aux épaules, dans le léger renflement de la poitrine où les seins se dessinaient à peine, et très-bas, comme dans les torses grecs des femmes de Sparte, quelque chose de dispos, de fier, de sauvage qui rappelait l'élasticité et la souplesse du cou et de la tête du chamois. Sa robe de grosse laine verte, ornée d'un galon de fil noir, ne descendait qu'à mi-jambe. Elle était chaussée d'un bas bleu. Ses souliers emboîtaient à peine l'extrémité des doigts. Ils étaient recouverts, sur le cou-de-pied, d'une large boucle d'acier. Elle avait un fichu rouge qui tombait triangulairement entre les épaules et qui se croisait sur le sein; une chaîne d'or autour du cou; une coiffe noire entourée d'une large dentelle plate qui retombait comme des feuilles fanées sur son front et encadrait le visage. Ses yeux étaient du plus beau bleu de l'eau des cascades; ses traits, peu prononcés, mais doux, fiers, attrayants; son teint, aussi blanc et aussi rose que celui des femmes que l'on élève à l'ombre dans les salons de nos villes ou dans les sérails d'Asie. L'éternelle fraîcheur de ces montagnes, le voisinage des neiges, l'humidité des eaux, la réverbération des prés, préservent ces filles des Alpes du hâle qui bronze la peau des filles du Midi.

Celle-ci était assise, accoudée sur son bras gauche, entre l'enfant qui paraissait son frère par la ressemblance, et le jeune homme, qu'on pouvait prendre pour son fiancé ou pour son amant. Sa main droite avait attiré à elle l'instrument de musique encore à moitié enveloppé de son fourreau de cuir. Elle s'amusait à en tirer quelques sons en tournant du bout du doigt la manivelle, sans avoir l'air de les entendre et comme pour se distraire de ses pensées. Sa physionomie était un mélange de résolution insouciante et de profonde rêverie, qui lui remontait du cœur en ombre sur le visage, en humidité dans ses beaux yeux. On voyait qu'un drame muet se passait entre ces deux figures qui n'osaient se regarder de peur de pleurer, mais qui se voyaient et qui s'entendaient en ayant l'air de regarder et d'écouter ailleurs.

Hélas! c'était le drame éternel de la vie : la main qui attire et la main qui repousse! l'amour et l'obstacle, le bonheur et la séparation!... Je compris du premier coup d'œil que cette halte était celle que les jeunes filles de ces montagnes font avec leurs amants partant pour leurs courses lointaines, après les avoir conduits seules à une demi-journée de leur village.

. . . .
. . . .
. . . .
. . . .

XXXIII

. . . .
. . . .
. . . .
. . . .

C'est ce grincement de l'instrument rustique qui avait attiré mes regards et mon attention.

Je voyais ce groupe sans qu'il pût me voir, caché que j'étais par une touffe de buis et par l'angle de la roche à laquelle je m'étais adossé. En levant les yeux un peu plus haut, je vis une vieille femme voûtée par l'âge et dont le vent de la cascade fouettait autour du cou les cheveux blancs. Mère sans doute d'un des deux jeunes voyageurs, elle se tenait sans affectation à une certaine distance, comme pour ne pas troubler un dernier entretien. Elle avait l'air de chercher avec distraction, de broussaille en broussaille, les grappes roses d'*épinevinette* qu'elle portait à sa bouche et qu'elle ramassait dans son tablier.

La jeune fille poussa bientôt du bout du pied l'instrument de musique, et posant ses deux mains sur l'herbe, le visage tourné vers le jeune homme, ils se parlèrent à demi-voix en se regardant tristement pendant un quart d'heure. Je ne pouvais entendre les paroles, mais je voyais à l'expression des lèvres et des yeux que les cœurs se fondaient et que les larmes étaient sur les bords des pensées. Ils avaient l'air de se faire des adieux, des recommandations et des serments; ils ne s'apercevaient pas que le jour baissait.

Tout à coup l'enfant, qui s'était mis à danser à quelques pas de là avec le chien sur un petit tertre vert, en redescendit en bondissant, et interrompant leur entre-tretien : « Frère, dit-il, tu m'as dit de t'avertir quand le soleil serait sur la montagne ; le voilà tout rouge entre les têtes des sapins. »

A ces mots, le jeune homme et la jeune fille se levèrent sans répondre ; ils rappelèrent la vieille femme, elle se rapprocha ; l'enfant remit le collier au petit chien, qui se rangea dans les jambes de son maître. Le groupe se réunit et se pressa ; le jeune homme embrassa d'abord la mère, puis l'enfant ; enfin la jeune fille et lui se serrèrent longtemps dans les bras l'un de l'autre dans un étroit embrassement ; ils se séparèrent, se rapprochèrent, s'embrassèrent encore, puis enfin s'éloignèrent sans oser se retourner, comme s'ils eussent eu peur de ne pouvoir résister à l'élan qui les aurait fait revenir sans fin sur leurs pas. L'enfant seul resta avec le jeune voyageur et l'accompagna à quelque distance sur la route de France.

Cette scène muette m'avait fait oublier toutes mes noires pensées. Ce départ était triste, mais il supposait un retour. L'amour était au fond de ce chagrin. L'amour suffit pour tout consoler. Il n'y avait au fond du mien que l'ennui qui se sent, ce néant qui souffre, cet abîme qui se creuse de tous les sentiments qui ne le remplissent pas.

XXXIV

Je me levai comme en sursaut. Je repris mon livre, mon sac et mon bâton couché près de moi à terre. Une curiosité machinale me fit rejoindre la route au point et au moment précis où l'enfant, revenant sur ses pas, allait rejoindre les deux femmes. Elles cheminaient, sans se parler, devant nous. Je liai conversation avec l'enfant en marchant du même côté et en mesurant mes pas sur les siens. Je sus, après un court dialogue, que le voyageur était le frère aîné de l'enfant; qu'il était le fiancé de la belle fille, dont le nom était Marguerite; que la vieille femme était la mère de Marguerite; que ces deux femmes habitaient le premier village de la Maurienne, ainsi que son frère et lui; qu'elles avaient voulu accompagner le partant jusqu'au milieu de sa première journée de marche vers la France; que le nom de ce frère était José; qu'il s'était estropié en tombant de la cime d'un noyer dont il cueillait les noix pour la mère de Marguerite, un an avant l'âge de la conscription; que ce malheur lui avait été heureux parce qu'il l'avait dispensé de servir comme soldat, et que la mère de la belle Marguerite, enviée de tous les plus riches des hameaux voisins, lui avait promis sa fille en récompense de l'accident éprouvé pour son service; que Marguerite et José s'aimaient comme s'ils étaient frère et sœur; qu'ils se marieraient quand José aurait gagné assez pour acheter le petit verger qui était derrière la maison de son père; qu'il avait appris pour cela deux états conformes à son infirmité, qui lui interdisait les rudes travaux du corps, l'état d'instituteur dans les villages, et de ménétrier dans les fêtes et dans les noces; enfin qu'il partait ainsi tous les automnes pour aller exercer ces deux états durant l'hiver dans les montagnes, derrière Lyon; mais qu'on croyait bien que c'était son dernier voyage, car il avait déjà rapporté trois fois une bourse de cuir bien ronde, et son départ faisait tant pleurer Marguerite, et elle était si triste pendant son absence, qu'il faudrait bien que sa mère consentît à prendre José pour toujours chez elle, au prochain printemps.

XXXV

Tout en causant ainsi, nous nous rapprochions des deux femmes. Je marchais déjà presque sur l'ombre de la belle Marguerite, que le soleil couchant prolongeait bien loin sur la route, jusqu'au bord de mes pieds. J'admirais sans parler la taille leste et la démarche cadencée de cette ravissante fille des montagnes, à laquelle la nature avait imprimé plus de noblesse et plus de grandeur que l'art n'en peut affecter dans l'attitude des femmes étudiées de nos théâtres ou de nos salons. Elle avait cependant ôté ses bas et marchait pieds nus, en tenant un de ses beaux souliers à boucles dans chaque main. Elle m'entendait causer avec l'enfant, et se retournait de temps en temps pour le rappeler. Son visage était grave, mais serein et sans larmes. On entrevoyait l'espérance dans son chagrin. Elle pressait le pas, sans doute pour arriver à son village avant la nuit.

Tout à coup, au sommet d'une petite montée que gravit la route, à un quart d'heure de la cascade, un faible et lointain grincement de l'instrument montagnard se fit entendre et se prolongea en air mélancolique à travers les feuilles des trembles et des frênes qui bordent à gauche le lit du torrent de Coux.

Nous nous retournâmes tous les quatre, nous regardâmes du côté d'où venait le son ; nous vîmes bien loin, au sommet d'une des rampes qui s'échelonnent contre les flancs de la montée des Échelles, le pauvre José debout, adossé contre un des rocs de la route, son chien comme un point blanc près de lui. Il était tourné du côté de la Savoie, et, ayant détaché de son cou sa vielle, il en jouait un dernier adieu aux rochers de son pays et au cœur de sa chère Marguerite. La pauvre fille avait laissé tomber ses souliers de ses mains; elle avait caché son visage dans son tablier, et elle sanglotait au bord du chemin en écoutant ces notes fugitives qui lui apportaient à chaque bouffée de vent les souvenirs des veillées dans l'étable et les espérances si éloignées du futur printemps.

Aucun de nous n'avait interrompu d'un vain mot de consolation ce dialogue aérien entre deux âmes auxquelles une planche de bois et une corde de laiton servaient d'interprète, et qu'elles faisaient communiquer une dernière fois ensemble à travers la distance et le temps qui les séparaient déjà.

Quand l'air fut fini et eut plongé son refrain mourant dans les dernières vibrations de l'atmosphère sonore du soir, Marguerite écouta encore un moment, regarda José, le vit disparaître peu à peu dans le creux de la descente, et se remit à marcher, les mains jointes sur son tablier. Dans sa distraction, elle avait oublié ses souliers sur la route. Je les ramassai, je m'avançai vers elle et je les lui présentai sans rien dire. Elle me remercia d'un léger sourire, et je l'entendis un moment après qui disait à sa mère : « Ce jeune homme est *humain*, regardez, il a l'air aussi triste que nous. »

Nous marchâmes en silence tous les quatre ensemble un certain espace de chemin. Quand nous fûmes à un carrefour où la route se bifurque, l'une continuant vers Chambéry, l'autre prenant à droite pour se diriger sous les montagnes vers la sombre vallée de Maurienne, je dis adieu au petit garçon, les femmes me firent un salut de la tête, et nous allâmes chacun de notre côté, eux en causant, moi en rêvant.

Cette scène m'avait frappé comme une vision de félicité et d'amour, au milieu de la sécheresse et de l'isolement de mon cœur. Marguerite m'avait rappelé Graziella. Graziella n'était plus qu'un songe évanoui. Mais ce songe me rendait la réalité de ma solitude de cœur plus insupportable. J'aurais donné mille fois mon nom et mon éducation pour être José. Je sentis que je touchais à une grande crise de ma vie; qu'elle ne pouvait plus continuer ainsi, et qu'il fallait ou m'attacher ou mourir. Je descendis, à la nuit tombante, enseveli dans ces pensées et dans ces images, le long et sombre faubourg de Chambéry.

Je noterai plus tard comment le hasard me fit retrouver peu de temps après Marguerite; comment elle fut serviable pour moi à son tour, et comment elle fut associée par aventure à un des plus douloureux déchirements de ma vie de cœur.

NOUVELLES

CONFIDENCES

A

M. ÉMILE DE GIRARDIN

(PRÉAMBULE)

En vous adressant, mon cher Girardin, ce nouveau volume de ces notes intimes que le public a appelées *Confidences*, je ne puis m'empêcher de sentir un nouveau serrement de cœur. Ce que j'avais trop prévu est arrivé. En ouvrant ma vie, elle s'est évaporée. Ce journal de mes impressions a trouvé grâce, indulgence, intérêt même auprès de quelques lecteurs, si j'en crois les anonymes bienveillants qui m'ont écrit. Mais les critiques austères et âpres, ces hommes qui délayent jusqu'à nos larmes dans leur encre, pour donner plus d'amertume à leurs sarcasmes, n'ont pas pardonné à ces épanchements d'une âme de vingt ans. Ils ont cru, ou ils ont fait semblant de croire, que je recherchais une misérable célébrité dans les cendres de mon propre cœur ; ils ont dit que, par une anticipation de vanité, je voulais cueillir et respirer, de mon vivant, jusqu'aux tristes fleurs d'un jour qui croîtraient après moi sur mon tombeau. Ils ont crié à la profanation du sentiment intérieur, à l'effronterie de l'âme dévoilée à nu, au scandale des souvenirs confiés, à la vénalité des choses saintes, à la *simonie* du poëte vendant ses fibres pour sauver l'arbre et le toit de son berceau ! J'ai lu, j'ai entendu en silence toutes ces malignes interprétations d'un acte dont la véritable nature vous avait été révélée bien avant de l'être au public. Je n'ai rien répondu. Que pouvais-je répondre ? Les apparences étaient contre moi. Vous seul vous saviez que ces notes existaient depuis longtemps, enfermées dans ma cassette de bois de rose, avec les dix volumes de notes de ma mère ; qu'elles ne devaient pas en sortir ; que j'avais rejeté avec un soubresaut d'esprit la première idée de les publier ; que j'avais refusé une rançon de roi contre ces feuilles, sans valeur réelle, et qu'enfin un jour, — un jour que je me reproche, — contraint d'opter fatalement entre la nécessité d'aliéner mes pauvres *Charmettes* à moi, des *Charmettes* aussi chères, des *Charmettes* plus saintes que celles des *Confessions*, ou entre la nécessité de laisser publier ces pages, j'avais préféré me contrister moi-même, à la douleur de contrister de vieux et bons serviteurs en vendant leurs toits et leurs vignes à des étrangers. J'avais reçu d'une main le prix des *Confidences*, et j'avais remis ce prix de l'autre main à d'autres, pour en acheter du temps.

Voilà tout mon crime, et je l'expie.

Eh bien ! que ces critiques se réjouissent jusqu'à satiété de vengeance ! ce sacrifice n'a servi à rien ! C'est en vain que j'ai livré au vent ces feuilles arrachées au livre de mes plus pieux souvenirs ; le temps que leur prix m'avait acheté n'a pas suffi pour me conduire jusqu'au seuil de la demeure où l'on ne regrette plus rien ! Mes *Charmettes* vont se vendre [1] ! qu'ils soient contents ! J'ai la honte d'avoir publié ces *Confidences*, et je n'ai pas la joie d'avoir sauvé mon jardin. Des pas étrangers vont y effacer les pas de mon père et de ma mère. Dieu est Dieu ; il ordonne quelquefois au vent de déraciner le chêne de cent ans, et à l'homme de déraciner son propre cœur. Le chêne et le cœur sont à lui, il faut les lui rendre, et lui rendre encore par-dessus justice, gloire et bénédiction !

Et maintenant que mon acceptation des critiques est complète, et que je me reconnais coupable et surtout affligé, suis-je bien aussi coupable qu'ils le disent, et n'y a-t-il aucune excuse qui puisse atténuer mon crime aux yeux des lecteurs indulgents ou impartiaux ?

Pour le juger, je n'ai qu'une question à vous faire et à faire au public qui a daigné feuilleter ces volumes d'un doigt distrait. Cette question, la voici :

Est-ce à moi ou à d'autres que les pages publiées de ces *Confidences* ont pu faire tort dans l'esprit de ceux qui les ont lues ? Y a-t-il un seul homme vivant aujourd'hui, y a-t-il une seule mémoire de personne morte à qui ces souvenirs aient jeté une ombre odieuse ou même défavorable, ou sur le nom, ou sur la famille, ou sur la vie, ou sur le tombeau ? L'âme de notre mère a-t-elle pu en être contristée dans son ciel ? La mâle figure de notre père en a-t-elle été amoindrie dans le respect de ses descendants ? *Graziella*, cette fleur précoce et séchée de

---

[1] Elles sont vendues.

mon adolescence, en a-t-elle recueilli autre chose que quelques larmes de jeunes filles sur un tombeau de Portici? Mes maîtres, ces pieux jésuites de Belley, dont je n'aime pas le nom, mais dont je vénère la vertu ; mes amis les plus chers et les premiers moissonnés, *Virieu*, *Vignet*, l'abbé *Dumont*, pourraient-ils se plaindre, s'ils revenaient ici-bas, de ce que j'ai défiguré leurs belles natures, décoloré leurs nobles images, ou souillé leurs places dans la vie? J'en appelle à ceux qui ont lu! Une seule ombre me commanderait-elle d'effacer une seule ligne? Beaucoup de ceux dont j'ai parlé vivent encore, ou leurs sœurs vivent, ou leurs amis vivent; les ai-je humiliés? Ils me l'auraient dit. Non! je n'ai embaumé que les souvenirs purs. Mon linceul était pauvre, mais il était sans tache. Les noms modestes que j'y avais ensevelis pour moi seul n'en seront ni parés ni déshonorés. Aucune tendresse ne me fera un reproche ; aucune famille ne m'accusera de l'avoir profanée en la nommant. Une mémoire est une chose inviolable, parce que c'est une chose muette; il ne faut y toucher que pieusement. Je ne me consolerais jamais si j'avais laissé tomber de cette vie, dans cette autre vie d'où l'on ne peut répondre, un mot qui pourrait blesser ces immortels absents qu'on appelle les mânes. Je ne voudrais pas même qu'un mot réfléchi, hostile à quelqu'un, restât après moi contre un des hommes qui me survivront un jour. La postérité n'est pas l'égout de nos passions; elle est l'urne de nos souvenirs ; elle ne doit conserver que des parfums.

Ces *Confidences* n'ont donc fait de mal ni de peine à personne, parmi les vivants ou parmi les morts. Je me trompe, elles ont fait du mal à moi, mais à moi seul. Je me suis peint tel que je fus : une de ces natures, hélas !

si communes parmi les enfants des femmes, pétrie non d'une seule pièce, non d'une argile exceptionnelle et épurée comme celle des héros, des saints ou des sages, mais pétrie des divers limons qui entrent dans le moule de l'homme faible et passionné : de hautes aspirations et d'étroites ailes, de grands désirs et de courtes mains pour atteindre là où ils regardent; d'idéal sublime et de réalité vulgaire, de feu dans le cœur, d'illusions dans l'esprit, de larmes dans les yeux : statues humaines qui attestent par la diversité des éléments qui les composent les mystérieuses déchéances de notre pauvre nature, et où l'on retrouve, comme dans le métal de Corinthe après l'incendie, les traces de tous les métaux liquéfiés qui s'y sont refroidis et confondus, un peu d'or dans beaucoup de plomb. Mais, je le répète, à qui ai-je nui si ce n'est à moi-même?

« Mais, disent-ils, ces nudités dévoilées du sentiment et de la vie offensent cette pudeur virginale de l'âme dont la pudeur du corps n'est que l'emblème imparfait! Vous vous montrez sans voile et vous ne rougissez pas! Qui êtes-vous donc?

» — Hélas! je suis ce que vous êtes, un pauvre écrivain; un écrivain, c'est-à-dire un penseur public; je suis ce que furent, au génie et à la vertu près, saint Augustin, Jean-Jacques Rousseau, Chateaubriand, Montaigne, tous les hommes qui ont interrogé silencieusement leur âme et qui se sont répondu tout haut, pour que leur dialogue avec eux-mêmes fût aussi un entretien avec leur siècle ou avec l'avenir. Le cœur humain est un instrument qui n'a ni le même nombre ni la même qualité de cordes dans toutes les poitrines, et où l'on peut découvrir éternellement de nouvelles notes pour les ajouter à la gamme infinie des sentiments et des cantiques de la création. C'est notre rôle à nous, poëtes ou prosateurs malgré nous, rapsodes du poëme sans fin que la nature chante aux hommes et à Dieu ! Pourquoi m'accuser si vous vous excusez vous-mêmes ? Ne sommes-nous pas de la même famille de ces *Homérides* qui racontent de porte en porte des histoires dont ils sont tour à tour et quelquefois tout ensemble les historiens et les héros ? Est-ce donc la nature de la pensée qui fait le crime de la publier ? Une pensée vulgaire, critique, sceptique, dogmatique, sera innocente en se dévoilant, selon vous ; un sentiment banal, froid, sans intimité, c'est-à-dire sans palpitation en vous, sans contre-coup dans les autres, ne violera aucune pudeur en se révélant ; mais une pensée pieuse, ardente, allumée au foyer du cœur ou du ciel ; mais un sentiment brûlant, jailli de l'explosion du volcan du cœur, mais un cri de l'âme éveillant, par son accent de vérité et de déchirement, d'autres cris sympathiques dans le siècle ou dans l'avenir ! mais une larme surtout ! une larme non feinte, une larme amère tombant des yeux au lieu d'une goutte d'encre de la plume ! oh ! voilà le crime ! voilà la honte ! voilà l'impudeur, selon vous ! C'est-à-dire que ce qui est froid et artificiel est innocent dans l'artiste, mais ce qui est naturel et chaud est impardonnable dans l'homme ! C'est-à-dire que la pudeur de l'écrivain consiste à dévoiler le faux, et l'impudeur à dévoiler le vrai ! Montrez-moi votre esprit si vous en avez ; mais votre âme pour entraîner la mienne ! oh ! l'indignité ! quelle logique !

» Eh bien ! oui, cependant, vous avez raison au fond, mais vous ne savez pas le dire ; oui, il est parfaitement vrai qu'il y a des mystères, des nudités, des parties non pas honteuses, mais délicates et *sensitives* de notre âme, des profondeurs, des personnalités, des derniers replis du sentiment et de la pensée qu'il en coûterait horriblement de découvrir, et qu'un scrupule honnête, naturel, ne nous permettrait jamais de dénuder sans un remords de pudeur violée ! Il y a l'indiscrétion du cœur ; j'en conviens avec vous ; je l'ai cruellement ressenti moi-même, la première fois qu'ayant écrit quelques rêves poétiques de mon âme, quelques épanchements trop réels de mes sentiments, je les lus à mes plus intimes amis. Mon front se couvrit de rougeur, et je ne pus pas achever la lecture. Je leur dis : « Non, je ne puis aller plus avant ; vous lirez cela. — Et comment, me dirent ces amis, tu ne peux pas nous lire à nous ce que tu vas donner à lire à toute l'Europe ? — Non, dis-je ; je ne sais pas pourquoi, mais je n'éprouve aucune honte à laisser lire cela au public, et j'éprouve une répugnance invincible à le lire face à face seulement à deux ou trois de mes amis. »

Ils ne me comprirent pas, je ne me comprenais pas moi-même. Nous nous récriâmes ensemble contre l'inconséquence du cœur humain. Depuis, j'ai toujours éprouvé cette même répugnance instinctive à lire à une seule personne ce que je n'avais aucun effort à faire pour le laisser lire au public ; et, après y avoir longtemps réfléchi, j'ai trouvé que cette inconséquence apparente était au fond une parfaite logique de notre nature.

Pourquoi, en effet? C'est qu'un ami c'est quelqu'un, et que le public ce n'est personne ; c'est qu'un ami a un visage, et que le public n'en a pas ; c'est qu'un ami est un être présent, écoutant, regardant, un être réel, et que le public est un être invisible, un être de raison, un être abstrait; c'est qu'un ami a un nom, et que le public est anonyme ; c'est qu'un ami est un confident, et que le public est une fiction. Je rougis devant l'un parce que c'est un homme, je ne rougis pas devant l'autre parce que c'est une idée; quand je parle ou quand j'écris devant le public, je me sens aussi libre et aussi affranchi de ces susceptibilités d'homme à homme que si je parlais ou si j'écrivais devant Dieu et dans le désert; la foule est une solitude; on la voit, on sait qu'elle existe, mais on ne la connaît qu'en masse. Comme individu, elle n'existe pas. Or, cette pudeur dont vous parlez étant le respect de soi-même devant quelqu'un; du moment qu'il n'y a personne de distinct à force de multitude, où serait le motif de cette pudeur! Psyché rougit sous une lampe, parce que la main d'un seul Dieu la promène de près sur son beau corps; mais que le soleil la regarde de ses mille rayons du haut de l'Olympe, cette personnification de l'âme pudique ne rougira pas devant tout un ciel. C'est la parfaite image de la pudeur de l'écrivain devant un seul auditeur, et de la liberté de ses épanchements devant tout le monde. Vous m'accusez de violer le mystère devant vous! Vous n'en avez pas le droit : je ne vous connais pas, je ne vous ai rien confié personnellement, à vous; vous êtes un indiscret qui lisez ce qui ne vous est pas adressé. Vous êtes *quelqu'un*, vous n'êtes pas le public; que me voulez-vous? Je ne vous ai pas parlé, vous n'avez rien à me dire, et je n'ai rien à vous répondre.

C'est ainsi que pensaient saint Augustin, Platon, Socrate, Cicéron, César, Bernardin de Saint-Pierre, Montaigne, Alfieri, Chateaubriand et tous les hommes qui ont confié au monde les palpitations vraies de leur propre cœur. Gladiateurs réels du Colisée humain, qui ne jouaient pas des comédies de sentiment ou de style pour distraire une académie, mais qui luttaient et mouraient réellement sur la scène du monde, et qui écrivaient sur le sable avec le sang de leurs propres veines les héroïsmes, les défaillances ou les agonies du cœur humain.

Cela dit, je reprends ces notes où je les retrouve, et je ne rougis que d'une seule chose devant les critiques, c'est de n'avoir ni l'âme de saint Augustin, ni le génie de Jean-Jacques Rousseau, pour mériter, par des indiscrétions aussi saintes, aussi touchantes, le pardon des âmes tendres et la condamnation des esprits prudes qui prennent tout mouvement de l'âme pour une *obscénité*, et qui se voilent la face dès qu'on leur montre un cœur.

NOUVELLES CONFIDENCES

LIVRE PREMIER

I

. . . .
. . . .
. . . .

Après que cette flamme de ma vie se fut ainsi évaporée au ciel en ne laissant en moi que l'éblouissement d'une vision et le recueillement d'un culte, j'avais erré quelques mois comme une âme aveugle qui a perdu la lumière du ciel et qui ne se soucie pas de celle de la terre. J'avais passé la plus grande partie de ce temps en Suisse sur les lacs de Genève, de Thoun et de Neufchâtel, mal portant, solitaire toujours, ne restant jamais plus d'une semaine à la même place. Ma mère, qui connaissait la cause de mon chagrin, m'envoyait de temps en temps quelque petite somme épargnée, à l'insu de la famille, sur ce qu'on lui donnait par mois pour tenir sa maison; elle savait que le grand air évapore seul les grandes douleurs et que le changement perpétuel de lieux guérit les fièvres du cœur comme il coupe les fièvres du corps. Elle redoutait pour moi la monotomie, l'uniformité et l'oisiveté plus rongeuse que la douleur de la maison paternelle et de la vie de Mâcon. Cependant, l'automne approchait, elle ne savait plus comment colorer mon éloignement sans cause aux yeux de mon père et de mes oncles. Il fallut revenir.

II

Je revins par Lyon. Je m'embarquai là sur un de ces bateaux qui remontaient et qui descendaient alors le cours de la Saône, conduits comme des traîneaux sur la glace du fleuve, par des chevaux qui galopaient dans les prairies dont il est bordé.

Couché à la renverse sur le pont, entre des ballots et des valises, je regardais la pointe du mât dessiner ses légères ondulations sur le ciel comme une aiguille noire s'avançant, par un mouvement insensible, sur le cadran de ma vie. De temps en temps, je me soulevais à la voix rauque du patron de la barque qui nommait les petites villes et les villages de la rive et qui demandait aux voyageurs si quelqu'un voulait descendre au port devant lequel nous passions. Je reconnaissais les noms familiers à mon oreille de ces charmants villages qui bordent le cours de la Saône, mon fleuve natal, les îles couvertes de forêts de saules et d'osiers, les grands troupeaux de vaches qui les abordent à la nage pour aller paître leurs longues herbes, en ne laissant voir que leurs museaux blancs et leurs cornes noires au-dessus de l'eau, les belles montagnes du Beaujolais et du Mâconnais, qui, aux rayons du soleil couchant, deviennent bleues comme des vagues et semblent flotter comme une mer dont le rivage est caché par leur roulis; et à droite ces immenses prairies vertes de la Bresse, parsemées çà et là de points blancs qui sont des troupeaux, et noyées à leurs confins dans une brume qui les fait ressembler aux paysages de la Hollande ou aux horizons de la Chine, sans autres bornes que la pensée.

Ces sites, tant vus et tant revus par moi dès mes premiers regards, me pesaient sur le cœur bien plus qu'ils ne soulevaient mon poids d'ennui. J'étais né pour agir, et la destinée me ramenait toujours, malgré moi, languir et fermer mes ailes dans ce nid, dont je brûlais sans cesse de m'échapper.

Cette fois cependant la douleur m'avait tellement brisé, que j'éprouvais une certaine résignation fatale à rentrer pour n'en plus sortir dans cette maison où j'étais né et où j'espérais bientôt mourir. J'étais convaincu que mon cœur avait épuisé, dans ces treize mois d'amour, de délire et de douleur, toutes les délices et toutes les amertumes d'une longue vie, que je n'avais plus qu'à couver quelques mois mes souvenirs sous la cendre de mon cœur, et qu'un ange dont ma pensée avait suivi la trace dans une autre vie m'y rappellerait bientôt pour abréger l'absence et pour recommencer l'éternel amour. Cette certitude me consolait et me faisait prendre en patience et en indifférence l'intervalle que je croyais court entre le départ et la réunion. « A quoi bon commencer quelque chose, me disais-je, qui sera si vite interrompu? Et qu'importe que je traîne ici ou là-bas les heures suprêmes d'une existence qui s'est éteinte dans cette tombe et qui ne se rallumera jamais? »

III

C'est dans ces pensées d'apaisement découragé et désintéressé de la vie que j'approchais insensiblement de Mâcon. Bientôt j'aperçus les hautes tours tronquées de son antique cathédrale se découpant en blanc sur le fond du ciel, et les treize arches régulières de son pont romain courant sur la largeur du fleuve comme une caravane qui traverse un gué à pas inégaux. La cloche du bateau appelait les voyageurs à monter sur le pont ou à en descendre. On voyait sur le quai des promeneurs insouciants s'accouder un moment sur les parapets pour regarder passer la barque sous l'arche étroite et bouillonnante; deux ou trois groupes de parents ou d'amis qui attendaient des voyageurs pressaient un peu le pas sur la rive pour les devancer et les embrasser plus vite sur la planche du débarquement.

On se saluait, tout en marchant et en voguant encore, du cœur, du regard, de la voix et du geste, du pied du mât sur le rebord du quai. On reconnaissait, au rayon de joie sur les visages, à l'impatience des pieds sur le pont de la barque, à l'humidité des yeux, les degrés d'amitié, de parenté ou d'amour qui unissaient les cœurs encore séparés par quelques vagues. Je cherchais des yeux, dans ces groupes debout sur le quai, un visage connu, je n'en voyais point. Personne ne m'attendait à jour fixe. A la fin, et au moment où j'allais débarquer, ma valise légère sous le bras, je sentis mes jambes embrassées par les pattes et par les caresses d'un chien qui m'avait, comme celui d'Ulysse, pressenti et flairé à distance, qui s'était élancé sur la planche, et qui me dévorait de joie au milieu de l'indifférence générale.

Je reconnus le vieux griffon de mon père, un chien d'arrêt nommé Azor, qui faisait partie de la famille depuis treize ou quatorze ans, et qui m'avait accueilli à mon retour du collége. C'est ce même animal qui m'avait débarrassé, sept ans auparavant, de mon entretien ossianique avec Lucy. Je l'embrassai, et je lui livrai une des courroies de ma valise pour l'empêcher de bondir entre les pieds des voyageurs. Puisque Azor était là, mon père ne devait pas être loin. Le chien me l'indiqua dès que nous fûmes à terre, en me tirant par sa courroie du côté d'une petite promenade ombragée de tilleuls et garnie de bancs de pierre voisins du lieu de débarquement. Mon père était venu à tout hasard s'y asseoir à l'heure où les barques passaient devant la ville; il m'avait nommé deux ou trois fois à Azor, en lui montrant du geste la barque. Ce fidèle messager avait compris et accompli sa mission. Il me ramenait.

Mon père, qui n'avait alors que soixante-deux ou trois ans, paraissait dans toute la sève et dans toute la majesté de la vie. Il s'était levé de son banc aux hurlements joyeux d'Azor; il avait la vue basse et il regardait du côté du port, sa lorgnette à la main, selon son habitude, pour voir si son chien lui amenait son fils. Je courus à lui et je tombai dans ses bras. Il avait bien la voix un peu émue et les yeux un peu humides en m'embrassant, mais il y avait une mâle fermeté jusque dans sa tendresse; il respectait son ancien uniforme de capitaine de cavalerie ; il aurait cru déroger en avouant aux autres ou à lui-même une émotion féminine ; c'était un de ces hommes qui ont le respect humain de leurs qualités, la pudeur de leur vertu, et qui, en refoulant tous les signes extérieurs de leur sensibilité dans leur âme, ne font que la conserver plus jeune et plus vierge jusqu'à leurs jours avancés.

Cette habitude de sa nature forte et austère jetait entre lui et moi une certaine froideur de démonstrations qui pouvait tromper au premier coup d'œil. Nous nous aimions sévèrement, comme il convenait à des hommes ; lui avec dignité, moi avec respect ; le père était toujours père, le fils toujours fils. Sa sensibilité se cachait sous l'austérité et derrière la distance jusqu'à ses dernières années, où j'étais devenu homme et où il était devenu vieillard. Alors les rôles changèrent : c'est lui qui se laissait aimer, c'est moi qui aimais. Entre nous la sensibilité déborda.

IV

Je le regardais tout en marchant un peu en arrière de lui par crainte et par respect. Mon père était alors dans toute la virilité de l'homme. Ma taille, quoique très-élevée, atteignait à peine la sienne.

Rien ne fléchissait encore et rien ne fléchit avant quatre-vingt-sept ans dans sa stature. Il portait ses années comme un chêne robuste de nos montagnes porte ses soixantièmes feuilles, en s'en décorant et sans plier, ou plutôt ses années le portaient droit et ferme sur la forte tige de vie que Dieu lui avait donnée. Sa figure, sans avoir alors cette pureté délicate de traits et de lignes qui caractérise la beauté de détail du visage humain, avait l'effet de cette beauté en masse qui fait qu'on s'arrête et qu'on dit : « Voilà un noble type de l'humanité, voilà un corps digne de porter une âme et de s'appeler le temple de Dieu. »

Le front n'était pas tout à fait assez relevé pour y laisser jouer les ailes d'une imagination à grand vol ; il était seulement large, droit et accentué comme le front romain dans les bustes de l'époque des Scipions. Le nez était court et d'un seul trait ; la bouche bien ouverte, parée de dents petites, régulièrement enchâssées, intactes et éclatantes jusqu'à sa mort ; les lèvres coupées presque à angle droit, d'une expression d'intrépidité sévère quand elles étaient fermées, d'une grâce et d'une courbe exquise quand elles se desserraient et se plissaient légèrement aux deux coins pour sourire ; le menton relevé par les muscles bien attachés, les joues plus affaissées que pleines, peu de chair, beaucoup de fibres revêtues d'un épiderme coloré par un sang bouillant et généreux, le tour du visage ni ovale ni rond, mais presque carré comme dans les races guerrières du Jura, les yeux d'une couleur changeante et d'un vif éclat, ombragés de sourcils noirs et épais qui tendaient à se rejoindre au-dessus du nez quand il plissait le front, formant alors une seule ligne sombre entre le visage et le front. En somme, une superbe tête de chef militaire modelée par la nature ou par l'habitude pour le commandement.

Cette habitude du commandement militaire se révélait également dans toutes ses attitudes. Il portait la tête haute, il regardait en face, il saluait avec dignité, mais sans hauteur ; ses membres étaient souples, sa marche ferme, lente, régulière comme s'il eût entendu en marchant le tambour ou le clairon pour mesurer le mouvement et la distance de ses pas; ses habits, de couleur bleue et de forme austère, n'avaient jamais ni recherche, ni couleurs éclatantes, ni négligence, ni abandon dans les plis. On y sentait le souvenir et la ponctualité de l'uniforme; ses souliers à boucles ne lui pesaient pas assez aux pieds; on voyait à sa marche qu'il croyait avoir à soulever encore les lourdes bottes à l'écuyère qu'il avait longtemps portées, et que le cheval d'escadron manquait à ses jambes. Il ne passait jamais devant lui un soldat ou un cheval sans qu'il s'arrêtât un moment et qu'il prît sa lorgnette pour regarder l'homme ou l'animal.

La guerre était sa patrie, la discipline sa vertu; l'épée, le cheval, la selle, le harnais, son ambition, son souvenir, sa contemplation perpétuels. Au fond, il plaignait, sans les mépriser, toutes les autres professions de la vie humaine. Tous les métiers qui ont pour but le gain lui paraissaient assez vils, et, de tous les métiers qui ont pour but de gagner de l'honneur, il n'en connaissait qu'un : offrir ou verser son sang pour son roi ou pour son pays. Entre le militaire et le paysan, pour lui il n'y avait rien. Il regardait tout le reste comme les nobles polonais regardent les juifs de leur terre, race nomade, mercantile et usurière entre le peuple et eux. C'était le modèle parfait du gentilhomme de province, père de famille, chasseur, cultivateur, ami du peuple après avoir été l'ami du soldat. Tel était l'extérieur de mon père.

V

Ses camarades de régiment, dont il y avait plusieurs dans la ville, et les hommes de la société, l'appelaient le chevalier de Lamartine. Les hommes du peuple et les hommes étrangers à son intimité l'appelait M. de Prât. C'était le nom d'une terre de famille en Franche-Comté, dont mon grand-père lui avait donné le titre, pour le distinguer de ses frères. On n'appelait ma mère que madame de Prât, et j'ai moi-même porté ce nom dans mon enfance jusqu'à la mort de l'aîné de mes oncles, à qui seul appartenait ce nom de famille.

Mon père, en me ramenant du bateau à la maison, me faisait traverser, avec un certain orgueil de tendresse paternelle, les rues les plus longues et les plus peuplées de Mâcon.

C'était l'heure où les oisifs de la petite ville sortaient, après leur dîner, au coucher du soleil, pour aller respirer la fraîcheur de l'eau en se promenant sur le quai, ou en s'asseyant sous les tilleuls du bord de la rivière. Il rencontrait çà et là quelques-uns de ses anciens camarades de régiment, de ses parents ou de ses amis de la ville. On l'abordait; il me montrait; il semblait fier des regards qu'on jetait sur moi du seuil des maisons ou des boutiques; ce fils, aussi grand que lui, revenant de longs voyages, un peu maigri et un peu pâli par l'absence, mais attirant pourtant les yeux par sa taille, par sa chevelure, par sa ressemblance avec sa mère, par cette mélancolie même des traits qui ajoute un mystère à la physionomie, le flattait évidemment. Il allongeait à son insu la route, il recherchait les rencontres, il prolongeait les entretiens. J'entendais murmurer aux fenêtres : « Voilà le chevalier de Lamartine qui passe avec son fils ; venez voir ! » Quant à moi, je supportais ces regards et ces saluts par respect pour mon père, mais je brûlais d'y échapper et d'arriver enfin à la maison.

VI

Nous y arrivâmes enfin ; le chien était allé nous annoncer par ses bonds et ses hurlements de joie ; en passant le seuil, je me trouvai enlacé dans les bras de ma mère et de mes sœurs. Ma mère ne put s'empêcher de pâlir et de frissonner visiblement en voyant combien ma longue absence et mes secrètes angoisses avaient amaigri et fléchi mes traits. Mon père n'avait vu que les belles formes développées de mon adolescence ; ma mère, d'un coup d'œil, avait vu les impressions. L'œil des femmes est divinatoire ; il va droit au fond de l'âme de celui qu'elles regardent, ne fût-ce qu'en passant. Qu'est-ce donc quand celui qu'elles regardent est un fils, un rayon de leur âme?

VII

Un changement s'était opéré pendant mes absences dans les habitudes de la vie de famille. Mon père, sollicité en cela par notre mère, avait acheté sur ses longues et pénibles économies une maison de ville à Mâcon, pour y passer la moitié de l'année. L'âge était venu, pour mes sœurs, de recevoir les leçons de ces maîtres et maîtresses d'art d'agrément, luxe d'éducation nécessaire aux femmes d'une certaine aisance, dont la vie ne serait, sans cela, qu'une fastidieuse oisiveté. Le moment était venu aussi de les produire dans ce qu'on appelle le monde, espèce d'expropriation réciproque, où les nouvelles venues dans la vie regardent et sont regardées, jusqu'à ce que les parentés, les relations de famille, les habitudes de société, les convenances de voisinage et de fortune ou l'inclination déterminent les mariages.

Belles, modestes, mais ne pouvant attirer de bien loin des maris par la modicité de leurs dots, ma mère présumait justement que les jeunes hommes de leur rang ne viendraient pas les découvrir dans la solitude de Milly. Elle ne voulait pas les exposer à y fleurir et à s'y flétrir par sa faute sans avoir répandu leur chaste éclat de beauté dans les yeux de quelqu'un. Elle regardait comme un devoir obligatoire de la mère de famille de chercher des occasions d'unions assorties pour ses filles. Les enfanter à la vie, à la religion, à la vertu, pour elle ce n'était pas assez ; elle voulait les enfanter aussi au bonheur.

Mon père avait compris ces raisons, et, bien qu'à regret et par des efforts surhumains d'économie domestique, il s'était décidé à quitter ses vignes, ses chiens de chasse, sa partie de *piquet*, le soir, avec le curé et le voisin, et à s'établir à Mâcon, au moins pour l'hiver et le printemps de chaque année.

Il était, comme tout nouveau possesseur, fier et amoureux de la maison qu'il avait achetée. A peine étais-je entré, qu'il me la montra de la cave au grenier, en m'en détaillant tous les agréments et tous les avantages.

La maison, qui existe encore, mais qui a été vendue et subdivisée depuis la mort de mon père et la dispersion de la famille, était située dans le quartier élevé, noble et solitaire de la ville, que j'ai décrit dans le commencement de ce récit. Elle avait appartenu avant la révolution à une famille patricienne du Mâconnais avec laquelle nous avions des alliances et des intimités de bon voisinage, la famille d'Osenay.

Elle avait sa façade principale sur une large rue à pente un peu roide qui débouchait sur quelques tilleuls, dépendance de la grande place de l'Hôpital, et promenade ordinaire des enfants, des nourrices et des vieillards de ce haut quartier. Un linteau de marbre noir, merveilleusement sculpté, au-dessus de la porte, annonçait un sentiment d'art et de luxe architectural dans celui qui l'avait bâtie. Cette porte ouvrait sur un vestibule large, profond, surbaissé, humide et sombre. Au fond de ce vestibule on apercevait les premières marches d'un escalier éclairé par un jour indirect et ruisselant d'en haut, comme dans les tableaux d'intérieur de couvent par *Granet*, le peintre du recueillement. A droite et à gauche de ce vestibule s'ouvraient quatre portes; c'étaient les remises, les bûchers, les cuisines, vastes souterrains qui contenaient encore des puits, des caves, de vastes cheminées pour tous les usages domestiques, mais qui ne recevaient le jour que par des larmiers à fleur de terre du jardin.

L'escalier en pierres jaunes avait été évidemment construit pour un homme âgé. Les marches en étaient si peu hautes et si doucement inclinées que j'en franchissais toujours cinq ou six à la fois. Il ressemblait à ces escaliers insensibles du *Vatican* et du *Quirinal* à Rome qui semblent proportionner leurs degrés de marbre aux pas affaiblis d'une aristocratie de vieillards. Après avoir monté une demi-rampe de ces degrés, on se trouvait en face d'une large fenêtre et d'une porte vitrée plus large encore ouvrant sur un jardin intérieur. Ce jardin, étroit et profond, était encaissé dans de hautes murailles grises tapissées de rosiers et d'abricotiers en espalier. Au milieu s'élevait un arbuste isolé d'aubépine rose qui avait pris, à force d'années, le tronc, la ramure et la portée d'un arbre forestier. De petites allées sablées et encadrées de bordure de buis enceignaient le jardin. Le fond était décoré de volières en treillis en bois peint, dans lesquelles mes sœurs faisaient nicher leurs colombes, et d'une petite fontaine à bassin de marbre et à statue de l'Amour, dont le dauphin à sec ne versait que de la poussière, et n'avait pour écume que des toiles d'araignées. Par-dessus les murs du jardin, on n'apercevait que les toits de tuiles rouges et les dernières mansardes grillées de fer de quelques hautes maisons d'artisans et d'un couvent de vieilles religieuses. Aspect monastique qui donnait au jardin, quoique très-lumineux, le caractère, le silence et le recueillement d'un cloître espagnol.

VIII

En rentrant du jardin, et en montant de nouveau l'escalier, on se trouvait sur le grand palier du premier étage. Trois hautes portes à doubles battants et à haut entablement, dont l'une faisait face à la rampe, et dont les deux autres s'ouvraient à droite et à gauche, s'y regardaient.

Par la première, on entrait dans une vaste salle boisée de panneaux sculptés et peints en gris à la détrempe. C'était la grande artère de la maison, l'antichambre du salon, la salle à manger, la salle d'études pour les maîtres de dessin, de musique ou de danse de mes sœurs, la salle de travail où les femmes de chambre raccommodaient le linge. Elle était garnie d'un poêle encaissé sous une grande niche, d'une table ovale pour les repas, d'armoires, de buffets, d'un piano, de deux harpes, de petites consoles pour dessiner, pour écrire et pour coudre. Une sombre pendule de *Boule* à caisse d'écaille noire incrustée d'arabesques de laiton, et surmontée d'une statuette du Temps brandissant sa faux, y sonnait mélancoliquement les heures à cette jeunesse qui ne les écoutait pas.

A droite, on passait dans un salon moins vaste et plus recueilli. Une antique et haute cheminée de marbre noirâtre richement fouillé par le ciseau du sculpteur, et dont les jambages s'écorçaient en feuilles d'acanthe, ouvrait aux bûches un foyer assez large et assez profond pour des troncs entiers de chêne. Le fauteuil de mon père en face de la cheminée, quelques fauteuils de velours d'Utrecht rouge, une table ronde couverte de livres, quelques tables de jeu recouvertes de serge verte, des carreaux rouges et cirés sous les pieds, un plafond à riches moulures, mais noirci par la fumée d'un demi-siècle, les rideaux verts de deux fenêtres ouvrant sur la rue, formaient tout l'ornement de ce salon. On n'y allumait le feu qu'un moment avant le dîner de famille. On dînait alors à deux heures. La pièce qui faisait face au salon quand on avait traversé la grande salle était la chambre d'une tante infirme, sœur de mon père, dont je parlerai tout à l'heure. Elle s'appelait mademoiselle de Monceau.

En revenant sur le palier, on entrait à gauche dans la chambre de notre père, appartement vaste, mais assombri par les mur noirs d'une maison de religieuses qui empiétait de ce côté sur le jardin et sur le ciel ; à droite, dans la chambre encore plus vaste de ma mère ; on y descendait par trois marches d'une porte vitrée dans le jardin. Le soleil l'inondait depuis le matin jusqu'au soir. Une espèce d'aile ajoutée à la maison formait à côté de cette chambre un beau cabinet qu'on appelait le cabinet des Muses. Il servait à ma mère de retraite pour écrire, et d'oratoire pour prier avec ses filles quand elles voulaient se recueillir un moment contre les perpétuelles distractions d'une famille jeune et nombreuse, et d'une plus nombreuse parenté.

La boiserie de ce cabinet, sculpté depuis le plafond, formait dix niches contenant chacune une console. Sur chaque console posait la statue en bois d'une des neuf muses avec ses attributs mythologiques. La dixième niche contenait une statue en bois d'Apollon. Le dessus de porte représentait, également sculpté, Jupiter descendant du ciel et ouvrant les rideaux de Danaé, épouvantée de ses foudres. Toutes ces figures étaient recouvertes d'une épaisse couche de peinture à l'huile. Ce vernis gris blanc leur donnait une apparence de froideur et de mort qui glaçait l'imagination. Mes plus jeunes sœurs n'y entraient jamais sans une religieuse admiration et sans un certain frisson. Mais ma mère avait sanctifié toute cette fable par son *prie-Dieu* de bois sombre, par son Christ d'ivoire éclatant sur un fond de velours noir dans le demi-jour de ce cabinet toujours fermé au soleil, et par un beau tableau ovale de la Vierge présentant l'enfant Jésus à sa cousine peint par *Coypel*, et copié au pastel par une de ses sœurs, madame de Vaux.

Derrière ce cabinet, il y avait deux ou trois petites chambres à plusieurs lits pour mes sœurs.

Mon père, après m'avoir fait parcourir toutes ces pièces, me fit monter au second étage. Il était composé de grandes chambres nues formant la répétition du premier. Puis il m'ouvrit celle qu'il me destinait à moi-même. Elle était au-dessus de la sienne et prenait jour par deux fenêtres, aussi sur le jardin. Une alcôve pour mon lit, un large cabinet pour le travail, faisant face au cabinet des Muses, une belle lumière, le silence du jardin, un pan plus large du ciel pour horizon, parce que je dominais un peu les toits du couvent, faisaient de cette chambre de ma jeunesse une solitude à la fois sereine et recueillie. Elle n'avait pour élégance et pour décoration que deux beaux dessus de porte sculptés en *biscuit*, d'une pâte éclatante. Ils représentaient, l'un, des petites filles se regardant dans le miroir d'une fontaine, et se parant de fleurs qui croissaient au bord; l'autre, des petits garçons jouant avec des animaux et luttant contre une chèvre qu'ils tenaient cabrée par les cornes.

J'eus le temps, pendant une longue distraction dans cette chambre solitaire, d'étudier ces deux médaillons et les intentions de l'architecte. C'était évidemment la chambre destinée aux enfants, le *gynécée* de la maison primitive. Je remerciai mon père, que je n'avais jamais vu si familier et si gracieux, et je m'installai dans l'appartement qu'il m'avait préparé avec tant de bonté. Après souper, j'allai embrasser les autres membres de la famille, qui m'accueillirent avec plus de froideur. Je rentrai et me couchai, rêvant au triste avenir que me faisaient envisager à Mâcon le vide de mon cœur et l'oisiveté de ma vie. La lassitude m'endormit cependant.

IX

Une voix tendre et douce me réveilla sous un beau rayon de soleil levant qui glissait par-dessus le toit du couvent sur mon alcôve.

Je m'appuyai sur le coude et je reconnus ma mère, qui approchait une chaise et qui s'asseyait au chevet de mon lit. Elle était vêtue d'une longue robe de nuit de soie brune montant jusqu'au cou, et nouée autour de la taille par une grande corde de soie enroulée, de même couleur, dont les glands pendaient jusqu'à terre.

Ses longs cheveux noirs, à peine encore diaprés de trois ou quatre fils blancs, flottaient sur ses épaules et sur ses bras, avec ces belles ondes de chevelure qui viennent d'échapper à l'oreiller et qui en conservent les plis. Ses yeux étaient fatigués par l'insomnie ; ses joues, naturellement pâles, avaient cette légère coloration fiévreuse que donne l'âme inquiète à son enveloppe au moment d'une douleur ou d'une émotion. Ses lèvres, qu'elle s'efforçait de rendre souriantes pour ne pas me troubler le réveil, mais où s'apercevait une contention visible et voisine des larmes, souriaient au milieu et pleuraient aux coins. Ses paroles, toujours sonores et vibrantes comme des cordes du cœur touchées par la main, avaient un rhythme bref, brisé, un peu saccadé, qui ne lui était naturel que dans les vives peines plus fortes un moment que sa résignation. Elle passa sa main droite dans mes cheveux, m'embrassa sur le front, où je sentis la goutte chaude d'une larme mal retenue, et me parla ainsi :

X

« Te voilà donc revenu, mon pauvre enfant! » Puis elle m'embrassa encore, et elle reprit : « Te voilà revenu, tu sais que tout mon bonheur est de te voir près de nous, et cependant je t'aime avant de m'aimer moi-même, et, tout en me sentant si heureuse de te revoir, je ne puis m'empêcher d'être affligée et effrayée de ton retour. Que vas-tu devenir ici?... Hélas! reprit-elle, comme je te revois! que tu es pâle! que tu parais triste, quel découragement de la jeunesse et de la vie je lisais hier dans tes traits! Qui m'aurait dit qu'à vingt-deux ans je verrais mon enfant flétri ainsi dans la séve de son âme et de son cœur, et le visage enseveli dans je ne sais quelle douleur!... »

Je me soulevai, à ces mots, avec un bondissement de cœur, comme si ma mère, en me parlant ainsi, eût manqué de respect à cette douleur que je respectais en moi mille fois plus que je ne me respectais moi-même.

« Oh! de grâce, lui dis-je en joignant les mains et avec un accent de supplication sévère, ne me parlez pas avec ce dédain d'une douleur dont vous n'avez jamais connu l'objet et qui fera éternellement agenouiller ma pensée devant un sacré souvenir! Si vous saviez!...

» — Je ne veux rien savoir, dit-elle en me mettant sa belle main sur les lèvres; je sais qu'elle m'avait enlevé l'âme de mon fils, je sais que Dieu l'a enlevée elle-même à un amour qui ne pouvait pas être béni par moi puisqu'il ne pouvait pas être sanctifié par lui... Je la plains, je te plains, je lui pardonne, je prie pour elle; bien qu'inconnue, je l'aime en Dieu et en toi ! Je ne t'en parlerai jamais, il y a des choses qu'une mère doit ignorer toujours, ne pouvant ni les approuver dans sa conscience, ni les flétrir dans le cœur de son fils, de peur de froisser et d'aliéner le cœur lui-même. N'en parlons plus ; n'en parlons jamais. »

Ce respect tendre pour mon sentiment, qui ne sacrifiait rien de sa conscience et de sa dignité de mère, me toucha ; j'embrassai sa main. Elle continua avec plus de liberté et d'abandon. On sentait, dans la plénitude de sa voix, que le sujet délicat était désormais écarté entre nous, et qu'elle allait laisser parler sa seule tendresse.

« Que vas-tu devenir maintenant? me dit-elle, et comment vas-tu supporter cette existence vide, monotone, oisive, d'autant plus exposée aux passions coupables du cœur qu'elle est moins remplie des devoirs et des occupations d'une carrière active? Je tremble et je pleure toutes les nuits en y pensant; n'aurai-je donc enfanté, mon Dieu ! me dis-je souvent, un fils orné de quelques-uns de vos dons les plus précieux, et que j'espérais former de plus en plus pour mon admiration et pour votre gloire, que pour voir vos dons mêmes et ses facultés se retourner contre lui et le ranger dans l'inaction et dans l'obscurité d'une vie inutile? Vous savez que je donnerais mon sang comme j'ai donné mon lait pour en faire un homme, et surtout pour en faire un homme selon votre cœur ! Mais je ne suis pas exaucée, ajouta-t-elle en cessant de parler à Dieu et en se retournant vers moi avec un léger mouvement de tête de gauche à droite qui semblait accuser, pour la première fois, en elle, une certaine révolte de sa résignation.

» Oh! non : j'ai beau prier, j'ai beau me lever avant le jour pour aller à l'église assister, avec les servantes, avant l'ouvrage, à ce premier sacrifice de l'autel, qui semble plus efficace que les autres, parce qu'il est plus matinal et plus recueilli, dans l'obscurité, je n'obtiens rien ; mais je ne me lasserai pas, mon Dieu ! reprit-elle ; je ferai comme sainte Monique, qui pria contre tout exaucement sans s'impatienter de votre lenteur, et qui obtint à la fin plus qu'elle n'attendait, un saint au lieu d'un fils, un guide au lieu d'un disciple, un enfant de Dieu au lieu d'un enfant de ses entrailles ! »

Elle s'arrêta là un moment comme pour prier tout bas ; je le compris au léger mouvement muet de ses lèvres et à l'abaissement de ses longues paupières roses sur ses yeux. J'étais déjà bien attendri et comme calmé et résigné d'avance à ce qu'elle allait sans doute ajouter.

« Il faut que tu saches, dès en arrivant, mon enfant, reprit-elle (et c'est pourquoi j'ai abrégé à contre-cœur ton sommeil, dont tu avais tant besoin hier), il faut que tu saches bien à quoi tu dois t'attendre ici dans la famille, afin que tu ne te révoltes pas contre la destinée, que tu te prépares à beaucoup supporter, à beaucoup languir, à beaucoup souffrir, et que tu ne t'aliènes pas par ces impatiences et par ces révoltes le cœur de ton père qui souffre aussi, mais qui rougirait de se l'avouer à lui-même, et les cœurs excellents au fond, mais un peu aveugles et un peu sourds des autres membres de la famille de qui nous dépendons et de qui nous consentons à dépendre pour votre avenir. Voici la situation des choses entre nous :

» Notre fortune très-étroite a été encore considérablement rétrécie et grevée par ton éducation, par tes voyages, par tes fautes. Je n'en parle pas pour te les reprocher ; tu sais que si les larmes de mes yeux pouvaient se changer pour toi en or, je les verserais toutes dans tes mains! L'acquisition de cette maison, indispensable pour l'instruction et pour les mariages de tes sœurs, l'économie des petites dots que nous devons préparer d'avance successivement pour elles, enfin les mauvaises récoltes de ces dernières saisons à Milly, qui ont trompé nos espérances, ont réduit ton père au plus strict nécessaire dans ses dépenses. Il vit d'angoisses; ces tourments d'esprit, cette contention forcée de calcul, altèrent la grâce et la sérénité de son caractère. Il craint de laisser sans patrimoine ses enfants qu'il a mis au monde et qu'il aime tant. Il se reproche quelquefois cette nombreuse famille qui lui donnait tant de joie et tant d'orgueil quand vous étiez petits. Je suis obligée de le rappeler sans cesse à la confiance en Dieu, qui fait pousser une herbe pour tous les insectes et une graine sur tous les buissons pour tous les nids.

» Depuis quelque temps, afin de calmer ses inquiétudes et de lui élargir le pain quotidien, je me suis chargée de tenir à forfait la maison pour une petite pension de quatre mille francs qu'il me paye en argent chaque trimestre, et à laquelle il ajoute le blé, le bois, le foin, les légumes, les fruits et toutes les petites récoltes du jardin, des prés, des terres non plantées en vignes de Milly. Cela ne suffit pas aux gages des domestiques, aux appointements des maîtres et des maîtresses de tes sœurs, à leur toilette et à la mienne, toutes modestes qu'elles soient, et à la décence obligée et élégante de la maison de mère de famille que je suis obligée de tenir, non selon la fortune, mais selon le rang.

» Mais Dieu m'a donné, tu le sais, dans notre voisine, cette bonne madame *Paradis*, une sœur et une amie qui veut partager avec moi non-seulement les jouissances, mais les peines et les embarras de la famille. Elle est la main invisible de la Providence cachée dans toutes mes difficultés. Elle est libre, veuve, sans parenté autour d'elle; elle n'est pas riche, mais elle a une large aisance pour une femme seule et économe. Toutes les fois qu'elle me voit un souci sur le front, elle en veut sa part; elle ne mesure l'amitié qu'à des sacrifices, elle vend le vin d'une vigne ou les fruits d'un verger, elle jouit de me prêter ce qui est nécessaire pour les circonstances imprévues, pour les dépenses cachées et au-dessus de mes propres forces; c'est à l'aide de sa générosité que je supplée, sans que ton père s'en aperçoive, à l'insuffisance fréquente des sommes qu'il me donne pour votre entretien; c'est avec l'or réservé de ce modèle accompli des amies que j'ai dû payer beaucoup de tes fautes, à l'insu de la famille; il n'y a pas une de mes peines qu'elle ne devine, il n'y a pas une de mes impossibilités qu'elle ne tourne; elle est entrée il y a vingt ans dans mon affection par son cœur, elle est entrée depuis dans la famille par la constance de son dévouement. C'est l'ange des difficultés insolubles placé par Dieu comme une sentinelle de l'autre côté de la rue, en face de notre maison, pour la surveiller de sa tendresse. Chaque matin, quand j'ouvre ma fenêtre, je la vois à son balcon, qui m'attend, et si j'ai un pli entre les yeux elle franchit la rue et elle accourt pour l'effacer. O mes enfants! souvenez-vous toujours d'elle! Madame Paradis a été un rayon de la Providence toujours visible et toujours chaud pour votre mère.

» Dans une gêne si étroite, tu comprends que ton pauvre père ne peut pas te fournir les moyens de vivre désormais sans carrière et sans traitement hors de la maison. Il est même obligé, sous peine de manquer de justice envers tes sœurs (et tu sais que son scrupule c'est la justice, et que son excès c'est la conscience), il est même obligé de réduire la petite pension de douze cents francs qu'il t'allouait pour ton entretien et pour tes courses. Ne fais pas semblant d'en souffrir, et va toi-même au-devant de cet indispensable retranchement. J'y pourvoirai autant que je le pourrai, et madame Paradis sera encore là.

» J'avais espéré jusqu'ici que la famille de ton père comprendrait ce besoin d'activité qui dévore ta jeunesse, et qu'elle se prêterait aux sacrifices nécessaires pour te faire entrer et pour te soutenir quelques années dans le noviciat des fonctions administratives ou diplomatiques. Je n'ai rien pu gagner là-dessus. C'est en vain que j'ai raisonné, prié, conjuré, pleuré; c'est en vain que je me suis humiliée devant eux, comme il est glorieux et doux à une mère de s'humilier pour son fils. Tout a été vain; il n'y faut pas penser. Ils sont bons, ils sont tendres, ils te chérissent comme leur fils, ils te destinent leur patrimoine après eux; mais leur tendresse qui a un cœur dans le lointain n'a point de discernement dans le présent. Ils sont âgés, ils ne peuvent se transporter de leurs habitudes d'esprit dans les nôtres. Ils ne peuvent se souvenir qu'ils ont eu ton âge; ils ne peuvent comprendre qu'un jeune homme qui a le toit, la table, le jardin et la société de sa maison paternelle, ait encore d'autres désirs, et que ses aspirations dépassent les murs de la petite ville; ils appellent cela chimères et fantaisies d'un esprit malade; ils ne conçoivent pas d'autre ambition pour toi que cette existence oisive et monotone dans une rue de Mâcon, quelques promenades le jour, un salon de siècles attablés autour d'un tapis de *boston* le soir, un mariage de voisinage ou de convenance dans quelques années, et une terre de la famille à habiter près d'ici le reste de tes jours. J'ai eu beau leur dire que Dieu donne des vocations différentes aux différentes natures d'esprit, et que les aptitudes sont les révélations de ces vocations diverses, que ces aptitudes refoulées et comprimées dans l'âme de ceux en qui elles se manifestent produisent des suicides lents des facultés divines; que les passions légitimes de l'esprit, si on leur refuse l'air, se pervertissent en passions coupables; que les refoulements préparent les explosions du cœur. Mes paroles et mes larmes même n'ont produit que des sarcasmes ou des irritations contre moi. Il n'y a rien de plus à tenter, il faut se soumettre à la volonté de Dieu! Il faut se résigner à végéter et à languir auprès de nous. Hélas! tout ce que pourra le cœur d'une mère pour t'adoucir cet exil, je l'aurai pour toi; je souffrirai plus que toi-même de ton inaction et de la perte de tes belles années dans lesquelles, tu le sais, j'avais mis mon bonheur, mes espérances, ma gloire de mère! Je te plaindrai, car je te comprends, moi; je recevrai, je garderai dans mon cœur les tristes confidences de tes aspirations naturelles et trompées; je chercherai, j'épierai, je ferai naître les occasions, si la Providence m'exauce, de te rouvrir quelque horizon plus large et plus digne de toi. Mais, je t'en conjure, mon enfant, ne fais ces confidences qu'à moi, ne montre ni tristesse ni dégoût de la vie présente sur ton visage ou dans tes paroles, surtout à ton pauvre père. Tu le désolerais sans rien changer à notre fortune. Il souffre lui-même comme moi de nos nécessités et de ton oisiveté; mais, par amour pour ses enfants et par sollicitude pour leur avenir, il est forcé de ménager ses frères et ses sœurs, plus riches que lui, et qui possèdent tous les biens de la famille; il se soumet à leurs idées, ne pouvant leur imposer les siennes;

ne le contriste pas du spectacle de ton ennui ; n'aigris pas par des dissentiments ou par des mécontentements ostensibles ceux de qui nous dépendons pour nos filles et pour toi ! Accepte cette vie inoccupée et obscure pendant quelques années, je prierai tant Dieu qu'il fléchira le cœur de tes oncles et de tes tantes, et qu'il ouvrira à mon fils la part d'activité, d'espace, de gloire et de bonheur qu'il est permis à une mère de désirer pour un fils tel que toi !

» Voilà ce que je voulais te dire, » ajouta-t-elle en se levant de sa chaise et en me bénissant de l'œil et de la main. Puis elle me dit avec plus d'intimité, d'accent, et une onction plus pénétrante et plus sainte, quelques mots de Dieu, de la foi de mon enfance, de la pureté de cœur à conserver ou à retrouver par le repentir, de la paix de l'âme qui ne descend jamais que d'en haut, de la résignation, ce sacrifice muet, invisible, perpétuel, le plus beau des sacrifices après celui du Christ, puisque la victime, toujours renouvelée, était nous-mêmes, et que le rémunérateur, toujours présent, était Dieu ! Enfin elle se mit à genoux au pied de mon lit, et pria un moment sur moi avant de se retirer à pas muets. Je crus qu'un ange était venu me visiter, et je restai longtemps immobile après son départ, avec ses paroles dans le cœur et son baiser sur le front.

XI

Je me levai tard pour aller saluer mon père, et le remercier de la belle chambre qu'il m'avait donnée. C'était un dimanche, les cloches de la seule église qu'il y eût alors à Mâcon sonnaient pour appeler les fidèles à la messe de dix heures.

Je sortis et je suivis la foule dans le parvis. Là, je rencontrai quelques parents et quelques amis de la maison, qui m'arrêtèrent et qui s'entretinrent avec moi pendant les cérémonies, sous les arbres. La messe finie, la foule sortit avec recueillement et passa par groupes sous nos yeux, comme dans une revue des familles ; noblesse, bourgeoisie, artisans en habits de fête, confondus comme l'humanité devant Dieu. On sait que, dans les villages et dans les petites villes, c'est le jour et l'heure de la semaine où l'on se rencontre, où l'on s'aborde sans de fréquenter habituellement, où l'on échange un moment sur le chemin, sur la place, dans la rue ou à la porte de l'église, un salut, un geste, un regard ; quelquefois une courte conversation entre fidèles d'une même paroisse, entre habitants d'une même ville. C'est l'heure et la place aussi où les oisifs, les curieux, les jeunes gens qui cherchent de l'œil les belles jeunes filles invisibles à la maison les autres jours de la semaine, se forment en groupes ou se rangent en ligne pour voir passer et pour suivre d'un regard et d'un murmure d'admiration les beautés qui sont la grâce et la célébrité du pays. Je regardais machinalement comme tout le monde, mais sans attention et sans préférence, la foule qui sortait en s'offrant l'eau bénite du doigt au doigt. J'attendais ma mère.

Elle parut une des dernières, car elle prolongeait toujours de quelques instants ses pieuses oraisons, inclinée, les yeux fermés, les mains jointes, sur sa chaise, après les offices, pour laisser plus d'adoration de son cœur et emporter plus de bénédictions sur ses enfants. Ce jour-là, elle avait prolongé davantage sa station de prière, car elle avait prié pour moi.

XII

Le soleil de printemps frappait sur les pierres moulées de la porte ; la lumière sereine du matin se mêlait sous le porche avec la lumière lointaine et intérieure des cierges ; ces deux jours confondus et luttant se réverbéraient sur le visage de ma mère, comme la nature et la *grâce* chrétienne se rencontraient et s'harmoniaient incessamment dans son cœur. Ses lèvres commençaient à sourire aux personnes de sa connaissance qu'elle apercevait du haut des marches sur le parvis ; elles gardaient encore cependant la dernière impression de la pensée de Dieu et du recueillement d'où elle sortait. La pâleur et les larmes du matin s'étaient complétement effacées sous la paix qu'elle puisait toujours dans le commerce du ciel, et sous cette animation vermeille que la chaleur de l'église et la contention de la prière répandent sur les traits. Les marches obstruées de mendiants, de pauvres femmes endimanchées, d'enfants et de vieillards infirmes, ralentissaient l'écoulement des assistants, et retenaient ma mère sur cette espèce de piédestal où tout le monde pouvait la regarder.

Elle avait dans l'élévation et dans l'élégance de sa taille, dans la flexibilité du cou, dans la pose de sa tête, dans la finesse de sa peau rougissant comme à quinze ans sous les regards, dans la pureté des traits, dans la souplesse soyeuse des cheveux noirs ruisselants sous son chapeau, et surtout dans le rayonnement du regard, des lèvres, du sourire, cet invincible attrait qui est à la fois le mystère et le complément de la vraie beauté. On la croyait toujours à vingt ans, car elle n'avait que l'âge de ses impressions, et ses impressions avaient l'éternelle fraîcheur de son éternelle virginité d'esprit. Entre elle et ses filles, il n'y avait que la distance de la branche au fruit; le regard les cueillait ensemble et ne les séparait pas.

Ses filles, au nombre de cinq, se groupaient toutes en ce moment autour d'elle, comme dans un tableau de famille ordonné par le plus grand des sculpteurs et le plus pittoresque des peintres, la nature et le hasard. Leurs figures charmantes et diverses, quoique harmoniées par ce qu'on nomme l'air de famille et par la similitude du costume, se détachaient un peu en arrière de leur mère, sur le fond plus sombre du portail de l'église, où les arceaux surbaissés gardaient un peu de nuit. On eût dit d'un groupe d'anges du matin, sortant à demi des ténèbres pour se mêler un à un au jour, dont ils sont à la fois l'émanation et l'éblouissement.

La lenteur du mouvement de la foule, les haltes fréquentes sur la même marche du perron, donnaient le temps de bien contempler ces belles statues animées. Je les revoyais moi-même pour la première fois ensemble, depuis la sortie des plus âgées du couvent. Je ne pouvais m'empêcher de participer au frémissement de faveur générale que je voyais se presser et que j'entendais s'élever autour de moi pour cette admirable réunion de figures, pour ce bouquet de famille auquel je tenais de si près.

L'aînée des filles de ma mère, qui n'avait encore que dix-huit ans, s'appelait Cécile. Sa taille splendide eût été déjà au niveau de celle de ma mère, si l'extrême modestie de sa nature, qui lui faisait redouter l'admiration comme un autre redoute la honte, n'avait un peu penché sa tête en avant et abaissé ses yeux pour échapper aux regards.

Ses traits, qui rappelaient ceux de la famille de mon père, étaient plus ébauchés que finis, plus faits pour le premier coup d'œil que pour le second. C'était l'ensemble qui saisissait, c'étaient les grandes lignes qui éblouissaient, c'était l'expression qui ravissait : le caractère était la bonté. Je ne sais dans quel rayonnement de splendeur douce cette physionomie nageait, mais on n'en discernait que le charme. Les imperfections de détail disparaissaient entièrement, surtout à distance. Elle avait la grandeur, l'unité, la grâce, ces trois beautés capitales de la femme, pour la foule qui n'analyse pas son impression. Aussi était-elle la beauté populaire de la famille, celle qu'on citait, celle qu'on préférait, celle qu'on aimait à voir passer dans les rues. Le peuple de la ville savait son nom. Il la montrait avec une fierté personnelle aux étrangers, à l'église ou dans les promenades. Les passants se retournaient pour la revoir : les boutiques, les murs et les pavés en étaient épris. Elle ne s'en doutait pas, elle avait pour toute coquetterie ses simplicités, ses timidités, ses rougeurs, grandissant encore, en retard sur ses années par l'enfance prolongée de son cœur. Son charme n'était que le naturel, son caractère que le premier mouvement, son esprit que le premier mot, prompt et enfantin, mais souvent d'autant plus frappant qu'il est plus naïf. Elle n'avait aucune disposition pour les arts, ses études étaient du coup d'œil, l'effort la rebutait, elle désolait ses maîtres et elle les charmait. On sentait dès ce temps-là que le ciel l'avait formée pour la famille plus que pour le monde, tige à grappes et non à fleurs, de la race des femmes prédestinées non à enivrer par de stériles parfums d'esprit, mais à fructifier, à enfanter et à couver de riches générations ici-bas.

La seconde s'appelait Eugénie. Elle avait un an de moins ; elle se collait contre sa sœur aînée comme si sa taille, alors frêle et svelte, avait eu besoin d'un appui pour se soutenir contre le vent de la porte ou contre le souffle de cette multitude. C'était une nature entièrement différente, une apparition d'Ossian dans la splendeur du midi, une ombre animée, une forme impalpable, des yeux bleus, larges et profonds comme une eau de mer, d'où le regard semblait remonter de loin comme d'un mystère ou d'un songe ; un ovale de visage écossais, des traits d'une délicatesse fugitive et d'une perfection de lignes idéale, la bouche pensive, les lèvres minces, l'expression grave, les cheveux blonds roulant en longs écheveaux glacés d'un vernis éblouissant sur les deux joues ; une figure norvégienne enfin. Sa nature d'âme et d'esprit correspondait entièrement à ses traits. Plus avancée que ses aînées, apte à tous les arts ; pâlissant au récit d'un héroïsme, à la lecture d'un beau vers, au son d'une corde de harpe; sensible jusqu'à la souffrance poétique, musicale, littéraire ; enfermée en elle-même et vivant avec les mondes de son imagination ; moins goûtée de la foule, plus épiée et plus découverte, comme les fleurs de l'ombre, par les regards curieux et passionnés, elle devait charmer les hommes du Nord ; et ce fut plus tard en effet sa destinée. Elle se rapprochait, à cette époque, bien plus de moi que ses autres sœurs, par le développement précoce de son intelligence, par la poésie et la mélancolie de son caractère. Nous étions deux reflets d'une même teinte, qui se rencontraient, l'un chaud et viril sur mon front, l'autre froid, féminin et virginal sur le sien. Elle était très-regardée, mais non populaire. On lui croyait dans l'âme un peu de dédain, à cause de sa supériorité.

Après ces deux sœurs aînées, de tailles égales, mais de figures si opposées, on en voyait une troisième, de taille presque aussi grande, quoiqu'elle n'eût pas quinze ans, mais qui se tenait un peu en arrière avec les deux plus petites. Elle se nommait Suzanne. Pour celle-là, tous les regards et toutes les exclamations étaient d'accord. Il n'y avait ni préférence, ni contestation dans la ville. Il n'y avait qu'un cri d'enthousiasme pour sa merveilleuse beauté. C'était la pureté des lignes et la virginité des expressions de visage des madones de Raphaël sur le corps d'une *Psyché* de Phidias : la vierge chrétienne, aussi chaste, aussi pure et aussi céleste qu'il soit donné à l'extase du solitaire le plus pieux et le plus passionné pour le culte de la femme divinisée, de la rêver. On l'appelait, dans le peuple, le *tableau d'autel*, parce qu'il y avait dans le chœur de l'église une figure de sainte, par Mignard, qui lui ressemblait. Cette forme, véritablement trop angélique pour une fille de la terre, et ce visage d'idéale perfection de traits ne contenait que deux empreintes : beauté et piété. Elle n'était évidemment pas née pour plaire aux hommes et pour aimer, mais pour éblouir et pour adorer. C'était un de ces êtres que Dieu montre aux hommes, mais qu'il se réserve pour son culte ; une enfant du chœur de son temple surnaturel, une constellation du ciel, des yeux qu'on voit de loin, qu'on ne touche jamais. Elle avait, dès ce monde-ci, l'instinct et comme le pressentiment inné de sa vocation unique de refléter Dieu et de l'adorer. Elle était la prière vivante et la contemplation agenouillée. Ma mère ne pouvait pas l'arracher aux autels. Elle lui avait inspiré de trop bonne heure un souffle trop fort de ses aspirations vers l'infini. Ce souffle l'enlevait entièrement à la terre, et ma mère ne pouvait plus l'y rappeler.

En ce moment, Suzanne, sortant de l'église, son vrai séjour, se retournait de moments en moments pour adresser encore du cœur un salut ou un adieu aux tabernacles qu'habitait son âme. Elle baissait les yeux pour que son regard sur la foule qui la contemplait ne laissât pas évaporer une de ses ferveurs. Ses deux mains jointes tenaient sur son sein son livre de prières dans un étui de velours noir. Les regards légers devenaient graves et saints en la regardant. On sentait qu'il n'y aurait pas sur la terre un homme digne de remplacer ce livre sur son cœur, et que l'amour serait pour cette pureté non une flamme, mais une profanation.

Dans les deux autres sœurs qui suivaient Suzanne, il y avait une différence de taille beaucoup plus sensible qu'entre elle et ses sœurs aînées. On aurait cru qu'il y avait eu là un intervalle de naissance ou une perte de quelqu'un des enfants de la mère. Ces deux jeunes fronts, au lieu de se niveler, n'atteignaient plus qu'aux épaules de Suzanne. C'était comme un degré auquel il aurait manqué quelques marches.

XIII

Celle de mes sœurs qui se rapprochait le plus de Suzanne s'appelait Césarine. Elle avait seize ans, un an de plus que sa sœur; mais elle n'était pas destinée par la nature à s'élever en jet aussi flexible et aussi majestueux que les deux premières tiges. Plus formée déjà et moins élancée de stature, elle était une de ces plantes qui mûrissent avant le temps. Rien ne rappelait en elle la jeune fille de ces climats et de ce sang tempéré de la famille où elle était née. Quelque chose de méridional et de chaleureux caractérisait sa beauté. Ses cheveux, châtain foncé, étaient moins soyeux au regard, moins souples à la main que ceux de ses sœurs; ils étaient comme hâlés par le soleil de Naples ou d'Espagne. Ses yeux, presque noirs, tant l'azur en était sombre, larges et à fleur de tête, étaient recouverts par une frange de cils plus longs que ceux d'aucune femme que j'aie vue, excepté en Asie. Son front était raccourci par les cheveux qui poussaient plus bas, comme celui de mon père. Son nez était droit, court, un peu moins effilé que dans notre race; ses lèvres un peu plus modelées montraient, quand elle souriait, des dents d'un émail plus mat, d'une ordonnance plus parfaite et d'une forme plus petite que les nôtres. L'ovale de ses joues s'arrondissait davantage; sa peau, moins fine et moins blanche, avait les tons chauds et colorés de foyer intérieur que les peintres romains donnent sous leur pinceau aux figures de Judith ou de *Sophonisbe*, dans la *Chasteté de Scipion*. Cette carnation n'était pas de la moire, mais du velours de fraîcheur et de vie. La voix aussi avait chez elle un timbre plus mâle et des vibrations plus pleines que chez ses sœurs. On eût dit qu'elle parlait la langue de Dante avec l'accent de Sienne ou de Florence. En tout, c'était une jeune fille romaine éclose par un caprice du hasard dans un nid des Gaules, un souffle du vent du midi qui avait traversé les Alpes pour venir animer ce corps, un rayon de la côte de Sorrente ou de Portici, incrusté en chaleur et en splendeur sur un front dépaysé dans le Nord. Sa beauté, bien différente de celle de Suzanne, et bien supérieure en reflet, bien qu'elle ne l'égalât pas peut-être en perfection, ravissait par l'éblouissement. On pouvait contempler à froid les autres ; celle-ci enflammait, car c'était un foyer. On prédisait qu'à l'âge de son développement complet et de son rayonnement dans les âmes, elle serait une des beautés les plus prédestinées à embraser les cœurs, les plus fatales au regard qui oserait s'y arrêter. Son caractère, à cette époque, semblait répondre à ces augures. Elle avait l'attrait soudain, l'abandon naïf, la fougue, l'obstination, les rébellions, les caprices des âmes de feu de l'Italie, avant qu'on jette un aliment de passion à dévorer à leur flamme. On craignait qu'elle ne donnât plus tard bien des difficultés et bien des peines à notre mère. Ces appréhensions étaient vaines. Tout ce feu extravasé de l'enfance s'amortit dans le cœur de la jeune fille. Une inclination combattue et vaincue par la volonté de la famille, un mariage de raison et de devoir pieusement accepté en sacrifice d'obéissance filiale, la langueur et la mort dans un climat qui n'était pas celui de son sang, devaient être toute la destinée de cette sœur. Une larme sur du feu, voilà toute Césarine ! J'y penserai jusqu'au tombeau.

Elle donnait la main en ce moment à la dernière d'entre nous, une sœur plus petite et encore tout enfant, qu'on nommait Sophie. C'était une figure des bords du Rhin, aux yeux d'une eau pâle, à la chevelure humide de plis, à l'expression méditative, sensible et douce. Elle tournait sans cesse le visage et levait les yeux sur ma mère, pour deviner et pour obéir à ce qu'elle aurait deviné dans ses yeux. Tendresse, ingénuité, obéissance, tous les éléments de son caractère étaient des vertus. Ma mère l'adorait comme toutes les femmes adorent par-dessus tout leur premier et leur dernier enfant, celui qui vient le premier sur leurs genoux pour leur apprendre qu'elles sont mères, et celui qui reste le dernier à la maison pour leur rappeler qu'elles ont été jeunes. Cette faiblesse de ma mère aurait gâté Sophie, si Sophie eût été susceptible d'abuser d'un ascendant de tendresse. Mais Dieu n'avait pas mêlé une imperfection à l'argile dont il avait pétri cette enfant des jours avancés de notre père. C'était l'innocence de la famille : elle en avait le visage et la voix, comme elle en eut plus tard la destinée.

XIV

Ma mère, qui me cherchait involontairement des yeux pour se parer de tout son bonheur groupé ainsi autour d'elle à la porte de la maison de Dieu, à qui elle reportait tout, me fit un sourire et un signe. Je perçai la foule, je me joignis à mes sœurs et à elle. Mon père nous attendait un peu plus loin. Nous revînmes lentement tous ensemble à la maison, accompagnés encore de quelques amis de la famille qui nous accostaient de rue en rue. La foule se rangeait et murmurait des demi-mots d'admiration en voyant cette mère au milieu de ce charmant cortége qu'elle s'était fait à elle-même. C'était la *Niobé* des bords de la Saône avant ses malheurs. Je lisais dans tous les yeux la cordialité et la bénédiction intérieure des physionomies du peuple sur cette belle et sainte femme. Je marchais seul à quelques pas derrière ce gracieux faisceau de mes jeunes sœurs, dont je voyais les blondes tresses flotter sur leurs robes de même coupe et de même couleur. Le spectacle de ce père et de cette mère ramenant de la maison de prière à la maison de tendresse cette chaîne d'enfants aimés, aimants, heureux et beaux ; de ces amis, de ces parents, de ces voisins, de ces artisans, de ces serviteurs s'associant des yeux, du sourire et du cœur à cette magnificence de nature, dans une famille aimée de tous, me fit une forte impression, qui ne s'effaça plus. Je comparai, sans m'en rendre compte, cette innocence, cette pureté, cette sérénité, de cette mère et de ses filles, cette majesté du père, cette sécurité de la conscience, du devoir et du bonheur, dans ce cercle d'affections vivantes, ainsi resserré autour de la maison de notre berceau, avec les évaporations, les délires, les plénitudes et les vides désespérés du cœur que je venais d'éprouver tour à tour dans mes premières excursions à travers la vie. Je ne pus m'empêcher de reconnaître en moi-même que si Dieu a mis le délire dans les songes, il a mis le bonheur et la paix de l'âme dans les réalités. Une famille vertueuse et tendre est la racine de l'arbre de vie. Quand la branche se détache du tronc, le vent l'emporte aux tourbillons et aux précipices des passions.

XV

Mais, bien que je sentisse en rentrant sous le vestibule paisible et sombre de la maison de mon père ce que l'on sent quand on entre dans un sanctuaire dont la porte qui nous sépare de la foule se referme sur vous, cependant, tout brisé que j'étais par ma tristesse, j'étais trop jeune et trop tumultueux encore pour ne pas me lasser bientôt de cet asile trop étroit pour mes ailes, et trop monotone pour ma mobilité. Mais au premier moment je ne sentis que l'apaisement pieux, cette douce contagion de l'âme de ma mère qui se répandait sur ses pas comme l'ombre visible de la maternité. Je me fis une retraite, un silence et des occupations uniformes dans ma chambre, à l'exemple de ce que je voyais autour de moi.

Voici ce qu'était alors la maison paternelle, et de qui se composait le reste de la famille.

XVI

Mon père, ma mère, mes sœurs et moi, nous ne formions pas à nous seuls toute la famille. J'ai dit que mon père avait acheté une maison à la ville pour achever l'éducation de ses filles. C'est celle que nous habitions. Mais il y avait, en outre, dans un quartier plus élevé de la ville, l'hôtel de notre nom, la maison héréditaire de la famille, la demeure de mon grand-père autrefois, et maintenant la demeure du frère aîné de mon père et de ses deux sœurs, plus âgées que mon père aussi et non mariées; maison haute, vaste, noble de site et d'aspect, et conservant ce reste de splendeur un peu morne que la révolution avait laissé sur les édifices dont elle avait frappé le seuil, immolé ou proscrit les habitants. Une porte massive, un long et large vestibule donnaient naissance aux rampes d'un escalier d'honneur; au rez-de-chaussée, une enfilade de salles d'attente, de salles à manger et de salons magnifiquement pavés de marbre et lambrissés de boiseries sculptées, à dessus de portes peints et à glaces encadrées d'arabesques. Toutes ces pièces ouvraient sur un jardin encaissé, comme à Naples ou à Séville, dans de hautes murailles sur lesquelles des peintres italiens avaient colorié des perspectives. Au premier étage, un salon plus modeste et plus constamment habité, et les appartements des principaux membres de la famille. Au second, des chambres presque nues, destinées aux vieilles parentes religieuses, aux anciens serviteurs retirés, mais encore hébergés dans l'hôtel, aux amis et aux hôtes étrangers qui venaient de temps en temps visiter mon oncle ou mes tantes. Telle était cette maison, telle elle est à peu près encore maintenant que les décès et les héritages successifs l'ont passée de main en main jusque dans les miennes.

Du côté de la rue elle était séparée des remises et des écuries par une petite place solitaire occupée par un puits banal, dont on entendait à toute heure grincer la chaîne. Des fenêtres du premier étage, on voyait à cent pas seulement les cimes encore basses des quinconces de tilleuls plantés sur une large place empruntée aux anciens remparts de Mâcon. Au delà, la façade noble mais austère d'un vaste hôpital, construit sur les dessins de l'architecte du Panthéon; des malades et des convalescents prenant l'air et se réchauffant au soleil sur une pelouse verte devant la porte de l'hôpital; quelques vieillards et quelques enfants se promenant ou jouant sur le sable nu de la place d'Armes; derrière, les plantes verdoyantes de quelques petits coteaux entrecoupés de jardins et murés de buissons : voilà l'horizon des fenêtres. Il était propre à faire tarir toute imagination, et à refouler toutes les perspectives riantes et grandioses dont elle se nourrit par les yeux. C'était une demeure de gentilhomme espagnol dans quelque petite ville de Castille, moins la solennité artistique et monacale des cathédrales et des antiques mosquées de son pays.

Nous n'y entrions jamais qu'avec un certain respect.

XVII

Le frère aîné de mon père habitait cette maison la moitié de l'année, et la possédait conjointement avec ses deux sœurs. Il était le seul qu'on appelât du nom de famille. L'aînée des sœurs s'appelait mademoiselle de Lamartine ; la seconde s'appelait madame la comtesse de Villars, de son titre de chanoinesse et d'un nom de terre, de Franche-Comté, que lui avait donnée mon grand-père.

Cet oncle avait alors environ soixante ans ; il était cassé pour son âge, par suite d'une constitution faible et par des infirmités précoces. Il avait la vue basse et marchait en chancelant. Il n'avait rien de la nature forte, souple, saine et martiale de mon père. Sa taille était moyenne, ses membres grêles, sa taille un peu voûtée par l'habitude de regarder les pavés de près et de passer de longues heures courbé sur les livres de sa bibliothèque. Bien qu'il eût les instincts constitutionnels et libéraux de 1789 dans l'âme, et qu'il fût un ancien disciple et ami de Mirabeau, il avait gardé assez sévèrement le costume extérieur et aristocratique de l'ancien régime. Il portait les souliers à boucles de diamant, les bas de soie, la culotte courte bouclée sur le genou, la veste à longue basque et à larges poches pleines de tabatières, les chaînes de montre en anneaux d'or flottant sur les cuisses, l'habit ouvert, a cravate étroite comme un coilier sous le menton, la coiffure en ailes de pigeon, la queue sur le collet, la pommade et la poudre qui voltigeaient autour de sa tête à chaque mouvement de sa conversation. Ses traits étaient originairement purs, fermes, fins, les yeux grands et noirs, le nez modelé comme s'il eût été de marbre, les lèvres minces, presque toujours fermées par la concentration de sa pensée, le teint pâle et transparent, les mains délicates, veinées comme dans les portraits de Van Dyck, avec lesquels, en tout, il avait beaucoup de ressemblance. J'ai ce portrait bien gravé dans ma tête, parce que c'est une des têtes que j'ai eu le plus le temps de bien observer dans ma vie, et que c'est un des hommes qui m'ont fait, dans mes premières années, le plus de peine et le plus de bien. Il a été la sévérité et souvent la contradiction de ma destinée, quoiqu'il n'ait jamais voulu en être que la seconde paternité et la providence.

XVIII

Il était en toute chose le contraste de mon père et la nature la plus diverse de la mienne.

Bien qu'il eût été élevé pour la guerre à l'École militaire, et qu'il eût servi quelques années, comme toute la noblesse de province de son temps, dans les chevau-légers de la garde de Louis XV, ses goûts sédentaires et studieux et son titre d'aîné de famille, destiné à se marier jeune et à posséder seul toutes les terres de sa maison, l'avaient rappelé de bonne heure chez son père. Plus économe, plus réglé et plus laborieux que mon grand-père, homme charmant, mais prodigue, magnifique et embarrassé malgré sa grande fortune, il avait pris un immense ascendant sur lui. Il était devenu le fils nécessaire et bien-aimé, le conseil, l'administrateur des biens nombreux, mais grevés et minés de procès, de la maison. Il avait pris aussi naturellement et par le double droit de supériorité d'âge et de supériorité de services, l'autorité et la domination sur la famille. Son mérite n'avait pas tardé à lui conquérir une réputation d'homme de première ligne dans les deux provinces de Franche-Comté et du Mâconnais, où étaient situées les principales terres de mon grand-père. En peu d'années il avait rétabli l'ordre dans les affaires, les bonnes cultures dans les domaines, la régularité dans les recettes et les dépenses, supprimé le luxe inutile dans la domesticité et dans les chevaux, accommodé ou gagné les procès, rédigé les mémoires, fait plaider ou plaidé lui-même devant les parlements de Besançon et de Dijon. Il avait pris à ce métier la connaissance des lois, le goût des affaires, la sûreté de coup d'œil, l'habitude d'écrire, le don de bien parler.

Il avait joint à ses travaux spéciaux pour la fortune et l'honneur de son père les études scientifiques les plus générales et les plus approfondies. Il avait fréquenté M. de Buffon, qui écrivait alors à Montbard son *Histoire naturelle*. Il était là avec Daubenton, le collaborateur de ce grand naturaliste. Il ne négligeait pas non plus la haute littérature, dont le génie de Voltaire avait fait le véhicule de la nouvelle philosophie. Nos terres de Saint-Claude, près de Ferney, lui avaient donné l'occasion d'avoir quelques rapports de voisinage avec l'homme du siècle. Il ne partageait pas toutes les opinions philosophiques de Voltaire, mais il aimait, par similitude de nature, ce bon sens exquis qui exprime l'idée avec la même précision que le chiffre exprime le nombre. Il aspirait comme lui à la réforme des idées arriérées sur l'esprit humain de quelques siècles; avec la noblesse il aspirait à la subalternité du clergé comme corps politique et comme corps propriétaire des biens de la nation; comme provincial, il n'aimait pas la cour et désirait des institutions qui élevassent le pays au-dessus des antichambres et des *œils-de-bœuf* de Versailles; comme philosophe et comme savant, sentant sa valeur, il voulait que le mérite et la considération fussent des titres au pouvoir rivalisant au moins avec la naissance. En un mot, il était de cette vaste et presque universelle opposition, sous les dernières années de la monarchie, qui présageait, en pensant la modérer, une révolution certaine. Il ne désirait pas sans doute un bouleversement, mais un redressement de toutes choses dans l'État. Cependant il était au fond plus républicain qu'il ne le croyait lui-même, car son esprit éminemment critique et réformateur, et son caractère fier et absolu, s'accommodaient également mal de toutes les supériorités instituées. Il n'était que constitutionnel, mais peut-être eût-il été révolutionnaire plus complet s'il n'avait été aristocrate d'habitude comme La Fayette et Mirabeau.

XIX

Aux premiers signes de la tempête, ses talents et sa considération firent jeter les yeux sur lui, et il fut élu de la noblesse aux états de Bourgogne. On pensa à lui pour les états généraux; ses infirmités, qui l'entravèrent de bonne heure, l'empêchèrent de consentir au rôle qu'on lui destinait. Il se serait certainement fait un nom à l'Assemblée constituante, sinon comme orateur, parce que la voix et le feu de l'enthousiasme lui manquaient, au moins comme organisateur et réformateur, parmi les Thouret, les Chapelier, les hommes de rédaction, de méditation et d'action. Son esprit, qui ne brûlait pas, éclairait toujours très-haut et très-loin. Il ne pouvait pas siéger dans une assemblée sans être aperçu.

XX

Bien que sa nature fût froide et austère à l'intérieur, il avait eu un long et durable attachement. La volonté de mon grand-père et de ma grand'mère l'avait empêché d'épouser l'objet de son attachement. Il s'était refusé à en épouser une autre, et c'est ainsi qu'il était arrivé, quoique riche et favori d'une famille éteinte, jusqu'à quarante ans sans se marier. A cet âge, et déjà valétudinaire, il avait regardé en avant et en arrière, et il avait trouvé le chemin trop court pour s'y engager avec le long cortége d'une femme et d'une postérité à conduire au terme de la vie. Il s'était décidé à laisser le soin du ménage à ses deux sœurs, presque aussi âgées que lui, et à se livrer en paix à ses goûts pour l'indépendance, le loisir et l'étude.

L'objet de son amour, que je rencontrai encore souvent dans le salon de famille, était une de nos parentes, sœur de ce fameux marquis de Saint-Huruge, célèbre par sa turbulence démagogique dans les premières scènes de la révolution, un des *ouragans* de Mirabeau, qu'on déchaînait, comme Camille Desmoulins, Danton et Santerre, au Palais-Royal ou au faubourg Saint-Antoine, sur le peuple, quand on voulait le soulever pour quelque grande manifestation. Le marquis de Saint-Huruge n'était point féroce, pas même jacobin; il était agité et agitateur. Du mouvement pour du mouvement, du bruit pour du bruit, voilà tout. Une célébrité de place publique, une voix de Stentor, une taille de géant, un geste de forcené. Je l'ai encore vu, dans mon enfance, arriver à cheval chez mes parents, accompagné d'un aventurier polonais en costume étrange, à cheval aussi. On le recevait très-mal, et on le congédiait très-brutalement. Il était redevenu très-royaliste; il n'avait jamais été terroriste; il déclamait avec délire contre les scélérats qui avaient immolé Louis XVI, la reine, Madame Élisabeth, et tant de milliers d'innocents. Son attitude, ses cris, ses gestes, ses regards égarés, sont restés dans ma mémoire d'enfant. Quelque temps après il devint fou, ou l'on affecta de croire qu'il l'était. Bonaparte le fit enfermer à Charenton, où il est mort.

Ses trois sœurs, douces et saintes filles, étaient le contraste le plus touchant avec les opinions, les mœurs et la turbulence du marquis de Saint-Huruge. Dépouillées de leur fortune, de leurs asiles dans leurs couvents, elles vivaient pieusement ensemble dans une petite maison qui leur appartenait, à côté de la maison de mon grand-père. La plus jeune de ces trois sœurs était celle qu'avait aimée mon oncle. Douce, triste, gracieuse encore, on voyait dans sa physionomie ce reflet de l'amour refroidi mais non éteint par les années.

XXI

Les excès et les crimes de la révolution étaient retombés sur la famille comme sur toutes les familles de la noblesse, de la bourgeoisie ou du peuple de Mâcon. Mon oncle avait été emprisonné avec son père, sa mère et ses sœurs. L'échafaud les avait effleurés de près. Mais l'horreur contre ces démences et ces forfaits de la démagogie n'avaient pas altéré en lui l'amour de la liberté et le goût des institutions constitutionnelles, soit sous une monarchie, soit sous une république bien ordonnée. Il gémissait sur la révolution, il ne la maudissait pas dans son principe et dans son avenir. Le despotisme soldatesque de l'empire l'opprimait et l'indignait. Ce triomphe de la force armée sur toutes les idées et sur tous les droits, ce gouvernement sans réplique, ce dernier mot de toute chose en politique, en philosophie, en religion, donné au canon, cette autocratie de police substituée à toute discussion dans le pays de Voltaire, de Montesquieu et de Mirabeau, lui étaient intolérables. Il ne le déguisait pas. On lui avait offert de le nommer membre du corps législatif, on l'avait tâté sur le sénat; il avait tout refusé. Il aurait été du petit banc d'opposition des Cabanis, des Tracy; il n'aurait fait, comme eux et leurs amis, que s'approcher de plus près de la tyrannie pour épier dans l'impuissance ses excès et sa chute, avec l'apparence d'une complicité dans la servitude générale. Il aima mieux rester libre, seul et irresponsable dans sa retraite. Lorsque l'empereur vint à Mâcon et s'y arrêta plusieurs jours, en 1809, il fit appeler mon oncle et eut un entretien avec lui, en présence de M. de Pradt, l'archevêque de Malines, et quelques hommes de la cour impériale. L'empereur fut très-mécontent de cet entretien. « Que voulez-vous être? dit-il en terminant. — Rien, Sire, » répondit mon oncle. L'empereur se retourna avec un geste de colère. Il se défiait de ceux qui ne lui demandaient rien, parce qu'ils voulaient garder leur âme à eux.

XXII

Tel était le chef redouté et presque absolu de notre famille. Il régnait sur l'opinion du pays par la haute et juste considération dont il était entouré ; il régnait sur ses deux sœurs par le culte d'affection, de respect et d'obéissance qu'elles lui portaient ; il régnait sur mon père par la supériorité d'âge, de fortune, et par cette vieille habitude de déférence que les cadets avaient reçue comme un commandement de Dieu, par tradition, envers les aînés, destinés sous l'ancien régime au gouvernement absolu de la famille ; il régnait sur ma mère par le soin maternel qu'elle avait et qu'elle devait avoir de ménager en lui l'avenir de ses enfants dépendant de lui ; il devait vouloir naturellement régner aussi et surtout sur moi, seul fils de la famille qui pût porter et perpétuer son nom.

XXIII

Jusque-là, enfant ou adolescent encore, j'avais eu peu d'occasions de sentir le poids et le froissement directs de sa volonté sur la mienne. Dans les colléges ou dans mes voyages, je n'avais senti tout cela que de loin et à travers le cœur de ma mère, qui adoucissait tout. Mais maintenant nous allions nous trouver face à face, lui avec son habitude d'autorité, moi avec mon instinct de jeunesse et d'indépendance. Or il n'y eut jamais, dans une même famille et dans des rapports si intimes, deux natures plus dissemblables que la nature de l'oncle et celle du neveu.

Il était homme de réflexion, et j'étais un enfant d'enthousiasme ; il était homme de spéculation, et j'étais un enfant de premier mouvement et d'action ; il était froid, et j'étais tout feu ; il était savant, et j'étais inspiré ; il était économe, et j'étais prodigue ; il était borné dans un étroit horizon, bien arrangé, de province, de petite ville, de famille, et j'ouvrais en imagination des ailes larges comme le monde ; il voulait me construire à son image, et la nature m'avait construit à l'image de ma mère, dans un autre moule et d'un autre métal ; il n'estimait que les sciences, et je ne comprenais que le sentiment. Pour tout exprimer en deux mots, il était mathématicien, et j'étais ou je pouvais être poëte. Comment unir ce chiffre et cette flamme ?

Aussi ils se séparaient toujours malgré les efforts que lui et moi nous faisions pour les rejoindre. L'un restait précis, glacé, immobile ; l'autre s'évaporait et courait au vent. Nous ne pouvions pas nous entendre tout en nous aimant. Mais il était mon maître, et, s'il pouvait s'impatienter souvent de trouver en moi une nature si involontairement rebelle à plier à sa forme d'esprit, moi, disciple forcé et assujetti, il ne me restait qu'à me révolter en silence et à maudire ce hasard malencontreux de la famille, qui condamnait à se toucher toute la vie deux natures d'intelligence que tout séparait ; lui me glaçant, moi le brûlant ; souffrant tous les deux et nous faisant souffrir l'un l'autre, non par des défauts, mais par des qualités qui ne s'accordaient pas.

XXIV

Il en résultait souvent des mécontentements et des répulsions mutuelles qui lui rendaient la journée triste et qui me rendaient la vie dure. Ma mère allait de lui à moi, de moi à lui, pour tout raccommoder. Mon père s'écartait pour rester neutre, redoutant sa propre vivacité, qui aurait pu aigrir ou blesser son frère. Sa nature militaire, ouverte et animée, avait bien plus d'analogie avec la mienne ; il m'aurait donné plus souvent raison ; mais il devait respecter aussi, dans mon intérêt, l'autorité et la souveraineté de famille. Il s'en allait chasser, s'en rapportant à ma mère du soin de tout concilier. Elle y parvenait, mais non sans larmes.

La volonté de mon oncle était de me garder à Mâcon, comme une jeune fille dans un gynécée de province ; de me faire cultiver toutes les sciences froides auxquelles mon esprit répugnait le plus : physique, histoire naturelle, chimie, mathématiques, mécanique ; de se continuer en moi pour ainsi dire; puis de m'adonner dans un de ses domaines à l'agriculture et à l'économie domestique, pendant que jeunesse se passerait, comme on disait alors ; enfin de me marier et de faire de moi une souche plus ou moins fertile de ce taillis du genre humain, dont aucune tête ne dépasse l'autre, dans une province reculée. Je n'ai rien à dire contre cette destinée, elle est la plus naturelle et la plus heureuse. Plût à Dieu que j'y eusse été prédestiné ! Mais chacun à son lot tout tiré dans sa nature, en venant au monde ; ce n'était pas le mien, et mon oncle n'avait pas su le lire dans mes yeux. Voilà tout.

XXV

La vie que nous menions alors à Mâcon, dans ce cercle de maison paternelle, de famille et de société, était monotone, régulière et compassée, comme une existence monacale dont le cloître eût été étendu aux proportions d'une petite ville. Une pareille vie était de nature à faire croupir l'eau même des cascades des Alpes que je venais de visiter, ou à faire faire explosion par ennui à l'âme d'un jeune homme chargée de malaise, de besoin d'air, et d'énergie sans activité.

Je restais enfermé dans ma chambre haute avec mes livres et un chien, jusqu'au moment du dîner, qu'on sonnait au milieu du jour. Après le dîner, nous nous rendions respectueusement tous dans le salon du grand hôtel, pour nous réunir au reste de la famille. Là, nous trouvions notre oncle et nos tantes conversant, lisant, filant, après leur dîner. C'était l'heure redoutée, l'heure des remontrances et des reproches qui retombaient sur notre pauvre mère, pour chaque faute légère de ses enfants. Mes tantes étaient bonnes, mais elles étaient oisives, et par conséquent un peu minutieuses. Elles aimaient ma mère, elles la vénéraient même ; elles nous regardaient comme leurs propres enfants ; mais elles voulaient avoir les droits sans les charges de la maternité. J'allais oublier de faire leurs portraits, qui manqueraient dans ma vieillesse à ce tableau de famille. Reprenons.

L'aînée de ces tantes s'appelait mademoiselle de Lamartine. C'était une nature angélique plus que féminine. Elle avait été la favorite de sa mère, la reine de la maison sous ma grand'mère, qui ne s'amollissait que pour elle, la tutrice de ses sœurs plus jeunes, la médiatrice de ses frères ; tout le monde l'adorait. Quoique très-jeune jusqu'à vingt-huit ou trente ans, et très-recherchée à cause de sa figure, de son caractère et de sa fortune, elle n'avait pas voulu se marier pour rester attachée à sa mère jusqu'au tombeau. Elle l'avait suivie et servie dans la captivité. Après la mort de sa mère, il était trop tard, elle avait vieilli ; la révolution avait proscrit le seul homme qu'elle eût jamais aimé d'une inclination aussi pure que son âme. Elle s'était attachée à son frère aîné ; elle lui avait remis l'administration de ses biens, confondus avec les siens ; elle tenait sa maison, gouvernait comme autrefois ses domestiques, présidait à ses bonnes œuvres, et employait tout le temps et toute l'indépendance de sa vie à des pratiques de dévotion ; dévotion douce, mais exaltée et sensible, presque comme celle de sainte Thérèse. Elle était frêle, pâle, languissante ; deux beaux yeux et un charmant sourire pétrifié sur ses lèvres rappelaient sa première beauté ; sa voix était faible, langoureuse, et avait des sons imprégnés d'amour divin. On voyait constamment sur son visage le voile transparent du recueillement mystique et de la méditation des choses saintes, d'où elle sortait seulement par condescendance pour son frère. Elle passait la moitié du jour au moins dans les églises, au pied des autels; la lueur pâle et jaunissante des cierges semblait incrustée sur son front. C'était la figure de la contemplation chrétienne.

L'autre, qui s'appelait, comme je l'ai dit, madame du Villars, était d'un caractère plus viril qu'un homme, et plus énergique qu'un héros, mais aussi plus actif, plus dominateur et plus impétueux qu'une bourrasque; d'un fond généreux, franc, buvant l'oubli après les orages comme le sable boit l'eau, et prête tous les jours à réparer, par des prodigalités de bienfaits et par des dévouements de famille sans mesure, les torts ou plutôt les vivacités d'humeur qu'elle n'avait pu contenir; aimée de loin, parce qu'on ne sentait ses boutades qu'à travers ses qualités solides; redoutée de près, parce que ses petits défauts en saillie se faisaient trop sentir au contact de tous les jours. Il en était d'eux comme de ces peaux rudes qui recouvrent de belles formes; les femmes qui en sont revêtues ne sont belles qu'à distance.

Elle avait été moins agréable que sa sœur dans sa jeunesse, mais plus vive; plus spirituelle et plus instruite. Elle avait dans la génération précédente une renommée de distinction et d'esprit qu'elle maintenait avec une coquetterie d'engouement qui plaisait encore. C'était elle surtout qui tenait le salon commun et qui se chargeait de faire aller la conversation et de la relever quand elle languissait, comme ces personnages de théâtre qui font la question nécessaire, ou qui donnent la réplique pour faire parler et agir la pièce.

XXVI

A quinze ans on l'avait fait entrer au chapitre de chanoinesses auquel elle appartenait, espèce de couvent mondain qui interdisait le mariage, mais qui permettait le monde. Ses vœux avaient été moralement forcés.

Elle n'avait cessé de protester dans son cœur contre la contrainte semi-monacale et contre la cruauté du célibat à laquelle elle avait été condamnée ainsi avant l'âge de raison et de volonté. Quand la révolution était venue ouvrir les cloîtres et racheter ces canonicats de femmes, il était trop tard, elle avait passé trente ans, et ses vœux étaient irrévocables. Elle les maudissait, mais elle les gardait par honneur et par vertu plus encore que par religion. Pendant les longs loisirs de son couvent, elle avait lu beaucoup les philosophes, dont les livres passaient alors à travers les grilles très-larges de ces demi-cloîtres. Il lui était resté un besoin de discuter avec elle-même et avec les autres les choses de foi, qui renaissait tous les jours malgré sa volonté systématique de croire ce qu'elle s'imposait comme autorité divine. Cette volonté de croire sur parole, et ce besoin de discuter toujours, formaient un plaisant contraste avec sa profession de religieuse sécularisée. Elle se donnait le matin les raisons de douter qu'elle se donnait ensuite à réfuter le soir. Sa pensée était un combat sans fin entre les doutes qu'elle chassait et la lumière qu'elle ne voulait pas admettre. Son esprit rebelle était un ressort d'acier toujours élastique; elle le pliait en vain de tout le poids de sa volonté, il se redressait de toute la vigueur de son intelligence. Ce conflit intérieur, qui a duré quatre-vingt-dix ans en elle, avec toute la ténacité d'un esprit jeune, aigrissait souvent son humeur. Elle avait souvent des révoltes dans la foi et des remords dans le doute. Mal partout, parce qu'elle n'était tout entière ni dans sa raison ni dans sa foi.

Cette situation de son esprit ne la rendait pas plus tolérante pour cela en matière de dévotion, de cérémonies religieuses, de sermons à entendre, de carêmes à suivre, d'abstinences à observer, de livres orthodoxes ou non orthodoxes à lire. Elle avait la sévérité tracassière d'un docteur ou d'un casuiste sur toutes choses, matières ordinaires de la conversation intime de l'après-dîner dans le salon de mon oncle, pendant la visite obligée à la famille. Le ton de cette conversation était souvent aigre et blessant de sa part vis-à-vis de notre mère. C'étaient des leçons, des allusions, des insinuations, des reproches, des ironies amères et provocantes sur les plus futiles sujets; tantôt sur la religion trop facile et trop séduisante que notre mère faisait aimer au lieu de la faire redouter de ses filles; tantôt sur leur éducation trop élégante; tantôt sur leur parure trop soignée; tantôt sur la dépense de notre maison, qui dépassait, disait-on, les ressources bornées de mon père; tantôt sur les personnes de condition trop plébéienne que nous y recevions; tantôt sur les livres d'instruction trop peu épurés qu'on y lisait; tantôt sur l'excès de tolérance d'opinions qu'on y pratiquait; tantôt sur les faiblesses de mon père et de ma mère à mon égard, sur les absences fréquentes qu'elle me permettait, sur les séjours à Paris ou sur les voyages à l'étranger qu'elle favorisait de ses épargnes au-dessus de nos forces. Notre mère écoutait d'abord, avec une patience souriante et véritablement surhumaine, tout cet examen quotidien de conscience fait par ses belles-sœurs et par son beau-frère; elle palliait, elle excusait, elle réfutait avec grâce, humilité et douceur; mais si une parole un peu vive et un peu défensive venait à lui échapper dans sa réfutation, la contradiction se ranimait, s'irritait, s'échauffait; les trois antagonistes qu'elle avait toujours réunis devant elle ne faisaient plus qu'un esprit et qu'une voix pour la condamner, chacun avec son caractère : mon oncle avec autorité, mademoiselle de Lamartine avec douceur, madame du Villars avec obstination et emportement. Notre mère, affligée à cause de nous, finissait quelquefois par se révolter, souvent par pleurer de ces injustices; je prenais vivement et passionnément le parti de ma mère, je laissais échapper par demi-mots contre ces oppressions la colère qui grondait sourdement dans ma poitrine. On s'expliquait, on s'adoucissait, on s'excusait, les femmes échangeaient quelques larmes et quelques caresses, puis on sortait, plus ou moins bien réconciliés, pour recommencer exactement le lendemain les mêmes froissements, les mêmes récriminations et les mêmes réconciliations de famille. Voilà pourtant ce qu'une pauvre mère, femme supérieure, fière et digne, était forcée de subir tous les jours dans l'intérêt de l'avenir de ses enfants, qui dépendait de ces trois têtes de la famille. Nous appelions cette heure l'heure du martyre, et nous la compensions par nos redoublements de tendresse envers elle quand nous étions sortis; car c'était toujours pour nous, et pour moi surtout, qu'elle avait à accepter cet assaut d'humeur. Plus tard, cette humeur, qui n'était au fond que le désœuvrement de trois esprits inoccupés, et que la sollicitude un peu trop souveraine et un peu trop tracassière de la parenté, a bien réparé tous ces petits torts de caractère et de situation envers ma mère et envers nous, par des sentiments et par des bienfaits qui nous ont donné dans ces tantes et dans ces oncles de secondes mères et de seconds pères.

XXVII

Après cette rude séance, qui se prolongeait une heure ou deux, et dont nous comptions les lentes minutes sur le cadran de la cheminée, dont l'aiguille nous semblait paralysée, ma mère rentrait chez elle avec ses filles pour assister aux leçons de leurs maîtres, ou bien elle recevait à son tour les visites incessantes des personnes de la ville, qui préféraient sa maison et son entretien gracieux et tendre à l'austérité un peu trop majestueuse de l'hôtel de la vieille famille. Mon père allait faire sa partie d'échecs, de trictrac ou de boston chez quelque douairière de l'ancienne génération de Mâcon, ou chez quelque officier de son régiment, marié et retiré comme lui, depuis l'émigration, dans sa ville natale. Quant à moi, je remontais dans ma chambre, ou j'allais me promener seul et mélancolique dans les sentiers déserts qui coupent les champs, derrière l'hôpital. On voit de là les toits de la ville, le cours de la Saône, ses prairies à perte de vue, semblables aux steppes du Danube sortant de la Servie pour entrer en Hongrie, et enfin le Jura et les Alpes; les Alpes, d'où mon regard ne pouvait se détacher, comme ceux du prisonnier ne peuvent se détacher du mur derrière lequel il a goûté le soleil, l'amour et la liberté.

XXVIII

Ces promenades, pendant lesquelles je portais sur le cœur des montagnes de tristesse et d'ennui, n'étaient diversifiées ni par ces accidents de paysage, ni par cette animation de la vraie campagne, ni par ce sentiment de la vraie et profonde solitude savourée avec sécurité au fond des bois, ni par les eaux, ni par les arbres, ni par les rochers. C'était une nature de faubourg, la plus morne et la plus désenchantée de toutes les natures; non une campagne, mais un préau où l'on fait des pas pour se fuir, non pour chercher quelque chose ou quelqu'un. On y voyait ces toits de Mâcon que j'avais en horreur à cette époque de ma vie où ils me représentaient ma captivité, et qui ne me sont redevenus chers que plus tard, quand ils m'ont rappelé mon père, ma mère, mes sœurs, mon berceau! Je ne rencontrais que quelques femmes de caserne, à l'air effronté, ramassant des violettes sur le talus de gazon des sentiers ou des épines en fleur sur les buissons. Depuis ce temps-là, l'odeur des violettes et la neige parfumée de l'aubépine, ces deux symptômes précurseurs du printemps, me sont demeurés en dégoût dans l'odorat et dans les yeux, parce que ces deux fleurs me rappellent toujours ces promenades moroses, ces haies monotones, ces femmes sordides suivies à distance d'ouvriers ivres ou de soldats désœuvrés. Le paysage des alentours immédiats de Mâcon a beaucoup de ressemblance avec les paysages sans accent et sans cadre de la Lombardie. Un Virgile pouvait naître dans cette Mantoue. Cela respire l'immensité, l'uniformité, la majesté, la lumière et l'ennui; un splendide ennui, voilà le caractère du lieu. Je puis dire que pendant ces années de ma jeunesse j'ai exprimé jusqu'à la lie tout ce que ce paysage contient de fastidieux dans sa beauté. Combien de fois n'ai-je pas reproché à la nature de m'avoir fait naître au bord de ces plaines, où l'âme s'extravase comme le regard, au lieu de m'avoir fait naître à Naples, en Suisse, en Savoie, dans l'Auvergne, dans le Dauphiné, dans le Jura, dans la Bretagne, pays à physionomies profondes et à caractères variés! Aussi, quelle joie pour moi quand je sortais enfin de cette platitude du paysage de Mâcon, pour entrer dans les véritables collines du Mâconnais, tout à fait semblables aux immortelles collines d'*Arquà*, où vécut et mourut Pétrarque! C'est là qu'est Milly; voilà mon pays! J'adore le Mâconnais montagneux.

XXIX

Cette petite ville de Mâcon, située dans ce pays antipittoresque et au bord d'un fleuve qui n'a pas même le mouvement et le murmure de l'eau, était à cette époque le séjour d'un peuple doux, aimable, gracieux, spirituel, et d'une société d'élite véritablement digne de rivaliser avec les salons les plus aristocratiques et les plus lettrés que j'aie abordés plus tard dans toute l'Europe. C'était un *Weymar* français, une *Florence* gauloise, un centre de bon goût, de bon ton, de loisir, d'aisance, d'arts, de littérature, de science, et surtout de société et de conversation. Le hasard avait rassemblé ces éléments à Mâcon, pendant les quelques années qui suivirent la révolution et qui commencèrent ce siècle. C'était une alluvion de l'ancien régime et de l'ancienne société, déposée par la révolution sur ce bord de la Saône. Voici comment cette alluvion s'était tout naturellement formée là.

Il y avait à Mâcon, avant 1789, un évêché immensément riche, dont le titulaire présidait les états du Mâconnais et rassemblait dans son palais épiscopal toutes les notabilités de la province. Le dernier évêque était un homme d'esprit, de plaisir et de luxe beaucoup plus qu'homme d'Église. Sa maison était un centre de délicatesse, de galanteries, d'élégance et de lettres : *arbiter elegantiarium*. Il dépensait quatre cent mille livres de rentes ecclésiastiques en munificences et en fêtes. Il écrasait de son luxe la noblesse du pays, qui s'efforçait de rivaliser avec lui de splendeur et qui aurait voulu l'effacer.

Il y avait de plus deux chapitres de chanoines nobles qui possédaient des revenus considérables en canonicats, en prieurés, en prébendes, budget territorial immense alors du culte de l'État. Ces chanoines, appartenant en général aux grandes familles de la ville, de la province ou des provinces limitrophes, étaient désœuvrés, riches, amateurs de plaisir et de réunions à la ville et la campagne, toujours prêts à faire nombre, mouvement et joie dans la société. C'était une permanente garnison de l'Église, composée d'abbés de tout âge, qui recrutait les châteaux et les salons.

Il y avait, en outre, deux maisons de haute noblesse qui dominaient tout et qui égalaient le luxe des princes. L'une de ces maisons était celle du comte de Montrevel, qui n'allait jamais à la cour, et qui mangeait six cent mille livres de rente à Mâcon. Il avait une écurie de cent chevaux de chasse, un théâtre et une musique à sa solde, qui rivalisait avec la musique des Condé à Chantilly.

Il y avait une seconde noblesse peu antique, peu illustre, mais composée de sept ou huit maisons tout à fait locales, qui tâchaient d'égaler en magnificence l'évêque et ce qu'on appelait la noblesse de cour.

Enfin, il y avait une bourgeoisie propriétaire et oisive, vivant de la terre et nullement du commerce ou des professions libérales. Aussi ancienne et plus ancienne même que la noblesse, cette bourgeoisie se confondait entièrement avec elle, dans les mêmes salons, dans les mêmes châteaux, dans les mêmes opinions, dans les mêmes plaisirs. Un titre ou une particule faisait toute la différence.

XXX

La révolution, après avoir dispersé, ruiné, emprisonné ou fait émigrer toute cette société, en avait rejoint de nouveau presque tous les débris depuis la terreur, le directoire et le consulat. Le comte de Montrevel avait seul payé de sa tête son immense fortune et son grand nom. L'évêque était tombé à l'aumône des fidèles ; il vivait du pain d'un de ses anciens serviteurs, qui l'avait recueilli sous son toit, aussi résigné et aussi serein dans sa misère qu'il avait été jadis magnifique et prodige dans son opulence.

Les chanoines et les abbés vivaient de petites pensions du gouvernement et des secours de leurs familles. Les émigrés, pour la plupart jeunes quand ils avaient quitté la France pour l'armée de Condé, avaient retrouvé chez leurs pères encore vivants leurs biens qu'on n'avait pas pu confisquer. La bourgeoisie n'avait perdu qu'un an de sa liberté dans les prisons ; ses biens étaient intacts, ses loisirs et ses mœurs étaient les mêmes qu'avant 89; le luxe renaissait; on bâtissait, on plantait, on se donnait des fêtes à la campagne, des dîners et des bals à la ville; les années de dispersion et de transes que l'on avait traversées semblaient donner à la vie sociale la fraîcheur de la nouveauté et le prix d'un bien un moment perdu.

Le caractère des habitants du pays se prêtait admirablement à ce genre de vie. Une bienveillance à peu près générale en fait le fond. Ce caractère est tempéré comme le climat : il n'a pas d'ardeur, encore moins de feu; mais il a une bonne grâce, une intimité de rapports, une égalité d'humeur, une sorte de parenté générale entre les familles et entre les classes, qui font le charme habituel de la contrée. Le pays n'était donc qu'une sorte de famille dont les diverses branches n'étaient occupées qu'à se rendre la vie douce pour eux-mêmes, agréable aux autres. C'était un morceau du faubourg Saint-Germain, moins ses grands noms, ses grands préjugés et ses grands orgueils, relégué au fond d'une province.

XXXI

Un salon s'ouvrait tous les soirs, tantôt dans l'une de ces maisons, tantôt dans l'autre, pour recevoir cette nombreuse et élégante société; des tables de jeu y groupaient tout le monde, à l'exception de deux ou trois retardataires qui, arrivés après les parties commencées, échangeaient à voix basse quelques mots auprès de la cheminée, et des jeunes personnes assises en silence derrière leurs mères, qui chuchotaient entre elles, comme à l'église ou au couvent. Un silence austère et religieux s'établissait dans tous les salons pendant ces *whists* ou ces *reversis* sempiternels. Le jeu, tout modéré qu'il était, courbait toutes ces têtes, passionnait tous ces esprits d'hommes et de femmes dans un recueillement presque grotesque, qui ne se démentait que par des demi-mots, des expressions de visage et des gestes tour à tour rayonnants ou désespérés. Il s'agissait de cinq sous par fiche, quelquefois moins; mais l'homme est un être tellement passionné, qu'il met de la passion aux puérilités quand il ne peut pas en mettre aux grandes choses. D'ailleurs, le jeu des soirées dans ces salons était une habitude d'ancien régime à laquelle on tenait par respect pour les traditions d'un autre temps. Le jeu avait tout le sérieux d'un devoir de bonne compagnie, qu'il fallait accomplir ou se déclarer homme mal élevé, femme inutile; les cérémonies religieuses du matin, à l'église, n'étaient pas imposées ni suivies avec plus de solennité. On était méprisé si on le négligeait, estimé et recherché si on y excellait. Je me souviens de cinq ou six hommes de la dernière médiocrité dont on ne parlait qu'en inclinant la tête, parce que, disait-on avec plus de respect qu'on n'en aurait eu pour un grand artiste, ils jouaient supérieurement le boston et le reversis. On vivait et on mourait très-bien sur cette réputation. Ma mère et mes tantes m'encouragèrent de leur mieux à la mériter, à me rendre utile et agréable aux maîtresses de maison en faisant le quatrième de quelque table boiteuse de joueuses et de joueurs dépareillés; elles échouèrent. Quoique très-complaisant de mon naturel, je ne pus jamais supporter l'insupportable ennui de manier deux heures par jour des cartes toujours les mêmes dans mes mains, n'ayant pour horizon de mon esprit et pour diversion de mon cœur que ces abominables figures de rois, de reines et de valets bariolés à jeter les uns sur les autres dans cette mêlée de morceaux de carton, sur un tapis vert, pour les ramasser ensuite et recommencer le même exercice jusqu'à ce que la pendule sonnât la délivrance de mon esprit! Il fallut y renoncer. Ma patience, ma bonne volonté, ma jeunesse, ma figure n'y firent rien. Cela me fit mal noter dès mon début dans l'estime des vieilles femmes qui gouvernaient majestueusement ce monde de cartes, de fiches et de jetons. Leurs figures se glacèrent et se rembrunirent pour moi. L'obligation d'accompagner régulièrement chez elles ma mère et mes sœurs aînées devint pour moi un supplice quotidien. J'abrégeais le martyre en m'échappant après les parties commencées.

XXXII

Il y avait un seul salon où l'on ne jouait pas, et qui s'ouvrait tous les soirs à un petit nombre d'habitués et d'amis de la maison; c'était le salon de mon oncle. J'y allais le soir avec beaucoup moins de répugnance que le matin. C'était un petit cercle intime, politique, littéraire, scientifique, où l'esprit stagnant d'une petite ville participait du moins, le soir, au mouvement des idées, des faits et du temps. Mon oncle, homme de connaissances très-variées et d'une causerie très-souple à toutes les ondulations d'une soirée oisive, était le centre de ce salon. Les femmes n'y paraissaient jamais; les huit ou dix hommes qui y venaient assez régulièrement tous les jours y étaient attirés les uns vers les autres, et tous vers le maître de la maison, par cet attrait volontaire et naturel qui entraîne les pas à l'insu de la volonté là où l'esprit se trouve bien. Il n'y avait d'autre rendez-vous que ce plaisir réciproque et cette conformité de goûts, d'études, d'opinions, rehaussée par une complète liberté de discours. C'était, en général, tout ce que le pays comptait d'hommes éminents, intéressants ou spirituels dans tous les rangs de la société. On n'y reconnaissait d'autre aristocratie que celle de l'intelligence et du goût. J'ai vu bien des salons dans ma vie de voyageur, de diplomate, d'homme du monde, d'homme politique ou d'homme de lettres; je me souviens toujours de celui-là comme d'un modèle accompli de réunion, et les principales figures qui s'y dessinaient en demi-cercle, en face du feu, sont restées pétrifiées avec leurs costumes, leurs physionomies, leurs sons de voix, leurs gestes, leurs attitudes et leurs différentes natures d'esprit, dans ma mémoire et dans mes yeux.

XXXIII

C'était d'abord un vieil abbé vénérable et vénéré dans la province et au delà, avec une perruque fauve, une longue et grave figure de parchemin, une loupe énorme sur la lèvre inférieure, une pose de commandement, une voix de siècle sortant du fond d'une bibliothèque où l'on remue des in-quarto poudreux. Il s'appelait l'abbé Sigorgne; il avait occupé, avant la révolution, quelque haute et souveraine fonction sur les prêtres du diocèse, dont j'ai oublié la nature et le nom. Il avait beaucoup écrit, et entre autres un livre intitulé *le Philosophe chrétien*, qui a encore une réputation de séminaire et de théologie. Il était prodigieusement savant dans toutes ces choses que personne ne se soucie de savoir aujourd'hui : *blason, droit canon*, questions de bénéfices ecclésiastiques, questions de casuiste, etc.; mais il cultivait en outre avec succès les mathématiques, les sciences naturelles, la chimie. Les prêtres de ce temps-là ne ressemblaient en rien à ceux d'aujourd'hui; ils étaient du monde : ceux de ce temps-ci sont du sacerdoce seulement; c'est mieux, mais c'est autre chose. L'abbé Sigorgne avait été toujours du monde le soir, tout en étant de la science et de l'église le matin. Il avait voyagé, il avait habité longtemps Paris, il y avait été docteur en Sorbonne; il avait fréquenté les salons de madame Du Deffant et de madame Geoffrin; il y avait connu les écrivains et les philosophes du dix-huitième siècle. Ses rapports avec d'Alembert et Diderot n'avaient altéré en rien ses opinions religieuses. Il discutait avec eux sans les haïr, mais sans leur rien céder de ses convictions. Son caractère était une de ces trempes sur lesquelles tout glisse sans altérer le tissu de l'acier : doux au contact, ferme à frapper. Il avait eu avec Voltaire une correspondance, et avec Jean-Jacques Rousseau une discussion imprimée dans laquelle le philosophe de Genève et le philosophe de Mâcon s'étaient combattus en présence du public avec talent, politesse, dignité, estime mutuelle. L'abbé Sigorgne était naturellement fier de cette lutte avec un si célèbre adversaire. S'être mesuré avec Jean-Jacques Rousseau était une gloire même pour un orthodoxe et pour un vaincu. Il rejaillissait de tout cela une haute considération sur le nom de l'abbé Sigorgne dans son ordre et dans le pays. Sa vertu rehaussait encore sa renommée et sa vieillesse. Il donnait le matin, gratuitement, et pour le progrès seul de la science, des leçons dans sa bibliothèque aux jeunes gens d'espérance. M. Mathieu, l'astronome dont le nom illustre à son tour la science et le pays où il est né, fut un de ses disciples. L'abbé Sigorgne, malgré ses quatre-vingts ans passés, causait avec cette indulgence, seconde grâce de la vieillesse presque aussi touchante que la grâce de la jeunesse; car, si l'une est une timidité, l'autre est une condescendance : toutes les deux intéressent. On l'écoutait avec déférence. Sa conversation était abondante comme un livre, divisée et distribuée comme un sermon; on y sentait le professeur écouté; mais il mêlait à l'enseignement une grande variété d'anecdotes sur les femmes et les hommes célèbres du dernier siècle, qui réveillaient puissamment l'attention. Il déridait aussi l'entretien par des citations de ses poésies et de ses couplets de société, essais malheureux qui sont restés dans ma mémoire comme les fameux vers de Malebranche. Il est presque impossible de faire comprendre à un savant que la poésie n'est pas la rime. L'abbé Sigorgne, qui mourut longtemps après, laissa son nom à la rue de la ville qu'il avait habitée. Quand on n'a pas de famille, c'est quelque chose que de donner son nom à des pierres.

XXXIV

Un autre abbé, nommé l'abbé Bourdon, figurait tous les soirs dans le salon de mon oncle. Abbé de cour, ancien grand vicaire, homme de table et de boudoir dans sa jeunesse, homme d'aventure ensuite pendant une longue émigration, il avait fréquenté les salons du cardinal de Bernis et de madame de Pompadour plus que les salles de la Sorbonne. Gros, court, joufflu, goutteux, d'une figure qui avait dû être aussi agréable que spirituelle, il y avait en lui de l'abbé de Chaulieu plus que du prêtre martyrisé par une révolution pour sa foi. Mais le temps et le *décorum* des émigrations et des spoliations de *bénéfices* subies pour son état, lui en donnaient le maintien et la gravité. Il ne l'oubliait que dans la chaleur de la conversation et dans l'espèce d'enthousiasme que lui inspiraient le monde élégant et la bonne chère. Là, tous ses souvenirs de Paris, de cour, de noms historiques, d'exils illustres, se répandaient avec des flots de récits étincelants de sa mémoire. On comprenait qu'il eût été, quinze ou vingt ans auparavant, un des abbés les plus recherchés de ces salons de Versailles et de Paris où son âme vivait toujours. Les dévotes ne l'aimaient pas, comme un fâcheux vestige de l'ancien sacerdoce, mauvais à produire dans le nouveau. Mais son caractère, son habit et son orthodoxie officielle, prouvée par la persécution, les forçaient au silence, et il finissait par obtenir les apparences de la vénération. Il m'aimait beaucoup, et je ne me lassais pas de l'écouter raconter un monde sur lequel le rideau de la révolution s'était tiré, et dont il restait un des plus légers, des plus gracieux et des plus spirituels acteurs.

Un homme, mystère pour tout le monde, même pour mon oncle, qui le recevait tous les soirs, venait régulièrement à ces réunions. C'était un vieillard aussi, mais un vieillard vert et fort, dont on supposait plus qu'on ne devinait les années. Sa physionomie était scellée comme un testament à triple sceau. Les yeux seuls étaient entr'ouverts plus pour observer les pensées d'autrui que pour laisser lire dans les siens. Son attitude était gênée et contrainte : on voyait qu'il se sentait mal à sa place dans un monde supérieur à lui par la fortune et par la naissance. Ses habits étaient pauvres, négligés, presque sordides; il paraissait susceptible et fier naturellement; mais, comme le cynique d'Athènes visitant Platon, il foulait le tapis d'orgueil du maître par un orgueil plus grand encore. Tout son passé était une énigme. On ne savait ni quelle était sa famille, ni quelle était sa patrie. On savait seulement qu'il vivait l'hiver dans une mansarde d'un quartier pauvre de Mâcon, ayant pour toute société un chien, une chèvre et quelques livres. La chèvre le nourrissait, le chien l'aimait, les livres l'entretenaient des siècles et du monde. L'hiver écoulé, il allait vivre dans un village des montagnes du Mâconnais, appelé Bussières, à côté de Milly, chez deux demoiselles d'un âge déjà mûr, aussi solitaires et aussi étranges que lui. Personne n'entrait jamais ni dans leur petite maison aux volets toujours demi-clos, ni dans leur jardin entouré de hautes murailles. Quand je passais à cheval par un petit sentier qui longeait cet enclos, et que je m'élevais sur mes étriers pour voir dans le jardin, j'apercevais quelquefois ces trois sauvages civilisés groupés avec leurs animaux, ramassant de l'herbe pour la chèvre, ou lisant au soleil sur le gazon d'une allée. On avait une impression de mystère inexplicable en regardant cette maison. Était-ce une parenté? Était-ce une liaison? Était-ce une secte? Les voisins, même les plus rapprochés et les plus curieux, n'ont jamais pu le deviner.

Ce vieillard s'appelait M. de Valmont. Il parlait rarement, mais il parlait avec une maturité de sens, une connaissance des choses et une propriété de termes qui faisaient faire silence dès qu'il entr'ouvrait les lèvres. Il ne cachait pas qu'il avait été employé dans les hautes missions diplomatiques secrètes par les ministres de Louis XV, et peut-être par ce roi lui-même, qui avait une diplomatie en dehors de ses ministres; on savait aussi qu'il avait habité Constantinople, l'Italie, et surtout la Russie et la Prusse.

Il racontait le grand Frédéric, aussi bien que Voltaire et les philosophes de la colonie de Potsdam pouvaient le raconter eux-mêmes. La conversation ne tombait jamais sur ce roi, sur ce temps, sur cette cour, sans que M. de Valmont ne l'intéressât et ne l'enrichît aussitôt des récits les plus intimes et les plus neufs. C'était une chronique vivante des soupers philosophiques du roi de Prusse, des amours babyloniens de la grande Catherine, et des mœurs mêmes du sérail. Quant à la politique de la France et du moment, il n'en parlait jamais. On était à une époque de réaction religieuse et aristocratique de l'opinion contre les principes de la révolution française. On voyait à sa physionomie, à son silence et à son sourire mal contenu, quand la conversation tombait sur ce sujet, qu'il était resté ferme dans la philosophie de sa jeunesse, et qu'il avait intérieurement pitié de ce commencement du dix-neuvième siècle, qui répudiait tout l'héritage du siècle précédent, sans choisir entre la liberté et la servitude, entre la raison et l'impiété.

On l'écoutait avec intérêt, mais avec une certaine défiance. Quelques personnes avaient d'abord reproché à mon oncle de l'admettre à cette intimité d'entretiens très-libres sur le gouvernement; elles craignaient qu'il ne fût un observateur politique soldé en secret par la tyrannie ombrageuse de Bonaparte. Sa mort, qui arriva peu de temps après, prouva bien que ces soupçons étaient des chimères. Je le vis mourir à l'hôpital de Mâcon, sur un grabat, ayant toute sa richesse sur une chaise au pied de son lit, avec son chien blanc. Mon oncle m'y conduisit, il allait lui offrir un asile et des secours. M. de Valmont refusa tout avec des larmes de reconnaissance, mais avec la dignité fière d'un stoïcien. Il me pria seulement, comme le plus jeune, d'avoir soin, après lui, du pauvre animal qui lui tenait compagnie jusqu'à l'agonie. Il y touchait : il mourut le surlendemain.

XXXV

Un des hommes les plus remarquables de cette société du soir était un gentilhomme franc-comtois, marié à Mâcon, nommé M. de Larnaud. C'était un homme d'une taille colossale et d'une voix tonnante, quoique d'une physionomie très-intelligente et très-douce ; un ancien Germain aux cheveux blonds et aux yeux bleus, plongé dans la civilisation moderne. Je n'ai jamais vu réunies dans une même nature et à plus grandes doses deux qualités qui, ordinairement, sont exclusives l'une de l'autre : l'érudition de l'esprit et la fougue de l'imagination. Il savait tout, et il passionnait tout. Jeune, riche et oisif au moment de la révolution, il s'y était précipité avec les délires d'une belle âme enivrée de ses espérances pour l'humanité. Il avait brûlé ses vaisseaux alors avec le trône, l'aristocratie, les superstitions du passé. Il n'avait pas été jusqu'au crime, parce qu'il était la conscience, la vertu désintéressée et l'humanité mêmes ; mais il avait été jusqu'aux vertiges, et l'on citait encore dans le pays et à Paris les exaltations d'actes et de discours qui avaient signalé son fanatisme de cœur dans les premières cérémonies populaires de 89, de 90 et de 91. Homme de bonne foi, il ne les reniait pas; une âme comme la sienne, qui n'a rien à cacher, n'a rien à désavouer. Il disait simplement, comme le poëte Alfieri, témoin des orgies sanglantes de 1793 : « Je connaissais les grands, je ne connaissais pas le peuple. Je me repens d'avoir cru les hommes meilleurs qu'ils ne le sont. Si c'est un crime, c'est le crime d'une âme honnête! »

C'était l'âme de M. de Larnaud. Aussitôt après le 10 août et les persécutions contre la famille royale, il s'était rangé avec la même passion du parti des victimes. Il s'était lié avec les Girondins, avec madame Roland, avec Vergniaud surtout, pour partager leurs dangers et leur gloire. Il était intarissable sur ces hommes que la révolution avait dévorés parce qu'ils osaient lui disputer ses crimes. Il était resté fidèle à leurs doctrines de sage et pure liberté. Il ne gémissait pas sur leur échafaud, qui était leur piédestal pour l'histoire, mais sur le vote de quelques-uns d'entre eux, contre leur conviction, de la mort du roi pour sauver le peuple. Il savait qu'on sauve souvent une nation par un martyre, jamais par un crime. C'est M. de Larnaud qui a le premier imbu mon imagination de ces grandes scènes, de ces grandes physionomies, de ces grands noms, de ces grandes éloquences de la seconde période de la révolution, à laquelle il avait participé, qu'il peignait en traits de feu, et que je devais peindre moi-même longtemps après dans une page d'histoire : *les Girondins*.

Il n'avait pas moins d'enthousiasme pour la littérature et pour la poésie que pour la politique. Compatriote et camarade de Rouget de Lisle, auteur de la *Marseillaise;*

ami et admirateur de Nodier, de Chénier, de Delille, de Fontanes; assistant à toutes les séances des académies, membre de tous les cercles, suivant tous les cours, visiteur de tous les salons, assidu à tous les théâtres, c'était l'éponge intelligente des deux siècles, mais une éponge qui retenait tout, une mémoire qui ne perdait rien, une expression et un geste qui faisaient tout entendre et tout revoir : prose, vers, anecdotes, physionomies, discours, scènes, citations; on retrouvait l'antiquité, le passé, le présent dans son entretien; on n'avait qu'à feuilleter. Dictionnaire universel relié sous forme humaine, toute la cendre de la bibliothèque d'Alexandrie contenue dans le crâne d'un homme vivant! Il remplissait à lui seul ce salon. Il m'aima promptement à cause de ma jeunesse, de ma curiosité, de mon attention à l'écouter, de l'enthousiasme que sa passion allumait dans mon regard. Bien qu'il eût trente ans d'avance sur moi dans la vie, il me croyait de son âge et je me sentais du sien, car il était de ces natures qui ne vieillissent pas, même dans leur caducité, et j'étais de celles qui devancent la vieillesse par la réflexion. Il me traitait en égal d'années et d'intelligence. Il venait souvent, le matin, achever dans ma chambre la conversation de la veille. Il se livrait plus librement, alors, à son inspiration intime; il découvrait les cendres de son enthousiasme pour les grands hommes et les grandes choses du commencement de la révolution, qu'il osait moins soulever chez mon oncle, en présence de mes tantes pieuses et de quelques gentilshommes royalistes et émigrés. Le philosophe réapparaissait sous l'homme du monde. Son antipathie contre l'empire et contre cette oppression muette de la pensée éclatait en foudres de paroles qui grondaient éternellement dans son sein. Il me récitait les imprécations de Chénier et celles de Nodier contre le mutisme de l'époque :

> Que le vulgaire s'humilie
> Sous les lambris dorés du palais de Sylla,
> Au-devant du char de Julie,
> De Claude ou de Caligula! etc., etc.

Il me continua la même amitié jusqu'à ses derniers jours, et sa mémoire est une de celles qui me repeuple de plus de souvenirs et de plus de regrets les rues maintenant désertes pour moi de cette petite ville, qu'il animait de son pas et qu'il remplissait de sa voix.

A côté de lui s'asseyaient ordinairement, dans le même salon, deux habitués d'un caractère et d'un entretien également attachants pour un jeune homme. C'étaient deux émigrés, officiers de marine.

L'un était le marquis Doria, qui fut plus tard longtemps et honorablement député de Mâcon. Nature italienne par la fécondité, la mobilité, l'élocution, l'abondance; française, par la franchise, la noblesse, la cordialité, le désintéressement, le patriotisme. Il parlait beaucoup, il causait bien, il écoutait mieux; il lisait immensément, il jugeait avec réserve et avec froideur. C'était un de ces esprits justes, fins, éclectiques, observateurs des convenances, même en matière d'idées, qui n'osent rien seuls et qui ont besoin de sentir leur pensée dans beaucoup d'autres têtes pour la professer tout haut. On pourrait dire d'eux que ce sont les hommes de bonne compagnie dans la société des intelligences ; ils écoutent, ils regardent, ils lisent leur journal le matin et se laissent rédiger leur opinion comme il se laissent couper leur habit par leur tailleur. Cette réserve d'esprit venait, chez le marquis Doria, de modestie et non de stérilité ; c'était un homme d'un commerce très-lettré et très-agréable : une bonne fortune de tous les soirs dans une ville écartée du centre. Son caractère était plus charmant et plus sûr encore que son esprit : la chevalerie antique dans la grâce moderne, les formes de cour sur un fond de vertu. Il n'avait jamais été révolutionnaire. Sa naissance et son titre de chevalier de Malte le rangeaient dans la haute aristocratie. Mais il comprenait parfaitement que l'avenir dépouillait les aristocraties immobiles et héréditaires comme l'arbre son écorce, et que s'il y avait un préjugé légitime et favorable pour les noms, il n'y avait plus de rang que pour les esprits. Comme royaliste constitutionnel, il partageait la haine d'opinion de cette société contre l'empire.

L'autre était un de nos parents et un de nos amis les plus intimes, camarade du marquis Doria dans la marine, émigré à dix-huit ans comme lui, ayant vécu pendant longues années de cette vie d'aventures de l'émigré qui aiguise l'esprit, assouplit les idées, diversifie les mœurs, et donne à la vie d'un simple gentilhomme de province l'originalité et l'intérêt d'une odyssée. Il s'appelait M. de Saint-L.... (J'efface le nom parce qu'il vit encore.) Sa conversation avait la variété et le pittoresque des récits de camps, de voyages, de navigations, de fortunes et d'infortunes diverses dans les péripéties des longs exils. Soldat, marin, courtisan, voyageur, marchand, il avait eu tous les rôles à l'étranger en un petit nombre d'années. Il racontait avec imagination ; il savait l'Europe des salons, des armées et des cours, comme on sait sa rue. Ses récits, quelquefois brodés, toujours intéressants, entrecoupaient à propos les discussions littéraires ou politiques. Il était l'épopée courte et accidentelle de ces dialogues. En outre, il était d'une belle figure, encore jeune ; il lisait avec intelligence et avec sentiment ; il savait par cœur les tragédies de Racine et de Voltaire ; il les déclamait à l'imitation des plus grands acteurs. On pouvait soupçonner que, parmi les talents divers qu'il avait exercés pendant son émigration, pour se soustraire à l'indigence de l'exilé, celui de lecteur ou de récitateur de poésie française dans les cours d'Allemagne avait été une des ressources de son esprit.

Le reste de cette société se composait d'autres parents ou amis de la maison qui se choisissaient d'eux-mêmes par la conformité d'opinions, de goût pour la conversation sérieuse, pour la littérature, la science ou l'art. Deux frères, émigrés rentrés, cousins de la famille, M. de Davoyé et M. de Surigny, tous deux distingués, le premier par l'esprit cultivé et par la passion politique, le second par un rare talent de peintre, y venaient assidûment. Tous les hommes éminents du pays dans le barreau, dans la médecine, dans l'agriculture, qui cultivaient en même temps leur esprit, ou qui aimaient cette culture dans les autres, étaient admis et recherchés dans ce salon. C'était une oasis dans cette aridité des sociétés de province, un souvenir vivant de ces réunions d'hommes lettrés, oisifs et insouciants de la vie vulgaire que Boccace montre rassemblés par attrait ou par hasard dans quelque *villa* de la Toscane, autour de Florence ou de Fiesole.

XXXVI

Quoique je n'y jouasse, à cause de ma jeunesse, aucun autre rôle que celui d'auditeur timide et silencieux, on conçoit que ces heures de soirées ainsi passées à entendre des hommes distingués parler librement de toutes choses me consolaient un peu de la tristesse de la résidence et de la journée. J'y puisais de plus ce sentiment d'opposition raisonné à l'opposition brutale du gouvernement militaire, cette indépendance d'idées et cette dignité de résistance sans faction aux partis triomphants, qui étaient l'âme de ces entretiens, comme ils étaient l'âme de mon père et de mon oncle. L'ennui me ressaisissait à la porte.

XXXVII

L'ennui était alors le mot de ma vie, le mal incurable de mon âme. Je ne sentais plus tant la douleur; elle avait brûlé en moi toutes les fibres sensibles. Mon cœur s'était ossifié, du moins je le croyais; mais je sentais le vide, un vide que rien ne pouvait remplir, un vide si profond et si vaste qu'il aurait englouti un monde. Je n'aimais rien, je ne voulais rien aimer, je n'avais rien à aimer d'amour. L'absence totale d'intérêt dans ma vie habituelle était telle, pendant ces mois de printemps et d'été passés ainsi forcément à Mâcon, que je cherchais inutilement les moyens les plus puérils et les plus mécaniques de passer les heures éternelles.

Il y avait à l'hôpital de la ville un vieil émigré infirme, ancien camarade de mon père dans son régiment, rentré depuis peu de temps d'Angleterre. Il était privé de l'usage de ses jambes; il n'avait pour toute fortune qu'une petite pension que lui faisait sa famille pour son entretien et pour celui d'un vieux domestique, son compagnon d'émigration et de malheur. Il s'appelait le chevalier de Sennecey. Mon père, qui l'aimait beaucoup, m'y mena un jour. Son isolement m'intéressa, j'y retournai. Il était simple d'esprit, comme un soldat qui n'a connu de la vie que son cheval et son sabre; mais il était sensible, bon, affectueux. Il me recevait comme les solitaires forcés, désertés du monde, reçoivent ceux qui viennent par charité ou par amitié diversifier un peu leur solitude. On voit sur leur visage se répandre le rayon intérieur de leur joie secrète. On sent le plaisir qu'on leur fait, on s'attache soi-même à eux par le bonheur qu'on leur apporte. Je m'attachai ainsi à ce pauvre homme.

Tous les jours, après le dîner de famille et après une promenade solitaire derrière les monotones jardins de cet hôpital, j'y entrais; je traversais les files de convalescents assis sous le portique, j'entrevoyais les longues rangées de lits blancs des salles et la lueur éternelle des cierges qui brûlent au centre de l'édifice, sur l'autel qu'on aperçoit de tous ses rayons; je montais le large et sonore escalier, où je rencontrais les sœurs hospitalières dans leur costume de pieux service; je suivais un immense corridor à l'extrémité duquel se trouvait la petite porte de la cellule du pauvre chevalier.

Je le trouvais assis à côté de sa fenêtre, devant son établi d'horloger, comme ces chartreux dont j'avais visité autrefois la petite chambre, le petit jardin et le petit laboratoire ; diversion obligée de l'homme qui a besoin, sous peine d'ennui mortel, de travailler ou de corps, ou d'esprit, ou des deux tour à tour ; c'est sa loi.

Le chevalier de Sennecey, pour vivre à Londres pendant une longue émigration de douze ans, avait appris l'état de bijoutier et d'horloger. Il y avait ajouté l'état de tourneur, afin de faire lui-même les boîtes, les tabatières, les écrins, les étuis des portraits qu'il montait, des montres qu'il fabriquait. Il était adroit et patient comme un homme qui, ayant perdu la faculté de se servir de tous ses membres, concentre dans ceux qui lui restent tout ce qu'il a d'activité et d'énergie. Son travail l'avait largement soutenu à Londres, et il avait même soutenu, du seul travail de ses mains, plusieurs de ses compagnons d'infortune doués de moins de talent et de bonheur que lui.

Depuis qu'il était rentré en France, rappelé par cet attrait irréfléchi du pays qui devient malaise chez le Français, et qui ne lui permet presque jamais de jouir de son bien-être sous un autre ciel, le chevalier de Sennecey avait continué son état. Mais il l'exerçait gratuitement pour les sœurs de l'hôpital, pour les malades, pour ses amis et ses connaissances dans la ville, qui empruntaient ses talents d'horloger ou de bijoutier. Il passait sa journée entière à démonter, à remonter des pendules, des montres, à encadrer des miniatures, à tourner en métal ou en ivoire des ornements ou des parures de femme. Il prenait son métier au sérieux, bien que ce métier ne fût plus pour lui qu'un divertissement; il allégeait sa solitude. De temps en temps, un vieux camarade d'émigration ou de régiment venait charitablement passer une heure avec lui, pour causer de l'armée de Condé, du comte d'Artois, du duc d'Enghien, ou du prince régent d'Angleterre, la providence des émigrés.

L'attrait que j'éprouvais pour cet excellent homme, le sentiment des heures de distraction que ma présence et ma conversation lui donnaient, et enfin le désœuvrement qui met les pas de demain sur ceux d'hier, me ramenaient régulièrement tous les jours à l'hôpital. A force de voir limer la lime, serrer l'écrou, tourner le tour, pivoter le poinçon, grincer la scie d'acier, je voulus travailler aussi moi-même. Le chevalier m'enseigna l'horlogerie et le tour. Je maniais ses outils sous sa direction, je préparais, je dégrossissais le bois ou le cuivre ; il y donnait le dernier fini. Nos conversations, bientôt taries une fois qu'il m'eut dévidé l'écheveau de ses souvenirs un peu monotones, se soutenaient ainsi à peu de frais, grâce à notre commune occupation. On n'entendait dans sa chambre que le bruit uniforme de la corde à boyau qui sifflait sur la poulie du tour, le frottement de la râpe ou du polissoir sur le bois, les coups réguliers du petit marteau d'acier sur l'or ou sur l'argent concave des boîtes de montres, quelques mots rares et courts échangés entre nous, ou le chant à demi-voix de l'homme qui distrait son oreille en se servant de ses mains. Notre atelier, au midi, éclairé d'une large fenêtre à balcon, était inondé de lumière et retentissait d'un murmure de vie. Ce travail, ce murmure, cette lumière, cette monotonie occupée, ce pauvre infirme soulageant ses maux et abrégeant ainsi sa journée par la fatigue, m'apaisaient et m'assoupissaient à moi-même mon propre ennui. J'avais fini par prendre une véritable amitié pour le chevalier. Il était devenu une des heures de ma journée. J'y dînais quelquefois, comme le compagnon avec le maître. Ces dîners, servis à l'heure du repas de l'hospice et tirés de la marmite commune, consistaient toujours et uniquement en deux rations de bœuf bouilli, sec et maigre, coupées carrément en deux petites tranches, comme celle de l'ordinaire du soldat; des fruits secs et une bouteille de vin de l'hôpital complétaient le repas. Nous nous remettions à l'ouvrage aussitôt après. Quand le jour baissait, nous rangions avec soin l'établi, les outils dans les tiroirs; je balayais les copeaux de bois ou les limailles de fer qui jonchaient le plancher, et nous causions un moment. Tout l'esprit du chevalier était dans son cœur. Excepté des sentiments et des aventures, il n'y avait rien à en tirer. Mais c'est avec cela qu'on fait les épopées. Tout homme simple est un poëme pour qui sait le feuilleter. L'intérêt est dans celui qui écoute, bien plus que dans celui qui raconte. Il ne m'ennuyait jamais.

Qu'on se figure cependant un jeune homme de vingt ans, ayant déjà goûté des calices, épuisé des ivresses et des larmes de la vie, fermentant d'imagination, consumé de passions ou à peine écloses ou mal éteintes, dévorant le monde par la pensée, et réduit pour toute occupation de ses journées à tailler des morceaux de bois et à limer des morceaux de métal dans l'atelier d'un vieil invalide, sans autre charme d'esprit que son malheur et sa bonté!

XXXVIII

J'avais un autre ami cependant que je ne pourrai jamais oublier, tant il m'aimait et tant il descendait avec indulgence et avec grâce du haut de ses années pour se placer au niveau de ma jeunesse.

C'était un vieillard beaucoup plus âgé que le chevalier de Sennecey, le plus jeune et le plus gracieux vieillard que j'aie jamais vu dans ma vie. Il était l'amour, l'adoration de toute la ville, et greffé pour ainsi dire par sa bienveillance tendre et universelle sur toutes les familles, dont il semblait être membre par le cœur, bien qu'il y fût tout à fait étranger par la parenté. Il avait été l'ami et le mentor de mon père dans ses plus jeunes années. Il avait plus de quatre-vingts ans. Il n'avait jamais été marié. Il vivait seul d'une rente viagère de quelques mille livres, dans une médiocrité élégante et dans ce luxe d'arrangement et de bien-être habituel aux célibataires. Il avait été très-beau et il l'était encore, car c'était une de ces beautés de sentiment qui subsistent tant que le cœur envoie un rayon de bonté sur la figure. Riche, indépendant, recherché du grand monde, aimé des femmes dans sa jeunesse, il avait généreusement et noblement prodigué de bonne heure une assez grande fortune à ses amitiés, à ses amours, à ses voyages. Il s'était arrêté à temps sur les limites où la fortune qui finit touche à la ruine qui commence. Il avait placé le peu qui lui restait à fonds perdu. Il s'était arrangé une jolie retraite dans un petit appartement, sur un petit jardin, au centre de la ville. Il y vivait, le matin, dans sa bibliothèque, sauvée tout entière de ses désastres; le jour, en visite chez ses innombrables amis; le soir, dans les salons ouverts de la ville; l'été et l'automne, dans les maisons de campagne des environs. Il s'appelait Blondel. Il avait une chambre marquée de son nom dans tous les châteaux, un couvert à toutes les tables dans les réunions de famille. C'était l'hôte recherché de tout le monde. Les enfants mêmes le connaissaient.

Il m'avait aimé tout petit. Quand je revins de collége,

de Paris, de voyage, il m'aima davantage encore. Ma figure lui plaisait parce qu'elle lui rappelait, disait-il, celle qu'il avait à mon âge. Il bâtissait d'avance de grandes espérances sur mon avenir. Il déplorait l'obstination de mon oncle à me retenir oisif dans cette prison domestique d'une petite ville. Il aurait voulu qu'on m'ouvrît l'horizon de la vie active. Il me croyait capable d'agrandir dans la carrière militaire, la seule qui fût alors, la modeste considération de mon nom. Il gémissait de me voir m'éteindre entre quatre murs. Sa bourse m'était ouverte, toute tarie qu'elle fût, toutes les fois que j'avais un voyage à faire, un ouvrage à me procurer. Sa bibliothèque était la mienne ; j'y passais des matinées avec lui. Il me gardait souvent à dîner ; il m'entretenait avec cette confiance sérieuse d'un homme qui oublie l'inégalité qu'une différence de soixante années met entre les esprits. Mais il était pour moi un livre charmant, et, qui plus est, un livre aimant. Les heures, avec lui, ne me paraissaient jamais longues. Il n'avait rien du découragement et de la morosité de l'âge avancé. C'était un Aristippe de la vie humaine, toutes les années lui convenaient. Il ne voyait que le côté favorable des choses et des caractères. La nature avait complétement oublié le fiel dans la composition de son être. Optimisme vivant, sa philosophie, qu'il entretenait par la lecture et par la réflexion, était celle du dix-huitième siècle, tempérée par un grand sentiment de la Providence, philosophie qui s'en rapporte au créateur de la créature, et qui a pour morale le *quod decet* des anciens, la convenance, cette morale de ceux qui ne veulent rien choquer. En politique, il était indifférent ; il ne croyait pas qu'un système valût la perte d'un ami. Tel était le charmant vieillard qui vécut encore douze ans après l'époque dont je parle, et qui reflétait sur moi la douce lueur d'un autre siècle. La poésie de la vieillesse ne m'a jamais mieux apparu qu'en lui ; une vie qui se couche dans la même sérénité et dans la même rosée où elle s'est levée à son matin.

XXXIX

Voici ce qu'était alors cette charmante petite ville : mon oncle, l'abbé Sigorgne, M. de Larnaud et cinq ou six hommes lettrés du pays y avaient, récemment encore, jeté les fondements d'une institution de nature à y accroître et à y perpétuer le goût des sciences, des arts et de la haute littérature. Ils y avaient institué une académie. Cette académie avait donné un petit centre et un motif d'activité locale à tous les talents épars et oisifs de la ville et de la province environnante. Tous les mois, les trente ou quarante membres de cette académie se réunissaient en séance, dans la bibliothèque de la ville, lisaient des rapports, des recherches, des projets d'amélioration agricole, se donnaient des motifs de travail, de discours, de compositions littéraires, quelquefois même de poésie. Une douce émulation s'établissait ainsi entre ces hommes que l'inertie aurait stérilisés. Ils ne s'exagéraient pas l'importance de leurs travaux, ils ne visaient à aucune gloire extérieure ; ils tiraient le rideau de la modestie sur eux. Ils avaient pour mot d'ordre : le beau, le bon, l'utile désintéressés. Cette institution, qui commençait et qui a conservé longtemps le même esprit, s'est illustrée depuis par l'adjonction successive de plusieurs noms éclatants, et par une succession non interrompue d'hommes d'élite. En les groupant, il n'est pas douteux qu'elle ne les ait multipliés. L'académie de Mâcon a remplacé pendant plusieurs années cette académie de Dijon, foyer littéraire de la Bourgogne, berceau du nom de Jean-Jacques Rousseau et de Buffon.

Malgré mon inexpérience et mes années, mon oncle voulut m'y faire recevoir. On m'y reçut sous son patronage, à cause de lui et non à cause de moi. J'y fis un discours de réception, ma première page littéraire publique, sur les avantages de la communication des idées entre les peuples par la littérature. J'ai retrouvé, il y a peu de temps, le manuscrit de ce premier discours, et je l'ai brûlé après l'avoir relu, pour bien effacer les traces du chemin banal par où j'avais conduit ma pensée. Depuis, j'ai été un membre peu assidu, mais fidèle de ce corps littéraire qui avait daigné m'accueillir par anticipation sur le temps et sur la renommée. Je lui devais plus que des heures de gloire, je lui devais des heures d'amitié.

XL

Quant aux jeunes gens de mon âge à cette époque, aucun rapport de vie, de goûts ou d'études ne m'attirait vers eux ou ne les attirait vers moi. A l'exception de trois d'entre eux, dont j'avais été le camarade de collége, je n'en fréquentais aucun. Ils s'occupaient de plaisirs, de festins, de bals, de chasses. J'étais trop triste pour m'évaporer à ces joies. Je n'en connaissais point qui cultivât alors sa pensée. L'empire matérialisait toute la jeunesse qu'il ne consommait pas dans ses camps ou dans ses antichambres. La noblesse combattait ou chassait; la bourgeoisie buvait ou mangeait; la pensée s'était réfugiée dans les professions libérales. Le barreau, la médecine, la magistrature, comptaient quelques hommes de goût intellectuel. Ce fut parmi les avocats et les médecins que se conserva quelque étincelle du feu sacré de la France, le sentiment littéraire. C'est toujours celui-là qui rallume le feu sacré de la liberté. Le hasard me fit rencontrer un jour, dans une de mes promenades solitaires hors de la ville, un jeune avocat né dans le Jura, et établi récemment à Mâcon. Je le connaissais seulement de nom et de visage, parce qu'on me l'avait montré du doigt dans les rues comme un homme d'espérance dans le barreau. Il avait entendu parler de moi aussi comme d'un jeune homme qui, au milieu de la trivialité de vie de la jeunesse du lieu, se sentait une âme, et cultivait plus ou moins heureusement ce germe étouffé dans tous. Il avait en ce moment un chien sur ses traces; le mien ne me quittait jamais. Les deux chiens s'abordèrent, grondèrent, jouèrent ensemble, et forcèrent ainsi leurs maîtres à s'aborder.

Après l'échange de quelques paroles de circonstance entre deux promeneurs qui désiraient également une occasion de se rencontrer, la conversation s'engagea entre nous sur les livres, la littérature, la poésie. Je trouvai avec bonheur dans M. Ronot (c'est ainsi qu'il s'appelait) une imagination naïve et fraîche, une mémoire riche de tous les souvenirs classiques, une passion désintéressée du beau qui allait jusqu'à l'enthousiasme, un besoin d'admirer qui révèle en général le besoin d'aimer ce qu'on admire et l'impossibilité de l'envie. Les longues haies de buissons en fleur qui ombragent encore aujourd'hui les chemins creux des prairies de Mâcon, entre le joli village de Saint-Clément et la Saône, entendirent longtemps notre entretien, qui se prolongeait avec une surprise et un charme mutuels. Nous nous séparâmes ce soir-là, et, sans nous être donné de rendez-vous, nous nous y retrouvâmes le lendemain, et souvent ensuite aux mêmes heures. N'ayant aucune occasion de nous rencontrer dans les salons, nous prîmes pour salon cette riante nature. Nous descendions et nous remontions nonchalamment le cours de la Saône, aussi paresseux que nos pas, aussi rêveur que nos imaginations, aussi murmurant que nos lèvres. En quelques jours nous étions liés, en quelques années nous fûmes amis. Les années et les années coulèrent ensuite sur notre amitié comme l'eau de la pluie sur les vieux murs, en consolidant leur ciment, en les revêtant de mousses et de lierres qui parent leur vétusté. Souvent absent de ce pays de ma naissance, même après que la mort y avait desséché toutes mes racines de famille, je savais que quelqu'un attendait mon retour, suivait de l'œil mes vicissitudes, combattait du cœur les envies, les haines, les calomnies, qui rampent sur le sol de notre berceau, hélas! comme autour de la pierre de nos tombes, et prenait pour lui en joie tout ce qu'il y avait d'heureux dans ma vie, en douleur tout ce qu'il y avait de triste.

Une dernière fois je suis revenu à Mâcon; il n'y était plus! Mon nom, associé aux noms de sa femme et de ses deux enfants, avait été mêlé sur ses lèvres à ses derniers soupirs. Pendant que la mort m'enlevait ainsi un de mes derniers amis sur mon sol natal, l'adversité déracinait du sable des cœurs faibles les amitiés sur lesquelles je devais compter.

XLI

Mais ces désœuvrements trompés de ma vie, pendant les séjours de mon père et de ma mère à la ville, ne suffisaient pas pour faire évaporer les tristesses, les mélancolies et l'insupportable ennui que les murs de la ville, et d'une ville quelconque, ont toujours exhalés pour moi. Je hais les villes de toute la puissance de mes sensations, qui sont toutes des sensations rurales. Je hais les villes, comme les plantes du Midi haïssent l'ombre humide d'une cour de prison. Mes joies n'y sont jamais complètes, mes peines y sont centuplées par la concentration de mes yeux, de mes pas, de mon âme, dans ces foyers de regards, de voix, de bruit et de boue. J'analyserais et je justifierais en mille pages cette impression des villes, ces réceptables d'ombre, d'humidité, d'immondices, de vices, de misère et d'égoïsme, que le poëte Cowper a définis si complétement pour moi en un seul vers :

C'est Dieu qui fit les champs, c'est l'homme qui fit les villes.

XLII

Enfin arriva l'heure d'en sortir et de retrouver, avec ma mère et mes sœurs, l'asile de notre cher et pauvre Milly. Ma mère et mes sœurs partageaient mon sentiment en rentrant dans ces vieux murs, dans ce jardin, dans ce creux de montagne, dans ces sentiers, dans ces petits prés ombragés de saules au bord de ces ruisseaux entrecoupés d'écluses et de moulins.

La paix rentrait dans mon cœur par toutes les fentes de ce ciel, par toutes les bouffées de cet air libre, par toutes les palpitations de ces feuilles, par tous les gazouillements de ces eaux. Ma mère, heureuse, sereine comme nous, y puisait de plus, dans son allée de charmille, cette piété sensible et lyrique qui faisait chanter éternellement son âme, ou qui plutôt était la seconde âme de cette femme, véritable instrument d'adoration !

Elle y reprit ses habitudes de recueillement, interrompues par la société et la charité, qui se disputaient trop ses heures à la ville. Elle y continuait à mes sœurs, dans les livres d'étude, sur les sphères, sur le piano, devant les modèles de sculpture chaste ou de dessin, les leçons de leurs maîtres. Elle y visitait après ces leçons les malades ou les indigents avec ses filles. Elle y passait ensuite les heures tièdes de l'après-dîner, sur le banc sous les tilleuls, en travail des mains, en lectures à voix basse, en causeries avec quelques bons voisins de campagne qui venaient la visiter de loin, quelquefois en promenades avec nous et en visites à pied dans le voisinage. Ce voisinage était animé, amical, presque une parenté générale entre tous ceux qui l'habitaient. On eût dit qu'elle avait répandu de son âme la simplicité, la candeur, l'affection sur toute la contrée. Elle était en effet pour beaucoup dans cette harmonie générale des cœurs qui s'ouvraient tous devant sa grâce et sa beauté. Il n'y avait pas d'ombre dans l'esprit qui ne s'éclairât quand elle paraissait. Elle réconciliait tout en elle; c'était la femme de paix. Une haine dans l'âme de quelqu'un contre quelqu'un l'affligeait presque autant qu'une haine qu'elle aurait sentie naître dans son propre cœur : elle n'avait pas de repos qu'elle ne l'eût dissipée. On l'appelait, parmi les paysans, la justice de paix de l'amitié. Le curé disait : « Ce n'est pas la justice de paix, mes amis, c'est bien mieux : c'est la justice d'amour ! c'est l'Évangile que je vous prêche et qu'elle vous montre en visage et en action. Si vous ne voulez pas m'écouter, regardez-la ! sa grâce est si belle qu'elle vous fera comprendre la grâce de Dieu ! »

Ce curé-là était le curé de Bussières, cet abbé Dumont qui m'a servi de type dans le poëme de *Jocelyn*, et qui devint mon ami plus tard. Il n'avait pas la piété de ma mère, mais il avait l'enthousiasme de sa vertu.

XLIII

Les deux villages, dans le voisinage de Milly, où ma mère dirigeait le plus souvent et le plus naturellement ses pas, étaient Bussières et Pierreclos. Le château antique et pittoresque de Pierreclos était habité par le comte de Pierreclos, ancien seigneur de toute cette gorge à la naissance des montagnes de Saint-Point. Figure des romans de Walter Scott dans un pays parfaitement semblable de physionomie à l'Écosse; vieillard illettré, rude, sauvage, absolu sur sa famille, bon au fond, mais fier et dur de langage avec ses anciens vassaux, qui avaient saccagé sa demeure pendant les premiers orages de la révolution, ne comprenant absolument rien ni à la marche, ni aux idées de son siècle, ou plutôt ne sachant pas ce que c'était qu'idée; treizième siècle empaillé dans un homme; bizarre, original, grotesque de costume autant que d'esprit, et de plus goutteux, ce qui ajoutait encore à l'âpreté de son humeur; mais aimant le monde, gourmand, voluptueux, tenant table ouverte, et accueillant bien dans son château non-seulement ses voisins, mais tous les aventuriers d'émigration, de guerre civile, de Vendée ou d'aristocratie qui se recommandaient du titre de royalistes. Il avait perdu sa femme de bonne heure. Sa famille se composait de son frère cadet vieillissant à la maison comme son premier domestique, d'une vieille sœur, veuve, appelée madame de Moirode, femme aussi étrange de costume et d'habitudes que lui, mais d'un esprit piquant et inattendu. Elle habitait dans le vaste salon démeublé de son frère une espèce de tente roulante avec un ciel de lit et des rideaux pour se garantir du froid; elle ouvrait ses rideaux et faisait rouler sa tente vers la table de jeu quand l'heure du reversis ou du trictrac sonnait, et elle sonnait avec le jour, car depuis huit heures du matin on jouait au château jusqu'à midi, heure du dîner. Après dîner, on se remettait au jeu jusqu'à quatre heures; on se promenait alors un moment sur les hautes terrasses qui dominent les prairies et les champs. Le maître du château, armé d'un porte-voix, donnait ses ordres du haut de ces terrasses à ses bergers et à ses laboureurs dispersés dans la vallée; puis on rentrait au salon et l'on se remettait au jeu jusqu'au souper, et ainsi de suite tous les jours de l'année. Il n'y avait que deux livres dans tout le château : le compte rendu de M. Necker, ennuyeux budget raisonné des finances pour servir de texte aux états généraux, et l'almanach de l'année courante sur la cheminée. C'est avec ces deux livres que le comte de Pierreclos nourrissait l'intelligence de deux fils et de cinq filles. L'un des deux fils, qui avait déjà trente-six ou quarante ans, était encore émigré; le second, avec lequel la chasse, le voisinage et le plaisir me lièrent depuis, avait environ vingt-cinq ans. Deux des filles du comte étaient déjà mariées; les trois plus jeunes faisaient la grâce et l'attrait de sa maison. Elles étaient toutes très-jolies, quoique de beautés diverses; leur père les aimait, mais il croyait que leur part dans sa fortune et son nom leur suffisait; elles étaient les belles servantes de leur père, surintendantes chacune d'une partie de sa domesticité. Leur père n'était pas seulement un père pour elles, mais une espèce de dieu absolu, servi et adoré jusque dans sa mauvaise humeur. Le fils excellait à monter à cheval; il était brave comme un chevalier, seule vertu que le vieux père exigeât de sa race. Son esprit eût été supérieur s'il eût été cultivé; son cœur était noble, généreux, aventurier: véritable nature vendéenne qui m'attacha à lui. Dans le temps dont je parle, il était amoureux, à l'insu de son père, d'une jeune personne d'une rare beauté, qu'il épousa depuis et qui était digne, par sa merveilleuse séduction, d'être l'héroïne de bien des romans. Elle était fille d'un général qui s'était rendu célèbre dans les derniers troubles et dans la pacification de la Vendée. Bonaparte l'avait exilé dans une terre qu'il possédait en Bourgogne, au château de Cormatin, ancienne et splendide résidence du maréchal d'Uxelles. Le château de Cormatin est à huit lieues du château de Pierreclos. Le jeune amant possédait un admirable cheval arabe nommé l'*Éclipse*, qui lui avait coûté au moins la moitié de sa légitime. Quand son père avait terminé sa partie d'après souper, à laquelle le jeune homme était tenu d'assister, il s'échappait, sellait lui-même son coursier, pour que les domestiques ne révélassent pas son absence; il montait à cheval, il allait d'un seul trait à

Cormatin, dans les ténèbres et par les chemins de montagnes; il attachait l'animal à une grille du parc, franchissait la clôture, se glissait sous les murs et dans les fossés du château pour faire acte d'amour, obtenir un regard, une fleur tombée d'une fenêtre et dérober quelques minutes d'entretien à voix basse à travers le vent et la neige qui emportaient souvent ses soupirs et ses paroles; puis il remontait les parois du fossé, franchissait de nouveau le mur, dévorait la distance, et, rentré au château de Pierreclos avant le jour, il reparaissait à sept heures du matin au salon de son père, ayant parcouru ainsi seize lieues de pays sur le même cheval, entre le lever de la lune et le lever du soleil, pour évaporer un seul soupir de son cœur. J'ai rencontré plusieurs fois moi-même, en rentrant à la maison par les soirées d'automne, le cheval blanc dont le galop rapide faisait étinceler, la nuit, les pierres roulantes du chemin de Milly.

Tant d'amour eut sa récompense; le vieux comte, informé par un garde-chasse des courses nocturnes de son fils, lui pardonna une passion expliquée par tant de charmes : les deux amants s'épousèrent. La jeune comtesse Nina de Pierreclos, célèbre par sa beauté et par ses talents dans tout le pays, fit du château de Cormatin un séjour d'attrait, d'art et de délices. J'étais devenu alors un des amis les plus intimes de son mari; j'étais l'hôte assidu de cette belle demeure, et j'y ai passé des heures de jeunesse qui ont rendu ce château, maintenant en d'autres mains, à la fois cher et triste à mon souvenir.

XLIV

Une autre famille du voisinage, plus rapprochée, vivait en grande intimité avec la nôtre : c'était la famille Bruys, dont un de ses membres avait illustré jadis le nom dans les lettres, et d'où sort le jeune poëte Léon Bruys, à qui j'ai récemment dédié la préface des *Recueillements*. La réalité se plaît quelquefois à construire des familles que le roman n'oserait pas inventer. Telle était celle-là, mêlée à la nôtre par tant de voisinages, de rapports héréditaires et d'amitiés, qu'elle en fait à mes yeux partie dans ma mémoire. Elle habitait une jolie petite maison bourgeoise sous le village de Bussières, paroisse de Milly, sur le bord du grand chemin qui mène des montagnes à la Saône. La maison est antique; il y a encore à la porte, sur le chemin, un escalier de trois marches en pierre de taille, surmonté d'une large dalle qui servait autrefois à élever les dames et les demoiselles à la hauteur de la selle du cheval ou du mulet, seul véhicule des femmes avant que les voitures pussent circuler dans les gorges de nos vallées. Des prés arrosés d'une jolie rivière et bordés d'un petit bois s'avancent jusque sous les fenêtres de la maison, du côté opposé à la grande route; un large perron à double degré descend sur un jardin en terrasse. On sent l'aisance antique d'une maison riche sous la simplicité de cet aspect.

La famille, dans mon enfance, se composait du père, ancien fermier principal de l'abbaye de Cluny, dans son costume austère et rural de chef d'immense culture, — habit de gros drap blanc à longue laine, à larges pans, et guêtres de même étoffe, boutonnées par-dessus le genou; — de la mère et de vingt enfants, tous vivants au commencement du siècle. Une riche aisance, une éducation austère, des dispositions naturelles, avaient fait des fils autant d'hommes distingués dans leurs différentes carrières. Quelques-unes des filles étaient mariées, et venaient de temps en temps, avec leurs petits enfants, visiter le nid commun, rempli de mouvement et de bruit; quatre d'entre elles n'étaient pas mariées, et vivaient avec le père, la mère et les frères. Ces jeunes femmes étaient intimement liées avec ma mère. Bien qu'élevées à la campagne, les traditions de famille et le contact avec leurs frères, qui rapportaient tous les ans à la maison le ton, la grâce, la lumière du grand monde dans lequel ils vivaient, à Paris ou à Lyon, leur avaient donné le poli, l'élégance simple, le naturel et les manières des plus hautes races. C'était la plus exquise aristocratie de formes, de sentiments et de langage dans la simplicité des habitudes champêtres. On eût dit qu'elles sortaient des cours. Cette famille subsiste encore dans la dernière des filles de la maison. Elle a conservé, à un âge avancé, la fraîcheur d'impressions et la grâce d'esprit de sa jeunesse. J'ai toujours remarqué que la bonté était un élément de longévité; l'amour, qui crée, conserve aussi; la haine, au contraire, ronge et détruit. Mademoiselle Couronne (c'est son nom) est pour moi une date du temps écrite dans le cœur, où je retrouve ma mère et mes sœurs comme si elles venaient de sortir de la salle pour aller dans le jardin de Bussières admirer et respirer les fleurs qu'elles s'amusaient jadis à cultiver.

Un de ses frères, M. de Vaudran, homme d'un grand et solide mérite, s'était retiré en ce temps-là dans la maison paternelle. Il philosophait avec mon père sur les principes d'une révolution qu'il aimait comme réforme, mais qu'il maudissait comme excès et bouleversement. Elle lui avait enlevé la brillante existence qu'il s'était faite à Paris comme secrétaire général de M. de Villedeuil. Oisif à Bussières, et n'ayant sauvé du naufrage de sa fortune que ses livres, il avait été autrefois mon maître d'écriture. Je devais à sa complaisance ce don de tracer lisiblement la pensée, et même d'imprimer aux traits de la plume quelque sentiment extérieur de la netteté et de la lumière de l'esprit. Je pense à sa main qui guidait la mienne chaque fois que je trace une ligne un peu harmonieuse à l'œil sur le papier.

XLV

J'accompagnais souvent ma mère dans toutes ces maisons du voisinage; mais la mélancolie secrète dans laquelle j'étais plongé ne me laissait plus jouir, comme autrefois, du charme de ces douces sociétés.

Je préférais l'intimité recueillie du pauvre curé de Bussières, dont j'ai raconté l'histoire dans les *Confidences;* je me liais de jour en jour davantage avec lui. Il n'y a pas d'attrait plus puissant pour deux âmes qui ont souffert qu'une conformité de tristesse. Je passais tous les jours une ou deux heures dans son jardin; le reste du temps j'errais sur les bruyères de notre montagne ou sous les saules de nos prés. Je commençais à reprendre assez d'élasticité intérieure dans l'air des champs, pour soulever par l'inspiration poétique mon cœur si chargé de souvenirs, et pour exprimer en vers ébauchés les impressions qui m'assiégeaient. C'est à cette époque que j'écrivis la méditation à lord Byron, dont les poésies étaient venues en fragments traduits de journaux en journaux jusqu'à Milly. C'est dans le même automne aussi que j'écrivis sept ou huit méditations. Quand mon père, qui aimait beaucoup les vers, mais qui n'avait jamais compris d'autre poésie que celle de Boileau, de Racine et de Voltaire, entendit ces notes si étranges à des oreilles bien disciplinées, il s'étonna et se consulta longtemps lui-même pour savoir s'il devait approuver ou blâmer les vers de son fils. Il était de sa nature hardi de cœur et d'esprit; il craignait toujours que la prédilection paternelle et l'amour-propre de famille n'altérassent son jugement sur tout ce qui le touchait de près. Cependant, après avoir écouté la méditation de *Lord Byron* et la méditation du *Vallon*, un soir, au coin du feu de Milly, il sentit ses yeux humides et son cœur un peu gonflé de joie. « Je ne sais pas si c'est beau, me dit-il, je n'ai jamais rien entendu de ce genre; je ne puis pas juger, car je ne puis comparer; mais je puis te dire que cela me remplit l'oreille et que cela me trouble le cœur. » Insensiblement, il s'habitua à ces cordes nouvelles de la poésie moderne, car il était trop sincère pour se faire des systèmes contre ses impressions. Chaque fois que j'avais écrit quelques-unes de ces *Méditations* ou de ces *Harmonies*, dont je n'ai imprimé que l'élite, je lui lisais les fragments dont j'étais le moins mécontent, et qui ne lui révélaient pas les plaies trop saignantes de mon cœur; car ce qui était tout à fait cri de l'âme de moi aux morts, ou de moi à Dieu, je l'ai rarement achevé, et je ne l'ai jamais publié. Quoique le public soit un être abstrait devant lequel on ne rougit pas comme devant un ami ou un père, il y a cependant toujours sur l'âme une atmosphère de pudeur, un dernier pli du voile qu'on ne lève pas tout entier.

L'automne et l'hiver se passèrent ainsi pour moi, entre la campagne et la ville, entre ma mère et mes sœurs, entre la poésie triste et les pensées divines qui rayonnaient du front de ma mère et du foyer paternel sur moi. J'étais abattu et brisé, non énervé. Mon âme se retrempait dans mes larmes, et mon inspiration s'accumulait par mes ennuis. Un regard de ma mère m'entr'ouvrait et m'éclairait de consolation et d'espérance de nouveaux horizons.

XLVI

Le sombre hiver de Mâcon se passa chez ma mère, et dans le reste de la ville, en réunions, en dîners, en bals et en fêtes de tous genres. Ce mouvement, dont la maison de ma mère était le centre, car, vertu ou grâce, bonnes œuvres ou plaisirs décents, elle était l'âme de tout, m'attristait plus encore que la monotonie et la morosité de l'été. Je paraissais, pour lui complaire, à ces réunions; mais j'y portais avec moi une atmosphère qui m'isolait. Les étrangers, les jeunes femmes et les danseurs étaient intimidés devant cette silencieuse réserve. On se demandait quel était donc ce dégoût de la beauté, du monde et de la vie, qui assombrissait ainsi le visage d'un homme de mes années. On attribuait à l'orgueil ce qui n'était que refoulement en moi-même. Il y avait là des femmes remarquables par leur élégance et par leurs charmes; il y avait des jeunes personnes devenues célèbres depuis par les charmes de leur esprit et par leur beauté, telles que la seconde fille de M. de Forbin, madame de M...., encore enfant alors, mais déjà prédite par tous les yeux. Je voyais tout cela comme à travers un nuage ; je ne dansais pas, je ne jouais pas ; je n'approchais d'aucun groupe pour échanger ces paroles banales, jetons faux et dorés de ces conversations de hasard. J'affligeais ma mère, j'étonnais la société par ma séquestration morale de tout ce qui animait la maison.

XLVII

Je vis avec joie revenir le printemps, qui finissait tout ce mouvement de plaisir dans les abstinences et dans les pratiques pieuses du carême. Je pris le prétexte d'aller visiter un autre de mes oncles qui habitait la haute Bourgogne, pour m'éloigner de Mâcon et me soustraire à cette curiosité de petite ville qui veut tout savoir et qui interprète tout ce qu'elle ne sait pas.

Je partis pour le château d'Urcy, une des anciennes résidences de mon grand-père, que le second de mes oncles avait eu pour sa part dans la succession. J'aimais cet oncle par-dessus tous les autres membres de la famille. Cet oncle était l'abbé de Lamartine. J'ai parlé de lui dans mes premières pages. J'ai dit comment la nature en avait fait un homme du monde, de liberté et de plaisir ; comment le droit d'aînesse en avait fait forcément un ecclésiastique ; comment il avait vécu à Paris et à la cour, faisant son noviciat d'évêque dans les salons des femmes les plus belles et les moins austères de la cour de Louis XV ; comment, trop indifférent en matière de foi, il avait cependant confessé la sienne, pendant la persécution révolutionnaire, jusqu'au martyre, martyre d'honneur plus que de religion ; comment enfin, revenu des pontons de Rochefort et des cachots de Paris, il avait profité de sa liberté et de sa belle fortune pour dépouiller les liens du sacerdoce, et pour vivre seul, en philosophe et en agriculteur, au fond des bois, où ses arbres du moins et ses troupeaux ne lui demanderaient pas compte de sa désertion.

Son château, une des plus vastes et des plus belles demeures de la province, était situé dans ce labyrinthe de montagnes noires, de gorges sombres et de monotones forêts qui forment le plateau le plus élevé de la Bourgogne, entre Semur et Dijon, à quatre ou cinq lieues de toute ville ; pays âpre, sauvage ; air de feu, ciel de neiges, Sibérie française, triste comme le Nord ; région de pasteurs et de bûcherons, où l'on marche des heures sans voir autre chose qu'un chêne pareil à un chêne, et un troupeau pareil à un troupeau. Les lignes de l'horizon, arrêtées par la noirceur des bois qui les couvrent, droites et roides comme des remparts tirés au cordeau, se dessinent toutes semblables aussi sur le ciel pâle et gris. C'est la monotonie des déserts entre le Caire et la mer Rouge, avant que les arbres soient devenus cendres et que le rocher soit devenu lave.

Sur un plateau étroit, au confluent de ces gorges, s'élève le château d'Urcy, véritable site d'abbaye. On n'apercevait qu'à travers les branches des grands chênes sa façade immense dentelée d'élégantes balustrades, ses quinze fenêtres à pleins cintres et leurs balcons de fer aux armoiries dorées, qui attestent la plus pure architecture italienne dépaysée au milieu de cette contrée de druides. Ce château, disent les paysans des environs, a été bâti pour les étoiles, car il n'y a qu'elles qui puissent le voir. Il est à une demi-heure de chemin du village.

Un magnifique ermitage; un contre-sens entre la splendeur de l'édifice et l'emplacement, voilà son caractère. De vastes jardins découpés à coups de hache sur les bois l'environnent. Ces jardins ne sont pas et ne peuvent pas être nivelés; ils suivent les ondulations du plateau, ici ouverts, ici fermés par les montagnes, les plaines, les gorges profondément encaissées sous les rochers ; défrichements partiels noyés dans les feuillages des collines et des mamelons. Quatorze sources, rare suintement de ces flancs du roc, y ont été recueillies dans de longs conduits souterrains, qui les répandent çà et là en conques murmurantes, en vasques de pierre, en dauphins à barbe de mousse verte, en pièces d'eau rondes, ovales, carrées, de toutes formes et de toutes grandeurs. L'une d'elles porte bateau, et j'aimais à en détacher la chaîne et à le laisser dériver parmi les joncs. La fontaine qui s'y verse à gros bouillons éternels s'appelle la fontaine du *Fayard,* du nom d'un hêtre séculaire qui ombrage la source et qui couvre un demi-arpent de ses branches et de sa nuit. C'est cette source que j'ai célébrée un jour, en revenant baiser sa chère écume, sous le titre :

LA SOURCE DANS LES BOIS

Source limpide et murmurante
Qui, de la fente du rocher,
Jaillis en nappe transparente
Sur l'herbe que tu vas coucher;

Le marbre arrondi de Carrare,
Où tu bouillonnais autrefois,
Laisse fuir ton flot qui s'égare
Sur l'humide tapis des bois.

Ton dauphin, verdi par le lierre,
Ne lance plus de ses naseaux,
En jets ondoyants de lumière,
L'orgueilleuse écume des eaux.

Tu n'as plus, pour temple et pour ombre,
Que ces hêtres majestueux
Qui penchent leur tronc vaste et sombre
Sur tes flots dépouillés comme eux.

La feuille, que jaunit l'automne,
S'en détache et ride ton sein,
Et la mousse verte couronne
Les bords usés de ton bassin.

Mais tu n'es pas lasse d'éclore;
Semblable à ces cœurs généreux
Qui, méconnus, s'ouvrent encore
Pour se répandre aux malheureux.

Penché sur ta coupe brisée,
Je vois tes flots ensevelis
Filtrer comme une humble rosée
Sur les cailloux que tu polis.

J'entends ta goutte harmonieuse
Tomber, tomber, et retentir
Comme une voix mélodieuse
Qu'entrecoupe un tendre soupir.

Les images de ma jeunesse
S'élèvent avec cette voix;
Elles m'inondent de tristesse,
Et je me souviens d'autrefois.

Dans combien de soucis et d'âges,
O toi que j'entends murmurer!
N'ai-je pas cherché tes rivages
Ou pour jouir ou pour pleurer?

A combien de scènes passées
Ton bruit rêveur s'est-il mêlé?
Quelle de mes tristes pensées
Avec tes flots n'a pas coulé?

Oui, c'est moi que tu vis naguères,
Mes blonds cheveux livrés au vent,
Irriter tes vagues légères
Faites pour la main d'un enfant.

C'est moi qui, couché sous les voûtes
Que ces arbres courbent sur toi,
Voyais, plus nombreux que ces gouttes,
Mes songes flotter devant moi.

L'horizon trompeur de cet âge
Brillait, comme on voit, le matin,
L'aurore dorer le nuage
Qui doit l'obscurcir en chemin.

Plus tard, battu par la tempête,
Déplorant l'absence ou la mort,
Que de fois j'appuyai ma tête
Sur le rocher d'où ton flot sort!

Dans mes mains, cachant mon visage,
Je te regardais sans te voir,
Et, comme des gouttes d'orage,
Mes larmes troublaient ton miroir.

Mon cœur, pour exhaler sa peine,
Ne s'en fiait qu'à tes échos,
Car tes sanglots, chère fontaine,
Semblaient répondre à mes sanglots.

Et maintenant, je viens encore,
Mené par l'instinct d'autrefois,
Ecouter ta chute sonore
Bruire à l'ombre des grands bois.

Mais les fugitives pensées
Ne suivent plus tes flots errants
Comme ces feuilles dispersées
Que ton onde emporte aux torrents.

D'un monde qui les importune
Elles reviennent à ta voix,
Aux rayons muets de la lune
Se recueillir au fond des bois.

Oubliant le fleuve où t'entraîne
Ta course que rien ne suspend,
Je remonte de veine en veine
Jusqu'à la main qui te répand:

Je te vois, fille des nuages,
Flottant en vagues de vapeurs,
Ruisseler avec les orages
Ou distiller au sein des fleurs,

Le roc altéré te dévore
Dans l'abîme où grondent ses eaux ;
Où le gazon, par chaque pore,
Boit goutte à goutte tes cristaux.

Tu filtres, perle virginale,
Dans des creusets mystérieux,
Jusqu'à ce que ton onde égale
L'azur étincelant des cieux.

Tu parais! le désert s'anime;
Une haleine sort de tes eaux.
Le vieux chêne élargit sa cime
Pour t'ombrager de ses rameaux.

Le jour flotte de feuille en feuille;
L'oiseau chante sur ton chemin,
Et l'homme à genoux te recueille
Dans l'or ou le creux de sa main.

Et la feuille aux feuilles s'entasse,
Et, fidèle au doigt qui t'a dit :
« Coule ici pour l'oiseau qui passe, »
Ton flot murmurant l'avertit.

Et moi, tu m'attends pour me dire :
« Vois ici la main de ton Dieu !
Ce prodige que l'ange admire,
De sa sagesse n'est qu'un jeu. »

Ton recueillement, ton murmure,
Semblent lui préparer mon cœur;
L'amour sacré de la nature
Est le premier hymne à l'auteur.

A chaque plainte de ton onde
Je sens retentir avec toi
Je ne sais quelle voix profonde
Qui l'annonce et le chante en moi.

Mon cœur, grossi par mes pensées,
Comme les flots dans ton bassin,
Sent, sur mes lèvres oppressées,
L'amour déborder de mon sein,

La prière, brûlant d'éclore,
S'échappe en rapides accents,
Et je lui dis : « Toi que j'adore,
Reçois ces larmes pour encens. »

Ainsi me revoit ton rivage
Aujourd'hui, différent d'hier,
Le cygne change de plumage,
La feuille tombe avec l'hiver.

Bientôt tu me verras peut-être
Penchant sur toi mes cheveux blancs,
Cueillir un rameau de ton hêtre
Pour appuyer mes pas tremblants.

Assis sur un banc de la mousse,
Sentant mes jours prêts à tarir,
Instruit par ta pente si douce,
Tes flots m'apprendront à mourir.

En les voyant fuir goutte à goutte,
Et disparaître flot à flot,
Voilà, me dirai-je, la route,
Où mes jours les suivront bientôt.

Combien m'en reste-t-il encore?
Qu'importe? Je vais où tu cours;
Le soir pour nous touche à l'aurore :
Coulez, ô flots! coulez toujours!

XLVIII

J'aimais ce lieu, j'aimais cet oncle, j'aimais ces vieux domestiques qui m'avaient vu enfant, et pour qui mon arrivée dans leur désert était un rayon de souvenir et de joie dans leur cœur, une variété dans leur vie, un mouvement dans leur uniformité; j'aimais jusqu'aux chiens et aux immenses troupeaux de moutons qu'un pasteur vraiment homérique, le vieux Jacques, gouvernait comme Eumée dans la grise Ithaque, avec l'orgueil d'un chef pour son peuple et la providence d'une mère pour ses enfants; j'aimais surtout une femme excellente qui gouvernait le château et les nombreux domestiques avec cette douceur et cette bonté qui soumet la résistance, qui prévient les rivalités, qui fait aimer la discipline, parce qu'on aime celle qui l'impose. Ancienne amie de mon oncle, aimée de toute la famille, sensible, active, désintéressée, intercédant tour à tour pour tous, encore agréable de figure sous le costume modeste, propre, demi-mondain, demi-monastique qui en faisait la sœur-grise de ce couvent rural. Elle me traitait comme l'héritier futur de ces domaines; elle me gâtait comme l'enfant souvent prodigue du château. Elle me préparait la chambre la plus riante; elle faisait acheter pour mon arrivée, par mon oncle, les meilleurs chiens de chasse et le plus joli cheval qu'on pouvait trouver dans ces montagnes. Elle vit encore et m'écrit de temps en temps, quand mon nom lui est reporté en bien ou en mal par quelque contre-coup de la destinée. C'est une heureuse idée de donner ainsi, sur une nombreuse maison, le gouvernement domestique aux femmes. Leur voix douce tempère le commandement par l'affection; leur main faible laisse un peu flotter l'autorité et prévient ainsi les révoltes et les résistances. On résiste à ce qui impose, rarement à ce qui inspire. La gouvernante de maison, quand il n'y a pas de mère de famille, est une idée de génie comme tous les instincts.

Mon oncle était le plus aimant, le plus tendre de cœur et le plus facile d'humeur de tous les membres de la famille. Il ne savait ni vouloir, ni résister, ni commander; il ne savait que plaire et complaire. Il se déchargeait de tout sur mon père ou sur madame Royer, son premier ministre. Il m'aimait avec la tendresse d'un ami, plus qu'avec la sévère autorité d'un oncle. Je lui rendais cette tendresse de prédilection. La bonté a toujours été pour moi un irrésistible aimant; tous les autres mérites de l'homme ou de la femme s'effacent devant

TABLE

DES MATIÈRES CONTENUES DANS CE VOLUME

LES CONFIDENCES

	Pages.
Préface	3
Livre Ier	17
Livre II	35
Livre III	49
Livre IV	57
Livre V	87
Livre VI	105
A. Lucy L...	129

GRAZIELLA

Livre VII	141
Livre VIII	191
Livre IX	211
Livre X	233
Le premier Regret	285
Livre XI	291
Livre XII	339

NOUVELLES CONFIDENCES

A M. Émile de Girardin	399
Livre Ier	409
La Source dans les bois	507

FIN DU VINGT-NEUVIÈME VOLUME.

PARIS. — TYPOGRAPHIE DE COSSON ET COMP., RUE DU FOUR-ST-GERMAIN, 43.

www.ingramcontent.com/pod-product-compliance
Lightning Source LLC
Chambersburg PA
CBHW051136230426
43670CB00007B/827